도시인문학

도시에서 읽는 인간의 이야기

도시인문학

- 도시에서 읽는 인간의 이야기 -

우리는 왜 도시인문학을 말하는가?

주거인문학의 탄생과 의미

인간은 도시를 만들었고, 도시는 인간을 만들었다. 이 상호작용의 역사는 인류 문명의 발전과 궤를 같이한다. 도시는 단순한 물리적 공간이 아니라, 인간의 사상과 감정, 욕망과 이상이 투영된 복합적 생태계이다. 도시인문학은 이러한 인간과 도시의 끊임없는 대화를 포착하고 탐구하는 학문적 여정이다.

우리는 왜 도시인문학을 말하는가? 도시는 오랫동안 공학, 건축학, 도시계획학, 지리학, 사회학 등 다양한 분야의 연구 대상이었다. 그러나 이러한 접근만으로는 도시의 총체적 의미와 인간 경험의 깊이를 온전히 담아내기 어렵다.

도시인문학은 도시를 단순히 건축물과 도로, 행정 체계의 집합체로 보지 않는다. 그것은 인간의 삶과 문화, 역사와 미래가 교차하는 살아있는 텍스트로서 도시를 읽어내는 시도이다. 철학, 문학, 역사학, 인류학, 미학 등 인문학의 다양한 렌즈를 통해 도시를 바라봄으로써, 우리는 도시 속에서 살아가는 인간의 조건과 가능성을 더 깊이 이해할 수 있다.

이 책은 도시인문학의 풍요로운 지형을 다섯 부분으로 나누어 탐색한다.

제1부에서는 도시의 철학적 기반을 살펴본다. 도시란 무엇인가? 이 근본적 질문에서 출발하여, 도시의 개념적 정의와 역사적 발전 과정을 고찰한다. 아리스토텔레스가 인간을 '폴리스적 동물(zoon politikon)'이라 규정했을 때, 그는 인간 본성과 도시의 본질적 연관성을 직관했다. 우리는 도시와 인간 사이의 복합적 상호작용의

철학을 탐구하고, 현상학적 관점에서 도시 공간의 경험과 의미를 분석한다. 건물과 거리, 광장과 공원이 단순한 물리적 구조물이 아니라, 의미와 정서가 깃든 장소로 변모하는 과정을 이해하고자 한다.

제2부에서는 도시의 문화적 측면을 조명한다. 건축과 디자인, 공공예술은 도시의 미학적 정체성을 형성하는 핵심 요소다. 문학 작품 속에 재현된 도시의 모습은 실제 도시에 대한 인식과 상상력에 영향을 미친다. 도시카와 정(Junichiro Tanizaki)의 교토, 제임스 조이스의 더블린, 보르헤스의 부에노스아이레스는 문학적 지도 위에 각인된 특별한 장소들이다. 도시의 기억과 서사는 역사성과 장소성을 통해 세대를 이어 전승되며, 축제와 의례는 현대 도시에서도 공동체 문화의 중요한 표현으로 기능한다.

제3부에서는 도시의 사회적 구조를 분석한다. 도시 공동체는 어떻게 형성되고 변화하는가? 계층과 불평등은 어떻게 도시 공간에 각인되는가? 이방인과 타자를 대하는 방식은 도시의 다양성과 포용성을 보여주는 바로미터다. 또한 공적 영역과 사적 영역의 경계와 긴장은 도시 생활의 본질적 특성을 형성한다. 하버마스의 '공론장', 르페브르의 '도시에 대한 권리' 등의 개념은 도시 공간의 민주적 가능성을 사유하는 중요한 출발점이 된다.

제4부에서는 현대 도시가 직면한 과제와 미래를 탐색한다. 디지털 기술의 발전은 스마트시티라는 새로운 도시 패러다임을 낳았다. 이는 효율성과 편의성을 높이는 동시에, 감시와 통제, 프라이버시와 데이터 주권에 관한 새로운 질문을 제기한다. 기후 위기 시대, 지속 가능한 도시는 더 이상 선택이 아닌 필수가 되었다. 글로벌 네트워크 속에서 도시는 어떻게 고유한 정체성을 유지할 수 있는가? 코로나19 팬데믹은 도시

공간과 사회적 관계에 대한 근본적 재고를 요구했다. 이러한 변화와 도전 속에서, 인문학적 사유는 기술결정론과 경제중심주의를 넘어선 대안적 도시 비전을 제시할 수 있다.

제5부에서는 도시인문학의 확장 영역을 모색한다. 도시와 몸의 관계는 신체적 경험과 감각의 차원에서 도시를 이해하는 새로운 시각을 제공한다. 도시의 시간성 — 속도, 리듬, 일상의 시간 패턴 — 은 도시 경험의 핵심적 측면이다. 유토피아적 상상력은 현실 도시의 한계를 넘어, 더 나은 도시 미래를 꿈꾸는 원동력이 된다. 마지막으로, 미래 도시학의 전망은 인문학과 도시과학의 창조적 통합을 통해 새로운 지평을 열어갈 것이다.

현대사회에서 도시는 그 어느 때보다 빠르게 변화하고 있다. 디지털 기술의 발전, 기후위기, 팬데믹, 세계화의 심화 등 다양한 요인들이 도시의 모습을 급격히 변화시키고 있다. 이러한 변화의 시대에 도시인문학은 도시의 본질과 가치를 재탐색함으로써, 더 인간적이고, 지속 가능하며, 포용적인 도시를 상상하고 구현하는 데 기여할 수 있다.

인문학은 종종 실용적 가치가 부족하다는 비판을 받아왔다. 그러나 도시인문학은 매우 실천적인 학문이다. 그것은 우리가 살아가는 공간에 대한 비판적 성찰과 창조적 상상을 통해, 실제 도시 정책과 계획, 설계와 관리에 영향을 미칠 수 있다. 어떤 도시에서 살 것인가라는 질문은 곧 어떤 인간이 될 것인가라는 질문과 분리될 수 없다. 도시인문학은 이 두 질문을 함께 사유하는 지적 모험이다.

이 책은 다양한 분야의 학자, 전문가, 실무자들의 협력을 통해 탄생했다. 철학자와 문학연구자, 역사학자와 도시계획가, 건축가와 사회학자들이 각자의 전문성을 바탕으로 도시

를 다각도로 조명한다. 더불어 세계 주요 도시의 인문학적 사례 연구와 연구 방법론, 참고 문헌 등을 부록으로 수록하여, 독자들의 후속 탐구를 돕고자 한다.

　도시인문학이라는 이 새로운 영역의 탐험에 독자 여러분을 초대한다. 이 여정은 우리가 살고 있는 도시를 새로운 눈으로 보게 하고, 도시와 더 의미 있는 대화를 나눌 수 있게 할 것이다. 도시는 우리의 삶을 담는 그릇이자, 우리가 함께 써나가는 이야기이다. 이 책이 그 이야기를 더 풍요롭고 의미 있게 만드는 데 작은 기여가 되기를 바란다.

들어가는 순서

CONTENTS

도시인문학

-도시에서 읽는 인간의 이야기-

제1부
도시의 철학적 기반

제1장

✦

도시란 무엇인가?

- 도시의 개념과 정의 -

1. 도시의 정의와 본질에 관한 철학적 질문

아침 출근길, 끝없이 이어지는 빌딩 숲과 분주한 인파 속에서 문득 자문해본다. '나는 지금 어디에 있는가?' 겉으로는 단순해 보이는 이 질문 속에 도시의 본질을 향한 심오한 탐구가 담겨 있다. 인류가 동굴과 들판을 떠나 처음 정착지를 이루고 공동체의 벽을 쌓은 그 순간부터, 도시는 인간 드라마의 주무대였다. 그러나 매일 우리가 호흡하고 발걸음을 내딛는 이 '도시'라는 미로 같은 실체를 명쾌하게 정의하는 일은 의외로 난해하다. 인구밀도, 행정구역의 경계선, 경제활동의 집적, 문화적 다양성 등 다양한 정의가 시도되지만, 이러한 기술적 설명만으로는 도시의 심층적 의미를 온전히 포착할 수 없다.

고대 그리스의 현자 아리스토텔레스는 『정치학』에서 도시(폴리스)를 "좋은 삶(eu zen)을 위한 공동체"로 규정했다. 이는 도시의 존재 이유가 단순한 생존이나 편의성을 훨씬 넘어서, 윤리적·정치적으로 충만한 '좋은 삶'의 실현에 있음을 암시한다. 그에게 도시는 인간이 정치적 동물(zoon politikon)로서의 본성을 꽃피우는 필수적 무대였다. 도시 없이는 완전한 인간성도 불가능하다는 그의 주장은 오늘날에도 울림을 준다. 현대인에게 도시는 단순한 거주지가 아닌, 정체성과 가능성의 원천이기 때문이다.

"도시는 무엇이 되려고 하는가? 그리고 도시에 사는 인간은 무엇이 되려고 하는가?" 20세기의 위대한 도시 사상가 루이스 멈포드가 던진 이 질문은 도시의 목적론적 지평을 열어

젖힌다. 멈포드는 도시를 "문화의 용기(container of culture)"로 정의하며, 인간의 창조적 에너지와 문화적 성취가 축적되고 발효되는 그릇으로서의 도시를 강조했다. 아테네의 파르테논 신전, 파리의 루브르 박물관, 뉴욕의 브로드웨이 극장가 — 이 모든 공간은 단순한 건축물이 아닌, 인간 정신의 확장이자 표현인 것이다.

도시는 또한 시간과 공간의 경이로운 압축이다. 지리학자 데이비드 하비는 도시화를 '시공간 압축(time-space compression)'의 과정으로 이해했다. 도시에서는 다양한 사회적, 경제적, 문화적 활동이 한정된 공간에 응축되어 있으며, 과거의 흔적과 미래를 향한 비전이 공존하는 시간의 팔림프세스트이기도 하다. 로마의 거리에서 고대 신전의 기둥 옆에 현대적 카페가 자리하고, 교토의 전통 가옥 뒤로 첨단 빌딩이 솟아오르는 풍경은 이러한 시간적 압축의 생생한 예시다. 이러한 압축성이 우연한 만남, 예상치 못한 교차, 창조적 마찰을 가능케 하며, 이것이 도시의 역동성과 혁신의 진정한 원천이다.

"도시는 인간의 가장 위대한 발명품 중 하나"라는 경제학자 에드워드 글레이저의 말은 도시의 근원적 성격을 예리하게 포착한다. 도시는 단순한 건물과 도로의 집합체가 아니라, 인간의 집단적 지성과 협력의 산물이자, 문명 발전의 핵심 엔진이다. 메소포타미아의 초기 도시들이 문자와 법, 과학의 요람이었듯, 오늘날의 글로벌 도시들은 기술 혁신과 문화적 실험의 중심지로 기능한다. 실리콘밸리에서 꿈틀대는 창업가의 열정, 베를린 갤러리에서 펼쳐지는 예술적 도전, 뭄바이 거리에서 융합하는 다양한 음식 문화 — 이 모든 것이 도시라는 용광로 속에서 가능해진다.

한편, 도시를 정의하는 또 다른 렌즈는 농촌 또는 자연과의 대비다. 게오르그 짐멜은 『대도시와 정신적 삶』에서 도시적 경험의 특수성 — 자극의 홍수, 계산적 합리성, 익명성의 자유, 감정적 거리두기 — 을 날카롭게 분석했다. 시골 마을에서는 모든 이웃의 얼굴과 이름을 아는 반면, 도시에서는 매일 수천 명의 낯선 이들과 스쳐 지나간다. 이러한 익명성은 때로는 소외감을 주지만, 동시에 개인적 자유와 재발명의 가능성을 제공한다. 짐멜에게 도시는 단순히 인구 규모나 건축 형태의 문제가 아니라, 특정한 의식 형태와 사회적 관계의 패턴을 만들어내는 심리적 환경이었다.

철학자 앙리 르페브르는 도시를 '사회적으로 생산된 공간'으로 이해했다. 그에 따르면 도시 공간은 세 가지 차원 ― 물리적으로 인지되는 공간(l'espace perçu), 전문가들에 의해 계획된 공간(l'espace conçu), 일상적으로 경험되는 공간(l'espace vécu) ― 의 복합적 결과물이다. 뉴욕의 센트럴 파크는 단순한 녹지가 아니라, 도시계획가의 비전, 부동산 가치의 계산, 시민들의 일상적 이용, 영화와 소설 속 재현 등이 중첩된 사회적 구성물인 것이다. 이는 도시가 단순한 물리적 실체가 아니라, 권력관계, 사회적 실천, 상징적 의미가 교차하는 복합적 텍스트임을 시사한다.

도시의 정의에 관한 이러한 다양한 시선은 도시의 다면성과 복합성을 웅변한다. 도시는 경제적 중심지인 동시에 문화적 용광로이며, 정치적 무대인 동시에 개인적 정체성 형성의 실험실이다. 런던의 금융가는 세계 경제의 맥박을 뛰게 하지만, 같은 도시의 브릭 레인 거리는 다양한 이민자 문화의 생생한 모자이크를 펼쳐 보인다. 도시는 콘크리트와 유리의 물질적 실체인 동시에 희망과 기억이 새겨진 상징적 지형이며, 권력의 정형화된 표현인 동시에 저항과 대안적 삶의 가능성을 품고 있다.

결국 '도시란 무엇인가'라는 질문은 '인간이란 무엇인가'라는 더 근원적인 물음과 불가분하게 얽혀 있다. 도시는 인간 존재의 복합성, 모순, 가능성을 비추는 거울이자, 인간이 자신의 집단적 운명을 직조해나가는 실험실이다. 철학적 관점에서 도시를 사유한다는 것은, 단순히 도시의 외형이나 기능을 분석하는 것이 아니라, 인간 존재의 본질과 잠재력, 한계와 초월에 관한 근본적 질문을 던지는 과정이다.

인류는 도시를 만들었고, 도시는 인류를 만들었다. 농경의 발명이 정착 생활을 가능케 했고, 정착 생활은 도시의 탄생으로 이어졌으며, 도시는 다시 문명의 발전을 가속화했다. 이 상호형성의 변증법적 춤을 이해하는 것이 도시인문학의 첫걸음이자 도시의 본질에 관한 철학적 탐구의 핵심이다. 우리가 매일 발 딛는 도시의 거리는 단순한 통로가 아니라, 인류의 집단적 여정이 새겨진 살아있는 지도인 것이다.

2. 도시적 존재로서의 인간: 호모 우르바누스(Homo Urbanus)

땅속 깊이 묻힌 암석층처럼, 인류의 거주 패턴에는 지질학적 혁명이 일어나고 있다. 1만 년 전 신석기인들이 야생의 씨앗을 처음 땅에 심고 정착의 뿌리를 내린 이래, 수천 년 동안 인류의 대다수는 땅의 숨결을 가까이서 느끼며 농경지와 목초지에 삶의 터전을 마련했다. 그러나 새벽빛이 어둠을 밀어내듯, 21세기의 도래와 함께 역사의 저울이 기울어졌다. 인류 역사상 처음으로 도시의 불빛 아래 사는 사람들이 별빛 아래 사는 사람들보다 많아진 것이다. UN의 수정구슬 속에는 더욱 극적인 미래가 비친다. 2050년경, 지구인 10명 중 7명은 도시의 숨결로 하루를 시작하고 마감할 것이다. 우리는 이제 명실상부한 '도시적 존재', 즉 '호모 우르바누스(Homo Urbanus)'로 진화하는 중이다.

이 위대한 이주의 물결은 단순한 주소지 변경이 아니다. 그것은 인간의 의식, 정체성, 행동 양식, 관계 맺음의 방식에 지각 변동을 일으킨다. 1903년, 도시의 소음이 증기기관의 기적과 뒤섞이던 시대에 독일의 예리한 관찰자 게오르그 짐멜은 「대도시와 정신생활」이라는 작은 불씨 같은 논문을 세상에 내놓았다. 그는 도시적 존재의 심장 박동에 청진기를 대고 그 리듬을 정확히 포착했다. 짐멜에 따르면, 대도시는 감각적 자극의 폭포수다. 끊임없이 변화하는 시각적 인상들, 수백 개의 시계가 정확히 맞춰진 것 같은 시간표의 엄격함, 복잡하게 얽힌 사회적·경제적 관계의 그물망 ― 이 모든 것이 도시인의 신경계를 끊임없이 두드린다.

이러한 자극의 홍수 앞에서 도시인은 특유의 심리적 방패를 발전시킨다. 짐멜이 '블라지에르트하이트(Blasiertheit)' ― 냉담함, 무관심 ― 라 명명한 이 태도는 도시 생활의 심리적 생존 전략이다. 마치 소음이 가득한 카페에서 주변 대화를 필터링하듯, 도시인은 모든 자극에 동등한 감정적 반응을 보이는 대신, 지적이고 합리적인 관점에서 세계를 조망한다. 농촌의 따스한 정서적 유대와 달리, 도시의 관계는 계산적이고 객관적인 성격을 띤다. "런던에서는 사람들이 서로를 모르는 것뿐만 아니라, 심지어 서로 마주치지 않기 위해 고의적인 노력을 기울인다"는 짐멜의 관찰은 도시적 무관심의 극단적 모습을 생생히 포착한다.

1938년, 대공황의 어두운 그림자가 아직 도시 위에 드리워져 있을 때, 루이 비르트는 「생활양식으로서의 도시성」에서 짐멜의 통찰에 새로운 옷을 입혔다. 그에게 도시성 (urbanism)은 단순한 물리적 환경이 아닌, 규모, 밀도, 이질성이라는 세 개의 기둥 위에 세워진 독특한 삶의 방식이었다. 이러한 구조적 조건은 도시적 존재의 특징적 표식들 — 타인과의 기능적이고 일시적인 관계(2차적 관계)의 우세, 얼굴 없는 익명성의 심해, 시계 바늘의 정확한 움직임에 대한 집착적 의존 — 을 낳는다.

그러나 도시적 존재를 단순히 도시라는 거대한 기계의 수동적 부품으로 이해하는 것은 피상적이다. 앙리 르페브르는 『공간의 생산』에서 우리에게 다른 렌즈를 제공한다. 그에게 도시 공간은 하늘에서 뚝 떨어진 고정된 실체가 아니라, 사회적 실천을 통해 끊임없이 생산 되고 재해석되는 살아있는 텍스트다. 도시적 존재는 일상의 작은 몸짓들 — 특정 거리를 걷는 방식, 공원 벤치에 앉는 순간, 카페에서의 대화 — 을 통해 도시 공간을 자신의 것으로 전유하고 그 의미를 새롭게 쓴다.

르페브르의 열정적 제자 미셸 드 세르토는 『일상생활의 실천』에서 이 공간 전유의 미세 한 안무를 해부한다. 그의 시선 속에서, 도시를 걷는 행인들은 도시 계획가의 추상적 청사 진 위에 자신만의 시적 지리학을 써내려간다. 규정된 경로를 벗어나 지름길을 만들고, 기능 적 공간에 정서적 의미를 입히고, 설계자가 의도하지 않은 방식으로 공간을 사용함으로써, 도시인은 '위로부터의' 공간 전략에 맞서는 '아래로부터의' 창조적 전술을 발명한다. 도시 적 존재는 이처럼 주어진 공간의 소비자인 동시에 그 공간의 숨은 작가이기도 하다.

도시적 존재의 또 다른 필수적 교육 과정은 '낯섦(strangeness)'과의 지속적인 조우다. 리처드 세넷은 『이방인의 도시』에서 도시의 본질적 가치가 바로 이 낯섦의 경험에 있다고 역설한다. 도시는 서로 다른 피부색, 언어, 신념, 꿈을 지닌 사람들이 같은 공기를 호흡하는 인류 최대의 실험실이다. 이 차이와의 만남은 자아의 경계를 확장하는 결정적 계기가 된다. 시골 마을에서는 평생 자신과 비슷한 사람들만 만나며 살 수 있지만, 도시에서는 매일 '다 른' 것과 마주친다. 도시적 존재는 이 낯섦의 학교에서 공포와 매혹, 거부와 수용 사이를 오가며 자신의 정체성을 끊임없이 재협상한다.

제인 제이콥스는 『미국 대도시의 죽음과 삶』에서 이러한 낯섦과의 조우가 일어나는 가장 민주적인 공간으로 '보도(sidewalk)'의 중요성을 강조했다. 활기찬 보도는 다양한 사람들의 우연한 만남, 가벼운 인사와 짧은 대화, 낯선 이들 사이의 무언의 신뢰를 가능케 한다. 제이콥스가 사랑했던 뉴욕 그리니치 빌리지의 좁은 보도에서, 아이들은 안전하게 놀고, 이웃들은 잠시 마주쳐 근황을 나누며, "공공의 눈(eyes on the street)"이 자연스럽게 거리의 안전을 지킨다. 이러한 일상적 안무가 시민적 신뢰와 도시의 활력을 만들어낸다.

디지털 시대의 도시적 존재는 무수한 네트워크의 교차로에 서 있는 '연결된 개인'이기도 하다. 현대 도시인은 하나의 지역 공동체에 뿌리내리기보다, 직장 동료, 학교 친구, 취미 모임, 온라인 커뮤니티 등 다양한 네트워크를 넘나들며 자신의 정체성을 형성한다. 배리 웰먼이 '네트워크 개인주의'라 명명한 이 현상은 스마트폰과 소셜 미디어의 등장으로 더욱 강화되었다. 오늘날의 도시인은 물리적으로는 카페에 홀로 앉아 있더라도, 디지털 실크로드를 따라 전 세계의 지인들과 동시에 대화할 수 있다.

사실 디지털 시대의 호모 우르바누스는 물리적 공간과 가상 공간의 경계를 자유롭게 넘나드는 '하이브리드 존재'다. 길을 걸으면서도 스마트폰 지도 앱으로 최적의 경로를 찾고, 낯선 도시에서도 온라인 리뷰를 통해 현지인처럼 맛집을 찾으며, 소셜 미디어를 통해 물리적으로 떨어진 사람들과 지속적으로 연결된다. 이러한 '증강된 도시성'은 물리적 도시와 디지털 네트워크가 중첩된 새로운 경험 영역을 창출한다.

도시적 존재는 또한 다양한 시간성이 교차하는 시공간의 복합체 속에 산다. 24시간 깨어 있는 경제의 연속적 시간, 아침 러시아워의 집단적 리듬, 개인의 생체 시계, 계절의 변화, 역사적 건물에 새겨진 과거의 층위 — 이 모든 시간의 차원이 도시에서 중첩된다. 르페브르의 '리듬분석' 렌즈를 통해 보면, 도시적 존재는 이러한 다양한 시간의 흐름 속에서 자신만의 리듬을 찾아가는 존재다. 어떤 이는 새벽의 고요함 속에 생산성을 찾고, 또 다른 이는 밤의 에너지에 감응하며, 각자 도시의 리듬과 자신의 내면 리듬 사이의 최적 조화를 모색한다.

인류학적 관점에서 호모 우르바누스의 출현은 우리 종의 중대한 진화적 변곡점이다. 수백만 년 동안 인류는 자연환경 속에서 진화했으나, 이제는 스스로 만든 인공적 풍경 속에서 살아가며 적응한다. 별빛 아래서 뛰놀던 아이들은 이제 LED 조명 아래에서 자라고, 계절의 변화에 맞춰 살던 조상들은 이제 24시간 일정표에 따라 움직인다. 이러한 극적인 환경 변화가 인간의 생리, 심리, 사회적 본성에 어떤 장기적 영향을 미칠지는 아직 온전히 이해되지 않은 미스터리다.

궁극적으로 도시적 존재로서의 인간은 모순의 춤을 추며 살아간다. 무한한 연결 가능성과 심오한 고립감, 다양성의 풍요와 분리의 심연, 전례 없는 자유와 미묘한 소외, 눈부신 기회와 구조적 불평등 — 이 모든 긴장이 도시의 교향곡을 구성한다. 호모 우르바누스는 이러한 대립항 사이를 항해하며 자신만의 도시적 실존을 조각해나간다.

도시의 불빛이 점점 더 지구의 밤을 밝히는 이 시대에, 도시적 존재의 조건을 이해하는 것은 단순한 학문적 호기심을 넘어선다. 그것은 우리 자신의 모습을 비추는 거울을 들여다보는 일이자, 우리가 함께 건설해나갈 공동의 미래를 상상하는 근본적 과제다. 매일 아침 출근길에 오르는 수많은 도시인들의 발걸음 속에, 인류의 새로운 챕터가 쓰여지고 있는 것이다.

3. 도시의 존재론: 실체인가, 과정인가?

도시의 모습을 카메라에 담으려 할 때, 셔터를 누르는 순간 이미 그 모습은 변하고 있다. 오래된 건물이 철거되고, 새로운 건물이 솟아오르며, 거리의 흐름은 시시각각 달라진다. 이처럼 도시의 본질을 규명하려는 철학적 탐구에서 가장 근본적인 질문은 존재론적 성격을 띤다. 도시는 과연 어떤 종류의 존재인가? 그것은 고정된 실체인가, 아니면 끊임없이 변화하는 과정인가? 이는 단순한 지적 유희가 아니라, 우리가 도시를 어떻게 이해하고, 계획하고, 경험할 것인가를 결정하는 근본 전제다.

전통적으로 도시는 물리적 실체, 즉 건물, 도로, 다리, 광장, 공원 등 공간적으로 고정된 구조물의 집합으로 여겨져 왔다. 이러한 '실체 중심적' 관점은 도시를 지도 위에 명확히 경계 지을 수 있는 물리적 장소, 시간을 가로질러 지속되는 안정적 존재로 바라본다. 도시 계획가와 건축가들은 이런 시각에서 도시를 마스터플랜으로 구현할 수 있다고 믿었다.

르 코르뷔지에의 "빛나는 도시(Ville Radieuse)" 계획이나 브라질리아의 설계는 도시를 하나의 거대한 건축물처럼 고정된 비전으로 그려낸 대표적 사례다.

그러나 20세기 후반부터 도시 연구에서는 '과정 중심적' 관점이 점차 우세해졌다. 이 관점은 도시를 고정된 물체가 아닌, 끊임없이 흐르고 변화하는 동적 과정으로 이해한다. 데이비드 하비는 마르크스주의적 렌즈를 통해 도시를 자본 축적의 순환 과정이 공간적으로 표현된 결과로 해석했다. "도시는 자본이 서있는 장소가 아니라, 자본이 흘러가는 과정이다"라는 그의 명제는 도시의 과정적 본질을 핵심적으로 포착한다.

실제로 뉴욕 맨해튼의 스카이라인은 세대마다 다른 얼굴을 보여주었다. 한때 최고층을 자랑하던 울워스 빌딩은 크라이슬러 빌딩에, 다시 엠파이어 스테이트 빌딩에, 그리고 결국 쌍둥이 빌딩과 새로운 원월드트레이드센터에 그 지위를 내주었다. 런던의 도크랜드는 번잡한 산업 항만에서 세계 금융의 중심지로 변모했고, 서울의 강남은 불과 한 세대 전만 해도 한적한 논밭이었다가 아시아의 대표적 메트로폴리스로 탈바꿈했다. 이러한 변화는 도시가 자본, 정치, 문화의 흐름에 따라 끊임없이 재구성되는 과정적 실체임을 생생히 보여준다.

마누엘 카스텔스는 네트워크 사회 이론을 통해 도시의 과정적 성격에 대한 또 다른 시각을 제시한다. 그는 현대 도시를 '장소의 공간'이 아닌 '흐름의 공간'으로 개념화한다. 디지털 시대의 도시는 물리적 경계 내에 갇힌 고정체가 아니라, 정보, 자본, 기술, 이미지, 상징 등이 전지구적으로 순환하는 네트워크의 결절점으로 존재한다는 것이다. 뉴욕의 월스트리트 트레이더가 도쿄 증시의 움직임에 즉각 반응하고, 런던의 디자이너가 서울의 트렌드에 영감을 받는 초연결 시대에, 도시는 더 이상 고립된 섬이 아니라 흐름의 그물망 속 교차점이다.

"우리는 도시를 파악하려는 노력 속에서, 어쩌면 우리가 찾는 것은 도시가 아니라 무언가 다른 것일지도 모른다"라는 카스텔스의 말은 도시라는 실체를 둘러싼 존재론적 불확실성을 암시한다. 실제로 디지털 기술의 발전은 도시의 경계와 정체성을 점점 더 모호하게 만든다. 서울에 앉아 뉴욕 오피스와 화상회의를 하고, 파리의 카페에 앉아 베이징의 프로젝트를 진행하는 일상은, 도시 경험이 더 이상 단일한 물리적 좌표에 고정되지 않음을 보여준다.

과정으로서의 도시 개념은 도시의 유기체적 성격을 강조한다. 제인 제이콥스는 도시를 "조직된 복잡성"의 문제로 보았다. 그녀는 도시가 마치 생물학적 유기체처럼 자기조직화하는 시스템이며, 거주자들의 일상적 상호작용을 통해 끊임없이 형성되고 재형성된다고 주장했다. "도시는 우리 모두의 집단적 예술작품"이라는 그녀의 말은 도시가 단일한 계획자의 비전이 아닌, 무수한 행위자들의 협력과 갈등, 즉흥과 적응을 통해 끊임없이 '되어가는(becoming)' 과정에 있는 실체임을 시사한다.

보스턴의 노스엔드처럼 공식적 계획 없이도 활기찬 도시 환경으로 진화한 지역은 도시의 자기조직화 능력을 보여주는 생생한 사례다. 좁은 거리, 작은 블록, 다양한 연령의 건물, 혼합 용도 — 이러한 요소들은 계획가의 의도적 설계가 아니라, 시간을 통한 유기적 진화의 결과다. 이는 도시가 정적인 청사진이 아닌, 살아있는 유기체처럼 성장하고 적응하는 과정임을 증명한다.

최근의 복잡계 이론은 도시의 과정적 성격에 대한 과학적 기반을 제공한다. 마이클 배티는 도시를 창발적 특성을 지닌 복잡 적응 시스템으로 분석한다. 이러한 관점에서 도시는 선형적 인과관계로 설명할 수 없는 비예측적 패턴과 구조를 생성하는 동적 시스템이다. 교통 흐름, 토지 이용 패턴, 부동산 가격 변동 등은 중앙 집중적 통제 없이도 자기조직화하는 창발적 질서의 사례들이다.

그러나 도시의 과정적 본질을 강조하는 동시에, 그 물질성과 지속성을 간과해서는 안 된다. 도시는 무수한 인간의 의지와 노동이 축적된 결과물로서, 특정한 지리적, 물질적 형태를 취한다. 로마의 콜로세움, 파리의 오스만식 대로, 뉴욕의 그리드 시스템, 베이징의 후통 — 이러한 물리적 형태는 시간을 가로질러 지속되며, 도시의 정체성과 특성을 규정한다. 이 물질적 구조물들은 단순한 배경이 아니라, 인간의 행동과 사고방식에 적극적으로 영향을 미치는 능동적 행위자로 작용한다.

브루노 라투르의 '행위자-네트워크 이론'은 이러한 비인간 행위자의 역할에 주목한다. 그에 따르면 도시는 인간과 비인간 행위자들 — 건물, 도로, 기술 시스템, 자연 요소 등 — 이 복잡하게 얽힌 네트워크다. 파리의 에펠탑은 단순한 철제 구조물이 아니라, 도시의 정

체성을 형성하고, 관광객의 흐름을 만들어내며, 경제적 가치를 창출하는 능동적 행위자다. 마찬가지로 시드니 오페라 하우스, 빌바오 구겐하임 미술관, 서울 동대문디자인플라자 같은 상징적 건축물은 도시의 이미지와 경험을 적극적으로 구성한다.

따라서 도시의 존재론적 상태는 이분법적으로 규정할 수 없는 복합적인 것이다. 도시는 실체이면서 동시에 과정이며, 고정된 구조물이면서 동시에 흐름의 네트워크이고, 물질적 장소이면서 동시에 상징적 텍스트다. 이는 알프레드 노스 화이트헤드의 '과정 철학'이 제시하는 통찰과 일맥상통한다. 화이트헤드에 따르면 모든 실재는 '현실적 계기'들의 연속적 과정이며, 안정된 실체처럼 보이는 것도 사실은 역동적 생성의 패턴이다.

이런 시각에서 도시는 마치 강물과 같다. 헤라클레이토스가 "같은 강물에 두 번 발을 담글 수 없다"고 했듯이, 우리는 결코 같은 도시에 두 번 발을 들이지 못한다. 매순간 도시는 변화하고 있으며, 어제의 도시는 오늘의 도시와 같지 않다. 그러나 동시에 테베스가 여전히 테베스이고, 아테네가 여전히 아테네인 것처럼, 도시는 변화 속에서도 어떤 정체성과 연속성을 유지한다. 이 변화와 지속의 변증법적 긴장이 도시의 존재론적 본질을 구성한다.

앙리 르페브르의 개념을 빌리면, 도시는 "공간적 실천", "공간의 재현", "재현의 공간"이 교차하는 지점이다. 즉, 일상적 행위의 실천적 공간, 계획가와 설계자의 이론적 공간, 상징과 이미지의 경험적 공간이 중첩되고 상호작용하는 복합체다. 이러한 복합적 존재론을 통해서만, 우리는 도시의 다층적 실재를 온전히 포착할 수 있다.

도시의 존재론적 물음은 단순한 철학적 사변이 아니라, 도시를 어떻게 계획하고 관리할 것인가에 관한 실천적 함의를 지닌다. 도시를 고정된 실체로 보는 관점은 종종 하향식 마스터플랜, 엄격한 구역화, 기념비적 건축물을 통한 도시 이미지 구축과 같은 접근으로 이어진다. 반면 도시를 과정으로 보는 관점은 점진적 개발, 시민 참여적 계획, 기존 건물의 적응적 재사용, 도시 실험과 같은 유연한 전략을 선호한다.

궁극적으로 도시를 온전히 이해하기 위해서는 이 두 관점의 균형과 통합이 필요하다. 도시는 물질적 실체이자 사회적 과정이며, 정적인 구조물이자 역동적인 관계망이다. 매일 아침 같은 건물들 사이로 출근하면서도, 우리는 결코 같은 도시를 경험하지 않는다. 도시의 이러한 이중적 존재론을 받아들일 때, 우리는 비로소 그 복잡하고 매혹적인 실체를 더 깊이 이해하고, 더 지혜롭게 계획하며, 더 풍요롭게 경험할 수 있을 것이다.

4. 도시와 비도시의 경계: 농촌, 교외, 메가시티

밤하늘에서 지구를 내려다보면, 빛의 집적이 도시의 윤곽을 그려낸다. 그러나 가까이 다가갈수록, 그 명료했던 경계는 점점 흐릿해진다. 도시는 어디서 시작하고 어디서 끝나는 가? 도시와 비도시를 가르는 선은 과연 어디에 그어져 있는가? 이 경계에 관한 탐구는, 도시 란 무엇인가라는 근본 질문의 또 다른 얼굴이다. 이는 단순한 지도 위의 경계선 문제가 아니 라, 도시성(urbanity)의 본질과 그 확산 과정에 관한 깊은 성찰을 요구한다.

역사적으로 도시와 농촌은 명확히 구분되는 이원적 세계였다. 성벽으로 둘러싸인 중세 유럽의 도시에서, 성문은 두 세계의 분명한, 때로는 폐쇄적인 분기점이었다. 성문을 통과 하는 순간, 사람들은 다른 법체계, 다른 경제 활동, 다른 생활양식이 지배하는 세계로 들어 섰다. 도시의 시민(citizen)과 농촌의 농민(peasant)은 단순한 거주지의 차이를 넘어, 법 적 권리와 의무, 사회적 지위, 문화적 정체성까지 달랐다. 독일어에서 '도시의 공기는 자유 롭게 한다(Stadtluft macht frei)'는 격언은 이러한 근본적 차이를 함축한다.

근대 국가의 행정 시스템은 이러한 이분법을 제도화했다. 법적으로 규정된 도시 경계는 인구 통계, 자원 배분, 정책 수립의 기본 단위가 되었다. 일본의 시(市)와 군(郡), 한국의 시(市)와 군(郡), 미국의 도시 경계선(city limits)은 이러한 행정적 이원론의 물리적 표현이 다. 행정구역도에서 도시와 비도시는 서로 다른 색으로 명확히 구분된다.

그러나 20세기 중반부터 이 선명한 경계는 점차 희미해지기 시작했다. 자동차의 대중화 와 고속도로 건설은 도시의 확장성을 급격히 증가시켰고, 교외화(suburbanization)라는 새로운 공간 현상을 탄생시켰다. 특히 제2차 세계대전 이후 미국에서 폭발적으로 성장한 교외 지역은 도시도 아니고 농촌도 아닌 중간 지대, 혼종적 공간을 형성했다.

뉴욕 롱아일랜드의 레비타운은 이러한 교외화의 원형이다. 윌리엄 레비트가 설계한 이 계획 커뮤니티는 균일한 단독주택, 잔디 정원, 쇼핑몰, 학교를 갖춘 '아메리칸 드림'의 구현

이었다. 이곳은 도시의 편의성과 농촌의 전원적 분위기를 결합하여, 중산층 가족에게 새로운 생활양식을 제공했다. 단, 백인 중산층에게만 한정된 꿈이었다는 점에서 교외의 양면성이 드러난다.

"교외는 민주주의의 꿈을 실현하는 장소인가, 아니면 도시 문제의 도피처인가?" 이 질문은 교외의 모순적 정체성을 예리하게 포착한다. 교외는 중산층에게 넓은 주택과 깨끗한 환경, 좋은 학교를 제공하면서도, 도시 중심부의 쇠퇴, 인종적 분리, 자동차 의존성 심화라는 부작용을 낳았다. 1950~60년대 미국에서 광범위하게 나타난 '백인 이주(white flight)' 현상 — 백인 중산층이 도심을 떠나 인종적으로 동질적인 교외로 이동한 현상 — 은 교외화의 사회적 함의를 보여주는 극적 사례다.

이처럼 도시와 농촌 사이에 새로운 중간 지대가 형성되는 한편, 도시의 물리적 경계는 점점 더 확장되어 주변 농촌 지역을 흡수해가고 있다. 국제연합(UN)은 이러한 현실을 반영하여, 행정구역상 도시 인구와 함께 '도시 집적지(urban agglomeration)' — 도시의 연속적 건조 환경이 행정 경계를 넘어 확장된 지역 — 의 인구를 별도로 측정하기 시작했다. 행정적 경계는 유지되지만, 실질적 도시 영역은 그 경계를 넘어선다는 인식이다.

특히 아시아, 아프리카, 라틴아메리카의 메가시티들은 거미줄처럼 주변으로 뻗어나가는 확장세가 두드러진다. 도쿄-요코하마, 자카르타, 델리, 멕시코시티, 상파울루 같은 메가시티는 단일 행정구역이 아닌, 여러 지방자치단체를 포괄하는 거대한 도시 복합체로 기능한다. 중국의 장강 삼각주 지역(상하이를 중심으로 한 거대 도시군)이나 미국의 북동부 회랑(보스턴에서 워싱턴까지 연결된 도시 벨트)과 같은 '메가리전'은 여러 대도시와 중소도시, 교외 지역이 연결되어 형성된 거대한 도시화 지역으로, 전통적 도시 개념의 경계를 완전히 초월한다.

도시학자 에드워드 소자는 이러한 새로운 도시 현실을 '후기 메트로폴리스(postmetropolis)'라 명명했다. 이는 전통적인 도시-교외-농촌의 위계가 더 이상 유효하지 않은, 탈중심화되고 다핵화된 도시 지리의 등장을 의미한다. 스위스의 도시학자 크리스티앙 슈미드와 네덜란드의 건축가 렘 콜하스는 '확장된 도시화' 개념을 통해, 도시 과정이 물리적 도시 경계를 넘어 지구적 차원으로 확산되는 현상을 설명한다. 이들에 따르면, 알프스 산맥의 스키 리조트나 아마존 밀림의 채광 지역과 같은 '비도시' 지역조차 글로벌 도시 네트워크의 일부로 기능한다.

물리적 경계의 모호화와 함께, 디지털 기술의 발전은 도시적 생활양식과 문화가 지리적 한계를 초월해 확산되는 현상을 가속화했다. 인터넷과 스마트폰은 도시의 문화적, 경제적, 사회적 영향력을 가장 외진 시골까지 전달한다. 북유럽의 작은 어촌에서도 서울의 K-팝이 울려 퍼지고, 히말라야의 마을에서도 뉴욕 증시의 등락이 실시간으로 확인된다. 농촌 주민들은 온라인 쇼핑, 스트리밍 서비스, 소셜 미디어를 통해 물리적 거리와 무관하게 도시적 경험에 참여한다.

앙리 르페브르는 이미 1970년에 『도시 혁명』에서 "완전한 도시화 사회"의 도래를 예견했다. 그에 따르면, 도시화는 더 이상 특정 지역에 한정된 현상이 아니라, 전 사회를 변형시키는 보편적 과정이다. 농촌조차 도시적 영향력에서 자유롭지 않으며, 순수한 '비도시'는 점점 사라져간다는 것이다. 르페브르의 예언은 오늘날 현실이 되어가고 있다.

흥미롭게도, 디지털 시대에는 역설적으로 '역도시화(counter-urbanization)' 현상도 관찰된다. 원격 근무의 확산으로 인해 도시 거주자들이 시골이나 소도시로 이주하는 '디지털 노마드'나 '줌 타운(Zoom towns)'의 등장은 물리적 도시 중심에 대한 의존성 감소를 보여준다. 코로나19 팬데믹 이후 이러한 경향은 더욱 가속화되었다. 이는 도시성이 더 이상 특정 장소에 고정되지 않고, 디지털 네트워크를 통해 유동적으로 경험될 수 있음을 시사한다. 도시적 삶과 비도시적 환경 사이의 새로운 조합이 가능해진 것이다.

이탈리아의 건축가 안드레아 브란지는 이러한 새로운 공간 현실을 "약한 도시성(weak urbanization)"이라 표현했다. 그에 따르면 현대 도시는 더 이상 명확한 경계와 영구적 구조를 가진 견고한 실체가 아니라, 유동적이고 불확정적이며 임시적인 관계의 네트워크다. 도시와 비도시의 경계는 고정된 선이 아니라, 상황과 관점에 따라 변화하는 다공성 영역(porous zone)이 되었다.

전통적인 도시-농촌 이분법을 넘어서는 이러한 변화는 우리가 도시화를 연속체(continuum)로 이해할 필요성을 제기한다. 데이비드 하비는 "도시적인 것은 프로세스이지 사물이 아니다"라고 강조했다. 도시성은 특정 장소의 고유한 속성이 아니라, 다양한 강도와 형태로 나타나는 공간적, 사회적, 경제적, 문화적 과정이라는 것이다.

이러한 관점에서, 현대 세계는 도시-비도시의 이분법보다 다양한 도시화 방식과 정도의 스펙트럼으로 이해될 수 있다. 글로벌 도시에서 메가시티, 중소도시, 교외, 도시화된 농촌, 원격 지역에 이르기까지, 각 공간은 도시화 과정에 서로 다른 방식으로 연결되고 영향받는다. 각 지점은 도시성의 서로 다른 밀도와 강도를 보여준다.

이러한 복잡한 공간적 현실은 인간 경험의 다양성과 특수성에 주목할 것을 요구한다. 동남아시아의 '데사코타(desakota)' ― 도시(kota)와 농촌(desa)의 특성이 혼합된 지역 ― 는 이러한 혼종적 공간의 대표적 사례다. 인도네시아 자바섬이나 태국 방콕 외곽의 데사코타 지역에서는 논밭 사이로 공장이 들어서고, 전통 시장 옆에 현대적 쇼핑몰이 위치하며, 농부와 공장 노동자가 같은 가족 구성원으로 공존한다. 중국의 '성향결합부(城乡结合部)'도 유사한 현상을 보여준다. 이러한 공간에서의 삶은 단순히 '도시적' 또는 '농촌적'이라는 이분법으로 환원될 수 없는 복합성을 지닌다.

오늘날 도시와 비도시의 경계는 점점 더 불확실해지고 있다. 그러나 이러한 불확실성은 한계가 아닌 기회일 수 있다. 그것은 우리가 도시성의 본질에 대해 더 근본적인 질문을 던질 수 있게 한다: 도시적인 것의 핵심은 무엇인가? 그것은 물리적 밀도인가, 사회적 다양성인가, 특정한 경제적 관계인가, 아니면 문화적 특성인가?

도시인문학은 이러한 질문을 추상적 차원에서만이 아니라, 구체적 장소와 실제 경험의 맥락에서 탐구한다. 도시 경계의 모호함은 도시적 존재의 복합성과 다층성을 인정하고, 그 속에서 인간 경험의 풍요로운 다양성을 발견하는 계기가 될 수 있다. 경계가 흐릿해질수록, 우리는 도시를 더 넓은 지평에서, 더 깊은 차원에서 이해할 수 있게 된다.

[참/고/문/헌]

1. 아리스토텔레스, 『정치학』, 기원전 4세기.

2. 루이스 멈포드, The City in History: Its Origins, Its Transformations, and Its Prospects, Harcourt, Brace & World, 1961.

3. 데이비드 하비, Time-Space Compression, 20124.

4. 게오르그 짐멜, 『대도시와 정신적 삶』 (Die Großstädte und das Geistesleben), 1903.

5. 앙리 르페브르, The Production of Space, Blackwell Publishing, 1991.

6. 미셸 드 세르토, The Practice of Everyday Life, 1974.

7. 리처드 세넷, The Conscience of the Eye: The Design and Social Life of Cities, W.W. Norton & Company, 1992.

8. 제인 제이콥스, The Death and Life of Great American Cities, Random House, 1961.

9. 마누엘 카스텔스, The Rise of the Network Society, Blackwell Publishers, 1996.

10. 에드워드 소자, Postmetropolis: Critical Studies of Cities and Regions, Wiley-Blackwell, 2000.

제2장

✢

도시의 탄생과 진화
– 역사적 관점에서 본 도시 –

1. 최초의 도시들: 메소포타미아, 이집트, 인더스, 중국

흙과 돌이 말을 할 수 있다면, 인류 최초의 도시 유적들은 우리에게 어떤 이야기를 들려줄까? 황토의 먼지를 뒤집어쓴 지구라트의 계단, 나일 강변에 침묵하는 신전의 기둥들, 인더스 계곡에 묻힌 정교한 하수도 시스템, 그리고 중국 황하 유역의 성벽 아래 쌓인 수천 년 전 도기 파편들. 이 모든 것들은 인간이라는 존재가 5천 년 전 시작한 가장 야심찬 실험 — 도시라는 실험 — 의 증거들이다.

인류 역사에서 도시의 출현은 단순한 정주 형태의 변화를 넘어선 문명사적 대전환이었다. 약 5~6천 년 전, 인류는 수만 년간 유지해온 소규모 씨족 단위의 생활 방식에서 과감히 벗어나, 수천에서 수만 명이 함께 거주하는 전례 없는 공동체를 형성하기 시작했다. 이것은 마치 오랜 시간 얕은 물가에서만 헤엄치던 생명체가 갑자기 깊고 넓은 바다로 뛰어든 것과 같은 도약이었다. 이 급진적 변화는 인간의 사회적 조직, 세계관, 기술, 예술, 정치 형태에 혁명적 변화를 가져왔다.

✚ 메소포타미아: 최초의 도시 문명의 요람

"신들은 도시를 창조하였고, 인간은 그곳에 살게 되었다." 수메르의 창세신화는 도시의 신성한 기원을 이렇게 노래한다. 메소포타미아의 비옥한 초승달 지대, 두 강 사이의 땅은 최초의 도시 문명이 태동한 요람이었다. 황갈색 평원 위에 솟아오른 인공의 산, 지구라트는 하늘과 땅을 잇는 다리로, 신과 인간이 만나는 접점으로 기능했다.

기원전 4000년경, 유프라테스와 티그리스 강 유역에서 우루크, 우르, 에리두와 같은 초기 도시들이 마치 사막의 오아시스처럼 솟아올랐다. 고고학적 발굴에 따르면, 기원전 3500년경 우루크는 이미 인구 4만 명 이상의 대규모 정주지로 성장했으며, 거대한 지구라 트라는 신전 복합체, 뱀처럼 구불구불한 관개 수로, 별자리처럼 얽힌 도로망, 그리고 외부 세계와의 경계를 그은 단단한 성벽 등 도시의 기본 요소들을 갖추고 있었다.

"왜 하필 그 시점에, 그 장소에서 도시가 출현했는가?" 이 질문은 마치 강물이 어느 순간 댐을 이루고 흐름을 바꾸는 것과 같은 문명의 전환점을 이해하는 열쇠다. 그 답은 여러 요인 들의 복합적 상호작용에서 찾을 수 있다.

농업 혁명으로 인한 식량 생산의 획기적 증가는 도시 형성의 물질적 기반을 제공했다. 보리와 밀이 풍성하게 자라는 들판은 도시의 생명줄이었다. 특히 관개농업의 발달은 농업 생산성을 높이는 동시에, 대규모 공동 작업을 관리할 중앙 조직의 필요성을 증대시켰다. 물을 통제하는 자가 생명을 통제하는 셈이었다.

또한 종교적 중심지의 형성은 초기 도시 발달의 중요한 촉매제였다. 많은 메소포타미아 도시들은 신전을 중심으로 발전했으며, 신전은 단순한 종교 시설을 넘어 경제적, 정치적 기능을 담당했다. 신전의 창고에는 도시 전체의 잉여 생산물이 모였고, 사제들은 이를 관리 하는 최초의 관료가 되었다.

고고학자 데니스 프랭크(Denise Schmandt-Besserat)의 연구에 따르면, 최초의 문자 체계인 설형문자는 신전 경제의 기록을 위해 발명되었다. 토큰(token)이라 불리는 작은 점토 상징물에서 시작해 점차 발전한 이 문자 체계는 도시 관리의 핵심 도구가 되었다. 그것 은 마치 눈에 보이지 않는 도시의 신경망과도 같았다.

"양 20마리, 보리 5 자루..." 설형문자로 새겨진 점토판의 기록은 사실상 도시 경제의 맥박을 보여준다. 문자의 발명은 단순한 기술적 진보가 아니라, 인간의 기억 능력을 확장시 키고 정보를 공간과 시간을 초월해 전달할 수 있게 한 문명의 도약이었다.

교역의 활성화 역시 도시 형성의 중요한 요인이었다. 메소포타미아는 목재, 금속, 돌과 같은 주요 자원이 부족했기 때문에, 주변 지역과의 교역이 필수적이었다. 바다 건너 레바논

의 삼나무, 아나톨리아의 은, 페르시아 고원의 청금석과 같은 멀리서 온 물건들이 우루크와 우르의 시장에서 교환되었다. 우루크와 같은 도시들은 이러한 교역망의 중심지로 기능하며 성장했다.

고고학자 길 스타인(Gil Stein)의 연구는 초기 도시들이 장거리 교역 네트워크에 깊이 연결되어 있었음을 보여준다. 도시는 마치 거미줄의 중심처럼, 멀리 떨어진 지역들을 연결하는 결절점이었다.

✤ 이집트: 영원을 추구한 도시 건설자들

나일강의 검은 진흙이 선물한 비옥한 땅 위에서, 이집트인들은 그들만의 독특한 도시 개념을 발전시켰다. 메소포타미아의 도시들이 신전을 중심으로 발전했다면, 고대 이집트의 도시들은 보다 직접적으로 왕권과 연결되어 있었다. 멤피스, 테베와 같은 도시들은 파라오의 권위와 우주적 질서를 지상에 구현하는 공간으로 계획되었다.

"마아트(Maat)"라 불리는 우주적 질서와 조화의 개념은 이집트 도시 계획의 기본 원리였다. 특히 카르낙 신전 복합체와 같은 거대 구조물은 왕권의 신성함과 영속성을 물리적으로 표현했다. 그 석조 기둥의 숲을 거닐면, 인간이 아닌 신들을 위한 공간에 들어선 듯한 압도적 경외감을 느끼게 된다.

이집트 도시들의 또 다른 특징은 나일강의 연례적 범람과 깊은 관련이 있다는 점이다. 범람은 비옥한 토양을 제공했지만, 동시에 토지 경계를 지우고 재설정하는 작업을 필요로 했다. 이는 측량과 기하학의 발달을 촉진했으며, 이집트인들의 질서 정연한 우주관이 도시 계획에 반영되었다. 직선의 도로, 대칭적 구조, 천문학적 정렬 등은 이집트 도시 설계의 특징이었다. 이는 마치 별자리의 패턴을 지상에 그대로 재현하려는 시도와도 같았다.

"우리는 돌을 위해 살고, 그들(메소포타미아인들)은 진흙을 위해 산다." 한 이집트 사제의 이 말은 두 문명의 도시 건축 철학의 차이를 명확히 보여준다. 이집트인들에게 도시는 영원을 위한 공간이었고, 그들의 건축물은 시간을 초월하는 영구성을 지향했다.

❖ 인더스: 계획된 평등의 도시

인더스 강 유역에서는 또 다른 형태의 도시 문명이 꽃피었다. 동시에 인더스 문명(기원전 2600~1900년경)은 현재의 파키스탄과 인도 북서부에서 하라파와 모헨조다로 같은 고도로 계획된 도시들을 발전시켰다. 이들 도시는 경이로운 수준의 도시 계획과 공공 인프라를 보여준다.

하늘에서 내려다보면, 인더스의 도시들은 마치 거대한 격자무늬 천을 지상에 펼쳐놓은 듯했다. 직사각형 격자 패턴의 도로망, 표준화된 벽돌, 대형 공중목욕탕, 그리고 가장 놀라운 것은 당시로서는 매우 선진적인 배수 및 하수 시스템이었다. 물이 흐르는 방향을 정확히 계산하고, 오물을 효율적으로 처리할 줄 아는 이들의 공학적 지식은 경이롭다.

모헨조다로의 '대욕장(Great Bath)'은 단순한 위생 시설이 아닌, 사회적, 의례적 기능을 가진 공공 공간이었다. 물에 몸을 담그는 행위는 단순한 세정이 아닌, 정신적 정화의 의미를 가졌다. 이는 인더스 문명에서 물의 중요성과 정화의 의미를 보여준다. 또한 거의 모든 집에 화장실과 배수 시설이 갖춰져 있었던 점은 높은 수준의 도시 생활 표준을 시사한다. 2천 년 후 로마인들이 자랑스럽게 발전시킨 공중위생 시스템의 원형이 이미 인더스 계곡에 존재했던 것이다.

인더스 문명의 또 다른 특징은 비교적 평등한 도시 구조다. 이집트나 메소포타미아와 달리 거대한 궁전이나 신전 같은 권력의 상징물이 두드러지지 않으며, 주거 지역도 비교적 균질한 크기와 품질을 보인다. 벽돌 한 장의 크기까지 표준화된 이 도시들은 마치 중앙의 계획된 설계에 따라 건설된 것 같은 인상을 준다. 이는 상대적으로 평등한 사회 구조나, 혹은 상인 계층이 주도하는 도시 발전을 암시할 수 있다. 아직 해독되지 않은 인더스 문자의 비밀이 풀린다면, 이 도시들의 진정한 성격이 밝혀질지도 모른다.

✦ 중국: 우주적 질서의 지상 구현

동양의 끝에서, 황하의 황토 평원 위에 또 다른 도시 전통이 태동했다. 동아시아에서는 황하와 양쯔강 유역에서 초기 도시 문명이 발전했다. 상(商) 왕조(기원전 1600~1046년경) 시기의 안양(安陽)과 같은 도시들은 이미 성벽, 대형 궁전, 의례 공간, 수공업 지구 등 도시적 특성을 갖추고 있었다.

안양의 발굴 현장에서 발견된 갑골문(甲骨文)이라 불리는 초기 한자는 상 왕조의 도시에서 점술과 행정을 위해 사용되었다. "내일 비가 올 것인가?", "정복 전쟁은 성공할 것인가?" 거북이 등껍질과 소의 견갑골에 새겨진 이 고대 문자들은 도시 지배층의 관심사를 생생하게 보여준다.

주(周) 왕조(기원전 1046~256년) 시기에는 도시 계획이 더욱 체계화되어, 《주례(周禮)》의 「고공기(考工記)」에는 이상적인 도시 형태에 대한 상세한 기록이 남아있다. 이에 따르면 왕도(王都)는 9개의 남북 도로와 9개의 동서 도로로 구획된 정방형이어야 하며, 중앙에 궁궐을, 남쪽에 조정을, 북쪽에 시장을 두어야 한다. 마치 천체의 운행처럼 질서정연하게 배치된 이 도시 형태는 이후 창안(長安), 뤄양(洛陽), 베이징(北京)과 같은 도시들의 설계에 영향을 미쳤다.

중국 도시의 특징은 우주적 질서의 지상적 구현이라는 이념이다. 도시는 천지(天地)의 조화를 반영해야 했으며, 황제는 이 우주적 질서의 중심에 위치했다. 따라서 중국 도시들은 엄격한 기하학적 원리, 특히 남북 축을 중심으로 한 대칭성을 강조했다. 성벽과, 성내 공간의 방형 구획(坊)은 중국 도시의 전형적 특징이었다. 이는 마치 우주의 질서를 축소하여 지상에 건설한 미니어처와도 같았다.

한 중국 고전은 이렇게 말한다. "하늘은 둥글고, 땅은 네모나다(天圓地方)." 이 우주관은 중국 도시 설계의 기본 원리가 되었다. 자금성과 같은 황실 건축물은 천원지방(天圓地方)의 개념을 건축적으로 구현한 사례다.

✤ 도시의 본질: 문명의 용광로

이처럼 초기 도시들은 각 문명의 독특한 세계관, 사회 구조, 환경적 조건을 반영하며 다양한 형태로 발전했다. 그러나 이들 사이에는 몇 가지 중요한 공통점이 있었다.

첫째, 정치적, 종교적 권위의 집중이다. 도시는 단순한 인구 집중지가 아닌, 권력의 중심지였다. 신전, 궁전, 행정 건물과 같은 구조물들은 이러한 권위를 물리적으로 표현했다. 이들은 마치 도시의 심장과도 같아서, 여기서 뿜어져 나오는 명령과 의례는 도시 전체에 생명력을 불어넣었다.

둘째, 사회적 계층화와 전문화된 노동 분업이다. 도시 사회는 농경 사회보다 훨씬 복잡한 사회 계층을 발전시켰다. 지배 엘리트, 종교 지도자, 관료, 장인, 상인, 농민, 노예 등 다양한 계층이 형성되었고, 이들 사이의 관계는 도시 공간 구조에 반영되었다. 도시는 사람들이 서로 다른 일을 하면서도 함께 살아가는 방법을 배우는 실험실이었다.

셋째, 문자 체계의 발달이다. 초기 도시들은 거의 예외 없이 문자 체계를 발전시켰다. 이는 복잡한 도시 사회의 행정, 경제, 종교적 필요에 대응하기 위한 것이었으며, 지식의 축적과 전수를 가능케 했다. 문자는 도시의 기억이자, 과거와 미래를 잇는 다리였다.

넷째, 자연과 구분되는 인공적 환경의 창조다. 도시는 본질적으로 '건설된' 환경으로, 벽돌, 석재, 목재 등을 사용한 건축물, 계획된 가로 체계, 수로, 성벽 등으로 구성되었다. 이는 인간이 자연에 대해 새로운 관계를 설정하는 방식이었다. 농촌이 자연의 리듬에 순응한다면, 도시는 자연을 통제하고 변형하려는 시도였다.

이러한 초기 도시들의 출현은 인류 역사의 궤적을 근본적으로 바꾸었다. 그것은 권력의 집중, 지식의 체계화, 경제의 다각화, 문화의 창조를 가능케 했으며, 이후 모든 도시 발전의 기본 틀을 형성했다. 도시는 단순한 거주지가 아닌, 인류 문명의 용광로로서 기능하기 시작했다.

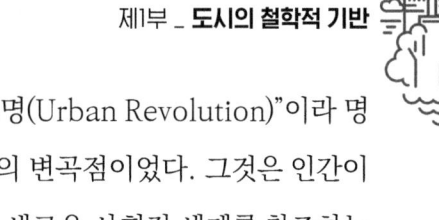

고고학자 고든 차일드(V. Gordon Childe)가 "도시 혁명(Urban Revolution)"이라 명명한 이 과정은, 신석기 농업 혁명에 버금가는 인류 역사의 변곡점이었다. 그것은 인간이 자연환경에 적응하는 수동적 존재에서, 환경을 변형하고 새로운 사회적 세계를 창조하는 능동적 주체로 변모하는 결정적 계기였다.

오늘날 고층 빌딩이 솟아오른 현대 도시의 스카이라인을 바라볼 때, 우리는 그 뿌리가 수천 년 전 메소포타미아의 평원, 나일강의 범람원, 인더스 계곡의 격자형 도시, 그리고 황하 유역의 성곽 도시에 있음을 기억해야 한다. 도시라는 이 위대한 인류 실험은 여전히 진행 중이다. 그리고 그 실험의 결과는 우리의 미래를 결정할 것이다.

2. 고대 그리스와 로마의 도시: 폴리스와 제국의 도시

아침 햇살이 에게해의 투명한 푸른 물결 위에서 반짝일 때, 아테네의 파르테논 신전은 황금빛으로 물들고, 멀리 지중해를 건너 로마의 포룸에서는 이미 상인들과 관리들, 시민들이 하루를 시작하는 활기찬 소리로 가득하다. 그리스와 로마 — 서로 다른 시대, 서로 다른 이상을 품었지만, 서양 문명의 기초를 닦은 두 위대한 도시 문화의 풍경이다.

고대 그리스와 로마의 도시들은 단순한 정주지를 넘어 서양 문명의 근간을 형성한 정치적, 문화적 실체였다. 이들이 발전시킨 도시 모델과 도시적 이상은 마치 유전자처럼 이후 서양 도시 문명의 발전 방향을 결정했으며, 현대 도시의 DNA 속에도 여전히 그 흔적이 살아 숨쉬고 있다.

✜ 그리스 폴리스: 시민 공동체로서의 도시

"폴리스 없이는 인간일 수 없다." 고대 그리스인들에게 도시는 단순한 거주 공간이 아니었다. 그것은 인간됨의 조건이었다.

고대 그리스의 폴리스(polis)는 단순한 도시가 아닌, 특별한 정치적 공동체였다. 영어 'politics'와 'political'이라는 단어가 폴리스에서 파생된 것은 우연이 아니다. 시민들이 함께 모여 자신들의 운명을 결정하는 이 공간은 본질적으로 정치적 단위였으며, 그리스인들에게 인간다운 삶은 폴리스라는 공동체 안에서만 가능했다. 아리스토텔레스가 인간을

"폴리티콘 조온(politikon zoon)", 즉 "정치적 동물" 또는 "폴리스적 존재"로 정의한 것은 이러한 맥락에서다. 그에게 폴리스 바깥의 인간은 신이거나 짐승이었다.

아테네, 스파르타, 코린트, 테베와 같은 주요 폴리스들은 각각 독립적인 정치 체제와 법, 화폐, 군대를 가진 자치 공동체였다. 이들은 마치 개성 강한 형제자매들처럼, 서로 경쟁하고 때로는 싸우면서도 깊은 문화적 유대를 공유했다. 그리스 본토와 에게해 연안, 소아시아, 남이탈리아, 시칠리아 등에 산재한 수백 개의 폴리스들은 공통의 언어와 종교, 문화를 공유하면서도 정치적으로는 서로 독립적이었다.

폴리스의 물리적 구조는 일반적으로 세 부분으로 구성되었다: 아크로폴리스(acropolis, 고지대의 요새), 아스티(asty, 주거 지역), 코라(chora, 주변 농경지). 이 중 폴리스의 정치적, 사회적 중심은 아고라(agora)였다. 아고라는 단순한 시장이 아닌, 정치적 토론, 법적 판결, 종교 의식, 사회적 교류가 일어나는 다기능적 공공 공간이었다. 이는 현대의 광장(plaza, square)의 원형이자, 공적 영역(public sphere)의 물리적 구현으로 볼 수 있다.

"아고라에 나가지 않는 자는 무능한 자이거나 초인이다"라는 아리스토텔레스의 말은 폴리스적 삶에서 공적 참여의 중요성을 강조한다. 아고라는 올리브 기름과 도자기가 거래되는 경제적 교환의 장소이면서 동시에 뜨거운 정치적 의견 교환의 장소였다. 소크라테스가 젊은이들과 대화를 나누고, 상인들이 배의 도착 소식을 전하고, 시인들이 새로운 서사시의 한 구절을 낭송하는 이 장소에서, 그리스인들은 분리되지 않은 통합된 삶의 경험을 공유했다.

그리스 폴리스의 또 다른 중요한 특징은 적정 규모에 대한 관심이었다. 아리스토텔레스는 『정치학』에서 이상적인 폴리스의 규모에 대해 논하며, 모든 시민이 서로를 알 수 있을 정도의 크기여야 한다고 주장했다. 이는 직접 민주주의의 작동을 위해 필수적인 조건으로 여겨졌다. 실제로 고전기 아테네의 시민 수는 약 3만 명 정도로 추정되며(물론 여성, 노예, 외국인을 제외한 수치), 이는 오늘날의 소도시에 해당하는 규모다. 이것은 현대 메가폴리스의 수백만 인구와 비교할 때 놀라울 정도로 작은 규모로, 폴리스가 추구했던 친밀한 정치 공동체의 성격을 잘 보여준다.

그리스인들은 도시 계획에도 이성적 원리를 적용했다. 특히 밀레토스 출신의 도시 계획가 히포다모스(Hippodamus)는 기원전 5세기에 격자형 도시 계획을 체계화했다. 페르시아 전쟁 후 재건된 밀레토스는 정연한 격자형 가로 체계, 기능적 구역 분할(종교, 공공, 상업, 주거 구역), 그리고 바다를 향한 개방적 배치가 특징이었다. 이러한 격자형 계획은 이후 알렉산더 대왕의 정복에 따라 건설된 많은 헬레니즘 도시들(알렉산드리아, 안티오키아 등)의 모델이 되었다.

그러나 모든 그리스 도시가 계획적으로 건설된 것은 아니었다. 아테네와 같은 오래된 도시들은 유기적으로 성장했으며, 좁고 구불구불한 길, 불규칙한 블록, 지형에 맞춘 배치가 특징이었다. 아크로폴리스에서 내려다보면, 아테네는 마치 세월의 흐름에 따라 자연스럽게 형성된 산호초와도 같은 모습이었다. 이는 이상과 현실, 계획과 자연 발생적 성장 사이의 긴장이 이미 고대 도시에서부터 존재했음을 보여준다.

✤ 로마의 도시: 제국의 표현으로서의 도시

그리스의 작고 친밀한 폴리스에서 로마의 웅장한 도시로 — 인류 역사상 가장 야심찬 도시 실험의 장이 열렸다.

로마는 그리스의 도시적 유산을 계승하면서도, 이를 제국적 규모로 확장했다. 로마는 유럽, 북아프리카, 중동을 아우르는 광대한 영토에 수백 개의 도시를 건설했으며, 이들 도시는 일정한 패턴과 원칙에 따라 구성되었다. 로마의 도시 네트워크는 단순한 정주지의 집합이 아닌, 제국 통치의 핵심 인프라였다. 그것은 마치 거대한 신경망처럼 제국 전역에 로마의 권위와 문화를 전파했다.

로마의 도시 건설은 종종 군사적 목적에서 시작되었다. 많은 로마 도시들은 원래 군사 주둔지(castra)에서 발전했으며, 이로 인해 직교하는 두 개의 주요 도로 — 카르도(cardo)와 데쿠마누스(decumanus) — 를 중심으로 한 격자형 구조를 갖게 되었다. 이는 마치 우주적 질서를 지상에 투영한 듯한 명료함을 도시에 부여했다. 영국의 요크, 독일의 쾰른, 프랑스의 파리 등 현대 유럽의 많은 도시들이 로마 군사 주둔지에 기원을 두고 있다. 오늘날

이들 도시의 중심부에서 직교하는 도로 패턴을 발견할 수 있다면, 그것은 2천 년 전 로마 군단이 남긴 흔적이다.

로마 도시의 중심은 포룸(forum)이었다. 그리스의 아고라와 마찬가지로 포룸은 공공 광장으로 기능했지만, 더 형식적이고 기념비적인 성격을 띠었다. 폴리스의 아고라가 시민의 자유로운 토론과 교류의 장이었다면, 로마의 포룸은 제국의 위엄과 질서를 표현하는 무대였다. 로마 제국의 수도였던 로마시의 포룸 로마눔(Forum Romanum)은 신전, 행정 건물, 법원, 개선문, 기념 기둥 등으로 둘러싸인 웅장한 공간으로, 제국의 권위와 영광을 시각적으로 표현했다. 거대한 대리석 기둥 사이로 걸어가는 이들은 제국의 위대함과 함께 그 압도적 규모 앞에서 자신의 작음을 동시에 느꼈을 것이다.

로마 도시의 또 다른 특징은 발달된 공공 인프라였다. 수로(aqueduct)는 원거리에서 도시로 깨끗한 물을 공급했으며, 이 웅장한 구조물들은 오늘날까지도 로마 공학의 경이로운 성취를 증언한다. 클로아카 막시마(Cloaca Maxima)와 같은 하수 시스템은 도시 위생을 개선했다. 카라칼라 대욕장과 같은 공중목욕탕(thermae)은 단순한 위생 시설을 넘어 사회적 교류와 여가 활동의 중심지였다. 로마인들은 이곳에서 몸을 씻고, 운동하고, 대화하고, 거래하며 도시적 삶의 풍요로움을 만끽했다. 콜로세움과 같은 원형극장(amphitheater), 경기장(circus), 극장(theater)과 같은 오락 시설들은 "빵과 서커스(panem et circenses)"로 상징되는 로마의 대중 문화를 지원했다.

특히 주목할 만한 것은 로마의 도로 네트워크다. "모든 길은 로마로 통한다"는 말처럼, 로마는 약 40만 킬로미터에 달하는 도로망을 건설하여 제국 전체를 연결했다. 이 도로망은 군사적 목적뿐 아니라 상업, 통신, 문화적 교류를 촉진하여 제국의 통합에 기여했다. 오늘날 위성 사진으로 유럽을 내려다보면, 여전히 로마 시대 도로의 흔적을 발견할 수 있다 ─ 2천 년의 세월도 지우지 못한 제국의 유산이다.

로마 건축가 비트루비우스(Vitruvius)의 『건축십서(De Architectura)』는 도시 계획과 건축에 관한 로마의 지식을 집대성한 작품이다. 그는 도시 입지 선정에서부터 건물 배치, 재료 사용, 미적 원칙에 이르기까지 상세한 지침을 제공했다. 특히 "견고함(firmitas),

실용성(utilitas), 아름다움(venustas)"이라는 세 가지 건축 원리는 이후 서양 건축 이론의 기본 틀이 되었다. 이는 로마인들의 실용적이면서도 미학적인 도시관을 잘 보여준다.

그리스의 폴리스가 상대적으로 소규모이고 자율적이었던 반면, 로마의 도시들은 제국적 질서의 일부로 기능했다. 로마는 정복지에 새 도시를 건설하거나 기존 도시를 로마화(Romanization)함으로써 제국 통치를 공고히 했다. 이 과정에서 로마 도시의 형태적 요소들 — 가로 체계, 포룸, 신전, 목욕탕, 원형극장 등 — 이 제국 전역에 복제되었다. 스페인의 메리다에서 요르단의 제라시까지, 로마의 도시 형태는 문화적 다양성을 넘어 제국적 통일성을 표현했다.

그러나 로마 제국의 도시들이 모두 동일한 것은 아니었다. 지역적 전통, 지형적 조건, 기후, 현지 문화 등에 따라 다양한 변형이 존재했다. 북아프리카의 렙티스 마그나(Leptis Magna), 시리아의 팔미라(Palmyra), 터키의 에페수스(Ephesus) 등은 로마적 요소와 지역적 특성이 융합된 독특한 도시 경관을 발전시켰다. 이는 로마 제국의 유연한 통치 전략을 보여주는 동시에, 도시 형태가 항상 지역적 맥락과의 대화 속에서 발전함을 증명한다.

✤ 그리스와 로마 도시의 유산

아테네의 민주주의와 로마의 제국주의 — 두 상반된 정치 체제가 남긴 도시적 유산은 오늘날까지 서양 도시의 DNA 속에 살아있다.

그리스의 폴리스와 로마의 도시는 서로 다른 정치적, 문화적 이상을 반영했다. 폴리스가 시민의 적극적 참여와 정치적 자유를 중시했다면, 로마의 도시는 질서와 효율성, 그리고 제국적 위용을 강조했다. 이 두 가지 도시 모델은 서양 도시 문화의 두 축을 형성하며, 이후 서양 도시사에 지속적인 영향을 미쳤다. 마치 인류의 집단적 무의식 속에 각인된 원형처럼, 이들 고대 도시의 이미지와 이상은 오늘날까지 우리의 도시 상상력을 형성한다.

르네상스 시대, 서양은 고전 고대의 도시 이상을 재발견하고 재해석했다. 알베르티(Alberti), 팔라디오(Palladio)와 같은 건축가들은 비트루비우스의 원칙을 현대적으로 적용했으며, 이는 바로크 도시 계획의 기초가 되었다. 피렌체와 베네치아의 광장들, 파리의 샹젤리제, 워싱턴 D.C.의 내셔널 몰, 바르셀로나의 에이샴플 등 많은 현대 도시의 기념비적 공간들은 고전적 도시 계획의 원리를 반영한다. 마치 시간의 강을 건너 고대와 현대가 조용히 대화를 나누는 듯하다.

정치적 차원에서도, 그리스 폴리스의 시민 참여 이상과 로마의 기념비적 공공 영역은 현대 도시 정치에 영향을 미쳤다. 18~19세기 시민 혁명의 시대에 등장한 공화주의적 광장과 기념물들은 고전 전통의 현대적 해석이었다. 한편, 20세기의 파시즘 건축(이탈리아 EUR 지구, 독일 나치의 건축 계획 등)은 로마 제국의 기념비적 스타일을 전체주의적 목적으로 전유했다. 이는 고전적 도시 형태가 상반된 정치적 이상을 위해 동원될 수 있음을 보여준다.

그리스와 로마의 도시 유산은 물리적 형태뿐만 아니라, 도시에 대한 개념적 이해에도 영향을 미쳤다. 도시를 단순한 거주지가 아닌 시민의 공동체로 보는 관점, 공공 영역의 중요성, 질서와 아름다움을 추구하는 미학적 가치, 그리고 도시를 인간 문명의 정점으로 보는 시각은 모두 고전 고대에 뿌리를 둔 관념들이다. "도시적(urban)"이라는 말이 "세련된", "문명화된"이라는 의미로 사용되는 것은 우연이 아니다.

그러나 이러한 고전적 도시 이상은 현대 도시의 복잡한 현실 앞에서 지속적인 재해석과 비판의 대상이 되어왔다. 자동차, 고층 건물, 대규모 산업 시설, 교외화 등 현대 도시의 특징들은 고전적 도시 모델의 한계를 드러낸다. 천만 명이 넘는 인구를 가진 현대의 메가시티는 아리스토텔레스가 상상했던 친밀한 폴리스와는 멀어 보인다. 그럼에도 불구하고, 그리스와 로마의 도시가 추구했던 공동체성, 공공성, 인간 척도, 아름다움의 가치는 여전히 현대 도시 담론의 중요한 준거점으로 작용하고 있다.

그리스와 로마의 도시는 단순히 과거의 유물이 아니라, 도시라는 인간 정주 형태의 가능성과 이상을 보여주는 살아있는 유산이다. 그들이 남긴 물리적, 개념적 유산은 현대 도시인들이 자신의 도시 환경을 이해하고 형성하는 데 여전히 중요한 참조점이 되고 있다. 오늘날 뉴욕의 센트럴 파크를 거닐거나, 서울의 광화문 광장에서 시위에 참여하거나, 로마의 카페에서 에스프레소를 마시며 사람들을 구경할 때, 우리는 알게 모르게 아고라와 포룸의 정신을 이어받은 도시적 삶의 풍요로움을 경험하고 있는 것이다.

3. 중세 도시와 상인 공화국: 공동체와 상업의 공간

로마 제국의 무너진 기둥들 사이로 풀이 자라고, 한때 북적이던 포럼은 적막에 잠겼다. 황제의 법령이 더 이상 읽히지 않는 유럽의 하늘 아래, 약 500년간 도시의 불빛은 희미해졌다. 5~10세기 동안 대부분의 로마 도시들은 인구가 급감하고 기반 시설이 쇠퇴했으며, 유럽 사회는 점차 농촌 중심의 봉건제로 재편되었다. 성당의 종소리와 수도원의 기도 소리만이 암흑 속에서 문명의 명맥을 이어갔다. 그러나 11세기부터 시작된 상업의 부활과 함께, 도시들은 중세 유럽의 경관에서 다시 중요한 위치를 차지하기 시작했다. 성벽 안에서 새로운 형태의 공동체가 태동했고, 상인들의 배가 항구로 돌아오면서 유럽의 도시들은 다시 빛을 발하기 시작했다.

✦ 중세 도시의 부활과 성장

여명이 밝아오듯, 11~13세기는 "중세 도시 혁명"이라 불릴 만큼 유럽 전역에서 도시의 수와 규모가 급증한 시기였다. 이러한 변화는 여러 요인이 복합적으로 작용한 결과였다. 쟁기에 부착된 새로운 쇠날, 삼포제와 같은 농업 기술의 발전으로 인한 식량 생산 증가, 흑사병의 악몽을 넘어선 인구 성장, 지중해의 향신료와 북해의 모피를 잇는 교역로의 발달, 십자군 원정을 통한 동방과의 접촉 확대 등이 도시 성장을 촉진했다. 마치 겨울 내내 얼어있던 강물이 봄이 되어 흐르기 시작하듯, 유럽 전역에 새로운 활력이 퍼져나갔다.

중세 도시는 크게 세 가지 유형으로 발전했다. 첫째, 로마 시대부터 이어져 온 기존 도시들(런던, 파리, 쾰른 등)이 새로운 활력을 되찾았다. 이들은 마치 오랜 잠에서 깨어난 거인처럼, 로마의 유적 위에 새로운 건물들을 세웠다. 둘째, 봉건 영주의 성이나 수도원 주변에 자연발생적으로 형성된 도시들(브뤼헤, 옥스퍼드 등)이 있었다. 성벽의 그림자 아래 모여든 장인들과 상인들이 점차 독자적인 공동체를 이루었다. 셋째, 계획적으로 건설된 '신도시(new towns)'들(카르카손, 에게르 등)이 등장했다. 이들은 미리 그려진 청사진에 따라, 마치 체스판처럼 정연하게 구획된 거리와 광장을 갖추었다.

중세 도시의 가장 두드러진 물리적 특징은 성벽이었다. 회색 석재로 쌓인 이 높은 벽은 단순한 건축물이 아니었다. 성벽은 군사적 방어 기능뿐 아니라, 도시의 법적, 경제적, 사회적 경계를 명확히 하는 역할을 했다. 성벽 안과 밖은 서로 다른 법체계, 경제 규칙, 사회적 지위가 적용되는 별개의 세계였다. 해가 지면 닫히는 성문은 두 세계의 경계를 더욱 분명히 했다. "도시의 공기는 자유롭게 한다"(Stadtluft macht frei)라는 중세 독일의 법적 원칙은 농노가 도시에서 1년 1일을 거주하면 자유인의 지위를 얻을 수 있음을 의미했다. 이는 도시가 봉건 질서의 틈새에서 새로운 사회적 가능성을 제공했음을 보여준다. 성벽은 물리적 방어선인 동시에, 자유의 경계였다.

중세 도시의 내부 구조는 마치 나이테를 가진 고목처럼, 오랜 시간에 걸쳐 형성된 유기적이고 비정형적인 특징을 보였다. 좁고 구불구불한 거리, 불규칙한 블록, 다양한 크기와 형태의 광장 등은 계획적인 로마 도시와 대조되는 모습이었다. 집들은 서로 어깨를 맞대고 있었고, 위층으로 갈수록 돌출되어 때로는 마주 보는 건물들이 거의 맞닿을 듯했다. 이러한 구조는 부분적으로는 지형적 조건에 적응한 결과였고, 부분적으로는 점진적이고 자연발생적인 성장 패턴의 반영이었다. 도시는 설계도에 따라 건설된 것이 아니라, 수백 년에 걸친 일상적 삶의 누적된 결과물이었다.

도시 공간은 다중심적 구조를 이루었다. 성당이나 교회는 종교적, 상징적 중심으로, 높은 첨탑은 도시 경관의 랜드마크였다. 멀리서도 보이는 이 첨탑들은 마치 하늘을 향한 기도처럼, 도시의 영적 지향을 표현했다. 시장광장(marketplace)은 경제적 중심으로, 정기 시장과 상설 상점이 위치했다. 여기서는 근교 농부들의 신선한 농산물부터 동방에서 온 향신료와 비단까지, 다양한 상품이 거래되었다. 시청사(town hall)는 정치적 중심으로, 도시의 자치권과 시민적 정체성을 상징했다. 이러한 다중심성은 중세 도시사회의 다원적 권력 구조 ― 교회, 상인 길드, 시 정부 등의 공존 ― 를 반영했다. 어느 하나의 권력이 도시 전체를 지배하지 않았고, 각 중심지는 서로 균형을 이루며 공존했다.

중세 도시의 또 다른 특징은 직주 일체의 생활 패턴이었다. 대부분의 장인과 상인들은 1층을 작업장이나 상점으로, 위층을 주거 공간으로 사용했다. 대장장이의 망치 소리, 베틀의 딸깍거림, 빵 굽는 향기가 거리마다 가득했다. 이러한 배치는 도시 공간의 활기와 다양성을 높였으며, 강한 커뮤니티 의식 형성에 기여했다. 또한 도시 공간은 종종 직업에 따라 구획되었는데, 예를 들어 특정 거리나 지역이 금세공인, 제화공, 도축업자 등 특정 길드와

연관되는 경우가 많았다. 오늘날에도 많은 유럽 도시에는 '대장장이 거리', '빵집 거리'와 같은 이름이 남아있어, 중세의 직업적 구획을 상기시킨다.

✤ 상인 공화국의 번영

아침 안개 속에서 베네치아의 종탑이 솟아오르고, 운하를 따라 무역선이 도착할 때, 동서 무역의 심장부가 고동치기 시작한다. 중세 유럽 도시 발전의 가장 역동적인 사례는 이탈리아의 베네치아, 제노바, 피렌체, 그리고 북유럽의 함부르크, 뤼베크, 앤트워프 등 '상인 공화국'에서 찾을 수 있다. 이들 도시는 국제 무역의 중심지로서 번영했으며, 귀족이나 군주가 아닌 상인 계층이 주도하는 독특한 정치 체제를 발전시켰다. 그들의 권력은 땅에서 나오는 것이 아니라, 바다를 항해하는 배와 네트워크화된 상업 관계에서 비롯되었다.

특히 베네치아는 중세 상인 공화국의 대표적 사례다. 아드리아 해의 석호에 위치한 독특한 지리적 환경에서, 베네치아는 11~15세기 동안 동서 무역의 중심지로 부상했다. 육지에서 격리된 이 수상 도시는 바다를 통해 세계와 연결되었다. 도제(Doge)가 이끄는 공화정 체제는 행정적 효율성과 정치적 안정성을 제공했으며, 강력한 해군력은 지중해 동부의 무역 거점들을 통제할 수 있게 했다. 베네치아의 상인들은 비잔틴 제국과 이슬람 세계를 잇는 중개자로서, 유럽에 향신료, 비단, 유리, 사치품을 공급했다.

베네치아의 도시 구조는 그 독특한 지리적 조건과 상업적 성격을 반영한다. 리알토 다리 주변의 상업 중심지, 산 마르코 광장의 정치적, 종교적 중심지, 수많은 운하와 골목길로 연결된 주거 구역 등이 유기적으로 결합되었다. 육지의 도시들이 성벽으로 둘러싸여 있다면, 베네치아는 물 자체가 방어선이자 교통로였다. 건물들은 마치 물 위에 떠 있는 듯했고, 곤돌라와 작은 배들이 도시의 동맥과 정맥 역할을 했다. 물의 도시 베네치아는 중세 도시의 일반적 모습과는 다른 독특한 도시 경관을 창출했지만, 상업과 공동체의 균형이라는 중세 도시의 본질적 특성을 공유했다.

북유럽에서는 한자 동맹(Hanseatic League)이 상인 공화국의 독특한 형태를 발전시켰다. 한자 동맹은 13~17세기 동안 북유럽과 발트해 지역의 무역을 지배한 도시들의 상업적 연합이었다. 이들은 마치 중세 판 경제 공동체와도 같았다. 뤼베크, 함부르크, 브레멘,

쾰른 등의 도시들은 공동의 상업적 이익을 보호하기 위해 협력했으며, 독자적인 법체계, 화폐, 때로는 군사력까지 갖춘 준국가적 형태로 발전했다. 북해와 발트해를 오가는 한자 동맹의 배들은 곡물, 목재, 모피, 생선, 소금, 직물 등을 운반했으며, 이들의 상업 네트워크 는 노브고로드에서 런던에 이르는 광범위한 지역을 연결했다.

이러한 상인 공화국들은 근대적 시민 사회의 맹아가 되었다. 여기서는 혈통이나 특권보 다 부와 기업가적 능력이 사회적 지위를 결정했으며, 실용적 합리성, 법치, 계약의 신성함 과 같은 가치가 중시되었다. 이러한 가치관은 중세의 종교적, 군사적 이상과는 다른, 새로 운 사회적 패러다임의 등장을 예고했다. 피렌체의 메디치 가문, 뤼베크의 명망 있는 상인 가문들은 경제적 권력뿐 아니라 예술과 학문의 후원자로서 문화적 발전에도 기여했다. 그 들은 번영의 열매를 도시의 아름다움과 영광으로 환원했다. 피렌체의 두오모, 베네치아의 산 마르코 성당과 두칼레 궁전은 상인들의 부와 도시적 자부심의 물리적 표현이었다.

✦ 길드와 도시 공동체

석공의 망치 소리, 직조공의 베틀 소리, 제화공의 가죽 다루는 소리가 좁은 거리에 울려 퍼지는 곳. 중세 도시의 경제적, 사회적 심장부는 길드를 중심으로 박동했다.

길드(guild)는 중세 도시의 사회·경제적 조직의 근간을 이루었다. 같은 직업을 가진 장인들의 조합인 길드는 생산품의 품질 관리, 가격 규제, 기술 전수 등을 담당했으며, 도시 정치에도 중요한 역할을 했다. 많은 도시에서 길드는 시의회 구성원을 선출하는 권한을 가졌으며, 때로는 도시 행정의 중요한 부분을 직접 담당했다. 니콜로 마키아벨리가 활동했 던 피렌체에서는 주요 길드들이 실질적인 정치 권력을 행사했으며, '프리오르(Priori)'라 불리는 도시 최고 지도자들이 길드에서 선출되었다.

길드는 경제적 기능을 넘어 사회적, 종교적, 문화적 활동의 중심이기도 했다. 길드는 회원 들을 위한 상호 부조 시스템을 운영했으며, 회원의 사망 시 가족을 지원했다. 마치 대가족과 도 같은 이 공동체는 회원들의 삶 전반을 보살폈다. 종교적 축일과 도시 축제에서 길드는 중요한 역할을 했으며, 길드 전용 예배당을 갖추고 종교 의례를 후원하기도 했다. 피렌체의 오르산미켈레 교회는 다양한 길드들이 자신들의 수호성인 조각상을 봉헌한 곳으로, 길드와

종교 생활의 밀접한 관계를 보여준다. 길드 회관(guild hall)은 도시 경관의 중요한 요소로, 길드의 부와 명성을 과시하는 건축물이었다. 브뤼헤의 직물 길드 회관, 브뤼셀의 그랑 플라스를 둘러싼 다양한 길드 회관들은 여전히 중세 도시의 경제적, 사회적 역동성을 증언한다.

길드 시스템은 명확한 위계 구조를 갖추고 있었다. 견습생(apprentice)은 마스터의 지도 아래 기술을 배웠으며, 일정 기간 후 직인(journeyman)으로 승격할 수 있었다. 이 시기는 종종 젊은 장인이 다양한 도시를 여행하며 기술을 연마하는 '방랑의 시기'였다. 충분한 경험과 자본을 갖춘 직인은 마스터피스(masterpiece)를 제작하여 마스터(master)가 될 수 있었으며, 오직 마스터만이 독립적인 작업장을 운영할 수 있었다. 이러한 위계 구조는 기술의 질적 수준을 유지하고 과도한 경쟁을 제한하는 역할을 했다. 모든 장인은 자신의 작품에 개인적 명예가 걸려 있음을 알았고, 길드의 명성은 구성원 모두의 공동 자산이었다.

중세 도시의 공동체적 성격은 공동체 의식을 강화하는 다양한 의례와 축제를 통해 표현되었다. 종교 의례, 성인의 날 축제, 시장일, 길드의 행렬 등은 도시 공동체의 정체성과 결속력을 강화했다. 수레에 성인상을 싣고 도시를 행진하는 모습, 단원들이 화려한 의상을 입고 의례적 연극을 공연하는 광경, 시장 광장에 모인 시민들이 함께 춤추고 마시는 모습은 중세 도시의 일상을 벗어난 축제적 순간이었다. 이러한 공적 의례는 도시 공간을 활용하여 공동체의 이야기를 연출하고, 집단적 기억과 정체성을 형성했다. 특별히 중요한 성인의 유물을 소유한 도시들은 이를 중심으로 축일과 순례를 조직하여, 도시의 위상과 경제적 번영을 동시에 추구했다.

그러나 중세 도시가 모든 구성원에게 동등한 공동체였던 것은 아니다. 사회적, 경제적, 성별, 종교적 위계와 구분이 명확했으며, 특히 유대인, 외국인, 특정 직업군(도축업자, 무두장이 등)은 종종 도시의 주변부에 위치하거나 특정 구역에 격리되었다. 냄새와 오염을 유발하는 직업들은 주로 도시의 바깥쪽이나 하류 지역에 자리 잡았다. 유대인 게토(ghetto)의 형성은 중세 도시가 포용과 배제의 공간이었음을 보여주는 대표적 사례다. 베네치아의 게토는 도시 내 섬에 유대인 공동체를 격리한 최초의 사례 중 하나로, 밤에는 다리가 통제되어 출입이 제한되었다. 이러한 제한에도 불구하고, 유대인 공동체는 도시 경제에 중요한 역할을 했으며, 특히 금융 분야에서 그들의 기여는 필수적이었다.

❖ 중세 도시의 지적, 문화적 유산

양피지 위에 깃펜으로 글자를 써내려가는 수사, 대학 강당에서 논리학을 논하는 학자들, 성당 스테인드글라스를 디자인하는 장인들 ― 중세 도시는 단순한 상업과 생산의 공간을 넘어 지적, 문화적 꽃을 피웠다.

중세 도시는 대학, 서적 상점, 필사본 작업장 등 지적 활동의 중심지이기도 했다. 12~13세기에 설립된 볼로냐, 파리, 옥스퍼드, 케임브리지, 살라망카 등의 대학들은 중세 도시의 지적 생활에 활력을 불어넣었다. 대학가의 골목에서는 라틴어로 열띤 토론을 벌이는 젊은 학생들의 목소리가 울려 퍼졌고, 술집에서는 그들의 노래와 웃음소리가 흘러나왔다. 이들 대학은 '지식의 길드'로서 교수와 학생들의 자치 공동체였으며, 도시 공간 내에서 특별한 구역을 형성했다. 대학가는 종종 도시의 다른 지역과 구별되는 특권과 면제를 누렸으며, 이는 때로 도시 주민들과의 갈등을 야기하기도 했다. 옥스퍼드의 '성 스콜라스티카의 날 폭동'(St. Scholastica Day riot)과 같은 사건은 대학과 도시 사이의 긴장 관계를 보여준다.

문화적 측면에서 중세 도시는 낭만주의적 상상력에 중요한 영감을 제공했다. 빅토르 위고의 『노트르담 드 파리』에서 묘사된 15세기 파리의 모습, 단테의 『신곡』에 등장하는 피렌체, 초서의 『캔터베리 이야기』의 배경이 된 런던 등은 중세 도시에 대한 문학적 이미지를 형성했다. 성당의 첨탑이 하늘을 찌르고, 좁은 골목에서 삶의 온갖 드라마가 펼쳐지는 이 도시들은 로망과 신비의 대상이 되었다. 이러한 문학적 표상은 19세기 도시 복원과 건축에도 영향을 미쳤으며, 오늘날까지도 유럽 도시들의 관광 산업과 도시 정체성의 중요한 부분을 차지하고 있다. 프라하의 천문 시계, 르 몽 생 미셸의 수도원, 크라쿠프의 중심가 등 중세의 유산은 현대인들에게 여전히 매혹적인 시간 여행의 대상이다.

중세 도시의 물리적, 제도적, 문화적 유산은 오늘날까지 유럽 도시 문화의 중요한 기반을 이룬다. 프랑스 브르고뉴의 디종이나 독일 바바리아의 뉘른베르크 같은 도시들은 여전히 중세적 도시 구조를 잘 보존하고 있다. 시계탑과 성당을 중심으로 방사상으로 퍼져 나가는 좁은 골목길, 불규칙한 광장, 장인들의 작업장이 있는 이 도시들은 걷는 이에게 시간을 초월한 경험을 제공한다. 길드에서 발전한 수공업 전통은 현대 도시의 장인 문화와 특화된

소규모 생산의 기원이 되었다. 스위스 시계, 이탈리아 가죽 제품, 벨기에 초콜릿, 체코 크리스탈 등은 중세 길드의 전통이 현대 도시 경제에 남긴 유산이다. 도시 자치의 전통과 시민의식은 유럽 민주주의의 중요한 기반이 되었다. 시청사, 시의회, 시민 참여의 제도들은 중세 도시 공화정의 현대적 계승물로 볼 수 있다.

중세 도시는 상업과 공동체, 개인주의와 집단주의, 계층적 질서와 자치의 원리가 복잡하게 얽힌 독특한 사회적 실험이었다. 그것은 봉건 질서와 근대 자본주의 사이의 과도기적형태이자, 그 자체로 독특한 도시적 비전을 구현한 역사적 형태였다. 석공의 정교한 손길로쌓아올린 성당 첨탑에서부터 길드의 철저한 품질 관리, 상인들의 원대한 무역 네트워크에이르기까지, 중세 도시는 인간 공동체가 이룰 수 있는 성취의 증거였다.

중세 도시에 대한 이해는 도시가 단순한 경제적, 행정적 단위가 아닌, 특정한 사회적 관계와 문화적 가치가 공간적으로 구현된 복합체임을 인식하는 데 도움을 준다. 오늘날 우리가 살아가는 현대 도시의 근원을 이해하려면, 석회 냄새 가득한 중세 도시의 골목을 한번쯤거닐어 봐야 할 것이다.

4. 근대 도시의 형성: 산업혁명과 도시화

석탄 연기가 회색 하늘을 뒤덮고, 공장 굴뚝이 솟은 지평선 아래로 무수한 벽돌집이 다닥다닥 붙어 끝없이 펼쳐진다. 기계의 굉음과 증기기관의 규칙적인 박동이 도시의 맥박이되었다. 인류 역사상 그 어느 때보다 많은 사람들이 좁은 공간에 집중되어, 새로운 삶의방식을 경험하기 시작했다. 이것이 바로 산업혁명이 낳은 도시의 모습이었다.

산업혁명은 인류 역사상 가장 급진적인 도시 변혁을 가져온 사건이었다. 18세기 후반영국에서 시작된 이 기술적·경제적 혁명은 도시의 성격, 규모, 형태를 근본적으로 변화시켰으며, 현대 도시 문명의 기반을 형성했다. 이 시기에 등장한 새로운 도시 유형, 사회적문제, 그리고 이에 대응하는 다양한 도시 계획 운동은 오늘날 우리가 경험하는 도시 환경의직접적 기원이 되었다.

✤ 산업혁명과 도시 폭발

1760년, 유럽 대륙의 도시 모습은 수백 년간 크게 변하지 않았다. 성당의 첨탑, 시청사의 종탑, 성벽으로 둘러싸인 친숙한 실루엣이 도시의 정체성을 규정했다. 그러나 단 한 세기 만에, 이 익숙한 도시 풍경은 예상치 못한 방향으로 급격히 변모하게 된다.

18세기 중반까지 유럽의 도시들은 인구와 규모 면에서 상대적으로 안정적이었다. 런던과 파리 같은 수도를 제외하면, 대부분의 도시는 인구 10만 명 이하의 중소도시였다. 그러나 1760년대부터 영국에서 시작된 산업혁명은 이러한 도시 패턴을 급격히 변화시켰다. 마치 폭발하듯 도시는 성벽을 넘어 사방으로 팽창하기 시작했다.

제임스 와트의 증기기관 개량, 에드먼드 카트라이트의 역직기 발명, 헨리 베서머의 제철법 개발과 같은 기술적 혁신이 연이어 일어났다. 이런 발명품들은 공장 시스템의 발달을 가져왔다. 공장은 대규모 노동력, 원자재 공급, 운송 네트워크, 에너지원(초기에는 주로 석탄과 수력)에 접근할 필요가 있었고, 이는 특정 지역에 산업과 인구가 집중되는 현상을 초래했다. 맨체스터, 리버풀, 버밍엄, 글래스고와 같은 도시들은 이러한 조건을 갖춘 대표적 산업 중심지로 급성장했다.

맨체스터는 산업도시 발전의 전형적 사례였다. 1760년대 약 1만 7천 명에 불과했던 인구는 1831년에는 18만 명, 1850년에는 30만 명으로 폭증했다. 인구가 20배 가까이 늘어난 것이다. 역사학자 아사 브릭스(Asa Briggs)는 맨체스터를 "세계 최초의 산업도시"라고 불렀으며, 당대인들에게 맨체스터는 "충격적인 새로움(shocking novelty)"의 상징이었다. 직물 공장의 숲, 끊임없이 늘어나는 슬럼가, 시커먼 연기를 내뿜는 굴뚝들의 도시 ― 이것은 인류가 전에 본 적 없는 새로운 형태의 도시였다.

농촌에서 도시로의 대규모 인구 이동은 '도시화'(urbanization)라는 근대적 현상의 시작을 알렸다. 농촌의 인클로저(enclosure) 운동으로 토지에서 쫓겨난 농민들, 가내수공업의 쇠퇴로 생계를 잃은 농촌 장인들, 그리고 도시의 더 나은 기회를 찾아 떠난 청년들이 산업도시로 몰려들었다. 영국은 1851년 인구조사에서 이미 도시 인구가 농촌 인구를 초과한 세계 최초의 도시화된 국가가 되었다. 인류 역사상 처음으로, 한 국가의 주민 대다수가 도시에 살게 된 순간이었다.

이러한 도시화 과정은 19세기 중반부터 유럽 대륙과 미국으로 확산되었다. 독일의 루르 지역, 프랑스의 릴과 리옹, 벨기에의 리에주, 미국의 피츠버그와 디트로이트 등이 대표적인 산업도시로 발전했다. 19세기 말에 이르면 런던, 파리, 베를린, 뉴욕, 시카고 같은 대도시들은 인구 수백만의 거대도시로 성장했다. 런던의 인구는 1900년경 650만 명을 넘어섰으니, 이는 로마 제국 전성기의 로마 인구보다 10배 이상 많은 규모였다. 인류는 전에 없던 규모의 거대한 인간 집적지를 만들어낸 것이다.

✤ 산업도시의 문제와 사회적 반응

오래된 골목에 빨래가 내걸린 채, 어린아이들이 웅덩이에서 뛰놀고, 한 방에 세 가족이 함께 사는 움막같은 집들. 창문도 없는 지하 방에서 결핵을 앓는 노동자가 쿨럭거리는 기침 소리. 이것이 19세기 소설가들과 사회개혁가들이 묘사한 산업도시의 이면이었다.

산업도시의 급격한 성장은 전례 없는 도시 문제를 초래했다. 도시 인프라와 주택 공급이 인구 증가를 따라가지 못하면서, 과밀, 불량 주거, 위생 문제, 오염, 전염병 등이 산업도시의 일상적 현실이 되었다. 찰스 디킨스의 소설들은 이 시대 런던의 어두운 측면을 생생하게 묘사했고, 에밀 졸라는 파리 노동자들의 참상을 그려냈다.

프리드리히 엥겔스는 1845년 출판된 『영국 노동자 계급의 상태』에서 맨체스터의 노동자 주거지를 다음과 같이 묘사했다:

"좁고 더러운 거리들, 주택들은 무너져 내릴 듯 서로 바짝 붙어 있으며, 지하실부터 지붕까지 숨 막히는 공기로 가득 차 있다. … 여기서는 사회의 가장 가난한 계층, 일용직 노동자들이 범죄자들, 사회의 '잉여 인구'와 함께 뒤섞여 산다."

이러한 열악한 환경은 콜레라, 장티푸스, 결핵 같은 전염병의 온상이 되었다. 1832년과 1848년의 콜레라 대유행은 런던, 파리, 베를린 등 유럽 주요 도시들을 강타했으며, 이는 도시 위생에 대한 관심을 촉발했다. 특히 1854년 런던 소호 지역의 콜레라 창궐을 조사한 존 스노우(John Snow)의 연구는 오염된 식수와 질병의 연관성을 밝혀내 근대 역학과 도시 위생학의 토대를 마련했다.

산업도시의 문제는 사회적, 정치적 대응을 요구했다. 영국의 에드윈 채드윅(Edwin Chadwick)과 같은 위생 개혁가들은 공중보건법(Public Health Act)과 같은 법률 제정을 통해 도시 환경 개선을 추진했다. 상하수도 시스템, 쓰레기 수거, 주택 규제 등의 제도화는 근대적 도시 관리의 시작을 알렸다. 런던의 대규모 하수도 시스템 건설(1858~1865)은 이러한 노력의 대표적 사례로, 도시 위생의 근본적 개선을 가져왔다.

동시에 불량주거지에 대한 사회적 공포와 '위험한 계급'에 대한 우려는 도시 공간에 대한 국가의 통제와 개입을 강화하는 계기가 되었다. 19세기 후반 유럽의 많은 도시들에서 이루어진 대규모 도시 재개발은 위생과 미관 개선이라는 명목 하에, 빈민가를 해체하고 노동자 계급을 도시 주변부로 밀어내는 결과를 가져오기도 했다. 파리의 오스만화, 비엔나의 링슈트라세 개발, 바르셀로나의 에이샴플 계획 등이 그 예다.

한편, 산업화와 도시화의 문제에 대한 보다 근본적인 대안을 모색하는 사상적 흐름도 등장했다. 로버트 오웬(Robert Owen), 샤를 푸리에(Charles Fourier), 에티엔 카베(Étienne Cabet) 같은 공상적 사회주의자들은 이상적 공동체 모델을 제시했다. 존 러스킨(John Ruskin)과 윌리엄 모리스(William Morris)는 산업화로 인한 도시 환경의 질적 저하와 장인 정신의 상실을 비판하며, 미학적, 도덕적 가치에 기반한 대안적 도시관을 발전시켰다.

✤ 근대 도시계획의 등장

좁고 구불구불한 중세 시대의 골목길 대신, 일직선으로 뻗은 대로가 눈앞에 펼쳐진다. 균일한 높이의 건물들이 정연하게 늘어서 있고, 넓은 광장과 공원이 시민들에게 열린 공간을 제공한다. 이것이 바로 19세기 도시계획가들이 꿈꾸던 '근대적' 도시의 모습이었다.

산업도시의 혼돈과 문제에 대응하여, 19세기 중반부터 체계적인 도시계획의 시도가 등장했다. 가장 영향력 있는 사례는 나폴레옹 3세 치하에서 조르주 외젠 오스만(Georges-Eugène Haussmann) 남작이 주도한 파리 재건축이었다.

1853년부터 1870년까지 진행된 오스만의 파리 재건은 중세적 도시 구조를 근본적으로 변형시켰다. 좁고 구불구불한 골목길은 넓은 대로(boulevard)로 대체되었으며, 불규

칙한 블록들은 정형화된 가로체계 속에 재편되었다. 새로운 상하수도 시스템, 공원, 공공 건물, 시장, 다리 등이 건설되었고, 도시 외곽에는 불로뉴 숲(Bois de Boulogne)과 같은 대규모 녹지가 조성되었다. 파리의 중심부를 관통하는 웅장한 대로들은 시각적 축을 형성 하며, 개선문, 오페라 하우스, 콩코르드 광장과 같은 기념비적 건축물과 공간을 연결했다.

오스만의 파리 재건은 복합적인 목적을 지녔다. 위생과 교통 개선이라는 실용적 목적 외에도, 도시 봉기를 억제하기 위한 군사적 고려(넓은 대로는 병력 이동과 포격에 유리했 다), 국가 권위의 과시, 부르주아 계급을 위한 소비 공간 창출 등의 목적이 있었다. 에밀 졸라는 소설 『목로주점』에서 오스만화로 인해 도시 외곽으로 밀려난 노동계급의 삶을 묘 사하며, 이 도시계획의 계급적 성격을 드러냈다. 이는 근대 도시계획이 단순한 기술적 해결 책이 아닌, 특정한 정치적, 사회적, 경제적 비전을 구현하는 수단임을 보여준다.

오스만의 파리는 근대 도시계획의 모델이 되어, 브뤼셀, 바르셀로나, 부다페스트, 로마 등 유럽 전역의 도시들에 영향을 미쳤으며, 심지어 카이로, 리우데자네이루 같은 비유럽 도시들도 "제2의 파리"를 표방하며 이 모델을 모방했다. 각 도시는 그들만의 방식으로 대 로, 광장, 공원을 통해 도시 공간을 재편했고, 이는 오늘날까지도 많은 도시의 중심부 경관 을 규정하고 있다.

한편, 영국에서는 에베네저 하워드(Ebenezer Howard)가 1898년 『내일: 진정한 개혁 으로의 평화로운 길』(이후 『내일의 전원도시』로 재출간)을 통해 전원도시(Garden City) 개념을 제안했다. 하워드는 산업도시의 문제와 농촌의 쇠퇴라는 이중적 위기를 인식하고, 도시와 농촌의 장점을 결합한 "제3의 길"로서 전원도시를 구상했다.

전원도시는 인구 3만 명 정도의 자족적 공동체로, 중앙의 공원과 공공시설을 중심으로 주거지가 배치되고, 외곽에는 산업지대와 농업 녹지대가 위치하는 구조였다. 토지는 공동 체가 소유하고, 도시는 협동조합적 원칙에 따라 운영되는 것이 이상이었다. 레치워스 (Letchworth)와 웰윈(Welwyn)은 이러한 원칙에 따라 실제 건설된 전원도시였다. 조용 한 주거지, 일터와의 적절한 거리, 충분한 녹지와 공공시설 — 이것이 하워드가 꿈꾸던 균 형 잡힌 도시 생활의 모습이었다.

하워드의 전원도시 운동은 이후 신도시 계획에 큰 영향을 미쳤다. 특히 2차 세계대전 이후 영국의 뉴타운(New Towns) 정책, 미국의 교외 개발, 북유럽의 위성도시 등에 그 영향이 나타난다. 하워드의 비전은 산업도시의 문제에 대한 대안적 해결책을 모색했다는 점에서 근대 도시계획사의 중요한 장을 열었다. 그의 유산은 오늘날 지속가능한 도시 개발의 많은 원칙에도 발견할 수 있다.

✤ 근대적 도시 경험과 공간

홀로 군중 속을 거닐며 도시의 생생한 광경을 음미하는 '산책자(flâneur)', 쇼윈도에 전시된 상품의 화려함에 매료된 백화점의 고객들, 공원의 벤치에 앉아 휴식을 취하는 노동자들 ― 19세기 도시는 전에 없던 새로운 경험과 감각의 공간이었다.

근대 도시의 또 다른 특징은 공간의 기능적 분화였다. 전통적 도시에서는 주거, 상업, 생산 활동이 혼합되어 있었으나, 근대 도시에서는 이러한 기능들이 점차 분리되었다. 주거지, 상업지구, 공업지구, 행정지구 등의 구분은 근대적 도시 계획의 핵심 원리가 되었으며, 이는 20세기 초 '구역제'(zoning)라는 법적 제도로 공식화되었다. 맨해튼의 사무실 지구, 카루셀 뒤 루브르의 상업 지구, 이스트엔드의 공업 지구 ― 도시 공간은 각각의 기능에 맞게 분화되었다.

교통 기술의 발달 ― 증기선, 철도, 전차, 자동차 등 ― 은 도시의 공간적 확장을 가능케 했다. 특히 철도는 산업도시의 발전과 밀접한 관련이 있었다. 철도역은 새로운 도시 중심으로 부상했으며, 역 주변에는 호텔, 상점, 오락 시설 등이 집중되었다. 런던의 킹스 크로스 역, 파리의 가르 뒤 노르, 밀라노의 중앙역 등은 도시의 관문이자 새로운 공공공간이 되었다. 철도망은 도시 간 관계를 재편하고, 중심지와 주변부의 새로운 위계를 형성했다. 야간 열차를 타고 도시 간을 오가는 것은 근대적 경험의 상징 중 하나였다.

19세기 도시는 또한 새로운 형태의 공공 공간과 소비 공간을 발전시켰다. 백화점, 아케이드(프랑스어로 파사주, passage), 전시관, 박물관, 도시 공원, 동물원, 유원지 등은 근대적 도시 경험과 대중문화의 형성에 중요한 역할을 했다. 이들 공간은 산업사회의 여가시간을 채우는 동시에, 새로운 사회적 관계와 문화적 취향을 형성하는 장소였다.

특히 파리의 아케이드는 근대 도시의 상징적 공간이었다. 발터 벤야민(Walter Benjamin)은 『아케이드 프로젝트』에서 아케이드를 "상품 세계의 성전"이자 "환상의 공간"으로 분석했다. 유리 천장으로 덮인 이 실내 상점가는 날씨와 관계없이 쾌적한 쇼핑 환경을 제공했으며, 수많은 상품이 전시된 화려한 쇼윈도는 시각적 자극과 소비 욕망을 불러일으켰다. 아케이드를 산책하는 것은 일종의 도시적 연극에 참여하는 것이었다.

근대 도시는 또한 새로운 형태의 주거 공간을 발전시켰다. 파리의 아파트 건물, 런던의 테라스 하우스, 뉴욕의 테네먼트, 베를린의 미츠카제르네(Mietskaserne, '임대 병영'이라는 뜻의 대규모 임대 주택 단지) 등은 도시 주거의 새로운 유형이었다. 이러한 주거 형태는 계급적으로 분화되어, 부르주아 계층을 위한 우아한 아파트와 노동자 계급을 위한 과밀한 임대 주택 사이에는 큰 격차가 있었다. 하우스만의 파리는 상류층을 위한 호화로운 아파트가 대로변에 늘어선 반면, 그 이면에는 노동자 계급의 간소한 주거지가 있었다.

근대 도시의 경관은 또한 산업 시설 — 공장, 창고, 철도 야드, 항만 시설 등 — 에 의해 지배되었다. 산업 혁명 이전의 도시 경관이 종교적, 정치적 건물(성당, 교회, 궁전, 시청사 등)에 의해 규정되었다면, 산업도시의 스카이라인은 공장 굴뚝, 엘리베이터, 발전소, 철교 등 산업 구조물에 의해 특징지어졌다. 모네나 피사로와 같은 인상파 화가들의 작품에서 우리는 이러한 근대 도시 경관의 모습 — 증기와 연기 속에 모호하게 드러나는 산업시설과 철도역 — 을 엿볼 수 있다.

✢ 근대 도시와 정신적 삶

거리를 채운 수많은 낯선 얼굴들, 끊임없이 변화하는 도시 풍경, 시계에 맞춰진 일상, 이전에는 없었던 속도와 자극 — 이 모든 것은 근대 도시인의 새로운 정신적 경험을 형성했다.

근대 도시의 출현은 인간의 정신적, 심리적 경험에도 근본적인 변화를 가져왔다. 게오르그 짐멜(Georg Simmel)은 1903년 발표한 「대도시와 정신생활」에서 근대 도시 경험의 특수성을 분석했다. 짐멜에 따르면, 대도시의 끊임없는 자극과 인상의 폭격은 개인으로 하여금 방어적 태도 — "냉담함(blasé attitude)" — 을 발전시키게 한다. 이는 농촌이나 소도시의 친밀하고 감정적인 관계와 대조되는, 대도시 특유의 합리적, 지적, 계산적 태도다. 도시인은 수많은 타인과 공존하기 위해 일종의 심리적 방어막을 발전시킨다는 것이다.

찰스 보들레르(Charles Baudelaire)와 발터 벤야민은 '산책자'(flâneur)라는 개념을 통해 근대 도시 경험의 또 다른 측면을 포착했다. 군중 속에서 관찰자로 존재하며 도시의 스펙터클을 소비하는 산책자는 근대 도시 문화의 상징적 인물이었다. 보들레르는 산책자를 "군중의 왕자"로 묘사했으며, 그에게 도시는 "시적 대상"이자 "새로운 자연"이었다. 산책자는 도시의 구석구석을 배회하며, 우연한 만남과 예상치 못한 광경에서 미적 쾌락을 발견했다. 이러한 도시 경험은 근대 예술과 문학에 큰 영향을 미쳤다.

산업도시의 고통과 병폐에도 불구하고, 근대 도시는 또한 새로운 가능성의 공간이기도 했다. 도시는 지적, 예술적, 정치적 혁신의 장소였으며, 농촌의 전통적 구속에서 벗어난 자유와 익명성의 공간이었다. 특히 여성, 소수자, 노동자 계급 등 전통 사회에서 주변화된 집단들에게 도시는 새로운 기회와 해방의 가능성을 제공했다. 19세기 말 파리의 몽마르트나 20세기 초 베를린의 전위적 예술 공동체처럼, 도시는 창조적 실험과 새로운 정체성 형성의 무대가 되었다.

그러나 동시에, 근대 도시는 소외와 파편화의 공간이기도 했다. 마르크스는 산업도시에서 노동자가 경험하는 소외를, 도스토예프스키는 대도시 속 개인의 고독과 심리적 분열을 묘사했다. 도시는 풍요와 빈곤, 화려함과 비참함이 공존하는 모순의 공간이었으며, 이러한 대비는 디킨스나 졸라 같은 작가들의 소설에서 생생하게 묘사되었다.

✦ 근대 도시의 유산

오늘날 우리가 발 딛고 선 도시의 모습 — 그 구조와 형태, 제도와 문화 — 은 산업혁명이 낳은 근대 도시의 유산이다. 대로변에 늘어선 건물들, 구역별로 분리된 도시 기능, 지하에 숨겨진 상하수도 시스템, 공원과 광장의 배치에 이르기까지, 우리는 산업혁명 시대의 도시 계획가들이 남긴 흔적 위에서 살아가고 있다.

산업혁명으로 시작된 근대 도시화 과정은 도시의 본질, 형태, 경험을 근본적으로 변화시켰다. 그것은 인류 역사상 가장 급격하고 광범위한 정주 패턴의 변화였으며, 전통적 도시와 현대 도시 사이의 결정적 단절을 의미했다. 거대한 인구 집중, 넓게 확장된 도시 영역, 기계화된 교통과 통신 네트워크는 이전 시대의 도시와는 질적으로 다른 도시 실체를 만들어냈다.

근대 도시의 유산은 복합적이다. 한편으로 그것은 과밀, 불평등, 환경 오염, 소외 등 현대 도시 문제의 원천이었다. 산업화 초기의 열악한 노동자 주거지는 오늘날 많은 개발도상국 도시의 슬럼과 비슷한 문제를 가지고 있었다. 산업 활동으로 인한 대기 오염, 수질 오염, 토양 오염은 현대 도시가 여전히 해결해야 할 환경 문제의 시작이었다.

다른 한편으로 근대 도시는 기술적 혁신, 문화적 다양성, 사회적 유동성, 자유와 익명성이라는 도시적 가치의 토대를 마련했다. 도시는 혁신과 창조의 중심지로, 새로운 사회적, 문화적, 정치적 실험이 이루어지는 장소였다. 농촌의 전통적 관습과 규범으로부터 벗어난 도시인들은 새로운 생활 방식과 가치관을 발전시켰다.

19세기에 형성된 근대 도시의 물리적, 제도적, 문화적 구조는 오늘날까지 현대 도시의 근간을 이루고 있다. 구역제, 대중교통, 도시 공원, 상하수도 시스템 등 우리가 당연시하는 많은 도시 요소들은 근대 산업도시의 문제에 대응하여 발전한 것들이다. 빅토리아 시대 런던의 하수도 시스템, 센트럴 파크로 대표되는 도시 공원 운동, 파리의 대로와 같은 도시 계획의 유산은 현대 도시의 골격을 형성하고 있다.

더 근본적으로, 근대 도시는 인간과 환경의 관계, 개인과 공동체의 관계, 공적 영역과 사적 영역의 관계에 대한 새로운 사유와 실천의 장이었다. 도시인은 자연과 분리된 인공 환경 속에서 살아가며, 수많은 낯선 이들과 익명적 관계를 맺고, 다양한 사회적 역할 사이를 오가는 새로운 존재 방식을 발전시켰다.

이러한 사유와 실천의 이중적 유산 — 해방과 소외, 풍요와 불평등, 다양성과 파편화 — 은 오늘날까지 현대 도시 경험의 핵심적 긴장을 형성하고 있다. 도시는 기회와 위험, 자유와 소외가 공존하는 양면적 공간으로 남아있다. 19세기 산업도시가 제기한 질문들 — 어떻게 효율성과 인간다움을, 성장과 지속가능성을, 개인의 자유와 공동체적 연대를 조화시킬 것인가 — 은 오늘날에도 여전히 현대 도시의 핵심 과제로 남아있다.

산업혁명의 검은 연기가 가득했던 맨체스터에서 현대의 스마트시티에 이르기까지, 근대 도시의 변화 과정은 인류가 기술과 함께, 때로는 기술에 맞서 만들어온 집단적 주거 형태의 진화를 보여준다. 우리는 여전히 이 오래된 실험의 한가운데 서 있으며, 미래 도시의 모습을 상상하고 창조해나가는 과정에 참여하고 있다.

[참/고/문/헌]

1. 아리스토텔레스, 『정치학』, 기원전 4세기.

2. 루이스 멈포드, The City in History: Its Origins, Its Transformations, and Its Prospects, Harcourt, Brace & World, 1961.

3. 데이비드 하비, The Condition of Postmodernity, Blackwell Publishers, 1989.

4. 게오르그 짐멜, 「대도시와 정신적 삶」(Die Großstädte und das Geistesleben), 1903.

5. 앙리 르페브르, The Production of Space, Blackwell Publishing, 1974.

6. 미셸 드 세르토, The Practice of Everyday Life, University of California Press, 1980.

7. 리처드 세넷, The Conscience of the Eye: The Design and Social Life of Cities, W.W. Norton & Company, 1990.

8. 제인 제이콥스, The Death and Life of Great American Cities, Random House, 1961.

9. 마누엘 카스텔스, The Rise of the Network Society, Blackwell Publishers, 1996.

10. 에드워드 소자, Postmetropolis: Critical Studies of Cities and Regions, Wiley-Blackwell, 2000.

11. 브루노 라투르, Reassembling the Social: An Introduction to Actor-Network-Theory, Oxford University Press, 2005.

12. 에베네저 하워드, 『내일의 전원도시』(Garden Cities of To-morrow), 1898.

13. 고든 차일드(V. Gordon Childe), Man Makes Himself, Watts & Co., 1936.

제3장

✠

도시와 인간
– 상호작용의 철학 –

1. 도시와 인간 정체성의 상호 구성

석조 건물 사이로 빗물이 흐르고, 네온사인이 젖은 아스팔트에 반사되는 밤거리. 지하철역에서 쏟아져 나오는 인파, A에서 B로 서두르는 발걸음들. 자동차 경적과 카페에서 흘러나오는 재즈 선율, 다양한 언어가 뒤섞인 목소리들. 이 모든 감각의 총체가 '도시'라는 실체를 구성한다. 그리고 이 도시는 다시 우리를 구성한다.

"우리는 도시를 만들고, 그 다음에는 도시가 우리를 만든다." 윈스턴 처칠이 건축에 관해 한 이 유명한 말은 도시와 인간의 관계에도 똑같이 적용된다. 이 간결한 표현은 도시와 인간 사이의 깊고 복합적인 상호구성적 관계를 함축한다. 도시는 단순한 건물과 도로의 집합체가 아니라, 인간 존재의 가능성과 한계를 형성하는 살아있는 맥락이며, 인간 정체성의 거울이자 주형(鑄型)이다. 우리가 도시의 얼굴을 빚어내면, 도시는 다시 우리의 내면을 조각한다.

✛ 도시적 존재로서의 인간

인간이 도시를 만든다는 것은 자명해 보인다. 인간의 지성과 노동, 기술과 협력이 도시의 물리적 형태를 구축한다. 도시 계획가의 청사진, 건축가의 상상력, 엔지니어의 계산, 정책 입안자의 비전, 건설 노동자의 땀, 그리고 일상적 실천을 통해 도시 공간을 채우고 변형시키는 모든 시민들이 도시의 물질적, 사회적, 문화적 직물을 함께 짜나간다. 맨해튼의 고층 빌딩 숲, 베네치아의 수로와 다리들, 교토의 정갈한 그리드 패턴, 바르셀로나의 육각형 블록들 — 이 모든 것은 인간 의지와 창조력의 산물이다.

그러나 도시가 인간을 만든다는 명제는 더 심오한 철학적 탐구를 요구한다. 이는 환경결정론의 단순한 주장이 아니라, 인간 존재의 관계적, 맥락적 본질에 대한 인식이다. 마르틴 하이데거가 『존재와 시간』에서 논했듯, 인간은 항상 이미 '세계-내-존재'(Being-in-the-world)로서, 특정한 물리적, 사회적, 역사적 맥락 속에 던져진(thrown) 존재다. 도시는 현대인에게 이러한 '세계'의 가장 지배적인 형태이며, 따라서 도시적 맥락은 인간 존재의 기본 조건이 된다. 우리는 도시라는 그릇 속에서 빚어지는 존재들이다.

어둠 속에서도 길을 찾게 해주는 가로등, 계단 대신 수직 이동을 가능케 하는 엘리베이터, 대중의 흐름에 특정한 방향과 속도를 부여하는 에스컬레이터, 이방인들과의 근접성을 관리하는 대중교통 시스템 — 이런 도시적 장치들은 우리의 신체와 감각, 움직임과 경험을 특정한 방식으로 조형한다. 철학자 모리스 메를로-퐁티의 현상학적 관점에서, 우리의 신체는 세계와의 관계 맺음의 근본적 매개체다. 도시 환경은 이러한 신체적 존재의 가능성과 한계를 구조화한다. 도시의 물리적 형태 — 거리의 배치, 건물의 규모와 디자인, 공공 공간의 성격 — 은 신체의 움직임과 감각적 경험을 특정한 방식으로 조형한다. 엘리베이터와 에스컬레이터는 수직적 이동을, 자동차와 대중교통은 수평적 이동을 특정 방식으로 매개하며, 이는 도시 공간에 대한 우리의 인식과 관계를 근본적으로 변화시킨다.

뉴욕 맨해튼의 빠른 보행 리듬, 파리 카페의 느긋한 시간성, 도쿄 지하철의 정확한 시간 감각 — 이 모든 것은 도시가 인간의 시간 경험을 어떻게 형성하는지 보여준다. 겨울의 북유럽 도시들이 실내 공간을 중심으로 한 사회적 관계를 발달시켰다면, 지중해 연안의 도시들은 야외 광장과 테라스를 중심으로 한 공공생활을 발전시켰다. 이처럼 도시 환경은 우리의 신체적, 시간적, 사회적 존재 방식을 규정한다.

사회학자 피에르 부르디외의 '아비투스'(habitus) 개념은 도시적 환경이 어떻게 특정한 성향과 행동 양식을 발달시키는지 이해하는 데 유용하다. 아비투스는 사회적으로 획득된 성향들의 체계로, 우리가 의식하지 못하는 사이에 내면화되어 '자연스러운' 행동 방식

이 된다. 도시 환경에서 성장한 사람들은 특정한 도시적 아비투스 — 사람들과의 적절한 거리 유지, 교통 신호와 표지판의 해독, 다양한 사회적 상황에서의 행동 규범 등 — 를 발달시킨다. 대도시의 혼잡한 보도에서 다른 사람들과 부딪히지 않고 걷는 것, 러시아워 지하철에서 개인 공간을 확보하는 미묘한 전략들, 다양한 도시 공간(카페, 도서관, 나이트클럽, 공원)에서 예상되는 행동 코드를 아는 것 — 이 모든 것이 도시적 아비투스의 일부다.

뉴욕의 거주자는 무의식적으로 맨해튼의 그리드 시스템을 내면화하여 방향감각을 발달시키고, 베니스의 주민은 복잡한 수로와 골목의 미로 같은 구조를 직관적으로 항해할 수 있게 된다. 이처럼 도시는 우리의 공간 인지와 내비게이션 능력을 특별한 방식으로 형성한다. 우리의 정신적 지도(mental map)는 살고 있는 도시의 모양을 닮게 된다.

✛ 도시 정체성과 집단 기억

도시는 단순한 물리적 공간을 넘어, 기억과 정체성이 새겨지는 활자판과도 같다. 프랑스의 사회학자 모리스 할바크스(Maurice Halbwachs)는 집단 기억이 공간적 맥락에 깊이 뿌리내리고 있음을 지적했다. 그의 『집단 기억의 사회적 틀』에서 할바크스는 물리적 공간이 어떻게 공유된 기억의 저장고이자 매개체가 되는지 분석했다. 도시의 광장, 기념물, 역사적 건물, 심지어 거리의 이름까지도 특정한 역사적 내러티브와 가치를 담아내며, 이는 집단적 정체성의 형성에 기여한다.

파리의 개선문과 샹젤리제 거리는 나폴레옹 시대의 영광을, 베를린 장벽의 흔적은 분단과 통일의 역사를, 뉴욕의 9/11 메모리얼은 트라우마와 회복의 이야기를 담고 있다. 이러한 장소들은 단순한 물리적 구조물이 아니라, 도시의 집단 기억이 구체화된 '기억의 장소'(lieux de mémoire, 피에르 노라의 개념)다. 우리가 이러한 공간을 거닐고 경험할 때, 우리는 도시의 기억과 정체성을 체화하게 된다.

"나는 뉴요커다", "나는 파리지앵이다", "나는 서울 사람이다"라는 진술은 단순한 지리적 위치 이상의 의미를 갖는다. 그것은 특정한 생활양식, 문화적 태도, 가치관, 그리고 세계관을 함축한다. 뉴욕의 다원주의와 경쟁적 활력, 파리의 미학적 세련미와 카페 문화, 서울의 역동성과 빠른 변화 등은 해당 도시 주민들의 자기 이해와 정체성에 깊이 새겨진다. 도시의 리듬과 소리, 냄새와 질감, 언어와 습관이 그 거주자들의 감각과 의식 속에 침투하여, 특별한 도시적 정체성을 형성한다.

이러한 도시 정체성은 도시 텍스트의 읽기와 쓰기를 통해 형성된다. 러시아의 문화 기호학자 유리 로트만(Yuri Lotman)은 도시를 '텍스트'로 이해하는 관점을 제시했다. 도시는 '읽히는' 대상이면서, 동시에 그 거주자들에 의해 끊임없이 '쓰여지는' 과정 중에 있다. 도시의 물리적 구조, 역사적 층위, 사회적 관습, 문화적 코드는 일종의 '문법'을 형성하며, 이를 통해 도시 주민들은 자신의 환경을 해독하고 의미를 부여한다.

기호로 가득한 도시 공간에서, 우리는 다양한 메시지를 읽어낸다. 호화로운 쇼핑 거리는 부와 소비에 관한 이야기를, 역사적 기념물은 과거의 영광이나 상처에 관한 이야기를, 낙서가 가득한 도시 뒷골목은 저항과 대안적 표현에 관한 이야기를 전한다. 이러한 도시 텍스트를 이해하는 것은 그 도시에서 '현지인'으로 살아가는 데 필수적이다.

이러한 과정은 일종의 '도시적 문해력'(urban literacy)을 발달시킨다. 어린 시절부터 특정 도시 환경에 노출된 사람들은 그 도시의 복잡한 기호 체계와 사회적 규칙을 자연스럽게 내면화한다. 이는 공간 내비게이션(어떤 지역이 언제 안전한지, 어떤 경로가 가장 효율적인지), 사회적 상호작용(낯선 사람과의 적절한 거리, 서로 다른 사회적 맥락에서의 행동 규범), 문화적 해독(특정 장소의 의미와 가치, 다양한 도시 공간에서 기대되는 행동) 등의 능력을 포함한다. 뉴욕의 지하철 노선도를 자유자재로 활용하는 능력, 도쿄의 복잡한 주소 체계를 이해하는 방법, 파리의 어느 구역이 어떤 사회적 함의를 갖는지 아는 것 — 이 모든 것이 도시적 문해력의 일부다.

✤ 도시 정체성의 변화와 경합

그러나 도시 정체성은 결코 고정되거나 단일하지 않다. 도시가 변화함에 따라 그 안에 살아가는 사람들의 자기 이해도 변화한다. 특히 급격한 도시 변화의 시기에는 정체성의 재구성이 두드러진다. 산업도시에서 포스트산업 도시로의 전환(영국 맨체스터, 독일 루르 지역 등), 이민과 디아스포라로 인한 인구학적 변화(현대 런던, 파리, 베를린 등), 젠트리피케이션(뉴욕 브루클린, 서울 홍대 지역 등)과 같은 과정은 도시 정체성의 근본적 재편을 수반한다.

한때 굴뚝 산업으로 가득했던 도시들이 현재는 문화와 서비스 중심 허브로 변모하면서, 거주자들의 자기 이해도 '산업 노동자'에서 '창의적 지식 노동자'로 변화한다. 대규모 이주의 물결이 도시의 인구학적, 문화적 지형을 변화시키면서, 단일한 도시 정체성은 다중적이고 혼종적인 정체성들로 분화된다. 한적했던 동네가 갑자기 힙스터들의 핫스팟으로 변모하면서, 기존 주민들과 새로운 주민들 사이에 장소의 의미와 가치를 둘러싼 긴장이 발생한다.

이 과정에서 '진정한' 도시 정체성을 둘러싼 갈등과 경합이 발생한다. 누가 특정 도시나 지역의 '진짜' 주민인가? 어떤 역사적 내러티브가 공식적 기억으로 인정받고, 어떤 이야기는 주변화되는가? 도시 공간의 변화는 누구의 이익을 위한 것인가? 이러한 질문들은 도시 정체성의 정치를 구성한다. 오래된 산업 시설을 보존하여 도시의 역사적 기억을 유지할 것인가, 아니면 새로운 용도로 재개발하여 미래 지향적 정체성을 구축할 것인가? 이민자 공동체의 문화적 표현은 도시 공간에서 어떻게 인정받고 통합되는가? 젠트리피케이션은 도시를 '개선'하는가, 아니면 원주민을 '대체'하는가?

샤론 주킨(Sharon Zukin)은 『도시 문화의 본질(The Cultures of Cities)』에서 '진정성'(authenticity)이 도시 공간을 둘러싼 투쟁의 핵심 쟁점이 되고 있다고 지적한다. 도시의 역사적 특성을 보존하려는 노력과 새로운 개발 사이의 긴장, 지역 주민의 정체성과 관광객이 소비하는 도시 이미지 사이의 괴리, 토착 문화와 글로벌 자본 사이의 충돌 등은 현대 도시 정체성의 복합적 정치를 보여준다. 뉴욕 소호 지구의 예술가 로프트가 고급 부티크와 고가 아파트로 변모한 과정, 베를린의 대안적 하위문화가 도시 마케팅의 자산으로 흡수된 역설, 바르셀로나의 주민 생활공간이 관광객을 위한 테마파크화되는 현상 — 이런 사례들은 도시 정체성을 둘러싼 복잡한 정치를 보여준다.

도시 정체성은 또한 다양한 층위와 스케일로 존재한다. 행정구역상의 도시(시 경계 내), 도시 지역(metropolitan area), 동네(neighborhood), 심지어 거리나 블록 수준까지, 서로 다른 공간적 스케일은 중첩되는 정체성의 층위를 형성한다. 뉴욕커는 동시에 브루클린 주민이자, 윌리엄스버그 거주자이며, 특정 블록의 이웃일 수 있다. 이런 다중적 정체성은 상황과 맥락에 따라 다르게 활성화되고 표현된다.

이렇듯 도시와 인간 정체성의 상호구성은 끊임없는 변증법적 과정이다. 우리는 도시를 만들지만, 동시에 도시에 의해 만들어진다. 이 순환적 관계를 이해하는 것은 도시 경험의 본질을 이해하는 핵심이며, 더 인간적이고 의미 있는 도시 환경을 창출하기 위한 첫걸음이다. 도시는 우리가 지은 집단적 시(詩)이자, 그 시를 통해 우리는 자신을 이해하고 표현한다. 도시의 가로와 광장, 건물과 공원, 소음과 침묵, 이 모든 도시적 텍스트 속에서 우리는 인간됨의 의미를 끊임없이 탐색하고 재창조하고 있다.

2. 도시적 경험의 현상학: 걷기, 보기, 느끼기

거리의 리듬에 몸을 맡기고, 빛과 그림자가 춤추는 건물 사이를 걷는다. 귓가에 부딪히는 다양한 언어의 파편들, 코끝을 스치는 음식 냄새, 손끝으로 느껴지는 오래된 벽돌의 질감. 도시는 우리의 모든 감각을 깨우는 교향곡이다.

도시는 어떻게 경험되는가? 이 질문은 도시에 대한 추상적, 객관적 분석을 넘어, 실제로 도시에서 살아가는 인간의 구체적, 신체적, 감각적 경험으로 우리의 관심을 돌린다. 도시 경험의 현상학은 이론적 관점에서 벗어나, 살아있는 도시 경험의 질감과 깊이에 주목한다. 지도와 통계로는 결코 파악할 수 없는, 몸으로 겪는 도시의 순간들을 포착하고자 하는 것이다.

✤ 걷기: 도시 공간의 전유와 생산

"나는 걷는다, 고로 도시는 존재한다."

프랑스 학자 미셸 드 세르토(Michel de Certeau)는 『일상생활의 실천』에서 걷기를 도시 공간을 전유하고 재구성하는 기본적인 실천으로 분석했다. 그는 고층 건물 꼭대기에서 내려다보는 조감적(鳥瞰的) 시선 — 도시 계획가, 지도 제작자, 권력자의 시선 — 과 거리에서 걷는 사람의 시선을 대비시켰다. 수직적 시선이 뉴욕을 기하학적 격자로 환원한다면, 보행자의 수평적 시선은 그 격자 사이에서 무수한 이야기를 발견한다. 조감적 시선이 도시를 추상적, 전체적, 정태적으로 파악한다면, 보행자의 시선은 구체적, 부분적, 역동적으로 도시를 경험한다.

드 세르토에게 걷기는 일종의 발화 행위(speech act)에 비유된다. 마치 언어 구조 (langue) 속에서 개인이 특정한 발화(parole)를 통해 의미를 생산하듯, 보행자는 도시의 물리적 구조 속에서 자신만의 경로와 리듬을 창출함으로써 도시 공간을 '발화'한다. 지도 상의 선형적 거리는 걷는 이의 발걸음에 의해 기억, 감정, 우연한 만남이 깃든 생생한 공간 으로 변모한다. 이러한 의미에서 걷기는 도시를 '읽는' 행위이자, 동시에 도시 텍스트를 '쓰는' 행위이다.

"걷는 행위는 공간 조직에 대한 세 가지 효과를 갖는다: 그것은 현재적인 것만을 인정한 다(…); 그것은 불연속적 장소들 사이에 '이것도, 저것도'라는 관계를 만들어낸다(…); 마지 막으로 그것은 장소들 사이의 일련의 관계와 이동들을 야기한다." 드 세르토의 이 말은 걷 기가 도시 공간에 시간성, 관계성, 연속성을 부여함을 시사한다. 걷기는 도시를 추상적 공 간이 아닌, 살아있는 시간의 흐름 속에 위치시킨다.

도시 걷기의 리듬과 속도는 도시마다, 그리고 도시 내 지역마다 다르다. 뉴욕의 빠른 보 행 속도는 시간이 돈인 맨해튼의 정신을 체현하고, 지중해 도시들의 여유로운 산책은 시에 스타 문화의 신체적 표현이며, 동남아시아 도시의 더위를 피한 느린 걸음은 기후에 대한 몸의 지혜를 담고 있다. 이러한 걷기의 양식은 도시 경험의 기본적인 틀을 형성한다.

로마의 좁은 골목길은 걷는 이에게 친밀한 공간감과 역사의 무게를 선사하고, 파리의 대로는 시각적 전망과 함께 산책자의 여유를 초대한다. 콘크리트 블록과 아스팔트로 뒤덮 인 도시에서도, 걷는 이는 자신만의 길을 만들고, 공식적 계획이 예상치 못한 방식으로 공 간을 전유한다. 공원을 가로지르는 자연스럽게 생긴 '욕망의 경로'(desire path)는 도시 계획가가 그린 공식 경로보다 실제 인간 행동을 더 정확히 반영하는 사례.

레베카 솔닛(Rebecca Solnit)은 『걷기의 역사(Wanderlust: A History of Walking)』 에서 걷기가 단순한 이동 수단을 넘어, 사고와 상상, 정치적 저항, 예술적 실천의 형태가 될 수 있음을 보여준다. 철학자들은 걸으며 사유했고, 시인들은 걸으며 영감을 얻었으며, 사회운동가들은 걸으며 저항했다. 1960년대의 상황주의자(Situationist) 운동이 발전시 킨 '표류'(dérive) 개념은 도시를 목적지 없이 표류하며 새롭게 경험하는 방식이었다. 이는 효율성과 기능성 중심의 도시 이용에 대한 창조적 저항이었다.

덴마크의 도시 계획가 얀 겔(Jan Gehl)은 『사람을 위한 도시(Cities for People)』에서 도시 공간의 질이 보행 경험의 질에 직접적인 영향을 미침을 강조한다. 활기차고 다양한 가로 풍경, 적절한 규모의 건물, 다양한 파사드, 앉고 머물 수 있는 공간 등은 풍요로운 보행 경험을 만들어낸다. 반면 단조롭고 거대한 건물 블록, 비활성화된 1층 파사드, 자동차 중심의 도로 설계 등은 보행 경험을 황폐화시킨다. 겔의 코펜하겐 연구는 도시 공간이 어떻게 사람들의 머무름, 만남, 대화와 같은 '선택적 활동'과 '사회적 활동'을 지원하거나 방해하는지 보여준다.

걷기는 또한 도시의 숨겨진 층위를 발견하는 방식이다. 관광객용 지도에 없는 골목길, 오래된 벽에 새겨진 역사의 흔적, 도시 계획에 포함되지 않은 즉흥적 공동체 공간들 — 이러한 비공식적, 일상적 도시 공간은 걷는 이에게만 자신의 비밀을 드러낸다. 차를 타고 스쳐 지나가서는 결코 발견할 수 없는 도시의 숨은 얼굴들이다.

✤ 시각과 스펙타클: 도시의 시각적 경험

"도시는 볼거리다." 이 단순한 명제 속에 근대 도시 경험의 본질이 담겨 있다.

시각은 근대 도시 경험의 지배적인 감각이었다. 발터 벤야민(Walter Benjamin)은 19세기 파리의 아케이드에 대한 연구에서, 근대 도시가 어떻게 시각적 스펙타클의 공간으로 변모했는지 분석했다. 아케이드의 쇼윈도우에 진열된 상품들, 만국박람회의 화려한 전시, 백화점의 감각적 풍요로움은 근대 소비 문화의 시각적 특성을 보여준다. 벤야민은 이러한 시각적 자극의 홍수 속에서 '판타스마고리아'(phantasmagoria), 즉 환상적 이미지의 세계가 창출됨을 지적했다. 도시는 끊임없이 변화하는 이미지의 연속체가 되었고, 도시인은 그 이미지의 소비자가 되었다.

오늘날 마천루의 반짝이는 유리 파사드, 네온과 LED로 뒤덮인 타임스퀘어, 숭고함을 자아내는 에펠탑, 기념비적인 크기의 광장들은 모두 도시의 시각적 스펙타클의 일부다. 특히 현대의 대형 건축물들 — 구겐하임 빌바오, 베이징 국가대극장, 버즈 칼리파 — 은 도시의 시각적 상징으로 기능하며, 관광객들을 위한 볼거리를 제공한다. 스마트폰을 든 관광객들이 인스타그램에 올릴 완벽한 장면을 찾아 도시를 헤매는 모습은, 도시 경험이 점점 더 시각적 소비로 변모함을 보여준다.

독일 사회학자 게오르그 짐멜(Georg Simmel)은 「대도시와 정신생활」에서 대도시의 시각적 자극과 '충격'(shock)에 주목했다. 그는 대도시 생활이 "감각적 인상의 빠른 응집과 변화"로 특징지어진다고 보았으며, 이에 대응하여 도시인은 특유의 방어적 태도 — '무관심'(blasé attitude) — 를 발전시킨다고 분석했다. 인파 속에서 수백 개의 얼굴을 스쳐 지나가고, 광고판과 교통 표지판의 기호들이 시야를 가득 채우며, 건물들이 끊임없이 시선을 위로 이끄는 환경 속에서, 도시인은 모든 것을 볼 수 없기에 오히려 선택적으로 보는 법을 배운다.

미국의 도시 계획가 케빈 린치(Kevin Lynch)는 『도시의 이미지(The Image of the City)』에서 도시의 '가독성'(legibility)과 '이미지 형성'(imageability)에 주목했다. 그는 도시인들이 어떻게 도시 환경을 인지적으로 지도화하는지 연구했으며, 도시 이미지의 다섯 가지 핵심 요소 — 경로(paths), 경계(edges), 구역(districts), 결절점(nodes), 랜드마크(landmarks) — 를 제시했다. 이러한 요소들이 명확하고 기억하기 쉬운 도시 환경은 보다 풍부한 시각적 경험과 공간적 안정감을 제공한다. 반면, 이러한 요소들이 불분명한 도시는 '길 잃음'과 방향감각 상실을 초래할 수 있다.

린치의 연구는 도시가 단순히 '보는' 대상이 아니라 '읽는' 대상임을 보여준다. 도시인은 도시 공간의 문법과 어휘를 학습하여, 시각적 단서들을 통해 공간을 해독하고 내비게이션한다. 특정 건물 유형, 가로수의 배치, 간판의 스타일, 보도 패턴 등은 모두 도시 경험을 이끄는 시각적 언어의 일부다. 파리의 오스만식 대로, 뉴욕의 그리드 시스템, 교토의 정갈한 가로 배치는 서로 다른 시각적 문법을 구성하며, 그 도시에서 살아가는 사람들의 공간 인식을 형성한다.

✤ 다감각적 도시 경험: 소리, 냄새, 촉감

그러나 도시는 눈으로만 경험되지 않는다. 도시는 모든 감각을 통해 우리에게 침투한다.

도시의 소리 — 교통 소음, 시장의 외침, 카페의 웅성거림, 교회 종소리, 공장의 기계음 — 는 도시의 '소리 풍경'(soundscape)을 형성한다. 밀라노의 트램 소리, 이스탄불의 기도 소리, 도쿄의 전자음, 리우의 삼바 리듬 — 이들은 각 도시의 고유한 청각적 정체성을 구성한다. 캐나다의 작곡가이자 음향생태학자 R. 머레이 쉐이퍼(R. Murray Schafer)는 『세계의 소리 풍경(The Soundscape: Our Sonic Environment and the Tuning of the World)』에서 도시의 소리 환경이 어떻게 변화해왔는지, 그리고 그것이 우리의 경험과 인식에 어떤 영향을 미치는지 분석했다.

쉐이퍼에 따르면, 산업혁명 이후 도시의 소리 풍경은 '하이파이'(hi-fi, 다양한 소리들이 명확히 구분되는 환경)에서 '로우파이'(lo-fi, 소음이 지배적이고 개별 소리의 식별이 어려운 환경)로 변화했다. 현대 도시의 지속적인 교통 소음과 기계음은 자연의 소리와 인간의 목소리를 덮어버리고, 이는 도시 경험의질적 저하를 가져온다. 그러나 동시에 각 도시는 독특한 '소리 표식'(sound mark) — 베네치아의 종소리, 런던의 빅벤, 이스탄불의 무에진 소리 — 을 가지며, 이는 도시 정체성의 중요한 부분을 형성한다.

야경이 아름다운 도시, 소음이 심한 도시, 음악이 흐르는 도시 — 이러한 표현들은 도시 경험의 청각적 차원을 반영한다. 지하철의 규칙적인 소음, 카페에서 들려오는 대화 소리, 공원의 새소리와 아이들의 웃음소리, 밤거리의 음악과 웃음소리 — 이 모든 청각적 풍경이 우리의 도시 경험을 형성한다.

도시의 냄새 — 음식, 배기가스, 강물, 쓰레기, 꽃, 향수 — 는 보이지 않지만 강력한 도시 정체성의 요소이다. 알랭 코르뱅(Alain Corbin)은 『냄새의 향기와 사회적 상상력(The Foul and the Fragrant)』에서 18~19세기 파리의 냄새 풍경과 그에 대한 사회적 인식의 변화를 연구했다. 도시의 냄새는 위생과 공중보건의 역사, 계급과 사회적 구분, 문화적 코드와 깊이 연관되어 있다.

파리의 빵집에서 풍기는 갓 구운 바게트 향, 뭄바이 거리의 향신료 냄새, 이스탄불 시장의 터키 커피 향, 베니스 운하의 습한 물 냄새 — 이런 후각적 경험은 그 도시만의 고유한 정체성을 형성한다. 냄새는 또한 기억을 강력하게 자극하는 감각이다. 도시의 특정 냄새는 그 도시에서의 경험을 순간적으로 소환할 수 있는 강력한 기억의 촉매제가 된다.

도시의 촉감 — 포장도로의 질감, 건물 표면, 대중교통 내부의 촘촘함, 공원 잔디의 부드러움, 여름 아스팔트의 열기 — 은 가장 직접적이고 친밀한 도시 경험의 차원이다. 핀란드

건축가 유하니 팔라스마(Juhani Pallasmaa)는 『피부의 눈(The Eyes of the Skin)』에서 건축 및 도시 경험에서 촉각의 중요성을 강조하며, 시각 중심주의를 벗어나 신체 전체를 통한 공간 경험의 풍요로움을 회복할 것을 주장한다.

로마의 오래된 돌계단을 오르며 느끼는 발바닥의 감각, 런던의 차가운 안개가 뺨에 닿는 느낌, 도쿄 지하철의 압도적인 밀도 속에서 경험하는 타인의 근접성, 바르셀로나의 지중해 햇살이 피부를 따뜻하게 데우는 감각 — 이 모든 촉각적 경험이 도시에 대한 우리의 이해와 기억을 형성한다.

도시에서 우리는 또한 맛을 경험한다. 도시의 음식 문화는 그 도시의 역사, 지리, 경제, 인구학적 특성을 반영한다. 뉴욕의 핫도그 노점상, 방콕의 길거리 음식, 파리의 카페, 멕시코시티의 타코 스탠드 — 이들은 도시 경험의 맛의 풍경을 구성한다.

이러한 다감각적 경험은 도시마다 고유한 '감각적 프로필'(sensory profile)을 형성한다. 봄베이의 향신료와 오토릭샤 매연이 섞인 냄새, 암스테르담 운하의 습기와 자전거의 울림, 마라케시 시장의 소음과 향신료 냄새 등은 각 도시의 감각적 정체성을 구성한다. 도시를 진정으로 경험한다는 것은 이러한 다감각적 총체성을 통해 그 도시와 관계를 맺는 것을 의미한다.

✤ 도시적 정서와 감정의 지리학

도시는 물리적 공간을 넘어 정서적 풍경이기도 하다. 특정 거리, 광장, 건물, 지역은 특유의 감정적 색조와 분위기를 품고 있다.

19세기 프랑스 시인 찰스 보들레르(Charles Baudelaire)는 파리를 배회하며 근대적 도시 감수성의 원형을 제시했다. 그가 포착한 파리에서의 '우울(spleen)'과 '현기증(vertigo)', 군중 속의 고독과 낯섦의 매력은 근대 도시 경험의 양가성을 드러낸다. 보들레르에게 도시는 아름다움과 추함, 고양과 타락, 익명성의 자유와 소외의 고통이 공존하는 공간이었다.

독일 철학자 발터 벤야민은 보들레르의 시를 통해 근대 도시 경험의 핵심을 '충격'(shock)으로 규정했다. 끊임없이 변화하는 도시 환경에서 개인은 지속적인 감각적, 정

65

서적 충격에 노출되며, 이는 새로운 종류의 지각 방식과 감수성을 발달시킨다. 군중 속에서 스쳐 지나가는 낯선 이와의 짧은 눈 맞춤, 쇼윈도우에 비친 자신의 모습, 거리의 우연한 만남들 — 이러한 도시적 순간들은 일시적이지만 강렬한 정서적 경험을 제공한다.

짐멜이 분석한 대도시의 '무관심'(blasé attitude)과 '냉담함'은 과도한 자극으로부터 자아를 보호하는 심리적 방어 기제이자, 도시적 삶의 특유한 정서적 색조를 형성한다. 최근에는 '솔로포비아'(solophobia, 혼자 있음에 대한 두려움)나 'FOMO'(Fear of Missing Out, 무언가를 놓칠지 모른다는 두려움) 같은 개념이 현대 도시 생활의 특유한 불안을 포착한다. 끊임없이 활동하는 도시의 리듬, 항상 어딘가에서 무언가가 일어나고 있다는 인식, SNS를 통해 접하는 타인의 화려한 도시 생활은 현대 도시인에게 특유의 불안과 조바심을 유발한다.

영국의 문화지리학자 스티브 파일(Steve Pile)은 『정서의 지리학(Emotions and Place)』에서 도시 공간이 어떻게 특정한 감정과 정서를 유발하고 조직하는지 연구했다. 도시의 특정 장소들 — 고급 상업 지구의 열망과 욕망, 쇠퇴한 산업 지역의 멜랑콜리와 노스탤지어, 젠트리피케이션 지역의 불안과 소외, 교외의 지루함과 안전함 — 은 특정한 정서적 분위기를 품고 있다.

이러한 정서적 분위기는 단순히 주관적인 것이 아니라, 특정 장소의 물리적 특성, 사회적 구성, 역사적 기억, 문화적 의미가 복합적으로 작용하여 형성된다. 뉴욕 센트럴 파크의 유쾌한 혼돈, 베니스 골목길의 신비로운 친밀감, 베를린 장벽 추모 공간의 엄숙함, 도쿄 시부야 교차로의 절제된 흥분 — 이들은 모두 특정한 도시 공간이 유발하는 감정적 풍경이다.

도시 공간의 정서적 지리는 또한 개인적, 집단적 기억과 깊이 연관되어 있다. 특정 장소는 개인의 생애사에서 중요한 사건(첫 키스, 이별, 중요한 만남 등)이 일어난 공간으로 특별한 정서적 의미를 갖게 된다. 동시에 역사적 사건(전쟁, 혁명, 자연재해, 테러 등)의 기억이 각인된 도시 공간은 집단적 트라우마나 승리의 장소로 기능한다. 뉴욕의 9/11 메모리얼, 히로시마 평화 공원, 베를린 장벽의 흔적 등은 그러한 집단적 기억과 감정이 응축된 공간이다.

✤ 차별화된 도시 경험: 계급, 젠더, 인종, 연령, 장애

도시는 모두에게 동일하게 경험되지 않는다. 같은 거리를 걷더라도, 그 걸음의 의미와 느낌은 걷는 이의 사회적 위치에 따라 크게 달라진다.

이러한 도시 경험의 현상학은 계급, 젠더, 인종, 연령, 장애 여부 등에 따라 달라진다. 동일한 도시 공간이라도 각자의 사회적 위치와 신체적 조건에 따라 전혀 다르게 경험될 수 있다. 관광객의 도시, 노숙자의 도시, 통근자의 도시, 이민자의 도시 — 이들은 모두 같은 물리적 공간 위에 존재하지만, 서로 다른 정서적, 경험적 지형도를 그린다.

여성의 도시 경험은 종종 안전에 대한 고려와 가시성의 정치에 의해 조건 지어진다. 엘리자베스 윌슨(Elizabeth Wilson)은 『스핑크스의 도시(The Sphinx in the City)』에서 근대 도시가 여성에게 양가적 공간 — 자유와 해방의 가능성과 동시에 위험과 통제의 장소 — 으로 기능해왔음을 분석한다.

여성들은 특정 시간대나 장소를 피하고, 자신의 옷차림과 행동을 조정하며, 끊임없이 주변 환경을 평가하는 등 특유의 '경계적 의식'(vigilance)을 발달시킨다. 이는 도시 공간에서의 젠더화된 권력 관계와 위험의 불균등한 분포를 반영한다.

계급은 도시 경험의 또 다른 중요한 차원이다. 부유층은 도시를 안전하고 쾌적한 공간으로 경험할 수 있는 자원과 선택권을 가진 반면, 빈곤층은 종종 열악한 주거 환경, 제한된 이동성, 환경 위험에 노출된 삶을 경험한다. 한쪽에서는 옥상 정원과 전용 엘리베이터가 있는 펜트하우스에서 도시 전경을 내려다보고, 다른 쪽에서는 지하 단칸방에서 습기와 소음에 시달리는 대조적 현실이 공존한다.

피에르 부르디외의 분석처럼, 특정 도시 공간(고급 문화 시설, 고급 상점가 등)에 접근하고 그것을 '적절하게' 향유할 수 있는 능력은 문화 자본의 중요한 요소이며, 이는 계급적으로 불균등하게 분포되어 있다. 미술관, 콘서트홀, 고급 레스토랑과 같은 도시 공간들은 단순히 물리적 접근성뿐 아니라, 그 공간에서 '자연스럽게' 행동할 수 있는 아비투스(habitus)를 요구한다. 이러한 공간에서 자신이 '어울리지 않는다'고 느끼는 경험은 계급적 경계의 심리적 현실을 드러낸다.

인종과 민족에 따른 도시 경험의 차이도 두드러진다. 인종적 소수자들은 종종 도시 공간에서 더 높은 감시와 통제를 경험하며, 특정 지역에서는 적대적 시선이나 차별을 마주할 수 있다. 복잡한 쇼핑몰에서 백인보다 더 자주 보안 요원의 시선을 받는 흑인 청소년, 공공장소에서 자신의 언어로 대화할 때 느끼는 이방인의 자의식, 특정 지역을 '위험하다'고 회피하는 집단적 인식 — 이 모든 것이 도시 공간의 인종적 지형도를 구성한다. 반면 민족적 집단 거주지(차이나타운, 리틀 이탈리아 등)는 문화적 유대와 안전감을 제공하는 공간이 될 수 있다. 이러한 지역에서는 자신의 언어와 문화적 관습이 도시 풍경의 일부가 되며, 소속감과 정체성을 확인하는 장소가 된다. 동시에 이러한 지역은 종종 관광의 대상이 되어, 거주자들에게는 일상이지만 방문객에게는 이국적 구경거리가 되는 이중적 성격을 갖는다.

장애인에게 도시 공간은 종종 접근성의 문제로 경험된다. 계단, 좁은 보도, 신호등 없는 횡단보도, 접근 불가능한 대중교통 등은 장애인의 도시 이동성과 참여를 제한한다. 건강한 성인 남성의 신체를 기준으로 설계된 도시 환경은 다양한 신체적 조건을 가진 사람들에게 일상적 장벽이 된다. 휠체어 사용자가 마주하는 물리적 장애물, 시각장애인이 직면하는 혼란스러운 소리 환경, 감각 과부하로 어려움을 겪는 자폐성 장애인의 경험 — 이 모든 것은 도시가 얼마나 특정한 신체와 능력을 전제로 설계되어 있는지 보여준다.

유니버설 디자인과 장애인 권리 운동은 이러한 물리적, 사회적 장벽을 제거하고, 모두를 위한 포용적 도시 공간을 만들고자 한다. 점자 블록, 경사로, 음향 신호등과 같은 물리적 개선뿐 아니라, 장애에 대한 인식과 태도의 변화도 포용적 도시 경험을 위해 필수적이다.

연령 또한 도시 경험에 중요한 영향을 미친다. 어린이에게 도시는 탐험과 놀이의 공간인 동시에 위험과 제약의 공간이기도 하다. 어린이의 눈높이에서 보는 도시는 거대한 건물, 복잡한 교통, 이해하기 어려운 표지판으로 가득한 미로처럼 느껴질 수 있다. 동시에 놀이터, 공원, 문화시설 등은 창의성과 학습의 공간을 제공한다.

청소년들은 종종 '자신들만의' 도시 공간을 찾아 전유하지만, 이는 성인 중심적 도시 질서와 갈등을 빚기도 한다. 쇼핑몰의 입구, 공원의 구석진 벤치, 스케이트 공원과 같은 장소들은 청소년들이 자신의 정체성과 사회적 관계를 발전시키는 중요한 장소가 된다. 이러한 공간 전유는 종종 '배회'(loitering)나 '소란'(nuisance)으로 규정되어 통제의 대상이 되기도 한다.

노인들은 이동성 제한, 사회적 고립, 변화하는 도시 환경에 대한 적응 문제 등 특유의 도시적 도전에 직면한다. 빠른 보행 신호, 휴식 공간의 부족, 대중교통 이용의 어려움 등은 노인의 도시 참여를 제한할 수 있다. 동시에 공원의 체스 테이블, 노인 센터, 지역 카페와 같은 장소들은 노인들의 사회적 활동과 소속감을 지원하는 중요한 공간이 된다.

도시 경험의 현상학은 이처럼 다양하고 차별화된 경험들을 포착함으로써, 추상적이고 균질한 '도시 사용자'를 전제하는 도시 계획과 정책의 한계를 드러낸다. 도시는 다양한 신체, 정체성, 필요를 가진 사람들이 공존하는, 복합적이고 이질적인 경험의 장이다. 이러한 다양성에 대한 이해는 보다 포용적이고 형평성 있는 도시 환경을 만들기 위한 첫걸음이다.

도시 연구자 헨리 르페브르(Henri Lefebvre)가 주장한 "도시에 대한 권리"는 단순히 도시 공간에 접근할 권리가 아니라, 도시를 집단적으로 형성하고 재창조할 권리를 의미한다. 이는 모든 도시 거주자가 자신의 차별화된 경험과 필요에 맞게 도시 공간을 전유하고 변형할 수 있는 가능성을 내포한다. 도시는 끊임없이 변화하는 살아있는 유기체이며, 그 변화의 과정에 모든 사람이 참여할 때 진정한 도시 공동체가 가능해진다.

이처럼 도시를 걷고, 보고, 느끼는 경험의 현상학은 우리에게 도시의 다층적 현실을 이해하는 열쇠를 제공한다. 추상적 계획과 통계로는 포착할 수 없는 살아있는 도시 경험의 진실을 직면할 때, 우리는 비로소 모두를 위한 도시, 인간적 척도의 도시, 삶의 질을 높이는 도시를 상상하고 창조할 수 있게 된다. 도시는 단순한 건물과 거리의 집합이 아니라, 우리의 신체와 감각, 정서와 기억, 정체성과 관계가 교차하는 복합적 장소이며, 그 풍요로운 경험의 총체가 바로 도시의 진정한 본질이다.

3. 도시와 심리: 정신 건강, 스트레스, 회복력

회색 빌딩 숲을 뚫고 내리는 햇살, 끊임없이 귓가를 채우는 도시의 소음, 낯선 얼굴들 사이에서 느끼는 고독과 연결감. 도시는 우리 정신에 어떤 흔적을 남기는가? 콘크리트 벽과 유리창, 아스팔트와 녹지가 어우러진 이 인공적 풍경은 우리의 뇌와 마음을 어떻게 형성하는가?

도시와 인간 심리의 관계는 도시화가 본격적으로 진행된 19세기 말부터 학문적 관심의 대상이 되어왔다. 현대인의 정신적 삶은 도시 환경과 불가분하게 연결되어 있으며, 도시의 물리적, 사회적, 경제적 특성은 거주자의 정신 건강에 다양한 방식으로 영향을 미친다. 이러한 관계를 이해하는 것은 개인의 웰빙 증진뿐만 아니라, 정신적으로 건강한 도시 환경을 설계하기 위한 기초가 된다.

✤ 도시화와 정신 건강의 역사적 담론

산업혁명의 검은 연기가 하늘을 덮기 시작하던 19세기 말, 의사들은 새로운 형태의 질병을 목격하기 시작했다. 도시로 몰려든 사람들 사이에서 발견된 '신경쇠약(neurasthenia)'이라는 진단명은 당시 새로운 도시적 삶의 방식이 가져온 심리적 결과를 반영했다.

19세기 말부터 도시화는 정신질환 증가와 연관되어 논의되었다. 산업화와 도시화가 급속하게 진행되던 시기에, 의사들은 '도시 신경증'(urban neurosis)이나 '신경쇠약'(neurasthenia)과 같은 새로운 질병을 진단하기 시작했다. 이러한 질환은 도시 생활의 빠른 속도, 과도한 자극, 자연으로부터의 단절 등에서 비롯된다고 여겨졌다. 미국의 신경과 의사 조지 비어드(George Beard)는 1881년 그의 책 『신경쇠약』에서 "현대 도시 생활의 속도, 끊임없는 자극과 압박이 신경계에 과도한 부담을 주어 발생하는 '미국적 신경쇠약'"을 설명했다.

프랑스의 사회학자 에밀 뒤르켐(Émile Durkheim)은 1897년 출판된 『자살론(Suicide)』에서 도시화가 진행된 사회에서 자살률이 높다는 사실에 주목했다. 그는 이를 급격한 사회 변화로 인한 '아노미'(anomie, 규범 붕괴) 상태와 연결지었다. 도시화는 전통적 사회적 유대와 규범을, 개인을 받쳐주는 공동체의 지지 구조를 약화시켰으며, 이는 일부 취약한 개인들을 사회적 고립과 자살의 위험에 노출시켰다는 것이다. 농촌에서는 강한 가족 유대와 안정적인 사회적 역할이 개인을 지지했지만, 도시의 익명성과 유동성은 이러한 보호막을 약화시켰다.

20세기 중반에는 정신질환의 '사회적 원인'에 대한 관심이 높아졌다. 미국의 사회학자 페리스(Robert Faris)와 던햄(H. Warren Dunham)의 연구는 시카고 내 정신질환 발병

률이 지역에 따라 큰 차이를 보이며, 특히 빈곤, 주거 불안정, 사회적 혼란이 심한 지역에서 정신분열증 발병률이 높다는 사실을 발견했다. 이는 도시 환경 내 특정 사회적, 경제적 조건이 정신 건강에 직접적 영향을 미친다는 증거로 해석되었다. 그들은 이를 '사회적 붕괴 이론'(social disorganization theory)으로 설명했으며, 이는 도시의 특정 지역에 집중된 빈곤, 인구 유동성, 주거 불안정 등이 사회적 통제와 지지 구조를 약화시켜 정신 건강 문제의 위험을 높인다고 보았다.

✧ 현대 연구: 도시 생활이 정신 건강에 미치는 영향

지하철의 혼잡한 출근길, 오피스 빌딩의 형광등 아래 보내는 시간, 좁은 원룸에서의 밤 — 현대 도시인의 일상에는 다양한 스트레스 요인이 존재한다. 그러나 동시에 도시는 만남과 기회, 문화와 자원의 중심지이기도 하다.

현대 연구들은 도시 생활이 정신 건강에 미치는 영향이 매우 복합적임을 보여준다. 도시 환경은 정신 건강에 위협이 될 수 있는 여러 스트레스 요인을 포함하지만, 동시에 보호 요인과 자원도 제공한다. 독일의 정신의학자 안드레아스 마이어-린덴베르크(Andreas Meyer -Lindenberg)의 뇌 영상 연구는 도시 환경이 스트레스 처리와 관련된 뇌 영역(특히 편도체와 전대상회)의 활성화 패턴에 영향을 미친다는 사실을 보여주었다. 이는 도시 환경이 지속적인 스트레스 반응 시스템의 과잉 활성화를 통해 정신 건강에 영향을 미칠 수 있음을 시사한다.

✧ 도시 환경의 스트레스 요인

도시는 다양한 방식으로 만성적 스트레스의 원천이 될 수 있다. 소음 오염은 도시 생활의 가장 흔한 환경적 스트레스 요인 중 하나다. 교통 소음, 건설 소음, 이웃의 소음 등은 수면 장애, 집중력 저하, 스트레스 호르몬 수치 상승, 심지어 심혈관 질환 위험 증가와도 연관된다.

세계보건기구(WHO)에 따르면, 유럽에서만 매년 약 1백만 건의 건강 수명 상실이 교통 소음과 관련이 있다. 특히 야간 소음은 수면의 질을 저하시켜 코르티솔과 같은 스트레스 호르몬의 분비 패턴을 교란하고, 이는 장기적으로 정신 건강에 부정적 영향을 미칠 수 있다.

대기오염 역시 정신 건강에 직접적 영향을 미칠 수 있다. 최근 연구에 따르면, 미세먼지(PM2.5)와 같은 대기 오염물질 노출은 우울증, 불안, 자살 위험 증가와 관련이 있다. 이는 염증 반응을 통해 뇌의 생화학적 변화를 일으키거나, 신경 발달에 영향을 미쳐 발생하는 것으로 추정된다. 2019년 런던 킹스 칼리지의 연구는 대기 오염 수준이 높은 지역의 청소년들이 그렇지 않은 지역의 청소년들에 비해 우울 증상이 더 많이 나타났음을 발견했다.

도시의 높은 인구 밀도는 '혼잡 스트레스'(crowding stress)를 유발할 수 있다. 지하철 출퇴근 시간의 극심한 혼잡, 과밀한 주거 환경, 개인 공간 부족 등은 심리적 불편감과 스트레스를 증가시킨다. 다만, 이 영향은 문화적 배경과 개인적 성향에 따라 크게 달라질 수 있다. 한 연구에 따르면, 개인주의적 문화권의 사람들은 집합주의적 문화권의 사람들에 비해 혼잡에 대한 민감성이 더 높은 경향이 있다.

자연으로부터의 단절도 도시 생활의 주요 스트레스 요인이다. '자연 결핍 증후군'(nature deficit disorder)이라는 용어는 자연과의 접촉 부족이 야기하는 다양한 심리적, 신체적 문제를 지칭한다. 자연 환경과의 접촉은 스트레스 감소, 기분 개선, 주의력 회복에 중요한 역할을 하지만, 도시 환경에서는 이러한 기회가 제한될 수 있다. 마천루 숲에 둘러싸인 도시인들이 하늘을 볼 수 있는 순간은 얼마나 될까? 계절의 변화, 식물의 성장, 날씨의 미묘한 변화를 느낄 기회는 얼마나 있을까? 이러한 자연과의 단절은 도시인의 심리적 웰빙에 영향을 미친다.

특히 도시 환경의 '감각적 과부하'(sensory overload)는 주의 피로(directed attention fatigue)를 유발할 수 있다. 심리학자 레이철 카플란(Rachel Kaplan)과 스티븐 카플란(Stephen Kaplan)의 '주의 회복 이론'(Attention Restoration Theory)에 따르면, 도시 환경에서는 끊임없이 직접적 주의(directed attention)가 요구되어 인지적 자원이 고갈될 수 있다. 교통 신호, 사람들, 간판, 소음 등에 대한 지속적인 필터링과 처리는 정신적 피로를 누적시킨다. 이는 집중력 저하, 의사결정 능력 감소, 짜증과 불안 증가 등으로 이어질 수 있다.

또한 도시 생활에서 흔히 경험하는 '선택의 과부하'(choice overload)와 '결정 피로'(decision fatigue)도 정신적 웰빙에 부정적 영향을 미칠 수 있다. 식당, 상점, 문화 활

동, 교통 수단 등에 관한 끊임없는 선택과 결정은 인지적 자원을 소모시키고 스트레스를 증가시킬 수 있다. 어떤 길로 가야 가장 빠를지, 어느 식당을 선택할지, 어떤 대중교통을 이용할지 등 일상의 수많은 결정들이 만성적 스트레스의 원인이 될 수 있다.

✤ 도시 환경의 보호 요인과 자원

그러나 도시는 정신 건강을 위협하는 요소만 있는 것이 아니다. 도시는 정신 건강을 지원하는 다양한 환경적, 사회적 자원도 제공한다.

도시의 높은 의료 접근성은 중요한 장점이다. 정신 건강 서비스, 전문가, 지원 그룹에 대한 접근성이 농촌 지역보다 우수한 경우가 많다. 미국 농촌 지역의 약 65%는 정신과 의사가 부족한 반면, 도시 지역에서는 이 비율이 현저히 낮다. 서울과 같은 대도시에서는 다양한 심리 상담센터, 정신건강의학과, 지원 프로그램 등에 손쉽게 접근할 수 있으며, 이는 정신 건강 위기 시 신속한 대응을 가능케 한다.

도시는 다양한 문화 및 여가 활동을 제공하여 정신적 자극과 창의성을 촉진한다. 박물관, 미술관, 공연장, 영화관, 카페, 공원 등은 스트레스 해소와 심리적 웰빙에 기여할 수 있다. 한 도시 블록 안에서노 다양한 문화석 경험을 즐길 수 있는 기회는 심리적 풍요로움과 자기 성장의 기회를 제공한다.

또한 도시는 다양한 취미 활동, 학습 기회, 워크숍, 커뮤니티 이벤트 등을 통해 개인의 성장과 자기실현을 지원한다. 도시의 밀도와 다양성은 비슷한 관심사를 가진 사람들이 만나고 교류할 수 있는 '임계 질량'을 제공하여, 특별한 취미나 관심사를 중심으로 한 커뮤니티 형성을 가능케 한다.

사회적 연결의 기회 역시 도시 생활의 중요한 장점이다. 도시는 다양한 관심사, 배경, 정체성을 가진 사람들과의 만남과 교류를 촉진한다. 이는 외로움 감소, 사회적 지지 네트워크 형성, 소속감 증진에 기여할 수 있다. 온라인 플랫폼과 앱의 발달로 도시 내 사회적 연결 가능성은 더욱 확장되고 있다. 특히 소수자 집단 ― 성소수자, 특정 문화적 배경을 가진 이민자, 희귀한 취미나 관심사를 가진 사람들 ― 에게 도시는 '자신과 같은' 사람들을 만나고 커뮤니티를 형성할 수 있는 드문 기회를 제공한다.

도시는 더 많은 취업 기회와 교육 기회를 제공함으로써 사회경제적 이동성을 높인다. 경제적 안정과 성장 가능성은 간접적으로 정신 건강에 긍정적 영향을 미친다. 또한 도시의 다양성과 개방성은 소수자들에게 자신을 표현하고 공동체를 형성할 수 있는 환경을 제공하기도 한다. 농촌이나 소도시에서는 경험할 수 없는 이 '가능성의 느낌'은 도시 생활의 중요한 심리적 자산이다.

❖ 정신 건강에 영향을 미치는 도시 환경의 특성

도시 환경의 모든 측면이 정신 건강에 동일한 영향을 미치는 것은 아니다. 특정 도시 특성들은 정신 건강과 더 직접적인 관련이 있다.

❖ 녹지와 자연 환경

공원에 발을 들이는 순간 느껴지는 안도감, 거리의 가로수가 선사하는 그늘의 위안, 도시 속 작은 정원에서 들려오는 새소리 — 이런 자연적 요소들은 도시 생활의 스트레스를 완화하는 중요한 역할을 한다.

도시 내 공원과 녹지는 '회복환경'(restorative environment)으로서 스트레스 감소와 주의력 회복에 중요한 역할을 한다. 카플란의 '주의 회복 이론'에 따르면, 자연 환경은 '매혹'(fascination), '벗어남'(being away), '범위'(extent), '적합성'(compatibility)이라는 네 가지 회복적 특성을 제공한다. 이는 정신적 피로를 회복하는 데 도움이 된다.

자연에서 발견되는 '부드러운 매혹'(soft fascination) — 바람에 흔들리는 나뭇잎, 흐르는 물소리, 새의 움직임 등 — 은 주의를 자연스럽게 끌면서도 인지적 노력을 요구하지 않는다. 이는 지쳐있는 직접적 주의 시스템에 휴식을 주어 회복을 가능케 한다. 동시에 자연 환경은 일상의 요구와 압박에서 심리적으로 '벗어나는' 느낌을 제공하고, 그 자체로 연결된 '작은 세계'라는 '범위감'을 주며, 자연스러운 탐색과 흥미를 유발하는 '적합성'을 가진다.

2019년 덴마크의 대규모 연구는 어린 시절에 녹지 노출이 많을수록 성인기 정신질환 위험이 감소한다는 사실을 발견했다. 이 연구는 90만 명 이상의 데이터를 분석하여 어린 시절 거주지 주변의 녹지 양과 성인기 정신질환 발병 사이의 연관성을 밝혀냈으며, 이는 녹지의 장기적 정신 건강 효과를 보여주는 강력한 증거다.

또한 여러 연구에서 도시 녹지 접근성이 우울증, 불안, 스트레스 수준, 심지어 ADHD 증상과도 관련이 있음이 밝혀졌다. 녹지 접근성이 높은 지역 주민들은 그렇지 않은 지역 주민들에 비해 우울증과 불안 발병률이 낮은 경향이 있으며, ADHD 아동들은 자연 환경에서 활동한 후 주의력 향상을 보이는 것으로 나타났다.

녹지의 질적 특성도 중요하다. 단순한 잔디밭보다 다양한 식물 종, 자연적 경관 특성, 감각적 풍요로움을 갖춘 녹지가 더 큰 심리적 혜택을 제공한다. 또한 '블루 스페이스'(blue space) ─ 강, 호수, 운하, 해안 등의 수변 공간 ─ 도 심리적 웰빙에 긍정적 영향을 미치는 것으로 나타났다. 수변 공간은 특유의 청각적, 시각적, 후각적 특성을 통해 명상적 분위기를 조성하고 스트레스 감소에 기여한다. 한강, 청계천과 같은 도시 속 수변 공간이 서울 시민들에게 특별한 의미를 갖는 이유다.

✢ 건축 디자인과 도시 경관

우리가 매일 마주하는 건물의 형태와 도시 공간의 배치는 우리의 기분과 정서에 어떤 영향을 미칠까? 높은 콘크리트 벽, 단조로운 파사드, 인간 척도를 무시한 거대 구조물 ─ 이들은 단순한 미적 문제를 넘어 우리의 심리적 웰빙에 영향을 미친다.

건축물의 디자인과 도시 경관도 정신 건강에 중요한 영향을 미친다. 영국 심리학자 콜린 엘라드(Colin Ellard)의 연구에 따르면, 단조롭고 획일적인 파사드를 가진 건물 앞에서는 사람들의 스트레스 수준이 높아지고 부정적 감정이 증가한다. 반면, 다양하고 시각적으로 흥미로운 파사드는 더 긍정적인 정서 반응을 유발한다. 엘라드는 '뇌에 심리적 맹점이 생기듯이, 단조로운 파사드는 도시 경관에 심리적 맹점을 만든다'고 설명한다.

건물의 높이와 규모도 영향을 미친다. 초고층 건물이 지배하는 환경은 종종 '스케일의 상실'(loss of scale)과 관련하여 불안이나 압도감을 유발할 수 있다. 인간 척도에 맞는 건축과 도시 설계는 심리적 편안함과 소속감을 증진시킨다. 덴마크 건축가 얀 겔(Jan Gehl)은 그의 저서 『인간을 위한 도시』에서 사람의 시야와 인지 능력에 맞는 4~5층 규모의 건물이 심리적으로 가장 안정감을 준다고 주장한다.

또한 '공간 구문론'(space syntax) 연구에서는 도시 공간의 연결성과 통합성이 보행 활동, 사회적 상호작용, 안전감에 영향을 미침을 보여준다. 복잡하고 미로 같은 도시 구조는 방향감을 상실시켜 스트레스를 유발할 수 있는 반면, 너무 단순하고 예측 가능한 구조는 지루함을 낳을 수 있다. 적절한 복잡성과 가독성의 균형이 중요하다.

건축 디자인의 세부적 요소도 중요하다. 자연 재료(목재, 석재 등)의 사용, 유기적 형태, 적절한 휴먼 스케일, 개방감과 투명성 등은 심리적 편안함을 증진시키는 요소들이다. 또한 건물 디자인이 제공하는 '전망(prospect)'과 '은신처(refuge)'의 균형도 중요한데, 이는 우리의 진화적 심리와 관련이 있다. 안전하게 보호받으면서도(은신처) 주변 환경을 잘 관찰할 수 있는(전망) 공간은 본능적으로 편안함을 준다.

✛ 밀도와 혼잡

너무 많은 사람들이 좁은 공간에 모여 있을 때, 우리는 어떤 심리적 반응을 보이는가? 그리고 이러한 반응은 문화와 맥락에 따라 어떻게 달라지는가?

도시 밀도(density)와 혼잡(crowding)이 정신 건강에 미치는 영향은 복잡하고 맥락 의존적이다. 너무 높은 밀도는 프라이버시 부족, 소음 증가, 개인 공간 침해로 인한 스트레스를 유발할 수 있다. 반면, 너무 낮은 밀도는 사회적 고립, 자원 접근성 감소, 보행성 저하로 인한 문제를 일으킬 수 있다.

중요한 점은 물리적 밀도 자체보다 '지각된 혼잡'(perceived crowding)이 더 중요한 심리적 요인이라는 것이다. 같은 물리적 밀도라도 건축 디자인, 공간 배치, 문화적 요인, 개인적 통제감에 따라 혼잡함의 경험은 크게 달라질 수 있다. 예를 들어, 자신이 원할 때 벗어날 수 있는 혼잡한 환경은 그렇지 않은 환경보다 심리적 스트레스가 적다.

한국과 홍콩 같이 고밀도 도시 문화에 익숙한 사회에서는, 서구 사회에 비해 높은 밀도가 심리적 스트레스로 직결되지 않는 경우가 많다. 이는 문화적 적응과 기대치, 그리고 고밀도 환경을 보완하는 다른 도시적 특성(효율적 대중교통, 다양한 공공 공간 등)의 존재 때문이다. 따라서 밀도의 심리적 영향을 이해할 때는 물리적 측면뿐 아니라 사회적, 문화적, 심리적 맥락을 함께 고려해야 한다.

✤ 소음과 빛 환경

밤새 윗집에서 들려오는 발소리, 새벽까지 창문으로 비치는 네온사인의 불빛 — 도시의 소음과 빛 환경은 우리의 수면과 생리적 리듬에 직접적 영향을 미친다.

도시의 소음 환경은 정신 건강에 직접적 영향을 미친다. 만성적 소음 노출은 스트레스 호르몬 수치 상승, 수면 장애, 인지 기능 저하, 우울과 불안 증가와 관련이 있다. 특히 교통 소음, 항공기 소음, 공사 소음 등 통제할 수 없는 소음은 더 큰 스트레스를 유발한다. 주거지 주변 소음 수준이 55데시벨(dB)을 초과할 경우 심혈관 질환, 수면 장애, 우울증 위험이 유의미하게 증가한다는 연구 결과가 있다. 독일 프랑크푸르트 공항 주변에서 진행된 연구는 항공기 소음이 증가할 때마다 주민들의 우울 증상과 불안이 악화됨을 보여주었다.

빛 환경도 중요한 요소다. 자연 채광이 부족한 건물이나 도시 협곡(canyon)에 사는 사람들은 계절성 우울증(SAD) 위험이 더 높을 수 있다. 빛은 일주기 리듬(circadian rhythm)을 조절하는 핵심 요소로, 수면과 기분에 직접적 영향을 미친다. 연구에 따르면 하루 동안 충분한 자연광에 노출된 사무실 근로자들은 그렇지 않은 근로자들에 비해 수면의 질이 더 높고 우울 증상이 더 적다.

밤에는 반대로 '광공해'(light pollution)가 문제가 될 수 있다. 과도한 인공 조명과 블루라이트 노출은 수면 장애, 멜라토닌 생성 억제, 일주기 리듬 방해 등을 통해 정신 건강에 부정적 영향을 미칠 수 있다. 특히 도시의 야간 조명으로 인한 '인공적 낮'은 우리 몸의 생체시계에 혼란을 가져오고, 이는 수면 장애를 넘어 장기적으로 우울증, 심지어 일부 암 위험 증가와도 연관된다.

도시의 대형 간판, 가로등, 건물 조명 등은 야간에도 침실을 밝게 만들어 수면의 질을 저하시킨다. 수면 전문가들은 도시 거주자들에게 암막 커튼 사용, 수면 마스크 착용 등을 권장하지만, 이는 개인적 대응일 뿐이다. 보다 근본적인 해결책은 도시 차원의 '스마트 조명' 정책, 심야 간판 조명 규제, '다크 스카이'(dark sky) 이니셔티브 등을 통해 도시의 밤을 자연의 어둠에 가깝게 복원하는 것이다.

❖ 보행 친화도와 신체 활동

도시의 보행 친화도(walkability)는 정신 건강에 중요한 영향을 미친다. 보행 친화적 환경은 신체 활동을 증진시키고, 이는 정신 건강에 여러 긍정적 효과를 가져온다. 적절한 신체 활동은 우울증과 불안 감소, 스트레스 대처 능력 향상, 인지 기능 개선, 자존감 증진 등에 기여한다.

걸을 수 있는 거리에 일상의 필요를 충족하는 다양한 시설이 위치하고, 걷기에 안전하고 즐거운 환경은 정신 건강의 중요한 자원이 된다. 걷기는 단순한 이동 수단을 넘어, 명상적 활동이자 사회적 교류의 기회이며, 도시와의 친밀한 관계를 형성하는 방식이다.

보행 친화적 도시 특성으로는 밀도, 다양성(용도 혼합), 목적지 접근성, 연결성, 안전한 보행 인프라, 매력적인 가로 환경 등이 있다. 이러한 요소들은 단순히 운동 촉진을 넘어, 우연한 만남, 사회적 교류, 지역 애착을 증진시켜 정신 건강에 기여한다. 덴마크 코펜하겐 이나 스페인 바르셀로나와 같이 보행자 중심으로 설계된 도시들은 거주자들의 높은 삶의 질과 정신적 웰빙을 자랑한다.

반면, 자동차 중심 도시 설계는 여러 면에서 정신 건강에 부정적 영향을 미친다. 넓은 도로와 대형 주차장으로 단절된 도시 공간, 긴 통근 시간으로 인한 스트레스, 차량 통행 증가로 인한 소음과 대기 오염 등은 모두 정신 건강 위험 요소다. LA와 같은 자동차 중심 도시에서는 출퇴근 시간이 주요 스트레스 요인으로 작용하며, 이는 삶의 질과 정신 건강에 영향을 미친다.

❖ 사회적 자본과 공동체 의식

도시 환경은 사회적 자본과 공동체 의식 형성에도 영향을 미친다. 사회적 자본은 개인 간의 연결, 네트워크, 상호 지지, 신뢰로 구성되며, 정신 건강의 중요한 보호 요인이다.

공공 공간의 질, 근린 시설, '제3의 장소'(카페, 공원, 도서관 등), 커뮤니티 이벤트 등은 사회적 상호작용과 공동체 의식 형성에 기여한다. 이웃과 자연스럽게 마주치는 기회, 서로를 돕고 교류할 수 있는 물리적 환경은 사회적 고립을 줄이고 정서적 지지 네트워크를 강화한다.

공유 정원, 커뮤니티 센터, 축제, 주민 참여 프로그램 등은 사회적 연결과 소속감을 강화하는 도시적 요소들이다. 특히 공유 공간에서의 협력 경험은 사회적 신뢰를 구축하고 집단적 효능감을 높인다. 독일의 '도시 정원(urban gardening)' 운동이나 스페인 바르셀로나의 '슈퍼블록(superblock)' 내 주민 참여 프로그램은 사회적 결속력을 강화하는 성공적 사례로 평가받는다.

도시학자 제인 제이콥스(Jane Jacobs)가 강조했던 '눈에 의한 감시'(eyes on the street)와 같은 개념은 안전감과 신뢰 구축에 중요하며, 이는 정신적 웰빙의 기반이 된다. 활기찬 거리와 다양한 주민들이 자연스럽게 공간을 공유하는 환경은 안전감과 소속감을 증진하여 정신 건강에 긍정적 영향을 미친다.

✤ 차별화된 영향: 취약성과 회복탄력성

중요한 점은 도시 환경이 모든 인구 집단에 동일한 영향을 미치지 않는다는 것이다. 다양한 요인들이 도시 환경에 대한 취약성과 회복탄력성을 조절한다.

✤ 사회경제적 요인

사회경제적 지위는 도시 환경과 정신 건강의 관계를 강력하게 매개한다. 저소득층은 종종 더 열악한 주거 환경, 더 높은 소음과 오염 노출, 더 낮은 녹지 접근성, 더 위험한 근린 환경에 거주하는 경향이 있다. 이러한 환경적 불평등은 정신 건강 불평등으로 이어질 수 있다.

고소득층은 도시의 스트레스 요인으로부터 자신을 '차폐'할 수 있는 자원을 가진다. 소음 차단 창문, 조용한 교외 주거지, 개인 정원, 유료 녹지 공간, 스트레스 관리를 위한 서비스(요가, 마사지, 심리 상담 등) 이용 등이 가능하다. 반면 저소득층은 이러한 '완충장치' 없이 도시 스트레스에 더 직접적으로 노출된다.

미국의 '레드라이닝'(redlining) 같은 역사적 차별 정책의 영향은 수십 년이 지난 오늘날에도 도시 공간의 불평등과 건강 결과의 격차로 나타난다. 이러한 구조적 불평등은 개인의 정신 건강에 장기적 영향을 미친다. 인종적, 경제적으로 분리된 도시 구조는 특정 집단에게 더 큰 정신 건강 부담을 지우는 결과를 낳는다.

❖ 발달 단계와 생애주기

발달 단계와 생애주기에 따라 도시 환경의 영향도 달라진다. 어린이는 놀이 공간, 안전한 이동 경로, 자연과의 접촉 기회에 특히 민감하다. 아이들에게 자유롭게 탐험하고 놀 수 있는 안전한 공간은 인지적, 정서적, 사회적 발달에 중요하다. '자연 결핍'이 아동 발달에 미치는 부정적 영향에 대한 우려가 높아지면서, '숲 유치원'이나 '자연 놀이터' 같은 대안적 접근이 주목받고 있다.

청소년은 사회화 공간, 자율성을 실현할 수 있는 장소, 정체성 형성을 지원하는 환경이 중요하다. 쇼핑몰, 공원, 운동장, 카페 등 또래와 교류할 수 있는 공간은 청소년의 정신 건강에 중요한 자원이다. 그러나 많은 도시들이 청소년을 위한 적절한 공간을 제공하지 못하거나, 심지어 청소년들의 공공 공간 이용을 제한하는 경향이 있다.

노인의 경우, 접근성, 안전성, 사회적 교류 기회, 적절한 서비스 접근성이 정신 건강에 더 중요한 영향을 미친다. 고령친화도시(age-friendly city) 개념은 이러한 노인 특유의 도시 환경 요구를 반영한다. WHO의 '고령친화도시' 가이드라인은 노인의 독립성, 참여, 케어, 자아실현, 존엄성을 지원하는 도시 환경 조성을 강조한다.

❖ 문화적 맥락

문화적 배경과 가치관도 도시 환경의 영향을 조절한다. 예를 들어, 집합주의 문화권에서는 개인주의 문화권에 비해 높은 인구 밀도와 제한된 개인 공간에 대한 내성이 더 높을 수 있다. 또한 문화적 배경은 자연 환경, 공공 공간, 사회적 상호작용에 대한 기대와 선호에 영향을 미친다.

이민자와 난민의 경우, 새로운 도시 환경에 대한 적응과 문화적 전환 스트레스(acculturative stress)가 정신 건강에 추가적 영향을 미칠 수 있다. 익숙한 환경과 사회적 네트워크를 떠나 낯선 도시 맥락에 적응해야 하는 과정은 상당한 심리적 부담을 야기한다. 한편으로 다양한 문화적 배경을 가진 사람들에게 '문화적 안식처'를 제공하는 민족 밀집 지역(ethnic enclave)은 이러한 적응 스트레스를 완화하는 보호 요인이 될 수 있다.

문화적으로 반응적인(culturally responsive) 도시 설계와 서비스는 이러한 취약성을 완화하는 데 도움이 될 수 있다. 다양한 언어로 된 안내 표지, 여러 문화권의 식품을 판매하는 시장, 다양한 종교 시설, 문화 축제 등은 도시를 더 포용적이고 문화적으로 안전한 공간으로 만드는 요소들이다.

✤ 개인적 회복탄력성과 대처 전략

개인의 회복탄력성(resilience)과 대처 전략도 중요한 조절 변수로 작용한다. 같은 도시 환경에서도 개인에 따라 스트레스 인식과 반응이 다를 수 있다. 인지적 재평가, 문제 해결 능력, 사회적 지지 활용, 자연 환경 추구, 명상과 마음챙김 같은 대처 전략은 도시 스트레스의 영향을 완화할 수 있다.

회복탄력성은 개인의 타고난 특성뿐만 아니라, 환경과의 상호작용을 통해 발달하는 동적 능력이다. 따라서 회복탄력성을 지원하는 도시 환경과 커뮤니티 자원은 정신 건강 증진의 중요한 요소가 될 수 있다. 예를 들어, 강한 사회적 유대, 지역 커뮤니티 참여 기회, 스트레스 관리 자원에 대한 접근성 등은 개인과 공동체의 회복탄력성을 함께 강화한다.

일부 연구자들은 '도시적 회복탄력성'(urban resilience)이라는 개념을 통해, 도시 시스템이 개인과 공동체의 적응력을 어떻게 지원하거나 방해하는지 탐구한다. 회복탄력적 도시 시스템은 물리적 인프라뿐 아니라 사회적 네트워크, 문화적 자원, 지역 지식, 적응적 거버넌스 등을 포함한 복합적 요소들로 구성된다.

✤ 정신 건강을 위한 도시 디자인: 멘탈 웰빙을 위한 도시

이러한 연구 결과를 바탕으로, '멘탈 웰빙을 위한 도시'(mentally healthy city)의 비전이 점차 구체화되고 있다. 이는 단순히 정신질환을 예방하는 차원을 넘어, 모든 시민의 심리적 웰빙과 번영을 지원하는 도시 환경을 의미한다.

✤ 통합적 접근: 신체적, 사회적, 심리적 건강

멘탈 웰빙을 위한 도시는 신체적, 사회적, 심리적 건강을 통합적으로 고려한다. 세계보건기구(WHO)의 '건강 도시'(Healthy Cities) 네트워크는 이러한 통합적 접근을 강조하며, 정신 건강을 모든 도시 정책과 계획의 중심에 두는 'Mental Health in All Policies' 접근을 권장한다.

미국의 '활력 증진 장소'(active design) 가이드라인은 신체 활동 촉진을 통해 정신 건강을 증진하는 디자인 원칙을 제공한다. 계단 이용을 장려하는 건물 설계, 걷기 좋은 거리, 접근성 높은 공원과 운동 시설 등은 신체 활동을 자연스럽게 생활에 통합시켜 정신 건강을 증진한다.

싱가포르의 '건강 증진 환경'(health-promoting environment) 이니셔티브는 물리적 건강, 정신적 웰빙, 사회적 연결을 통합적으로 지원하는 도시 환경을 목표로 한다. 싱가포르의 '치유 정원', '치유의 숲' 등은 도시 내에서 자연의 치유력을 활용한 정신 건강 증진 공간의 좋은 예다.

✦ 회복 환경과 스트레스 감소

멘탈 웰빙을 위한 도시는 '회복 환경'(restorative environment)을 풍부하게 제공한다. 도시 공원, 포켓 파크, 옥상 정원, 생활권 녹지, 도시 숲 등 다양한 규모와 유형의 자연 환경은 스트레스 감소와 주의력 회복에 기여한다.

스톡홀름의 '녹색 웨지'(green wedges) 시스템이나 싱가포르의 '정원 도시'(garden city) 비전은 이러한 접근의 대표적 사례다. 스톡홀름은 도시 중심부에서 교외로 방사형으로 뻗어나가는 녹지 축을 보존하여, 모든 시민이 자연에 쉽게 접근할 수 있도록 했다. 싱가포르는 '정원 속의 도시'를 넘어 '도시 속의 정원'을 목표로, 건물 표면에도 녹지를 통합하는 '수직 정원' 개념을 적극 도입했다.

소음 저감 디자인과 '조용한 구역'(quiet zones) 지정도 중요한 전략이다. 베를린의 '조용한 지역' 네트워크나 바르셀로나의 '슈퍼블록'(superblock) 모델은 도심 속 조용한 환경을 확보하기 위한 혁신적 접근이다. 바르셀로나의 슈퍼블록은 9개의 도시 블록을 하나의 단위로 묶어, 내부 도로에서는 차량 통행을 제한하고 보행자와 커뮤니티 활동을 위한 공간으로 전환했다. 이는 소음 감소, 대기질 개선, 커뮤니티 공간 확대 등 다양한 심리적 혜택을 가져왔다.

빛 환경의 최적화 — 충분한 자연 채광 확보와 야간 광공해 감소 — 도 정신 건강을 지원하는 디자인 요소다. 덴마크의 건축가 얀 겔(Jan Gehl)은 건물 높이와 가로 폭의 적절한 비율을 통해 충분한 자연광이 가로에 도달할 수 있도록 하는 '인간 척도의 도시'를 주장한다. 도시 협곡(urban canyon)이 너무 깊어지면 자연광 접근성이 저하되고, 이는 정신 건강에 부정적 영향을 미칠 수 있다.

✛ 사회적 연결과 소속감

멘탈 웰빙을 위한 도시는 사회적 연결과 소속감을 촉진한다. '제3의 장소'(third places) — 집과 직장 외에 사람들이 모이고 교류하는 공간 — 는 사회적 자본 형성과 공동체 의식 강화에 중요한 역할을 한다. 좋은 카페, 도서관, 공원, 광장, 커뮤니티 센터 등은 정신 건강을 지원하는 사회적 인프라다. 미국 사회학자 레이 올덴버그(Ray Oldenburg)는 이러한 제3의 장소가 건강한 시민 사회와 민주주의의 기초라고 주장한다.

코펜하겐의 '사람을 위한 도시'(cities for people) 접근이나 멜버른의 '활기찬 거리'(vibrant streets) 전략은 사회적 상호작용을 촉진하는 도시 공간 디자인의 모범 사례로 꼽힌다. 이러한 접근은 보행자 우선 설계, 머물 수 있는 공간, 활발한 가로변 활동, 다양한 용도의 혼합 등을 포함한다. 코펜하겐은 수십 년에 걸쳐 자동차 중심 도시에서 사람 중심 도시로 전환했으며, 가로의 '머무름' 기능을 강화하여 사회적 교류를 촉진했다.

세대 간 교류를 촉진하는 도시 공간도 중요하다. 싱가포르의 '3-세대 공원'(3G parks)이나 네덜란드의 세대 통합형 주거 모델은 다양한 연령대의 사람들이 교류하고 서로를 지원할 수 있는 환경을 제공한다. 네덜란드의 '휴매니타스'(Humanitas) 프로젝트는 노인 주거 시설에 대학생들이 무상으로 거주하는 대신 노인들과 시간을 보내는 혁신적 모델로, 세대 간 연결을 통한 정신 건강 증진의 좋은 사례다.

✛ 포용성과 접근성

멘탈 웰빙을 위한 도시는 모든 시민의 포용성과 접근성을 보장한다. '유니버설 디자인' 원칙은 나이, 능력, 배경에 관계없이 모두가 도시 환경을 동등하게 이용할 수 있도록 하는 접근법이다. 이는 단순한 물리적 접근성을 넘어, 심리적 안전감과 소속감을 포함한다.

소외 계층과 취약 집단 — 장애인, 노인, 저소득층, 소수 민족, 성소수자 등 — 의 특수한 정신 건강 필요를 고려한 도시 디자인이 중요하다. 예를 들어, 치매 친화적 디자인은 명확한 길 찾기 표시, 친숙한 랜드마크, 조용하고 예측 가능한 환경을 통해 치매 환자의 불안과 혼란을 줄이는 데 기여한다. 영국의 '치매 친화 커뮤니티'(dementia-friendly communities) 이니셔티브는 도시 환경을 치매 환자들이 더 쉽게 이용하고 참여할 수 있도록 개선하는 노력을 기울이고 있다.

도시 공간의 '영역성'(territoriality)과 '소유감'(sense of ownership) 또한 정신 건강과 관련된 중요한 개념이다. 주민들이 자신의 근린 환경에 대해 적절한 통제감과 소유감을 느낄 때, 안전감과 심리적 웰빙이 증진된다. 참여적 디자인, 플레이스메이킹(placemaking), 공동체 가든 등은 이러한 영역성과 소유감을 강화하는 접근법이다. 미국의 '프로젝트 포 퍼블릭 스페이스'(Project for Public Spaces)와 같은 단체는 주민 참여적 플레이스메이킹을 통해 공간에 대한 소유감과 자부심을 높이는 활동을 전개하고 있다.

✛ 기술과 디지털 웰빙

현대 도시에서는 디지털 환경과 물리적 환경의 통합적 고려가 필요하다. '스마트 시티' 접근은 기술을 활용하여 도시 생활의 스트레스 요인 — 교통 혼잡, 불편한 서비스 접근, 안전 문제 등 — 을 줄이는 데 기여할 수 있다. 실시간 교통 정보, 공공 서비스 디지털화, 스마트 조명 시스템 등은 도시 생활의 편의성과 예측 가능성을 높여 스트레스를 줄이는 데 도움이 된다. 그러나 동시에 '디지털 웰빙(digital wellbeing)'에 대한 고려도 필요하다. 과도한 스크린 시간, 지속적 연결성(constant connectivity), 디지털 피로, 온라인 괴롭힘 등은 현대 도시 생활의 새로운 정신 건강 위협 요소다. 디지털 디톡스 공간, 와이파이 프리 구역, 자연 속에서의 비연결성(disconnection) 경험 제공 등은 미래 도시의 정신 건강 전략에 포함될 수 있다.

실제로 파리의 일부 공원은 '디지털 디톡스 구역'을 운영하며, 암스테르담은 시민의 디지털 자율성을 보장하는 정책을 시행한다. 일부 도시들은 저녁 시간대를 '디지털 정적 시간'으로 지정해 공공 디스플레이를 끄고 와이파이 속도를 늦추는 실험도 진행한다. 학교에서는

'디지털 마음챙김' 교육을 통해 학생들이 기술과 건강한 관계를 맺도록 가르치고, 기업들은 '연결되지 않을 권리'를 보장하는 정책을 도입하고 있다.

중요한 것은 디지털 웰빙이 단순히 기술 사용을 줄이는 것이 아니라, 더 의식적이고 목적적으로 사용하는 것이다. 원격 의료 서비스나 VR 치료, AI 기반 정서 지원 등 기술은 정신 건강 증진에도 기여할 수 있다. 미래 도시는 디지털 기술의 이점을 활용하면서도 인간의 본질적 욕구 — 고요함, 성찰, 진정한 대면 관계 — 를 충족시킬 수 있는 균형점을 찾아야 한다.

✤ 도시화와 정신 건강의 역사적 담론

산업혁명의 검은 연기가 하늘을 덮기 시작하던 19세기 말, 의사들은 새로운 형태의 질병을 목격하기 시작했다. 도시로 몰려든 사람들 사이에서 발견된 '신경쇠약(neurasthenia)'이라는 진단명은 당시 새로운 도시적 삶의 방식이 가져온 심리적 결과를 반영했다.

19세기 말부터 도시화는 정신질환 증가와 연관되어 논의되었다. 산업화와 도시화가 급속하게 진행되던 시기에, 의사들은 '도시 신경증'(urban neurosis)이나 '신경쇠약'(neurasthenia)과 같은 새로운 질병을 진단하기 시작했다. 이러한 질환은 도시 생활의 빠른 속도, 과도한 자극, 자연으로부터의 단절 등에서 비롯된다고 여겨졌다. 미국의 신경과 의사 조지 비어드(George Beard)는 1881년 그의 책 『신경쇠약』에서 "현대 도시 생활의 속도, 끊임없는 자극과 압박이 신경계에 과도한 부담을 주어 발생하는 '미국적 신경쇠약'"을 설명했다.

프랑스의 사회학자 에밀 뒤르켐(Émile Durkheim)은 1897년 출판된 『자살론(Suicide)』에서 도시화가 진행된 사회에서 자살률이 높다는 사실에 주목했다. 그는 이를 급격한 사회 변화로 인한 '아노미'(anomie, 규범 붕괴) 상태와 연결지었다. 도시화는 전통적 사회적 유대와 규범을, 개인을 받쳐주는 공동체의 지지 구조를 약화시켰으며, 이는 일부 취약한 개인들을 사회적 고립과 자살의 위험에 노출시켰다는 것이다. 농촌에서는 강한 가족 유대와 안정적인 사회적 역할이 개인을 지지했지만, 도시의 익명성과 유동성은 이러한 보호막을 약화시켰다.

20세기 중반에는 정신질환의 '사회적 원인'에 대한 관심이 높아졌다. 미국의 사회학자 페리스(Robert Faris)와 던햄(H. Warren Dunham)의 연구는 시카고 내 정신질환 발병률이 지역에 따라 큰 차이를 보이며, 특히 빈곤, 주거 불안정, 사회적 혼란이 심한 지역에서 정신분열증 발병률이 높다는 사실을 발견했다. 이는 도시 환경 내 특정 사회적, 경제적 조건이 정신 건강에 직접적 영향을 미친다는 증거로 해석되었다. 그들은 이를 '사회적 붕괴 이론'(social disorganization theory)으로 설명했으며, 이는 도시의 특정 지역에 집중된 빈곤, 인구 유동성, 주거 불안정 등이 사회적 통제와 지지 구조를 약화시켜 정신 건강 문제의 위험을 높인다고 보았다.

✚ 회복탄력성과 위기 대응

COVID-19 팬데믹은 도시 환경과 정신 건강의 관계에 새로운 차원을 더했다. 팬데믹 상황에서 사회적 거리두기, 이동 제한, 공공 공간 이용 제한 등은 많은 도시 거주자들의 정신 건강에 부정적 영향을 미쳤다. 특히 고밀도 주거 환경, 작은 아파트, 개인 외부 공간(정원, 발코니 등) 접근성 부족은 봉쇄 기간 동안 심리적 스트레스를 악화시키는 요인이었다. 이는 위기 상황에서 정신 건강을 지원할 수 있는 회복탄력적 도시 환경의 중요성을 부각시켰다.

회복탄력적 도시 설계는 유연성, 다기능성, 적응성을 강조한다. 예를 들어, 평상시 여가 공간으로 사용되다가 위기 시 의료 시설이나 대피소로 전환될 수 있는 공공 공간, 단절된 상황에서도 안전한 사회적 교류를 허용하는 열린 공간 등이 포함된다. 파리의 '15분 도시' 개념이나 멜버른의 '20분 근린' 모델과 같은 접근은 지역 자급자족성을 높여 위기 시에도 기본적 필요를 충족할 수 있는 회복탄력적 도시 구조를 지향한다.

팬데믹 이후, 많은 도시들은 열린 공간, 동네 공원, 보행자 및 자전거 인프라에 더 많은 투자를 시작했다. 뉴욕의 '오픈 스트리트' 프로그램, 밀라노의 '오픈 로드' 이니셔티브, 파리의 자전거 고속도로 확장 등은 미래 위기에 대비한 도시 공간의 재구성 사례다. 이러한 변화는 단기적 대응을 넘어, 장기적으로 더 회복탄력적이고 정신적으로 건강한 도시 환경으로의 전환을 의미한다.

✤ 결론: 향후 방향과 전망

고층 빌딩 사이로 햇살이 스며들고, 거리의 나무 그늘 아래 벤치에서 사람들이 대화를 나누며, 숨겨진 도시 공원에서 아이들의 웃음소리가 울려 퍼진다 — 이러한 일상적 장면들이 단순한 도시 풍경이 아닌, 우리의 정신 건강에 직접적 영향을 미치는 중요한 요소임을 이제 우리는 이해하고 있다.

도시 환경과 정신 건강의 관계에 대한 연구는 여전히 발전 중인 분야다. 최근의 신경과학, 환경심리학, 행동경제학 등의 발전은 도시 경험이 인간 심리에 미치는 영향에 대한 더욱 정교한 이해를 가능케 한다. 신경건축학(neuroarchitecture)이나 정서적 지리학(emotional geography)과 같은 새로운 학제간 분야의 등장은 이러한 추세를 반영한다.

신경건축학은 뇌 과학의 발견을 건축 디자인에 적용하여, 건축 환경이 뇌 기능과 정신 상태에 미치는 영향을 연구한다. 고급 뇌 영상 기술과 생체 센서를 활용한 연구들은 건축 공간의 특성 — 천장 높이, 빛의 질, 음향, 재료 등 — 이 스트레스 호르몬 수치, 인지 성능, 감정 상태에 미치는 영향을 측정하기 시작했다. 이는 정신적 웰빙을 지원하는 '뇌 친화적' 건축의 가능성을 열어준다.

정서적 지리학은 장소와 감정의 관계, 공간의 정서적 역동성, 장소 애착과 정체성의 형성 과정 등을 탐구한다. 이 분야는 도시 공간이 어떻게 기쁨, 평온, 불안, 두려움, 향수와 같은 다양한 감정을 유발하고 매개하는지, 그리고 이러한 감정적 경험이 어떻게 도시의 의미와 정체성을 형성하는지 이해하려 한다.

미래의 도시 계획과 디자인은 이러한 지식을 바탕으로, 단순한 물리적 기능성이나 미적 고려를 넘어 정신적 웰빙에 대한 영향을 중심에 두는 방향으로 발전해 나갈 것이다. '정신 건강 영향 평가'(mental health impact assessment)와 같은 도구가 도시 계획 과정의 표준적 부분이 될 수도 있다. 영국의 일부 지역에서는 이미 대규모 도시 개발 프로젝트에 정신 건강 영향 평가를 시행하고 있으며, 이는 환경 영향 평가나 교통 영향 평가와 마찬가지로 계획 과정의 필수적 요소가 될 가능성이 있다.

도시와 정신 건강의 관계에 대한 지식이 발전함에 따라, 기존 도시의 재설계와 새로운 도시 공간의 창출 모두에 이러한 통찰이 통합될 수 있다. 노후 도시 지역의 재생, 포스트 인더스트리얼 공간의 전환, 교외 지역의 활성화, 새로운 스마트 시티의 개발 — 이 모든 과정에서 정신 건강 관점은 점점 더 중요한 역할을 할 것이다.

궁극적으로, 멘탈 웰빙을 위한 도시는 인간의 기본적 심리적 필요 — 안전, 연결, 자율성, 의미, 성장 — 를 충족시키는 환경을 제공함으로써, 모든 시민이 심리적으로 번영할 수 있는 기회를 극대화하는 것을 목표로 한다. 이는 공중보건, 도시 계획, 건축, 심리학, 사회학 등 다양한 분야의 협력을 통해서만 실현 가능한 통합적 비전이다.

우리가 도시를 단순한 건물과 도로의 집합이 아닌, 인간 심리와 깊이 얽힌 복합적 환경으로 이해할 때, 비로소 진정으로 인간적인 도시를 창조할 수 있을 것이다. 이러한 도시는 효율성과 기능성만을 추구하는 것이 아니라, 인간의 정신적 번영을 위한 살아있는 생태계로 기능할 것이다. 우리가 매일 걷고, 일하고, 쉬고, 만나는 도시 공간이 단지 우리의 신체를 담는 그릇이 아니라, 우리의 마음을 풍요롭게 하는 풍경이 될 때, 도시와 인간의 관계는 새로운 차원으로 진화할 것이다.

3. 도시와 사회성: 낯선 사람과의 공존

✤ 도시와 사회성: 낯선 이들의 춤

새벽빛이 고층빌딩 사이로 스며들 때, 도시는 깨어난다. 거리에 쏟아져 나온 사람들은 서로를 모른 채 같은 방향으로 흘러간다. 지하철 안에서 무수한 시선들이 스치고, 카페에서 무심한 미소가 교환되며, 횡단보도에서 낯선 이들과 잠시 호흡을 맞춘다. 이 모든 순간이 도시라는 거대한 무대 위에서 펼쳐지는 신비로운 안무다.

✤ 낯선 이들의 바다에 떠 있는 섬

1938년 루이스 워스가 도시를 "사회적으로 이질적인 개인들의 상대적으로 크고 밀도 높은 영구적 정착지"라고 정의했을 때, 그는 인류 역사상 가장 대담한 실험의 본질을 꿰뚫

어 보았다. 규모, 밀도, 그리고 이질성 — 이 세 가지 요소가 빚어내는 독특한 인간 생태계, 그것이 바로 도시다.

인류는 역사의 대부분을 모든 얼굴이 익숙하고 모든 이름이 알려진 작은 세계에서 살아왔다. 하지만 도시는 이 오랜 패턴을 깨뜨렸다. 오늘 당신이 엘리베이터에서 마주친 이웃은 삼 년째 같은 건물에 살고 있어도 여전히 낯선 타인이며, 매일 지나치는 수천 명의 얼굴들은 평생 다시 마주치지 않을지도 모를 순간의 방문자들이다.

✤ 냉담함이라는 이름의 따스한 배려

아침 러시아워의 지하철은 사람들로 가득하다. 그런데 왜 모두 서로를 쳐다보지 않을까? 왜 말을 걸지 않을까? 이것은 무관심일까, 냉정함일까?

게오르그 짐멜은 이를 '냉담함'과 '예비적 태도'라 불렀다. 그러나 이는 단순한 무관심이 아니다. 도시의 과도한 자극 속에서 자신을 지키기 위한 섬세한 방어 기제이자, 낯선 이들과의 공존을 위한 무언의 계약이다. 매일 수천 명과 마주치는 상황에서 모든 이에게 감정을 쏟는다면, 우리의 정신은 곧 고갈되고 말 것이다.

어빙 고프만이 말한 '시민적 무관심' — 엘리베이터에서 상대의 존재를 짧게 인정한 후 시선을 돌리는 행동 — 은 도시 생활을 가능케 하는 미묘한 사회적 윤활유다. 이는 무례함이 아닌, 서로의 경계를 존중하는 정교한 예의다. 낯선 이들의 바다에서 각자의 거품을 지켜주는 무언의 약속.

✤ 잃어버린 공공의 대화

파리의 카페에 앉은 두 남자가 처음 만났음에도 정치에 관해 열띤 토론을 벌인다. 런던의 공원에서는 서로 다른 계급의 사람들이 예술에 관한 의견을 나눈다. 18세기 도시의 풍경이다.

리처드 세넷은 『공공인간의 몰락』에서 이런 장면들을 생생하게 그려낸다. 한때 도시의 공공 공간은 낯선 이들과의 교류를 위한 활기찬 무대였다. 카페는 단순한 음료 섭취 장소가 아닌, 사회적 교류와 지적 탐험의 장이었다.

"18세기 파리의 카페에서는 귀족과 상인이 같은 테이블에서 담론을 나눌 수 있었다. 공적 영역은 사회적 차이를 일시적으로 유예하는 마법의 공간이었다."

하지만 산업화와 함께 이 풍경은 서서히 사라졌다. 세넷은 '친밀감의 전제' ─ 오직 가까운 관계만이 의미 있다는 믿음 ─ 가 공적 교류의 영역을 축소시켰다고 진단한다. 현대인은 점점 더 사적 영역으로 후퇴하며, 낯선 이와의 대화는 불편한 침범으로 여겨지기 시작했다.

오늘날 카페에서 모두가 각자의 노트북이나 스마트폰에 시선을 고정한 채 나란히 앉아 있는 모습은 세넷이 우려한 공적 영역의 쇠퇴를 생생히 보여준다.

✛ 거리의 무언의 감시자들

"나의 아파트 창문 아래에서 벌어지는 거리의 작은 발레를 보는 것은 하루의 즐거움이다." 제인 제이콥스의 말이다.

제이콥스는 활기찬 보도(sidewalk)가 단순한 통행로가 아닌, 도시 안전과 사회적 통합의 무대임을 포착했다. 구석 식료품점 주인, 창가에서 바느질하는 노인, 신문 가판대 주인 ─ 이들은 모두 거리의 무언의 감시자들이다. 그들의 '자연적 감시'는 CCTV보다 훨씬 효과적인 안전망을 형성한다.

"이웃 아주머니의 무심한 듯 주의 깊은 시선이 때로는 천 개의 경찰 순찰보다 효과적이다." 제이콥스의 이 통찰은 오늘날 도시 설계의 근본 원칙이 되었다.

낯선 이들의 평화로운 공존을 가능케 하는 것은 딱딱한 법률보다, 이러한 일상의 미세한 상호작용과 무언의 감시다. 골목길과 거리 카페, 작은 상점들이 어우러진 공간은 익명성과 친밀감이 절묘하게 균형을 이루는 무대가 된다.

✛ 약한 고리가 잇는 강한 그물

"친한 친구가 몇 명이냐"는 질문은 도시 생활의 복잡성을 담아내지 못한다. 마크 그라노베터는 '약한 유대' ─ 지인, 이웃, 단골 카페 바리스타와 같은 느슨한 관계 ─ 가 우리 삶에 얼마나 중요한지 밝혀냈다.

새 직장을 구하려 할 때, 놀랍게도 가장 도움이 되는 것은 가까운 친구가 아닌 이러한 '약한 유대'다. 친한 친구들은 대개 우리와 비슷한 정보 네트워크 안에 있지만, 약한 유대는 우리가 속하지 않은 다른 사회적 세계로 향하는 다리가 된다.

"약한 유대는 서로 다른 사회적 동심원을 연결하는 다리다. 이는 도시가 제공하는 가장 귀중한 사회적 자본이다."

도시는 이런 다양한 네트워크가 교차하는 복잡한 생태계다. 클로드 피셔의 '하위문화 이론'은 도시의 규모와 다양성이 어떻게 특정 관심사와 정체성을 중심으로 한 공동체 형성을 가능케 하는지 설명한다. 고전 음악 애호가든, 스케이트보드 문화든, 소수 민족 커뮤니티든, 도시는 '같은 부족'을 찾을 수 있는 임계 질량을 제공한다.

✛ 익명성: 자유와 고독 사이의 줄타기

도시적 익명성은 양날의 검이다. 한편으로 그것은 해방의 조건이 된다. 작은 마을에서는 모든 행동이 가십의 대상이 되지만, 도시에서는 자신을 재창조할 자유가 있다.

"대도시의 정신적 태도는 본질적으로 더 큰 개인적 자유를 포함한다." 짐멜의 이 통찰은 오늘날에도 여전히 유효하다. 소도시를 떠나 대도시로 이주하는 젊은이들의 숨겨진, 때로는 의식되지 않은 동기는 바로 이 자유다.

그러나 이 익명성은 고독의 씨앗도 품고 있다. 프랑스 시인 보들레르가 표현한 "군중 속의 고독"은 현대 도시인의 역설적 경험을 예리하게 포착한다. 수많은 사람들에 둘러싸여 있으면서도 깊은 단절감을 느끼는 상태, 이는 도시 생활의 그림자다.

영국이 '외로움 담당 장관'을 임명하고, 일본이 '고독사' 문제에 국가적 대응을 마련하는 현실은 도시적 고독이 단순한 감상이 아닌 심각한 공중보건의 과제임을 보여준다.

"현대 도시의 가장 기묘한 역설은 물리적으로는 그 어느 때보다 가까이 살면서도 정서적으로는 점점 더 멀어진다는 것이다."

✤ 디지털 광장의 새로운 시민들

스마트폰을 들여다보며 걷는 사람들로 가득한 오늘날의 도시 풍경은 어떤 의미를 가질까? 디지털 기술은 도시적 사회성에 새로운 차원을 더하고 있다.

한편으로 이는 새로운 형태의 커뮤니티와 협력을 가능케 한다. 동네 주민들과 연결되는 지역 기반 앱, 공통의 취미를 공유하는 이들을 만나는 플랫폼, 도시 문제 해결에 시민 참여를 촉진하는 크라우드소싱 앱들은 디지털 시대의 새로운 '공론장'을 형성한다.

"오늘날의 디지털 광장은 고대 그리스의 아고라처럼 시민 담론의 장이 될 잠재력을 지니고 있다. 다만 그 잠재력이 실현될지는 우리의 선택에 달려 있다."

그러나 디지털 연결이 진정한 대면 소통을 대체할 수 있을까? 셰리 터클은『함께 있지만 외로운』에서 우리가 "진정한 대화보다 통제된 연결을 선호하게 됐다"고 진단한다. '필터 버블'과 '에코 챔버' 현상은 비슷한 생각을 가진 사람들끼리만 소통하는 경향을 강화할 위험도 있다.

흥미롭게도 키이스 햄프턴의 연구는 소셜 미디어 사용자가 비사용자보다 지역 커뮤니티 참여도가 더 높은 경향이 있음을 보여준다. 온라인과 오프라인의 경계는 점점 흐려지고, 두 영역은 서로를 보완하고 강화할 가능성을 품고 있다.

✤ 함께하는 낯섦: 우주도시적 공존의 예술

도시는 근본적으로 다름의 공존에 관한 실험이다. 엘리자 베스 앤더슨은『코스모폴리탄 캐노피』에서 다양한 배경의 사람들이 평화롭게 공존하는 도시 공간 — 시장, 공원, 도서관, 상업 지구 등 — 을 분석했다. 이런 공간들은 '시민적 공손함'이 지배하는 영역으로, 사람들이 다양성을 경험하고 차이를 존중하는 법을 배우는 '우주도시적 캐노피'로 기능한다.

"파머스 마켓에서 다양한 인종, 계층, 연령의 사람들이 음식이라는 보편적 관심사를 중심으로 모일 때, 낯선 이들 사이의 공존이 잠시나마 가능해진다. 이러한 순간들이 쌓여 도시의 사회적 직물을 형성한다."

리처드 로저스가 강조했듯이, "도시는 시민들이 서로 마주치고, 정보를 교환하며, 사회적 유대를 형성하는 장소"다. 활기차고 다양한 공공 공간은 시민 문화와 민주주의의 토대가 된다.

✤ 도시적 공존: 인류의 가장 아름다운 실험

도시는 본질적으로 낯선 사람들과의 공존이라는 위대한 사회적 실험이다. 이 실험은 단순한 건물과 도로의 집합체가 아닌, 인류의 사회적 가능성을 탐색하는 지속적인 여정이다.

일상적 의례, 비공식적 규범, 시민적 예의, 상호 배려가 도시 생활의 사회적 직물을 짜낸다. 이러한 미묘한 사회적 안무가 다양성 속에서의 공존을 가능케 한다.

"도시는 인류의 가장 위대한 발명품 중 하나다. 그것은 건물이나 인프라가 아닌, 서로 다른 사람들이 평화롭게 공존할 수 있다는 믿음에 기반한 사회적 발명품이다."

21세기 도시의 핵심 과제는 다양성과 포용성의 균형을 유지하는 것이다. 서로 다른 배경, 문화, 가치관을 가진 사람들이 차이를 존중하면서도 공통된 도시 시민으로서의 정체성을 발전시킬 수 있는 환경을 조성하는 것이 중요하다.

이 실험이 성공할 때, 도시는 인간 문명의 최고 성취로서 다양성 속의 통합, 개인의 자유와 집단적 연대, 그리고 창조적 공존의 가능성을 구현하게 된다.

매일 아침, 당신이 낯선 얼굴들 사이로 걸어갈 때, 당신은 단순히 출근길에 오른 것이 아니다. 당신은 인류 역사상 가장 대담하고 아름다운 실험에 참여하고 있는 것이다. 그 실험의 이름은 '도시'다.

[참/고/문/헌]

1. 아리스토텔레스, 『정치학』, 기원전 4세기.

2. 루이스 멈포드, The City in History: Its Origins, Its Transformations, and Its Prospects, Harcourt, Brace & World, 1961.

3. 데이비드 하비, The Condition of Postmodernity, Blackwell Publishers, 1989.

4. 게오르그 짐멜, 「대도시와 정신적 삶」 (Die Großstädte und das Geistesleben), 1903.

5. 앙리 르페브르, The Production of Space, Blackwell Publishing, 1974.

6. 미셸 드 세르토, The Practice of Everyday Life, University of California Press, 1980.

7. 리처드 세넷, The Fall of Public Man, Knopf, 1977.

8. 제인 제이콥스, The Death and Life of Great American Cities, Random House, 1961.

9. 마누엘 카스텔스, The Rise of the Network Society, Blackwell Publishers, 1996.
   에드워드 소자, Postmetropolis: Critical Studies of Cities and Regions, Wiley-Blackwell, 2000.

10. 브루노 라투르, Reassembling the Social: An Introduction to Actor-Network-Theory, Oxford University Press, 2005.

11. 에베네저 하워드, 『내일의 전원도시』 (Garden Cities of To-morrow), 1898.

12. 고든 차일드(V. Gordon Childe), Man Makes Himself, Watts & Co., 1936.

13. 피에르 부르디외, 『구별짓기』 (Distinction: A Social Critique of the Judgement of Taste), Harvard University Press, 1984.

14. 발터 벤야민(Walter Benjamin), 『아케이드 프로젝트』 (The Arcades Project), Harvard University Press, 1999.

15. 레베카 솔닛(Rebecca Solnit), Wanderlust: A History of Walking, Viking Penguin, 2000.

16. 얀 겔(Jan Gehl), 『사람을 위한 도시』 (Cities for People), Island Press, 2010.
   케빈 린치(Kevin Lynch), The Image of the City, MIT Press, 1960.

17. 엘리자베스 윌슨(Elizabeth Wilson), The Sphinx in the City: Urban Life, the Control of Disorder, and Women, University of California Press, 1991.

18. 샤론 주킨(Sharon Zukin), The Cultures of Cities, Blackwell Publishing, 1995.

제4장

✛

도시공간의 현상학
- 공간 경험과 의미 -

1. 도시공간의 현상학: 의미를 품은 장소의 시학

도시의 골목을 걷다 보면 문득 발걸음이 느려지는 순간이 있다. 익숙한 카페의 향기, 오래된 건물 벽돌의 질감, 작은 공원에서 들려오는 웃음소리 ― 이 모든 감각적 조각들이 단순한 물리적 공간을 넘어 우리에게 특별한 '장소'로 변모시킨다. 도시는 결코 건물과 도로의 기하학적 집합체로 환원될 수 없는, 의미와 기억이 층층이 쌓인 장소들의 섬세한 모자이크다.

✛ 공간에서 장소로: 의미의 현상학

이-푸 투안은 "공간은 움직임을 허용하지만, 장소는 멈춤을 의미한다"라는 시적인 문장으로 공간과 장소의 근본적 차이를 포착했다. 공간이 추상적 확장성과 열린 가능성의 영역이라면, 장소는 인간 경험의 깊이와 의미가 스며든 구체적 실체다. 우리는 공간을 통과하지만, 장소 안에 거주한다.

낯선 도시에 첫발을 내딛는 순간을 떠올려보자. 모든 거리가 단지 방향과 거리의 문제로 환원되는 추상적 공간으로 경험된다. 그러나 시간이 흐르면서 특정 모퉁이, 특정 나무 그늘, 특정 벤치가 우리의 기억과 경험을 흡수하며 의미를 획득한다. 에드워드 렐프가 "인간 실존의 심오한 중심"이라 표현한 장소는 이처럼 우리의 일상적 행로와 감정적 지형도가 교차하는 지점에서 태어난다.

더 이상 단순히 공간의 한 지점이 아닌, 우리 존재의 일부가 된 장소들은 "여기는 내가 처음 사랑에 빠진 곳이야", "이 시장에서 할머니와 장을 보곤 했지", "저 공원 벤치에서 중요한 결정을 내렸어"와 같은 작은 내러티브로 채워진다. 도시는 이런 무수한 개인적, 집단적 이야기들이 공간적 형태로 결정화된 영역이다.

✤ 장소성의 섬세한 직물

장소성 — 그 특정 장소만이 불러일으키는 고유한 분위기와 감각 — 은 물리적, 활동적, 의미적 요소들이 정교하게 얽혀 만들어내는 다층적 현상이다. 이는 마치 복잡한 태피스트리처럼 다양한 실들이 교차하며 하나의 패턴을 이루는 과정이다.

바르셀로나의 좁은 골목길을 걸으며 느끼는 중세 도시의 촘촘한 질감, 교토의 전통 가옥 사이로 흐르는 절제된 고요함, 이스탄불 그랜드 바자르의 현란한 색채와 향신료 향기 — 이러한 감각적 특질은 장소성의 물리적 기반을 형성한다. 유하니 팔라스마의 통찰처럼, 진정한 장소 경험은 결코 시각에만 국한되지 않는다. 우리는 도시를 전신으로 경험한다. 파리의 정체성은 오스만 대로의 시각적 장대함뿐 아니라, 빵집에서 풍겨오는 바게트 향, 카페 테라스의 웅성거림, 세느강 물결의 촉촉한 공기감을 통해 완성된다.

활동의 리듬 또한 장소성의 핵심 구성요소다. 이탈리아 피아자(광장)의 저녁 산책(파세지아타)은 단순한 걷기가 아닌, 사회적 만남과, 보고 보여짐의 세심한 안무를 담은 문화적 의례다. 도쿄 시부야 교차로의 바쁜 발걸음, 인도 차트 가게 주변의 북적임, 스페인 광장의 한낮 시에스타 시간의 고요 — 이러한 활동의 패턴은 시간에 따라 변주되며 장소에 생동감과 리듬을 부여한다.

그러나 장소성의 가장 깊은 층위는 의미와 기억의 영역에 있다. 돌로레스 하이든이 강조했듯, 도시 경관에는 공식적 역사만이 아닌, 다양한 집단의 '지워진 역사'가 켜켜이 침전되어 있다. 베를린 거리의 황동 발자국(Stolpersteine)은 나치 시대 학살된 유대인들의 기억을, 서울 세운상가의 오래된 간판들은 산업화 시대의 기술적 열망을, 리스본의 파드두(Fado) 바는 포르투갈의 노스탤지어를 간직한다. 이러한 사회적, 문화적, 역사적 의미들은 물리적으로는 보이지 않으나, 장소의 깊이와 울림을 형성하는 필수적 요소다.

✦ 현대 도시와 장소성의 변주

"현대 도시에서 진정한 장소는 사라지고 있는가?" 에드워드 렐프의 '장소상실'과 마크 오제의 '비장소' 개념은 이러한 질문에 비관적 진단을 내린다. 전 세계 공항 라운지의 유사한 미학, 어디서나 볼 수 있는 프랜차이즈 카페의 표준화된 인테리어, 도시 외곽의 대형 쇼핑몰의 탈맥락적 공간감 — 이러한 현상들은 분명 특정 장소에 고유한 정체성과 진정성을 약화시킨다.

더불어 젠트리피케이션의바람은 도시 장소성의 급격한 재편을 가져온다. 오래된 시장이 세련된 부티크 거리로, 노동자 주거지가 힙스터 문화의 중심지로 변모할 때, 우리는 물어야 한다: 누구의 기억과 경험이 보존되고, 누구의 것이 지워지는가? 장소성의 변화는 단순한 미학적 전환이 아닌, 도시 공간을 둘러싼 권력과 소속의 정치학을 반영한다.

그러나 도린 매시의 '관계적 공간' 개념은 보다 희망적 관점을 제시한다. 장소를 고정된 경계와 단일한 정체성을 지닌 실체가 아닌, 다양한 흐름과 관계가 교차하는 열린 과정으로 이해하는 것이다. 이 관점에서 도시 장소성은 결코 완성되지 않는 진행형의 이야기다. 런던의 브릭 레인(Brick Lane)이 유대인 지역에서 방글라데시 커뮤니티의 중심지로, 다시 현대 예술의 집결지로 변화하는 과정은 장소성의 역동적 진화를 보여준다.

디지털 시대는 장소성의 새로운 차원을 열고 있다. 증강현실 기술은 물리적 도시 공간에 디지털 정보와 내러티브의 새로운 층위를 더하고, 소셜 미디어는 동일한 물리적 장소가 다양한 주관적 경험과 해석으로 중첩되는 방식을 보여준다. 오늘날 도쿄 시부야 교차로의 장소성은 그곳의 물리적 특질뿐 아니라, 수천 개의 인스타그램 포스트와 유튜브 영상으로 구성된 디지털 페르소나를 통해서도 형성된다.

✦ 장소 만들기: 의미의 공동창조

단순한 공간이 아닌 의미 있는 장소로서 도시를 이해하는 관점은 도시 계획과 설계 실천의 근본적 전환을 요구한다. '장소 만들기'는 물리적 디자인, 활동의 프로그래밍, 사회적 연결, 의미의 부여라는 다층적 과정을 통합적으로 고려하는 접근법이다.

얀 겔의 통찰처럼, 진정한 도시 장소는 단지 아름다운 건물이 아닌, 다양한 인간 활동이 자연스럽게 꽃피는 무대다. 필수적 활동(출퇴근, 쇼핑 등)을 넘어, 선택적 활동(산책, 햇빛 즐기기, 구경하기 등)과 사회적 활동(대화, 공동체 모임, 우연한 만남 등)이 풍부하게 일어날 때, 도시 공간은 진정한 장소로 거듭난다.

더불어 장소 만들기는 결코 전문가만의 영역이 아니다. 시민들이 자신의 일상 환경에 능동적으로 의미를 부여하고 변형하는 참여적 과정이어야 한다. 베를린의 텔토우 공항 부지가 시민들의 집단적 상상력으로 재탄생한 템펠호프 공원으로, 뉴욕의 방치된 고가철로가 하이라인(High Line)이라는 새로운 도시 경험의 무대로 변모한 사례는 상향식 장소 만들기의 가능성을 보여준다.

✤ 귀의하는 공간, 열리는 장소

도시는 결코 완성되지 않는다. 그것은 끊임없이 생성되고, 해체되고, 재조합되는 역동적 과정이다. 이 과정에서 물리적 공간이 의미 있는 장소로 변환되는 현상학적 경험은 도시 삶의 본질적 차원이다.

공간이 단지 기능적 효율성이나 경제적 가치로만 평가될 때, 도시는 단조로운 컨테이너가 된다. 반면 장소성의 다층적 깊이와 섬세한 직물이 인식되고 존중될 때, 도시는 인간 경험의 풍요로운 무대가 된다. 이는 단순한 미학적 문제가 아닌, 실존적 질문이다. 장소를 통해 우리는 세계 속 자신의 위치를 이해하고, 소속감을 경험하며, 의미를 발견한다.

현대 도시의 급격한 변화 속에서, 장소성의 연속성과 혁신 사이의 균형을 찾는 것은 중요한 과제다. 이는 단순히 물리적 보존이나 개발의 문제가 아니라, 역사적 깊이와 미래지향적 열림, 로컬 특수성과 글로벌 연결성, 안정적 정체성과 창조적 변화 사이의 섬세한 균형을 요구한다.

도시인문학은 이런 복잡한 균형에 대한 성찰을 가능케 한다. 그것은 도시를 단순한 기능적 기계가 아닌, 인간의 희망과 기억, 꿈과 상상력이 공간적 형태로 결정화된 의미의 터전으로 바라보는 시선이다. 장소 없는 세계에서 인간은 뿌리 없이 표류할 것이며, 의미 없는 도시에서 진정한 거주는 불가능할 것이다.

그러므로 의미 있는 장소로서 도시를 이해하는 것은 단순한 학술적 관심사가 아닌, 인간다운 도시 삶의 가능성을 묻는 본질적 탐구다. 공간이 장소가 되는 미묘한 변환의 지점에서, 도시의 진정한 시학과 잠재력이 발견된다.

2. 도시 기호학: 거리의 문법을 해독하다

어느 낯선 도시에 첫발을 내딛는 순간을 떠올려보자. 그 도시의 언어를 모른다 해도, 당신은 이미 그곳을 '읽기' 시작한다. 높이 솟은 첨탑들이 신성함의 메시지를 전하고, 반짝이는 쇼핑가는 소비의 유혹을 속삭인다. 좁은 골목길은 친밀함의 서사를 풀어내고, 웅장한 광장은 권력의 수사학을 펼쳐 보인다. 우리는 도시의 언어를 배우지 않았지만, 그 문법의 상당 부분을 직관적으로 이해한다. 이것이 바로 도시 기호학의 출발점이다.

✤ 텍스트로서의 도시: 기호와 상징의 거대한 직물

도시는 단순한 건물과 거리의 집합체가 아니다. 그것은 끊임없이 의미를 생산하고 전달하는 능동적 텍스트다. 마치 언어가 단어와 문장으로 이루어진 것처럼, 도시는 건축물, 거리 패턴, 간판, 기념물, 공공 예술, 심지어 사람들의 움직임까지를 자신의 '어휘'로 삼아 복잡한 내러티브를 구성한다.

롤랑 바르트가 도쿄의 거리에서 발견한 것은 서구인의 눈에는 혼란스럽게 보이는 도시 구조 속에 감춰진 섬세한 의미의 체계였다. 그는 『기호의 제국』에서 도쿄의 '비어 있는 중심' — 보이지 않는 황궁을 둘러싼 공간적 배치 — 에서 일본 문화의 본질적 특성을 읽어냈다. 서구 도시들이 권력과 의미의 중심(대성당, 궁전, 광장)을 뚜렷이 드러내는 반면, 도쿄는 그 중심을 비워둠으로써 전혀 다른 존재론적 태도를 표현한다는 것이다.

"도시는 담론이며, 이 담론은 실제로 언어이다." 바르트의 이 통찰은 도시 공간이 단순한 물리적 실체가 아닌, 읽고 해석할 수 있는 텍스트임을 일깨운다. 움베르토 에코 역시 건축물이 그저 기능하는 것이 아니라 '소통'한다고 주장했다. 교회의 첨탑, 은행의 대리석 파사드, 쇼핑몰의 화려한 로비 — 이들은 모두 일차적 기능 너머의 문화적 메시지를 전달한다.

✤ 도시 경관의 시적 해독: 수평적 읽기와 수직적 읽기

도시를 읽는 방법은 다양하다. 우리는 거리를 걸으며 수평적으로 도시를 읽기도 하고, 전망대에서 스카이라인을 바라보며 수직적으로 도시를 읽기도 한다. 각각의 읽기 방식은 서로 다른 차원의 도시 이야기를 드러낸다.

거리 수준의 수평적 읽기는 도시의 미시적 서사와 만난다. 파리의 카페 테라스와 제과점의 향기, 마라케시 시장의 진열된 향신료와 상인들의 외침, 교토 기온 거리의 등불과 전통 가옥의 처마 — 이들은 모두 도시의 일상적 리듬과 문화적 정체성을 표현하는 친밀한 기호들이다. 이러한 수평적 기호들은 발걸음을 늦추게 하고, 감각을 일깨우며, 도시와의 직접적 대화를 초대한다.

"거리의 모퉁이마다 고유한 이야기가 숨어있다. 그것을 발견하는 것은 도시의 비밀 언어를 해독하는 일이다."

반면, 수직적 읽기는 도시의 거시적 상징체계와 권력 관계를 드러낸다. 마천루가 만들어내는 도시의 실루엣, 종교 건축물의 첨탑, 기념비적 건축물들 — 이들은 도시의 야망, 가치, 권력 구조를 하늘을 향해 선언한다. 뉴욕의 마천루 숲은 자본주의적 성취와 수직적 열망의 시적 구현이며, 바티칸의 성 베드로 대성당 돔은 종교적 권위의, 파리의 에펠탑은 산업 혁명 시대 기술적 낙관주의의 물질적 선언문이다.

이러한 수직적 기호들은 도시의 집단적 정체성과 역사적 순간을 영구화한다. 그들은 멀리서도 볼 수 있는 도시의 시각적 앵커로서, 도시 전체를 하나의 상징적 제스처로 응축시킨다.

✤ 가독성과 정신적 지도: 도시의 언어를 배우다

도시의 언어를 배우는 과정은 그 도시의 '가독성'과 밀접히 연관된다. 케빈 린치의 선구적 연구 『도시의 이미지』는 우리가 도시의 복잡한 환경을 어떻게 인지하고 정신적 지도로 변환하는지 밝혔다.

린치가 식별한 다섯 가지 요소 — 경로, 경계, 지구, 결절점, 랜드마크 — 는 도시 텍스트의 기본 문법을 구성한다. 베니스의 대운하(경로)와 산마르코 광장(결절점), 파리의 센강

(경계)과 몽마르트르(지구), 시드니의 오페라하우스(랜드마크)와 같은 요소들은 각 도시의 고유한 '구문'을 형성한다.

이러한 요소들의 명확성과 유기적 연결이 도시의 가독성을 결정한다. 가독성 높은 도시는 방문자에게 안정감과 자유를 동시에 선사한다. 길을 잃을 염려 없이 탐험할 수 있는 여유, 익숙함과 놀라움이 균형을 이루는 도시 경험은 잘 쓰인 소설을 읽는 즐거움과 닮아있다.

"도시는 집단적으로 쓰이는 소설이다. 그러나 각자는 자신만의 장을 읽고, 자신만의 줄거리를 따라간다."

그러나 도시의 가독성은 객관적 속성이 아니라, 문화적, 개인적 배경에 따라 달라지는 경험이다. 같은 도시를 어떤 이는 명료한 텍스트로, 다른 이는 해독하기 어려운 암호로 경험한다. 토착민과 관광객, 부유층과 빈곤층, 노약자와 청년은 각기 다른 도시를 '읽는다'. 이러한 다중적 읽기가 도시 경험의 풍요로움과 복잡성을 구성한다.

✤ 권력과 저항의 기호학: 도시 텍스트의 정치학

도시 공간의 기호들은 결코 중립적이지 않다. 그것은 특정한 이데올로기, 권력 관계, 역사적 내러티브를 강화하거나 도전하는 장이 된다. 앙리 르페브르의 통찰처럼, 공간은 사회적으로 생산되며, 이 과정에서 권력의 지형도가 물질적 형태로 구체화된다.

화려한 정부 청사, 기업 본사의 유리 타워, 국가적 기념물은 지배 이데올로기의 물질적 선언문이다. 그들은 권력, 부, 국가주의를 '자연스러운' 것으로 표현하며 도시 경관에 각인한다. 반면, 거리 예술, 점거 공간, 대안적 문화 장소들은 이러한 지배적 기호 체계에 도전하는 '대항 기호'로 작동한다.

베를린 장벽의 잔해에 그려진 그래피티, 파리 68혁명의 슬로건, 홍콩 우산혁명의 포스터들 ─ 이들은 모두 도시 공간에서 벌어지는 기호적 저항의 순간들이다. 이러한 대항 기호들은 도시 텍스트를 '다시 쓰는' 집단적 시도다.

도시 기호의 정치학은 '기억의 정치'와도 긴밀히 연결된다. 어떤 역사가 기념되고, 어떤 역사가 지워지는가? 남아프리카공화국에서 아파르트헤이트 상징의 제거, 미국 남부에서 남부연합 기념물을 둘러싼 논쟁, 포스트소비에트 국가들에서 공산주의 상징의 운명 — 이 모든 사례는 도시 경관에 새겨진 기억의 정치적 성격을 보여준다.

"도시의 돌과 벽돌은 결코 침묵하지 않는다. 그들은 특정한 역사를 외치고, 다른 역사를 침묵시킨다."

✤ 디지털 레이어: 확장된 도시 텍스트

오늘날 도시의 기호학적 복잡성은 디지털 차원의 추가로 한층 더 증폭되었다. 우리가 경험하는 도시는 더 이상 순수한 물리적 실체가 아니라, 디지털 정보와 네트워크가 중첩된 하이브리드 공간이다.

증강현실 기술은 물리적 도시 위에 보이지 않는 정보의 층을 더한다. 스마트폰으로 역사적 건물을 비추면 그 과거 모습이 나타나고, 낯선 거리에서 화면을 통해 다국어 정보와 길찾기 화살표가 공중에 떠오른다. 이는 도시 텍스트에 새로운 차원의 '하이퍼텍스트'를 추가한다.

위치 기반 앱과 소셜 미디어는 도시 경험을 중재하고 새롭게 형성한다. 인스타그램의 인기 장소는 새로운 순례지가 되고, 별점 다섯 개의 숨은 맛집은 디지털 입소문을 타고 방문객들로 북적인다. 디지털 평판과 가시성이 물리적 장소의 운명을 좌우하는 시대가 도래한 것이다.

"현대 도시는 돌과 강철뿐 아니라, 데이터와 알고리즘으로도 구축된다. 우리는 이제 코드로 짜인 도시 층위도 읽어야 한다."

이러한 디지털-물리적 융합 공간에서, 도시 기호의 생산과 해석은 더 이상 지역적 맥락에만 국한되지 않는다. 글로벌 알고리즘과 플랫폼의 논리가 로컬 장소의 의미 형성에 개입하며, 전 세계 도시들의 특정 장소들을 새로운 방식으로 연결하고 유사하게 만든다.

✤ 도시 읽기의 예술: 실천적 기호학

도시 기호학은 단순한 이론적 분석을 넘어, 도시 환경을 더 의미 있고 풍요롭게 만들기 위한 실천적 통찰을 제공한다. 좋은 도시 설계는 그 도시만의 고유한 '언어'를 존중하고 발전시키는 작업이다.

장소 정체성 강화를 위한 도시 디자인은 그 장소의 독특한 기호학적 코드 — 역사적 참조, 문화적 상징, 지역적 재료와 형태 — 를 신중하게 고려해야 한다. 바르셀로나의 가우디 건축물이나 리스본의 아줄레주(청색 타일) 장식과 같은 독특한 시각 언어는 도시 정체성의 핵심 기호가 된다.

다문화 사회의 도시 공간은 다양한 기호 체계의 공존과 대화를 가능케 해야 한다. 싱가포르의 차이나타운, 리틀 인디아, 아랍 스트리트와 같은 다민족 지구는 서로 다른 문화적 기호들이 존중받으며 공존하는 모델을 보여준다.

"도시 디자인은 단순한 형태 만들기가 아니라, 의미 있는 대화를 가능케 하는 문법 구축이다."

포용적 공간 설계는 다양한 사용자들이 도시 환경을 '읽고' 이용할 수 있도록 하는 기호학적 접근을 필요로 한다. 유니버설 디자인, 직관적 안내 시스템, 다감각적 정보 제공은 서로 다른 능력과 배경을 가진 사람들이 도시 텍스트에 평등하게 접근할 수 있게 한다.

✚ 의미를 찾아가는 여정: 도시 읽기의 가치

도시 기호학은 우리에게 더 깊고 풍요로운 도시 경험의 가능성을 열어준다. 그것은 도시를 단순한 기능적 환경이 아닌, 세심한 해독과 해석을 기다리는 의미의 복합체로 바라보게 한다.

기호학적 관점은 또한 도시의 다양한 '읽기'가 가능함을 일깨운다. 도시는 단일한 저자에 의해 쓰인 완결된 텍스트가 아니라, 수많은 행위자들에 의해 끊임없이 쓰이고 다시 쓰이는 열린 텍스트이다. 각 세대, 각 집단, 심지어 각 개인은 같은 도시를 다르게 읽고, 그 과정에서 새로운 의미 층위를 더한다.

"도시는 언제나 불완전한 텍스트다. 그것은 끊임없이 새로운 장이 추가되고, 기존 장이 수정되며, 다양한 목소리가 뒤섞이는 집단적 창작물이다."

도시를 텍스트로 읽는 능력을 발전시키는 것은 단순한 지적 훈련이 아니라, 도시 시민으로서의 더 깊은 참여와 주체성을 위한 기반이다. 도시의 언어를 이해함으로써, 우리는 그 언어로 새로운 문장을 구성하고, 나아가 새로운 문법을 제안할 수 있게 된다. 즉, 도시를 더 잘 '읽음'으로써 더 잘 '쓸' 수 있게 되는 것이다.

결국 도시 기호학은 의미를 찾아가는 여정이다. 그것은 무심코 지나쳤던 일상 환경에서 의미의 깊이와 복잡성을 발견하고, 우리 자신과 공동체의 이야기가 새겨진 도시 직물과 더 의식적으로 관계 맺게 한다. 이처럼 도시를 텍스트로 읽어내는 섬세한 능력이야말로, 인간다운 도시, 의미 있는 도시를 만들어가는 첫걸음이 아닐까.

3. 도시와 기억: 돌과 이야기가 만나는 자리

바르셀로나의 고딕 지구를 걷다 보면, 좁은 골목 깊숙한 곳에 로마 시대 성벽의 일부가 현대 건물 속에 조용히 녹아들어 있는 장면을 마주치게 된다. 파리의 마레 지구에서는 귀족의 저택이 현대 갤러리로, 베를린 미테에서는 폭격으로 얼룩진 벽면이 힙스터 카페의 배경으로 남아있다. 여행자의 눈에는 이국적 풍경일 뿐이지만, 이 모든 돌과 벽돌의 조각들은 도시라는 거대한 기억의 저장고에 새겨진 이야기의 파편들이다.

도시는 석재와 철골 위에 세워진 것만큼이나 기억과 내러티브 위에 구축된다. 우리가 무심코 지나치는 낡은 건물, 광장 한가운데 우뚝 선 동상, 특별한 이름이 붙여진 거리 ― 이 모든 것은 물리적 경관을 넘어 '기억의 지형도'를 그려낸다. 도시는 살아있는 집단 기억의 물질적 현시이며, 이 기억이 어떻게 보존되고, 표현되고, 때로는 의도적으로 지워지는가에 관한 탐구는 도시를 이해하는 핵심 열쇠가 된다.

✤ 도시와 집단 기억의 춤

"돌은 말한다." 프랑스의 사회학자 모리스 알바크스가 이 간결한 문장으로 포착한 통찰은 '집단 기억'이라는 개념을 통해 도시를 바라보는 새로운 시각을 열었다. 그에게 기억은 결코 순수하게 개인적인 현상이 아니었다. 그것은 사회적으로 구성되고, 공유되며, 세대를 넘어 전승되는 집단적 작업이었다.

"공간적 이미지는 집단 기억의 안정성에 중요한 역할을 한다"는 알바크스의 주장은 도시 경관이 단순한 배경이 아닌, 기억의 적극적 매개체임을 일깨운다. 로마의 트라스테베레 지구를 거닐 때, 우리는 물리적 공간뿐만 아니라 시간 속에서 산책하고 있는 것이다. 중세 골목길의 패턴, 르네상스 교회의 파사드, 파시스트 시대의 선전문구가 여전히 희미하게 남아있는 벽면 ― 이 모든 것이 도시의 다층적 기억을 구성한다.

이탈리아의 건축 이론가 알도 로시는 이러한 시간적 중첩을 '도시의 건축'이라는 개념으로 포착했다. 그에게 도시는 단순한 건물의 집합체가 아니라 "집단 기억의 로쿠스(locus)", 즉 시간을 통해 축적된 문화적 경험이 결정화된 장소였다. 베네치아 같은 도시에서 특히 선명하게 드러나듯, 도시 형태 자체가 오랜 세월에 걸친 사회적 기억의 물질적 표현이다.

이처럼 도시와 집단 기억은 끊임없는 상호구성의 춤을 춘다. 도시 공간이 기억을 물질화하고 구조화하는 동시에, 그 기억은 다시 도시 공간의 의미와 사용 방식을 형성한다. 이 순환적 과정을 통해, 도시는 단순한 물리적 실체를 넘어 살아있는 문화적 텍스트로 숨쉰다.

✤ 기억의 장소: 웅장한 선언과 속삭이는 일상

자정이 지난 파리의 개선문 앞에 홀로 서서, 그 웅장한 석조 구조물이 전하는 제국의 영광과 전쟁의 기억을 느껴보자. 그리고 다음 날 아침, 마레 지구의 오래된 빵집에서 여러 세대에 걸쳐 전수된 제법으로 만든 크루아상을 맛보며 일상에 스며든 기억을 경험해보자. 두 경험은 완전히 다르지만, 모두 도시가 기억을 간직하는 방식의 일부다.

피에르 노라는 이러한 현상을 '기억의 장소(lieux de mémoire)'라는 개념으로 설명했다. 그에 따르면, 현대 사회에서 자연스러운 기억 환경(밀리외 드 메모와)이 약화되면서, 대신 의도적으로 만들어진 '기억의 장소'가 그 기능을 대체하게 되었다는 것이다.

도시에는 웅장한 국가적 기념물부터 친밀한 일상의 장소까지, 다양한 층위의 '기억의 장소'들이 공존한다. 베를린의 브란덴부르크 문, 모스크바의 승리 공원, 워싱턴 D.C.의 링컨 기념관과 같은 공식적 기념물은 압도적 규모와 영웅적 미학을 통해 국가적 내러티브를 선언한다. 이들은 명백한 교육적, 이데올로기적 의도를 가지고 집단적 정체성을 형성하고 강화하는 장치로 기능한다.

"기념물은 시간 속에서 역사를 정지시키고, 특정한 해석을 돌에 새기는 행위다."

그러나 도시의 기억은 이러한 웅장한 선언에만 의존하지 않는다. 보다 친밀하고 일상적인 장소들 — 오래된 시장, 지역 공원, 세대를 거쳐 운영된 카페, 문화적으로 중요한 거리와 광장 — 또한 중요한 '기억의 장소'로 기능한다. 이들은 공식적 기념물보다 덜 명시적이지만, 실제 시민들의 삶과 더 밀접하게 연결된 기억을 보존한다.

뉴욕의 그리니치 빌리지, 암스테르담의 요르단 지구, 교토의 기온 거리 — 이러한 장소들은 국가 주도의 기념사업이 아닌, 일상적 삶의 리듬과 사회적 관계를 통해 자연스럽게 형성된 기억의 저장소다. 이곳에서 기억은 웅장한 선언이 아닌, 작은 의례, 특별한 음식, 방언, 건축적 디테일 같은 미세한 문화적 실천을 통해 전달된다.

미국의 도시 사학자 돌로레스 하이든은 이러한 일상적 기억의 중요성을 강조하며, 특히 공식적 역사에서 종종 배제되는 여성, 노동자, 소수 민족의 경험이 이러한 일상적 장소에 새겨져 있다고 주장했다. 그들의 이야기는 화려한 기념관이 아닌, 노동자 주거지, 세탁소, 식당, 공장, 시장과 같은 평범한 장소에서 발견된다는 것이다.

✤ 기억의 정치학: 누구의 과거가 미래가 되는가

부에노스아이레스의 5월 광장(Plaza de Mayo)에서는 매주 목요일, 군사 독재 시절 실종된 자녀들의 사진을 든 어머니들이 침묵 행진을 계속한다. 그들의 이 단순하면서도 강력한 의례는 공식적 역사에서 지워질 위험이 있는 기억을 지키는 투쟁이다. 이처럼 도시 기억은 결코 중립적인 과정이 아니라, 치열한 정치적 투쟁의 장이다.

도시에서 무엇이 기억되고, 무엇이 망각되는가? 누구의 이야기가 돌과 청동에 새겨지고, 누구의 이야기는 재개발이라는 이름으로 지워지는가? 어떤 과거가 관광 상품이 되고, 어떤 과거는 불편한 진실로 감춰지는가? 이러한 선택은 결코 무작위적이지 않으며, 권력관계와 이데올로기적 투쟁을 반영한다.

"도시 경관은 권력의 자서전이다. 그것은 승자의 이야기를 말하고, 패자의 침묵을 구현한다."

식민주의 기념물, 인종차별적 동상, 전체주의 체제의 상징물을 둘러싼 현대적 논쟁은 도시 기억의 정치적 본질을 생생하게 보여준다. 2020년 조지 플로이드 사망 이후 미국과 유럽에서 일어난 인종차별적 역사를 담은 동상들에 대한 비판은 도시 기억이 고정되지 않고 끊임없이 재협상된다는 사실을 일깨운다.

소련 붕괴 이후 동유럽 국가들이 공산주의 기념물을 다룬 방식도 주목할 만하다. 폴란드와 리투아니아에서는 많은 소비에트 동상이 완전히 제거된 반면, 헝가리 부다페스트의 '메

멘토 공원'은 그것들을 새로운 맥락에서 재해석하는 장소로 만들었다. 이러한 다양한 접근법은 도시가 어려운 과거와 관계 맺는 복잡한 방식을 보여준다.

도시 계획과 재개발 자체가 기억의 정치학과 깊이 연관된다. 19세기 파리의 오스만화는 중세 도시 구조를 제거하고 새로운 대로와 건물을 건설했는데, 이는 단순한 미관 개선이 아닌, 혁명의 기억이 서린 노동자 지구를 해체하고 새로운 부르주아적 질서를 구축하는 정치적 프로젝트였다.

중국 베이징의 후퉁 철거, 런던 도클랜드의 재개발, 리우데자네이루의 올림픽 준비를 위한 파벨라 정리 — 이러한 도시 변형 과정에서 특정 계층과 집단의 기억은 종종 '진보'와 '근대화'라는 이름 아래 지워진다. 물리적 환경이 사라질 때, 그곳에 새겨진 집단적 기억과 정체성도 위협받는다.

✤ 기억 행동주의: 잊혀짐에 저항하기

리스본의 모우라리아 지구에서 파도 노래를 부르는 노인들, 뉴욕 할렘에서 재즈의 역사를 보존하려는 지역 활동가들, 서울 을지로의 인쇄소와 철공소를 기록하는 청년 예술가들 — 이들은 모두 도시의 공식적 기억에서 배제될 위험이 있는 문화와 역사를 지키기 위한 '기억 행동주의'의 실천자들이다.

도시 재개발이 '기억의 소거'를 수반할 때, 이에 대한 저항으로 다양한 형태의 기억 행동주의가 등장한다. 이는 시민들이 자신들의 경험과 역사를 기록하고 공유함으로써, 공식적 내러티브에 도전하고 대안적 기억을 보존하려는 시도다.

"잊혀지는 것은 두 번 죽는 것이다. 우리는 돌이 아니라 이야기로 기억한다."

구술사 프로젝트, 커뮤니티 아카이브, 대안적 도시 투어, 참여적 매핑, 공공 예술 등은 이러한 기억 행동주의의 형태들이다. 이들은 미셸 푸코가 말한 '대항 기억(counter-memory)' — 지배적 역사 서술에 도전하는 대안적 기억 — 의 실천적 표현이다.

뉴욕 그리니치 빌리지의 스톤월 인(Stonewall Inn)은 이러한 대항 기억이 어떻게 공식적 인정을 받게 되는지 보여주는 흥미로운 사례다. 1969년 성소수자 권리 운동의 중요한 장소였던 이 평범한 바는 오랫동안 공식적 기념 대상이 아니었으나, LGBTQ+ 커뮤니티의 지속적인 노력으로 2016년 미국 국가 기념물로 지정되었다.

대안적 기억 실천의 또 다른 형태는 '임시적 기념(temporary memorialization)'이다. 2010년대 홍콩의 정치적 시위 과정에서 나타난 '레노 월(Lennon Wall)'처럼, 포스트 잇과 그래피티로 가득한 일시적 기억의 장소들은 공식적 기념물의 고정적, 위계적 성격과 대조되는 참여적, 유동적 기억의 가능성을 보여준다.

✤ 트라우마 너머: 도시의 상흔과 치유의 장소

히로시마 평화기념공원의 돔 폐허를 바라보며, 방문객들은 원자폭탄의 파괴적 위력과 평화의 소중함을 동시에 느낀다. 트라우마적 기억을 담은 도시 공간은 단순한 역사적 기록을 넘어, 집단적 애도와 성찰, 그리고 미래를 향한 윤리적 각성의 장소가 된다.

전쟁, 테러, 재난, 집단적 폭력의 장소를 어떻게 기억하고 기념할 것인가? 이는 단순한 미학적 문제가 아니라, 깊은 윤리적, 정치적 함의를 지닌 질문이다. 트라우마적 기억을 담은 장소는 과거의 고통을 인정하는 동시에, 그 경험에서 배움을 얻고 미래를 향해 나아갈 수 있는 가능성을 제공해야 한다.

베를린의 홀로코스트 메모리얼(피터 아이젠만 설계)은 추상적인 콘크리트 스텔레(기둥)의 미로 같은 배열을 통해, 방문객에게 신체적, 정서적으로 압도되는 경험을 제공한다. 이는 홀로코스트의 비극을 직접적으로 재현하기보다, 상실과 방향감의 붕괴에 대한 체험적 은유를 창출한다.

뉴욕의 9/11 메모리얼(마이클 아라드와 피터 워커 설계)은 쌍둥이 빌딩의 발자국에 물이 떨어지는 두 개의 검은 수영장을 배치함으로써, 부재와 상실의 감각을 강렬하게 표현한다. 희생자들의 이름이 새겨진 난간은 개인적 애도와 집단적 기억을 연결한다.

"트라우마적 기억의 기념은 상처를 덮는 것이 아니라, 치유를 위해 그것을 인정하고 대면하는 과정이다."

특히 복잡한 것은 '논쟁적 유산(contested heritage)'의 장소들이다. 남아프리카공화국의 아파르트헤이트 시설, 캄보디아의 킬링필드, 아르헨티나의 비밀 구금 센터 등은 가해자와 피해자, 협력자와 저항자의 기억이 충돌하는 장소다. 이러한 곳들을 기념한다는 것은 단순한 역사적 사실의 진술을 넘어, 복잡한 윤리적 질문과 집단적 책임의 문제를 제기한다.

독일의 기념물 연구자 제임스 영(James Young)은 트라우마적 기억의 기념에서 '반(反)기념물(counter-monument)'의 중요성을 강조했다. 이는 과거를 고정된 내러티브로 봉인하는 전통적 기념물과 달리, 지속적인 질문과 성찰을 촉구하는 열린 형태의 기념이다. 영에 따르면, 좋은 기념물은 완결된 답변이 아니라, 끊임없는 기억 작업의 가능성을 열어두는 것이다.

✤ 디지털 기억: 픽셀로 쓰는 도시 이야기

스마트폰으로 도쿄 시부야 교차로에 서서 증강현실(AR) 앱을 통해 50년 전 같은 장소의 모습을 보거나, 베를린 장벽이 있던 자리를 따라 걸으며 디지털 가이드가 들려주는 개인적 이야기를 듣는 경험 — 이것이 디지털 시대 도시 기억의 새로운 형태다.

디지털 기술은 도시 기억의 수집, 보존, 공유 방식을 혁신석으로 변화시키고 있나. 이는 물리적 공간의 한계를 넘어, 다층적이고 참여적인 도시 기억을 구축할 가능성을 제시한다.

증강현실 기술은 도시의 물리적 공간에 역사적 정보의 새로운 층위를 덧입힌다. 앱을 통해 지금은 없는 건물의 과거 모습을 볼 수 있고, 역사적 사건이 펼쳐진 장소에서 가상의 안내를 받을 수 있다. 이는 도시 기억을 정적인 기념물이나 안내판이 아닌, 상호작용적이고 개인화된 경험으로 전환한다.

디지털 아카이브와 크라우드소싱 플랫폼은 도시 기억의 민주화에 기여한다. 뉴욕시의 '도시 아카이브(Urban Archive)' 앱이나 영국의 '히스토핀(Historypin)' 프로젝트처럼, 시민들이 자신의 사진과 이야기를 지도에 표시함으로써 공식 역사서에는 담기지 않는 일상적, 개인적 기억을 집단적 자원으로 전환할 수 있다.

"디지털 기억은 도시를 다층적 이야기의 직물로 재구성한다. 모두가 저자이자 독자가 되는 집단적 내러티브의 공간으로."

가상현실(VR) 기술은 사라진 도시 경관을 디지털로 복원해 체험할 수 있게 한다. 전쟁이나 재개발로 사라진 건물과 거리, 더 이상 존재하지 않는 문화적 실천을 가상 공간에서 만날 수 있게 됨으로써, 도시의 역사적 층위에 대한 새로운 이해가 가능해진다.

그러나 디지털 기억에는 새로운 도전도 존재한다. 디지털 데이터의 불안정성과 취약성, 기술적 인프라에 대한 의존성, 디지털 접근성의 불평등 등은 이러한 새로운 기억 형태의 한계다. 또한 알고리즘과 플랫폼 설계가 어떤 기억을 가시화하고 어떤 기억을 주변화할지에 미치는 영향도 비판적으로 검토되어야 한다.

아마도 가장 풍요로운 도시 기억의 미래는 물리적 장소의 감각적, 정서적 직접성과 디지털 매체의 유연성, 포용성, 참여적 특성이 결합된 하이브리드 접근일 것이다. 돌과 픽셀, 몸과 데이터, 고정된 장소와 유동적 네트워크의 창조적 긴장 속에서 더 다원적이고 포용적인 도시 기억이 형성될 수 있다.

✤ 기억의 윤리학: 도시를 정의롭게 기억하기

도시를 건설한다는 것은 물리적 구조물을 세우는 것만이 아니라, 특정한 기억과 내러티브를 선택하고 다른 것들은 배제하는 행위다. 따라서 도시 기억은 본질적으로 윤리적 문제를 제기한다. 누구의 이야기가 들려질 자격이 있는가? 어떤 고통이 인정받아야 하는가? 대립되는 기억들 사이에서 정의로운 균형은 무엇인가?

이러한 질문들은 추상적 사유의 영역에만 머물지 않고, 구체적인 도시 실천으로 이어진다. 문화유산 보존 정책, 공공 예술 위원회 결정, 도시 재생 프로젝트, 기념물 및 박물관 건립 등은 모두 도시 기억의 윤리학이 작동하는 영역들이다.

정의로운 도시 기억은 다음과 같은 원칙을 지향할 수 있다:

다원성: 단일한 권위적 내러티브가 아닌, 다양한 목소리와 경험이 도시 기억에 기여할 수 있는 공간을 마련한다. 브뤼셀의 벨쥐크 광장(Place du Jeu de Balle)처럼, 다층적 역사와 다문화적 현재가 공존하는 장소는 이러한 다원성의 좋은 예다.

참여성: 시민들이 도시 기억의 형성과 해석에 적극적으로 참여할 수 있는 기회를 제공한다. 저소득층 어린이들이 자신의 동네 역사를 탐구하고 기록하는 교육 프로그램, 노인들의 구술사를 수집하는 커뮤니티 프로젝트 등은 참여적 기억 실천의 사례다.

비판성: 단순한 기념이나 향수를 넘어, 과거에 대한 비판적 성찰을 장려한다. 베를린의 '실패한 건축물' 투어처럼, 성공 사례만이 아닌 실패와 오류의 역사에서도 배움을 찾는 접근이 필요하다.

개방성: 고정된 해석이 아닌, 다양한 의미 부여와 재해석을 허용하는 열린 기억 공간을 조성한다. 과거와의 관계는 결코 완결된 것이 아니며, 현재의 질문과 미래의 필요에 따라 계속해서 재구성된다.

"기억은 과거를 향한 성찰이 아니라, 현재를 살아가는 방식이자 미래를 상상하는 실천이다."

궁극적으로, 도시와 기억의 관계는 정체성과 미래 가능성에 관한 것이다. 우리가 과거를 어떻게 기억하고 해석하느냐는 현재의 도시를 어떻게 경험하고, 미래의 도시를 어떻게 건설할 것인가에 깊은 영향을 미친다.

도시는 돌과 이야기가 만나는 자리다. 그 만남의 풍요로움과 복잡성, 그리고 윤리적 함의를 이해할 때, 우리는 더 정의롭고 포용적이며 의미 있는 도시 공간을 창출할 수 있을 것이다.

[참/고/문/헌]

1. 아리스토텔레스, 『정치학』, 기원전 4세기.

2. 루이스 멈포드, The City in History: Its Origins, Its Transformations, and Its Prospects, Harcourt, Brace & World, 1961.

3. 데이비드 하비, The Condition of Postmodernity, Blackwell Publishers, 1989.

4. 게오르그 짐멜, 「대도시와 정신적 삶」(Die Großstädte und das Geistesleben), 1903.

5. 앙리 르페브르, The Production of Space, Blackwell Publishing, 1974.

6. 미셸 드 세르토, The Practice of Everyday Life, University of California Press, 1980.

7. 리처드 세넷, The Fall of Public Man, Knopf, 1977.

8. 제인 제이콥스, The Death and Life of Great American Cities, Random House, 1961.

9. 마누엘 카스텔스, The Rise of the Network Society, Blackwell Publishers, 1996.

10. 에드워드 소자, Postmetropolis: Critical Studies of Cities and Regions, Wiley-Blackwell, 2000.

11. 브루노 라투르, Reassembling the Social: An Introduction to Actor-Network-Theory, Oxford University Press, 2005.

12. 에베네저 하워드, 『내일의 전원도시』(Garden Cities of To-morrow), 1898.

13. 고든 차일드(V. Gordon Childe), Man Makes Himself, Watts & Co., 1936.

14. 피에르 부르디외, 『구별짓기』(Distinction: A Social Critique of the Judgement of Taste), Harvard University Press, 1984.

15. 발터 벤야민(Walter Benjamin), 『아케이드 프로젝트』(The Arcades Project), Harvard University Press, 1999.

16. 레베카 솔닛(Rebecca Solnit), Wanderlust: A History of Walking, Viking Penguin, 2000.

17. 얀 겔(Jan Gehl), 『사람을 위한 도시』(Cities for People), Island Press, 2010.

18. 케빈 린치(Kevin Lynch), The Image of the City, MIT Press, 1960.

19. 엘리자베스 윌슨(Elizabeth Wilson), The Sphinx in the City: Urban Life, the Control of Disorder, and Women, University of California Press, 1991.

20. 샤론 주킨(Sharon Zukin), The Cultures of Cities, Blackwell Publishing, 1995.

제2부
도시의 문화적 측면

제5장

✝

시와 예술
- 건축, 디자인, 공공예술 -

1. 도시와 예술: 인간 창조성의 거대한 캔버스

파리의 에펠탑 위에서 도시를 내려다보면, 마치 거대한 회화를 감상하는 듯한 느낌이 든다. 세느강의 부드러운 곡선이 도시를 나비 모양으로 가르고, 오스만의 방사형 대로가 별처럼 뻗어나가며, 역사적 기념물들이 풍경 속에 보석처럼 박혀 있다. 이 장관 앞에서 우리는 문득 깨닫게 된다. 도시는 인류가 만든 가장 위대하고 지속적인 예술 작품이라는 사실을...

석재와 강철, 유리와 콘크리트로 빚어낸 이 거대한 집합적 창조물은 단순한 건물들의 집합체가 아니다. 그것은 인간의 미적 비전과 문화적 가치가 물질적 형태로 결정화된 총체적 예술 표현이다. 거리의 패턴과 건물의 형태, 광장의 배치와 공원의 곡선은 단지 기능적 필요를 충족시키는 데 그치지 않고, 우리의 삶과 꿈, 열망과 두려움을 시각적으로 증언한다.

✣ 시간을 횡단하는 도시 예술의 여정

인류 문명의 새벽부터 도시는 예술적 표현의 중심 무대였다. 메소포타미아의 지구라트와 이집트의 피라미드는 단순한 구조물이 아니었다. 그것은 신과 인간, 천상과 지상의 관계에 대한 우주적 이해를 입체적으로 번역한 형이상학적 선언문이었다.

그리스 아테네의 아크로폴리스에 올라 파르테논 신전을 마주하는 순간을 상상해보자. 도리스 양식의 기둥들이 만들어내는 리듬, 미묘하게 부풀어 오른 엔타시스의 곡선, 주변 풍경과의 완벽한 조화 — 이 모든 요소는 고대 그리스인들의 조화와 비례, 균형에 대한 미

학적 이상을 물질화한다. 파르테논은 단순한 종교 건물이 아니라, 아테네 민주주의와 철학적 세계관의 석조 구현체였다.

"도시는 돌로 쓴 역사책이다." 빅토르 위고의 이 말처럼, 도시 경관의 층위는 시대정신의 시각적 기록이다. 중세 도시의 영적 수직성 — 하늘을 찌르는 고딕 첨탑 — 은 신에 대한 열망과 내세에 대한 관심을 표현했다. 르네상스 피렌체의 두오모와 피아자 델라 시뇨리아는 신학과 인본주의, 종교적 권위와 세속적 권력 사이의 새로운 균형을 공간적으로 구현했다.

바로크 시대의 로마는 연출과 스펙타클의 도시 미학을 완성했다. 베르니니가 설계한 산 피에트로 광장을 걸어보자. 원형 열주가 마치 거대한 팔처럼 방문객을 포용하고, 오벨리스크와 분수가 시각적 초점을 형성하며, 바실리카의 파사드가 웅장한 무대 배경으로 작용한다. 이는 단순한 건축이 아니라, 종교적 경험을 극대화하기 위한 총체적 연출이었다.

"바로크 도시는 권력과 신앙의 연극을 상연하는 거대한 무대였다. 곧은 선보다 곡선을, 정적인 대칭보다 역동적 움직임을, 단일한 시점보다 다중적 관점을 선호한 바로크 미학은 도시 공간을 통해 감각적 황홀경을 창출했다."

✤ 모더니즘과 도시 미학의 혁명

20세기의 도래와 함께 도시 예술은 혁명적 변화를 겪었다. 산업화, 대량 생산, 신기술의 등장은 새로운 미학적 감수성을 요구했다. 시카고의 설리반이 "형태는 기능을 따른다"고 선언하고, 빈의 로스가 "장식은 죄악이다"라고 외쳤을 때, 그것은 단순한 기능주의가 아니라 새로운 시대에 맞는 새로운 미적 언어를 향한 선언이었다.

미스 반 데어 로에의 유리 마천루는 단순히 효율적 사무 공간이 아니었다. 그것은 투명성과 정직성, 기술적 진보에 대한 모더니즘의 낙관적 비전을 시각화한 것이었다. "신은 디테일에 있다"는 그의 유명한 말은 장식의 부재가 미적 공허함이 아니라, 재료와 비례, 정밀함에 대한 새로운 예술적 헌신임을 시사한다.

르 코르뷔지에의 '빛나는 도시(Ville Radieuse)' 계획은 실현되지 않았지만, 그의 비전은 20세기 도시 미학의 중요한 참조점이 되었다. 필로티로 들어올려진 건물, 옥상 정원,

자유로운 평면, 띠창, 자유로운 파사드라는 그의 '새로운 건축의 5원칙'은 단순한 설계 지침이 아니라, 새로운 산업 시대에 맞는 삶의 방식에 대한 미학적 선언이었다.

그러나 1960년대부터 이 모더니즘 비전에 대한 의문이 제기되기 시작했다. 제인 제이콥스는 『미국 대도시의 죽음과 삶』에서 모더니즘 도시 계획의 기하학적 순수성과 기능적 분리가 도시의 활력과 다양성을 죽인다고 비판했다. 그녀가 옹호한 것은 혼합 용도, 오래된 건물의 보존, 적절한 밀도, 작은 블록 — 요컨대, 일상 생활의 풍요로운 질감을 가진 도시 미학이었다.

포스트모더니즘은 이러한 비판을 미학적 반란으로 발전시켰다. "Less is a bore(단순함은 지루하다)"라고 선언한 로버트 벤추리는 복합성, 모순, 역사적 참조, 대중 문화의 수용을 옹호했다. 찰스 무어의 피아자 디탈리아나 필립 존슨의 AT&T 빌딩(현 소니 빌딩)과 같은 포스트모던 건축물은 역사적 요소들을 인용하고 변형하며, 아이러니와 유머를 도입했다.

✤ 도시 계획: 거대한 공간적 작곡

도시 공간의 예술성은 개별 건축물에 국한되지 않는다. 도시 계획 자체가 하나의 거대한 예술적 구성이다. 그것은 마치 대규모 교향곡을 작곡하는 것과 같다. 다양한 요소들이 어떻게 서로 관계 맺고, 어떤 리듬과 패턴을 형성하며, 어떤 감정적 효과를 창출하는가?

파리의 샹젤리제가 콩코르드 광장에서 개선문까지 이어지는 장대한 축을 형성하고, 그 주변으로 방사형 대로가 뻗어나가는 구성을 생각해보자. 이는 단순한 교통 동선이 아니라, 시각적 드라마와 권위의 감각을 창출하는 공간적 안무다. 오스만 남작의 파리 재건은 위생과 군사적 필요성이라는 실용적 목적을 넘어, '빛의 도시'라는 새로운 도시 정체성을 미학적으로 표현한 프로젝트였다.

"도시 계획가는 공간의 시인이다. 그는 거리와 광장, 공원과 건물의 배치를 통해 도시 생활의 시를, 집단적 경험의 서사시를 쓴다."

20세기에 실제로 건설된 계획도시들 — 브라질리아, 찬디가르, 이슬라마바드 — 은 도시 계획의 예술적 야망과 현실적 제약 사이의 긴장을 보여준다. 특히 루시오 코스타와 오스

카 니마이어가 설계한 브라질리아는 하늘에서 볼 때 비행기 형태로 보이는 도시 계획과 순수한 곡선의 공공 건물들을 통해 미래지향적 국가 비전을 표현했다. 그것은 단순한 행정 수도가 아니라, 브라질의 현대화와 진보에 대한 공간적 선언이었다.

❖ 일상의 캔버스: 공공예술과 임시적 개입

현대 도시에서는 거대한 건축 프로젝트나 도시 계획만이 아니라, 보다 친밀하고 일시적인 예술적 개입이 도시 경험의 중요한 차원을 형성한다. 시카고의 밀레니엄 파크에 있는 아니쉬 카푸어의 '클라우드 게이트'(일명 '콩')를 생각해보자. 이 거대한 액체 수은 방울 같은 조각은 도시 스카이라인과 방문객들의 모습을 왜곡되게 반사하며, 도시 공간에 유희적 요소와 시적 순간을 도입한다.

올라퍼 엘리아슨의 '뉴욕시 폭포' 프로젝트는 도시의 다리와 부두에 인공 폭포를 설치하여, 일상적 도시 경관을 일시적으로 변형했다. 이러한 작업은 친숙한 환경을 낯설게 만들어(defamiliarization) 도시에 대한 새로운 인식을 촉발한다. 크리스토와 잔-클로드가 베를린의 라이히스탁이나 파리의 퐁네프 다리를 포장한 작업 역시 일상적 도시 요소를 새롭게 보게 만드는 미학적 전략이었다.

"일시적 도시 예술은 도시의 영구적 기념비성에 대한 시적 반론이다. 그것은 도시 경험이 고정된 것이 아니라 끊임없이 변화하는 것임을 상기시킨다."

그래피티와 거리 예술은 제도권 밖에서 발생한 도시 표현 형식으로, 공식적 도시 미학에 대한 대안적 목소리를 제시한다. 뱅크시의 스텐실 작업이나 JR의 대형 인물 사진 설치는 도시 표면을 정치적 주장과 사회적 비판, 시적 개입의 캔버스로 전환한다. 뉴욕의 초기 그래피티 아티스트들이 지하철 차량을 이동하는 갤러리로 변모시켰듯이, 이러한 표현들은 도시의 공식적 미학적 질서에 도전하고 대안적 시각 언어를 발전시킨다.

'전술적 도시주의'나 'DIY 도시주의'와 같은 접근은 시민들이 직접 도시 공간을 창의적으로 변형하고 재활용하는 움직임을 포괄한다. 주차 공간을 임시 공원으로 바꾸는 '파크렛', 버려진 공간을 커뮤니티 정원으로 전환하는 '게릴라 가드닝', 일시적인 놀이 공간을 만드는

'플레이 스트리트' 등은 도시 환경에 대한 상향식(bottom-up) 예술적 개입의 형태다. 이는 도시를 전문가만의 영역이 아닌, 모든 시민이 참여하는 집단적 창조의 장으로 재개념화한다.

✛ 디지털 시대의 유동적 도시 미학

21세기에 접어들어 디지털 기술은 도시 예술의 새로운 차원을 열었다. 도시는 더 이상 고정된 물질적 실체만이 아니라, 데이터와 이미지, 빛과 소리가 중첩된 다층적 환경이 되어가고 있다.

미디어 파사드와 프로젝션 매핑은 건물 표면을 동적인 캔버스로 변모시킨다. 홍콩의 '심포니 오브 라이츠' 쇼는 40여 개 건물이 음악에 맞춰 빛과 색의 패턴을 연출하며 도시 스카이라인 전체를 하나의 거대한 시청각적 작품으로 변형한다. 이는 건축이 더 이상 고정된 형태가 아니라, 시간에 따라 변화하는 유동적 미디어가 될 수 있음을 보여준다.

증강현실(AR) 기술은 물리적 도시 공간에 가상의 예술적 층위를 중첩시킨다. 스마트폰이나 AR 글래스를 통해 볼 수 있는 가상 조각, 역사적 재구성, 인터랙티브 내러티브는 도시 경험을 다차원적으로 확장한다. 2017년 뉴욕의 'Unmoored' 프로젝트는 증강현실을 통해 기후변화로 물에 잠긴 타임스퀘어의 모습을 시각화했다. 이러한 작업은 물리적 도시와 가상 이미지의 경계를 흐리며, 도시를 레이어드 리얼리티(layered reality)로 재해석한다.

"디지털 시대의 도시는 물질과 정보, 현실과 가상이 교차하는 하이브리드 공간이다. 이는 도시 예술의 새로운 문법과 미학적 가능성을 요구한다."

인터랙티브 설치물과 반응형 환경은 시민들이 도시 공간과 동적으로 상호작용할 수 있게 한다. 라파엘 로자노-헤머의 '펄스 시리즈'는 참여자의 심장 박동을 빛과 소리로 변환하여 공공 공간에 표현하며, 댄 로즈가드의 '스마트 하이웨이'와 '댄싱 라이트'는 환경 조건과 인간 활동에 반응하는 인터랙티브 도시 인프라를 구현한다. 이러한 작업은 시민을 단순한 관람자가 아닌, 도시 미학의 공동 창작자로 위치시킨다.

✤ 사회정치적 무대로서의 도시 예술

도시 공간의 예술적 표현은 결코 중립적이지 않다. 그것은 필연적으로 권력 관계와 사회적 가치, 정치적 비전을 반영하고 표현한다. 앙리 르페브르가 지적했듯이, "도시는 사회적으로 생산된 공간"이며, 도시 형태는 특정 사회의 이데올로기적 구조를 물질화한다.

베를린의 '홀로코스트 메모리얼(Holocaust Memorial)'을 생각해보자. 피터 아이젠만이 설계한 이 추상적 기념물은 2,711개의 콘크리트 블록이 미묘하게 높이가 다른 물결 모양으로 배치되어 있다. 방문객들은 이 거대한 미로 같은 공간을 걸으며 점차 깊이 가라앉고, 방향감을 상실하고, 불안과 고립을 경험한다. 이는 단순한 기념물이 아니라, 홀로코스트의 비극적 역사를 체화된 경험으로 변환하는 예술적 장치다.

"기념물은 집단 기억의 물질적 구현이다. 그것이 어떤 형태를 취하느냐는 사회가 자신의 과거를 어떻게 이해하고 미래를 어떻게 상상하는지에 대한 시각적 선언이다."

도시 재생 과정에서 예술은 복합적 역할을 한다. 빌바오 구겐하임 미술관이나 테이트 모던과 같은 랜드마크 문화 시설은 탈산업 도시의 경제적 재활성화와 이미지 변화에 기여했다. 그러나 이러한 '문화 주도 재생'은 종종 젠트리피케이션과 문화적 동질화를 촉진하는 양면성을 지닌다. 스페인 출신의 건축가 안드레스 자에라는 이를 "빌바오 효과"라고 명명하며, 문화 시설이 어떻게 도시의 글로벌 자본 흐름 속 위치를 재조정하는 전략적 도구가 되는지 분석했다.

그래피티와 거리 예술, 게릴라 설치, 퍼포먼스 등 비공식적 도시 예술 형태는 종종 저항과 대안적 표현의 공간을 창출한다. 2011년 '점거 월스트리트' 운동 기간 동안 뉴욕 주코티 공원에 설치된 임시 구조물과 예술 작업들은 경제적 불평등에 대한 비판과 대안적 공동체 비전을 시각화했다. 이러한 실천은 앙리 르페브르가 주창한 '도시에 대한 권리(right to the city)'를 미학적으로 주장하며, 누가 도시 공간의 모습을 결정할 권한을 갖는가에 대한 질문을 제기한다.

❖ 도시 예술의 존재론적 의미: 살아있는 장소 만들기

궁극적으로 도시 공간의 예술적 표현은 인간의 존재론적 조건과 깊이 연관된다. 마르틴 하이데거가 「건축, 거주, 사유」에서 지적했듯이, 건축과 도시 계획은 단순히 공간을 채우는 것이 아니라 거주의 본질적 의미를 드러내는 행위다. 도시 예술은 우리가 세계 속에서 어떻게 존재하고, 관계 맺고, 의미를 찾는지에 깊은 영향을 미친다.

핀란드 건축가 유하니 팔라스마는 『피부의 눈』에서 의미 있는 건축 경험이 시각적 감각을 넘어 전체 신체와 실존적 경험에 호소해야 함을 강조했다. 그에 따르면, 진정한 도시 예술은 "세계 내 우리의 존재 감각을 강화"하고 "존재의 경험을 심화"시킨다. 바르셀로나의 좁은 구시가지 골목길을 걷거나, 베니스의 작은 광장(캄포)에 앉아 있거나, 교토의 료안지 정원을 바라볼 때 우리가 느끼는 깊은 공감각적 경험은 단순한 미적 즐거움을 넘어 존재론적 의미를 지닌다.

"도시 예술의 가장 깊은 목적은 장소 만들기(place-making)다. 추상적 공간을 의미와 감각적 풍요로움이 가득한 살아있는 장소로 변형하는 것."

현대 도시학자들은 이러한 통찰을 바탕으로 도시 미학의 민주화를 주장한다. 단순히 전문가에 의해 결정되는 하향식 미적 판단이 아닌, 다양한 사회적 주체들이 참여하는 포용적 도시 미학을 향한 움직임이 활발해지고 있다. 이는 도시를 완성된 예술 작품이 아닌, 끊임없이 재해석되고 재구성되는 개방적 텍스트로 이해하는 패러다임의 전환을 의미한다.

브라질의 도시 이론가 엘렌 리안파(Ellen Liana)는 "예술로서의 도시는 결코 완성되지 않는다"고 지적한다. "그것은 끊임없는 대화와 협상, 개입과 저항, 기억과 상상이 교차하는 열린 과정이다. 도시 예술의 진정한 아름다움은 그 완결성이 아니라, 끊임없는 변형과 재창조의 가능성에 있다."

이러한 관점에서, 도시 예술의 가장 중요한 측면은 형식적 아름다움이나 기술적 혁신이 아니라, 인간 경험의 의미와 가치를 풍요롭게 하는 능력이다. 도시 공간의 예술적 표현은 일상적 환경을 단순한 기능적 배경에서 의미와 감각적 풍요로움이 가득한 생활 세계

(Lebenswelt)로 변형시킨다. 이런 의미에서 도시 예술은 단순한 장식이나 사치가 아니라, 풍요로운 인간 경험과 공동체적 정체성을 위한 필수적 토대다.

도시는 인류의 가장 복합적이고 지속적인 예술 작품으로 남아있다. 그것은 돌과 강철로 쓰인 인류의 집단적 자서전이자, 미래를 향한 끊임없는 창조적 선언이다. 우리가 살아가는 이 거대한 예술 작품의 공동 창작자로서, 우리는 도시의 미학적 질을 향상시키고, 더 의미 있고 아름다운 도시 환경을 만들어갈 책임과 가능성을 함께 지니고 있다.

2. 도시 디자인과 공공 공간: 일상의 시학

서울 광화문 광장에 발을 들이는 순간, 당신은 이미 무수한 디자인 결정들 속을 걷고 있다. 바닥의 화강석 패턴, 분수대의 위치, 벤치의 재질과 각도, 가로등의 높이, 심지어 그 공간에 심어진 나무의 종류까지 — 이 모든 요소들은 당신의 경험을 조용히, 그러나 결정적으로 형성한다. 도시 디자인은 우리가 숨쉬는 공기처럼 편재하지만, 공기처럼 대개 인식되지 않는다. 그것은 일상의 배경으로 존재하면서, 우리의 만남과 이별, 기쁨과 슬픔, 투쟁과 축하의 무대가 된다.

✤ 미시적 일상: 도시의 감추어진 문법

도시는 자주 화려한 마천루나 기념비적 건물로 정의되지만, 우리의 일상 경험은 훨씬 더 미세한 요소들에 의해 형성된다. 보도 블록의 패턴, 거리 벤치의 곡선, 가로등의 색온도, 심지어 맨홀 뚜껑의 디자인까지 — 이러한 '도시의 문장부호들'이 우리의 신체적, 심리적 경험을 은밀하게 구성한다.

미국의 날카로운 도시 관찰자 윌리엄 H. 화이트는 뉴욕의 공공 광장들을 세밀하게 관찰하며 놀라운 발견을 했다. 그가 붙여놓은 카메라는 도시인들이 어디에 앉고, 어디서 대화하며, 어디서 멈추는지를 기록했다. 이 기록은 도시 생활의 무용(舞踊)에 숨겨진 안무를 드러냈다. 사람들은 직사각형 광장의 모서리보다 유동적 경계를 선호했고, 고정된 벤치보다 이동 가능한 의자에 더 끌렸으며, 그늘과 햇빛이 교차하는 미세한 전이 공간을 본능적으로 찾아냈다.

"공공 공간은 거대한 사회적 실험실이며, 우리의 행동을 관찰하면 도시의 숨겨진 문법이 드러난다."

일본의 정교하게 디자인된 맨홀 뚜껑들은 이러한 미시적 도시 디자인의 시적 가능성을 보여준다. 각 지역의 역사, 자연, 문화를 담은 이 '길 위의 갤러리'는 가장 평범하고 기능적인 요소조차 문화적 표현의 매체가 될 수 있음을 증명한다. 코펜하겐의 인체공학적 거리 벤치나 바르셀로나의 우아한 가로등 역시 도시의 일상적 문장들에 미적 운율을 부여한다.

덴마크의 건축가 얀 겔은 『인간을 위한 도시』에서 "5km/h 도시"와 "60km/h 도시"의 근본적 차이를 논했다. 보행 속도로 경험하는 도시는 풍부한 감각적 디테일, 미세한 질감, 소리와 냄새의 층위를 포함한다. 반면 자동차 속도로 경험하는 도시는 크고 단순한 형태와 대담한 제스처만을 인식할 수 있다. 겔의 인간 중심 디자인은 이 감각적 풍요로움, "인간 눈높이에서의 디자인"을 회복하고자 한다.

이러한 세부사항에 대한 관심은 단순한 장식적 접근이 아니다. 그것은 인간 경험의 본질적 차원을 인식하는 깊은 인본주의에 뿌리를 둔다. 우리는 추상적 공간이 아닌, 구체적 장소에서 살아간다. 그리고 이 장소는 신체적 접촉, 감각적 인식, 정서적 반응의 복합체로 경험된다.

❖ 공론장과 민주적 디자인: 차이의 안무

독일 철학자 위르겐 하버마스의 '공론장' 개념은 현대 도시 디자인의 핵심 이상이 되었다. 공공 공간은 단순한 물리적 영역이 아니라, 시민들이 만나 대화하고, 토론하며, 때로는 충돌하는 민주적 무대다. 그것은 개인적 영역도, 상업적 영역도, 국가적 영역도 아닌, 공유된 시민적 영역으로 존재한다.

리처드 세넷은 이러한 공간을 '접촉 구역'으로 개념화했다. 그에게 성공적인 공공 공간은 동질적 집단이 편안하게 머무는 곳이 아니라, 서로 다른 배경과 관점을 가진 사람들이 만나고 교류하는 곳이다. 이는 단순한 공존을 넘어 '시민성' — 낯선 이들과의 의미 있는 상호작용 능력 — 을 배양하는 사회적 학습의 장이다.

"도시의 위대함은 그 다양성에 있다. 공공 공간은 이 다양성이 서로 마주치고, 충돌하고, 결국 화해하는 무대다."

성공적인 공공 공간은 다양한 사회적 안무를 가능케 한다. 프로젝트 포 퍼블릭 스페이스 (PPS)가 제안한 네 가지 핵심 기준 — 접근성과 연결성, 편안함과 이미지, 용도와 활동, 사회성 — 은 이러한 복합적 요구를 포착한다.

뉴욕의 브라이언트 파크는 이 원칙의 생생한 구현이다. 한때 범죄와 약물 거래의 온상이었던 이 공원은 이동 가능한 의자, 야외 도서관, 다양한 식음료 옵션, 계절별 프로그램(영화 상영부터 스케이트 링크까지)을 통해 활기찬 도시 오아시스로 변모했다. 이 변화의 핵심은 물리적 디자인 개선만이 아니라, 공간이 다양한 연령, 계층, 인종, 활동을 포용할 수 있도록 하는 세심한 "사회적 디자인"이었다.

볼티모어의 도시계획가 프레드 켄트가 말했듯이, "좋은 공공 공간을 만드는 데는 디자인의 10%와 관리의 90%가 필요하다." 이는 물리적 환경 자체보다, 그 공간을 어떻게 활성화하고, 접근 가능하게 하며, 다양한 필요에 반응하도록 만드는지가 더 중요하다는 깊은 통찰을 담고 있다.

✤ 기억의 지층: 창조적 재해석과 도시 재생

현대 도시는 백지 위에 그려지지 않는다. 그것은 역사의 지층 위에, 때로는 그 지층을 파헤치며 건설된다. 산업 유산의 창조적 재해석은 이 시대 도시 디자인의 가장 흥미로운 영역 중 하나다.

뉴욕의 하이라인은 폐선된 고가 화물 철도를 선형 공원으로 변모시킨 프로젝트다. 설계자들은 철거나 단순 보존이 아닌, 제3의 길을 선택했다. 그들은 철도의 직선적 궤적과 산업적 거친 질감을 존중하면서도, 정교한 식재, 다양한 휴식 공간, 예술적 개입을 통해 새로운 도시 경험을 창출했다. 이는 과거를 지우지 않으면서도 현재의 필요에 대응하는 '창조적 보존'의 사례다.

"도시 재생은 과거와의 대화다. 그것은 역사를 지우는 것이 아니라, 역사와 새로운 관계를 맺는 것이다."

서울의 청계천 복원 프로젝트는 또 다른 중요한 사례다. 1960~70년대 산업화 과정에서 복개되고 고가도로로 덮였던 하천을 다시 드러낸 이 프로젝트는 도시 환경의 자연적 요소와 인공적 요소 간의 새로운 균형을 모색했다. 복원된 청계천은 생태계를 되살리는 동시에, 서울 시민들에게 중요한 여가 공간과 역사적 연속성의 감각을 제공한다.

이러한 프로젝트들은 단순한 미화 작업이 아니라, 도시의 기억과 정체성을 재구성하는 문화적 작업이다. 독일 루르 지역의 엠셔 파크 프로젝트는 폐광산과 제철소 등 산업 유산을 문화적, 생태적, 교육적 목적으로 재활용함으로써, 탈산업 시대 도시의 새로운 정체성을 구축했다. 과거의 상처는 지워지지 않았지만, 새로운 의미의 맥락 속에 재배치되었다.

✤ 시간의 화폭: 도시 공간의 다층적 시간성

도시는 동결된 조각이 아니라, 끊임없이 변화하는 시간적 존재다. 도시 디자이너 케빈 린치는 『시간의 이미지』에서 도시 환경의 시간적 차원을 탐구했다. 그에 따르면, 성공적인 도시 공간은 과거, 현재, 미래의 다양한 시간적 층위를 포함해야 한다. 이러한 '시간적 콜라주'는 도시 경험에 깊이와 복잡성을 더하며, 시민들에게 역사적 연속성과 변화의 감각을 제공한다.

바르셀로나의 보르기 고티크는 로마 시대 성벽, 중세 성당, 르네상스 저택, 현대적 카페와 상점이 중첩된 복합적 시간 경관을 보여준다. 베를린의 포츠담 광장은 전쟁 이전의 번화했던 모습, 전후 무인지대로서의 상태, 베를린 장벽 시기의 분단, 그리고 통일 이후의 야심 찬 재개발이라는 다양한 시간적 층위를 내포한다.

"도시는 시간을 돌로 쓴 책이다. 그 페이지들은 결코 완전히 지워지지 않고, 새로운 문장들과 함께 공존한다."

이러한 복합적 시간성은 단순한 보존의 차원을 넘어, 도시의 다중적 정체성과 역사적 깊이를 인정하는 관점이다. 성공적인 도시 디자인은 역사적 패브릭을 존중하면서도, 현재와 미래의 필요에 유연하게 대응할 수 있는 열린 태도를 필요로 한다.

✤ 기후 변화 시대의 도시 디자인: 생태적 회복탄력성

인류세의 도시 디자인은 지속가능성과 회복탄력성이라는 불가피한 도전에 직면해 있다. 기후 변화, 자원 고갈, 생물다양성 감소는 도시 환경에 대한 근본적 재고를 요구한다.

덴마크 코펜하겐의 타싱 광장은 홍수 방지 기능을 갖춘 다목적 공공 공간이다. 평상시에는 사람들이 모이고 놀 수 있는 장소로 기능하다가, 폭우 시에는 빗물을 저장하는 저류지 역할을 한다. 이처럼 기능적 인프라와 공공 공간을 통합하는 '그린 인프라스트럭처'는 기후 변화 시대의 새로운 도시 디자인 패러다임을 보여준다.

중국의 '스폰지 시티' 이니셔티브는 도시가 빗물을 흡수, 저장, 정화, 방출하는 자연적 과정을 모방하도록 설계한다. 투수성 포장, 빗물 정원, 옥상 정원, 생물학적 저류지 등을 조합하여, 도시를 더 탄력적인 생태계로 변화시키는 것을 목표로 한다.

"자연은 더 이상 도시의 대립항이 아니라, 도시 디자인의 스승이자 파트너가 되어야 한다."

'생물친화적 도시 디자인'은 인간과 자연의 본질적 연결성을 강조하는 접근이다. 싱가포르의 가든스 바이 더 베이나 밀라노의 보스코 베르티칼레(수직 숲)와 같은 프로젝트는 도시 환경에 자연 요소를 통합함으로써, 생태적 다양성을 높이고 거주자들의 웰빙을 증진한다.

이러한 생태적 접근들은 도시 디자인의 기능적 미학을 재정의한다. 지속가능성은 더 이상 부가적 고려사항이 아니라, 도시 공간의 핵심적 디자인 원칙이 되고 있다. 이는 도시를 환경에 대한 부담이 아닌, 생태적 재생의 촉매로 재개념화하는 중요한 패러다임 전환이다.

✤ 디지털 아고라: 스마트 기술과 공공 공간

디지털 기술의 발전은 도시 디자인의 새로운 차원을 열었다. 물리적 환경과 정보 네트워크의 융합은 '스마트 시티' 담론 속에서 공공 공간에 대한 새로운 가능성과 도전을 제시한다.

인터랙티브 도시 가구, 반응형 조명 시스템, 실시간 정보 디스플레이, 공공 와이파이는 물리적 환경과 디지털 층위를 통합하는 시도다. 런던의 스마트 벤치는 태양광 충전, USB

충전 포트, 환경 센서, 와이파이 제공 등의 기능을 갖추고 있으며, 코펜하겐의 코펜하겐 커넥팅 이니셔티브는 도시 전체에 센서 네트워크를 구축하여 교통, 폐기물 관리, 에너지 사용을 최적화하고자 한다.

그러나 이러한 디지털 통합은 양날의 검이다. 토론토의 사이드워크 랩스 프로젝트는 구글의 자회사가 제안한 스마트 네이버후드 개발안이었으나, 데이터 수집과 거버넌스에 관한 시민 사회의 우려로 인해 취소되었다. 이는 기술이 공공 공간에 도입될 때, 그것이 단순한 효율성 증진이 아닌, 근본적인 민주적, 윤리적 질문을 수반함을 보여준다.

"디지털 시대의 도시 디자인은 기술이 어떻게 시민권과 공공 영역을 강화할 수 있는지에 대한 질문에서 시작해야 한다."

기술 비평가 아담 그린필드는 스마트 시티 비전의 기술결정론적 한계를 비판하며, 기술이 통제와 효율성만이 아니라 시민 참여와 창의적 표현을 촉진하는 방향으로 설계되어야 한다고 주장한다. 궁극적으로 중요한 것은 기술 자체가 아니라, 그것이 어떤 사회적 가치와 민주적 비전을 구현하는가 하는 점이다.

✤ 협력적 도시 만들기: 참여적 디자인의 힘

참여적 도시 디자인은 전문가 중심의 하향식 접근에서 벗어나, 다양한 이해관계자들이 디자인 과정에 직접 관여하는 상향식 방법론을 강조한다. 제인 제이콥스가 이미 1960년대에 주장했듯이, 도시 공간의 실제 사용자들은 그 공간에 대한 깊은 지식과 애착을 가지고 있다.

참여적 디자인은 단순한 의견 수렴을 넘어, 시민들이 문제 정의, 아이디어 생성, 의사결정, 실행에 이르는 전 과정에 주체적으로 참여하는 것을 의미한다. 멕시코 시티의 바리오 디지털 프로젝트는 지역 주민들이 증강현실 기술을 활용해 자신들의 근린환경을 재구상하고 디자인하는 과정에 참여하도록 했다. 뉴욕의 596 에이커스 이니셔티브는 시민들이 도시 내 유휴 공유지를 확인하고 공동체 정원이나 공원으로 전환하는 것을 지원한다.

"도시는 전문가들이 디자인하고 시민들이 사용하는 제품이 아니라, 모든 시민이 공동 창작자로 참여하는 열린 과정이다."

이러한 참여적 접근은 전문적 지식과 일상적 경험, 하향식 계획과 상향식 실천 사이의 생산적 대화를 촉진한다. 현대 도시 디자인은 이러한 '일상의 전문성'을 존중하고 활용함으로써, 더 포용적이고 반응적인 공공 공간을 창출하고자 한다.

✤ 권력과 저항: 공공 공간의 정치학

공공 공간의 정치적 차원은 도시 디자인의 중요한 측면이다. 누구의 역사가 기념되고, 어떤 행위가 허용되며, 어떤 미학이 채택되는지는 궁극적으로 권력 관계와 연결된다.

이집트 카이로의 타흐리르 광장, 우크라이나 키예프의 마이단 광장, 한국의 광화문 광장은 시민 저항과 민주적 변화의 상징적 공간으로 기능했다. 이러한 공간들은 단순한 물리적 환경을 넘어, 집단적 정체성과 정치적 주체성이 형성되고 표현되는 장이다.

"광장은 민주주의의 무대다. 그곳에서 시민들은 자신의 목소리를 찾고, 집단적 힘을 경험한다."

공공 기념물과 상징물은 특히 논쟁적일 수 있다. 미국과 유럽에서 노예제와 식민주의를 지지한 역사적 인물들의 동상을 둘러싼 최근의 논쟁은 공공 공간에 새겨진 기억의 정치학을 드러낸다. 누구의 역사가 기념되고, 누구의 역사가 지워지는가? 이는 단순한 미학적 결정이 아닌, 근본적인 가치와 권력에 관한 문제다.

더불어, 일견 중립적으로 보이는 디자인 결정들도 심오한 정치적 함의를 가질 수 있다. 마이크 데이비스는 『요새 LA』에서 로스앤젤레스의 벤치 디자인, 스프링클러 시스템, 보안 조치 등이 어떻게 홈리스와 가난한 사람들을 공공 공간에서 배제하는 '적대적 건축'으로 기능하는지 분석했다.

이러한 인식은 도시 디자인이 단순한 기술적 문제가 아닌, 깊은 윤리적 · 정치적 함의를 지닌 실천임을 상기시킨다. 진정으로 포용적인 공공 공간을 위한 디자인은 다양한 사회 집단의 필요와 권리를 인식하고, 배제와 억압의 메커니즘에 저항하는 비판적 의식을 필요로 한다.

❖ 일상의 시학: 인간을 위한 도시 디자인

궁극적으로 도시 디자인과 공공 공간의 본질은 인간 경험의 질적 차원에 있다. 기능성과 효율성은 중요하지만, 그것만으로는 충분하지 않다. 얀 겔이 자신의 오랜 관찰 끝에 도달한 결론은 단순하면서도 심오하다: "도시를 좋게 만드는 것은 사람들이 그곳에서 더 오래 머물고 싶어하는 것이다."

성공적인 도시 디자인은 감각적 풍요로움, 역사적 의미, 사회적 연결, 생태적 통합, 그리고 개인적 표현의 기회를 제공한다. 그것은 도시를 단순한 생존과 소비의 장소가 아닌, 인간 번영의 환경으로 만드는 것을 목표로 한다.

"가장 좋은 도시 디자인은 마치 좋은 시처럼, 우리의 일상을 낯설게 만들어 그 가치를 다시 보게 한다."

역설적이게도, 가장 성공적인 도시 디자인은 종종 눈에 띄지 않는다. 그것은 마치 훌륭한 호스트처럼 자신을 드러내지 않으면서도 풍요로운 경험을 가능하게 한다. 이러한 '비가시적 디자인'의 미학은 공간이 단순히 감상의 대상이 아닌, 삶의 배경으로서 기능할 때 비로소 완성된다.

궁극적으로 도시 디자인과 공공 공간은 일상과 예술, 기능과 의미, 개인과 공동체 사이의 경계를 허물며, 인간 존재의 본질적 사회성을 공간적으로 표현한다. 그것은 단순한 물리적 환경 조성을 넘어, 공유된 가치와 집단적 기억, 공동의 미래를 구체화하는 문화적 실천이다.

도시가 어떻게 디자인되는가는 우리가 어떻게 살아가는가에 대한 근본적인 질문이다. 공공 공간의 질은, 따라서, 단순한 미학적 문제가 아니라 문명의 척도다.

3. 공공예술과 도시 경관: 거리의 시학, 공간의 정치학

시카고의 밀레니엄 파크에 서서 '클라우드 게이트' — 일명 '콩' — 의 은빛 표면에 비친 자신의 모습을 바라본다고 상상해보자. 당신의 이미지는 도시의 스카이라인과 함께 왜곡되고, 변형되고, 새롭게 재구성된다. 이 순간, 당신은 단순한 조각품을 감상하는 것이 아니

라, 도시와 예술, 그리고 자아가 만나는 복합적 경험의 주인공이 된다. 공공예술은 이처럼 미술관의 흰 벽을 뚫고 나와, 도시 전체를 하나의 살아있는 갤러리로 변모시킨다.

✤ 거울 속의 도시: 정체성의 시각적 내러티브

도시들은 자신만의 얼굴을 갖는다. 그리고 이 얼굴을 형성하는 데 공공예술은 결정적 역할을 한다. 스페인 바르셀로나의 거리를 걷는다는 것은 안토니 가우디의 유기적 상상력 속을 산책하는 것이다. 사그라다 파밀리아의 뾰족탑과 구엘 공원의 모자이크 도마뱀은 단순한 건축물이나 장식이 아니라, 카탈루냐의 꿈과 열망이 결정화된 시각적 시이다.

"도시는 돌과 철로 쓰인 시이며, 공공예술은 그 운율과 은유를 담당한다."

시드니의 실루엣에서 오페라 하우스의 조개껍질 같은 지붕을 떼어낼 수 있을까? 리우데자네이루에서 산봉우리 위 그리스도 상의 벌려진 팔을 상상하지 않고 그 도시를 떠올릴 수 있을까? 이러한 예술적 랜드마크들은 도시의 집단적 자화상이 되어, 그곳에 사는 사람들뿐 아니라 전 세계가 그 도시를 인식하는 시각적 코드로 기능한다.

시카고의 '콩'은 완공 이후 도시의 새로운 상징이 되었다. 아니쉬 카푸어가 설계한 이 유선형 조각은 방문객들을 자석처럼 끌어당겨 자신의 왜곡된 반영과 도시 스카이라인을 동시에 감상하게 한다. 이는 단순한 관광 명소가 아니라 공동체적 경험의 촉매제로, 도시와 시민, 하늘을 연결하는 반사적 인터페이스로 작용한다.

✤ 기념의 변주: 영웅 동상에서 질문하는 빈자리로

청동 장군이 말 위에 앉아 검을 치켜든 모습 — 이것이 우리가 오랫동안 공공예술에 기대했던 전형적 이미지였다. 공공 조각은 주로 승리의 역사를 기념하고, 국가적 영웅을 찬양하며, 지배 이데올로기를 강화하는 기능을 수행했다.

19세기 파리 오스만화 과정에서 세워진 기념물들이나, 식민지 도시들의 광장에 우뚝 서있던 제국의 지배자 동상들은 이러한 전통을 대표한다. 그러나 20세기 후반, 공공예술은 이러한 기념비적 패러다임에 근본적 질문을 던지기 시작했다. 1981년, 젊은 건축가 마야 린이 설계한 '베트남 참전용사 기념비'는 이러한 전환의 결정적 순간이었다. 전통적 영웅주의를 거부한 이 작품은 검은 화강암 벽에 전사자 이름만을 새기는 최소주의적 접근을 택했다. 처음에는 논란을 불러일으켰지만, 결국 이 작품은 상실과 애도에 초점을 맞춘 새로운 기념 방식의 모델이 되었다.

"과거의 기념물이 '이것을 기억하라'고 명령했다면, 현대의 기념물은 '어떻게 기억할 것인가?'라고 질문한다."

독일은 이러한 비판적 기념의 가장 흥미로운 실험장이 되었다. 요헨 게르츠와 에스더 샬레프-게르츠의 '함부르크 반파시즘 기념물'은 점차 지하로 가라앉도록 설계되어, 결국에는 완전히 사라지고 오직 기억 속에만 존재하게 되었다. 이는 기념물이 시민들을 기억의 의무로부터 해방시키는 대신, 적극적인 기억 활동을 촉진해야 한다는 급진적 인식을 반영한다.

제임스 영이 지적했듯이, 이러한 '반(反)기념물'은 "기억을 설명하는 것이 아니라 질문하는" 방식을 추구한다. 단일한 공식 역사를 강화하기보다, 다양한 해석과 대화의 가능성을 열어두는 것이다. 이처럼 현대 공공예술은 과거와의 복합적인 관계 속에서, 단순한 기념을 넘어 역사적 성찰의 공간을 창출한다.

✛ 거리가 말하기 시작할 때: 사회적 담론의 캔버스

도시 공간에서 예술은 단순한 미적 즐거움을 넘어, 사회적·정치적 대화의 매개체로 작용한다. 거리의 벽면, 광장의 바닥, 다리의 기둥 — 이 모든 도시 표면들은 집단적 목소리가 울려 퍼지는 열린 캔버스가 될 수 있다.

거리 예술가 뱅크시의 스텐실 작업들은 도시의 일상 풍경 속에 갑작스러운 시적, 정치적 개입을 만들어낸다. 소비주의, 감시 사회, 전쟁, 불평등에 대한 그의 풍자적 이미지들은 지나가는 사람들에게 일상적 현실에 대한 새로운 시각을 제공한다. 제도권 밖에서 작동하는 이러한 예술은 공식적 문화 담론에 포함되지 않는 목소리와 관점을 도시 공간에 기입한다.

"벽은 언제나 혁명의 인쇄기였다."

중국의 예술가 아이 웨이웨이는 2008년 쓰촨 지진 당시 희생된 학생들을 기리는 설치 작업을 통해 정부의 부실 건축과 은폐에 대한 비판적 목소리를 높였다. 덴마크의 올라퍼 엘리아슨은 '아이스 워치' 프로젝트에서 그린란드에서 가져온 거대한 빙하 조각을 런던과 파리의 공공장소에 설치하여, 기후변화의 추상적 개념을 구체적이고 촉각적인 경험으로 변환시켰다.

미국의 미술사학자 로잘린드 도이치가 지적했듯이, 이러한 작업들은 "공공 공간의 민주화"에 기여하며, "누가 공적 담론에 접근할 수 있고, 어떤 주제가 논의될 수 있는지"를 확장한다. 공공예술은 이처럼 도시를 단순한 소비와 통행의 공간이 아닌, 비판적 사고와 대화의 장으로 재구성한다.

✦ 재생의 미학: 도시를 다시 상상하기

'빌바오 효과' — 이 용어는 하나의 건축물이 도시 전체의 운명을 바꿀 수 있다는 가능성을 상징한다. 프랭크 게리가 설계한 구겐하임 미술관은 스페인의 쇠퇴한 산업도시 빌바오를 세계적인 문화 관광지로 변모시켰다. 그 유려한 티타늄 곡선은 도시의 자기 이미지와 경제적 기반을 근본적으로 재구성했다.

"건물은 단순한 구조물이 아니라, 도시가 자기 자신에게 하는 약속이다."

영국 런던의 테이트 모던 미술관은 버려진 발전소를 현대 미술의 성지로 변모시키며 템즈강 남쪽 사우스워크 지역에 새로운 활력을 불어넣었다. 특히 거대한 터빈 홀에서 정기적으로 개최되는 대규모 설치 프로젝트들은 이 공간을 단순한 전시장 이상의 도시적 경험 장소로 탈바꿈시켰다.

그러나 이러한 문화적 재생이 항상 긍정적인 결과만을 가져오는 것은 아니다. 문화지리학자 샤론 주킨이 지적했듯이, 예술을 통한 도시 재생은 '상징적 경제'를 창출하지만, 동시에 누구의 문화가 가치 있게 여겨지는지에 대한 권력 관계를 반영한다. 예술가들이 먼저 정착하여 쇠퇴한 지역을 활성화한 후, 부동산 가치 상승으로 인해 원주민과 예술가들 자신마저 밀려나는 '예술가 주도 젠트리피케이션'의 역설적 패턴은 많은 도시에서 반복되는 현상이다.

이러한 딜레마에 대응하여, 보다 포용적이고 공동체 중심적인 도시 재생의 모델이 모색되고 있다. 포틀랜드의 '앨버타 아트 워크'나 리버풀의 '바코니즘' 같은 프로젝트는 지역 주민들의 적극적 참여와 권한 부여를 강조하며, 예술이 지역 정체성과 사회적 자본을 강화하는 방향으로 활용되도록 한다.

✤ 함께 창조하는 도시: 참여와 공동 저자성

"이것은 내 작품이 아니라, 우리의 작품이다." 참여형 공공예술은 창작자와 관객 사이의 경계를 허물고, 예술을 공동체적 행위로 재정의한다.

프랑스 예술가 JR의 '인사이드 아웃' 프로젝트는 전 세계 140개국 이상의 커뮤니티 구성원들이 자신들의 초상 사진을 공공장소에 설치하도록 했다. 이 단순하면서도 강력한 행위는 소외된 공동체에 가시성을 부여하고, 평범한 얼굴들을 도시 경관의 일부로 통합시켰다. 사진의 주체들은 단순한 모델이나 관람자가 아닌, 작품의 공동 창작자로 참여한다.

미국의 예술가 릭 로우는 휴스턴의 쇠퇴한 흑인 지역에서 '프로젝트 로우 하우스'를 시작했다. 버려진 가옥들을 예술 공간과 사회 서비스 센터로 변모시킨 이 프로젝트는 예술을 통한 지역사회 발전의 모델을 제시했다. 로우는 이를 단순한 예술 프로젝트가 아닌 "사회 조각"으로 정의하며, 예술의 변혁적 잠재력을 강조했다.

"진정한 공공예술은 공간을 장식하는 것이 아니라, 관계를 창조하는 것이다."

캔디 창의 '죽기 전에 나는 _____하고 싶다' 프로젝트는 공공 공간에 설치된 대형 칠판에 시민들이 자신의 희망과 꿈을 적도록 초대한다. 개인적 열망의 이러한 집단적 표현은 낯선 사람들 사이에 의외의 친밀감과 연결을 만들어낸다. 이처럼 단순하지만 강력한 개입은 도시 공간에서 가능한 대화의 유형을 확장한다.

이러한 참여형 실천은 그랜트 케스터의 '대화적 미학'과 니콜라 부리오의 '관계적 미학' 개념을 반영한다. 여기서 예술의 가치는 물리적 산물이 아닌, 사회적 관계와 대화의 창출에 있다. 이는 공공예술을 정적인 기념물에서 역동적인 사회적 과정으로 재개념화한다.

❖ 픽셀과 프로젝션: 디지털 시대의 공공예술

과거의 공공예술이 돌과 청동을 매체로 했다면, 오늘날의 공공예술은 빛과 픽셀, 코드로 직조된다. 디지털 기술은 도시 표면을 역동적이고 상호작용적인 캔버스로 변모시키며, 공공예술의 시간적, 공간적 가능성을 극적으로 확장시킨다.

라파엘 로자노-헤머의 '관계 건축학' 시리즈는 공공 건물의 파사드에 관객의 움직임과 소리에 반응하는 빛과 이미지를 투사한다. 그의 작품 '펄스 룸'은 관객의 심장 박동을 채취하여 전구의 깜박임으로 변환함으로써, 개인의 생체 리듬을 집단적 시각 경험으로 승화시킨다. 이는 도시 공간에 대한 일시적이지만 친밀한 전유의 형태다.

"디지털 공공예술은 도시의 고정된 표면에 유동적 시간성을 부여한다."

호주의 예술가 그룹 '어번스크린'은 건물 파사드에 3D 영상을 투사하는 프로젝션 매핑 기술을 활용하여, 도시의 물리적 구조를 환상적이고 초현실적인 풍경으로 변모시킨다. 그들의 작품 '카고'는 함부르크 엘브필하모니의 육중한 벽면을 마치 살아 움직이는 유기체처럼 보이게 만들었다.

증강현실(AR) 기술은 물리적 도시 공간에 디지털 예술 층위를 중첩시키는 새로운 가능성을 열어준다. 스마트폰 앱을 통해 경험되는 이러한 '보이지 않는 예술'은 도시의 겉모습을 변화시키지 않으면서도, 그 장소에 새로운 내러티브와 경험을 추가한다. 이는 물리적 도시와 가상 공간 사이의 경계를 흐리며, 하이브리드 예술 경험의 영역을 확장한다.

이러한 디지털 공공예술은 영구성보다 일시성, 고정성보다 적응성, 독백보다 상호작용을 강조한다. 그것은 도시 경험에 새로운 시간적, 감각적 차원을 부여하며, 공공 공간이 기념과 표상을 넘어 놀이와 참여의 장으로 재발견될 가능성을 제시한다.

❖ 자연의 귀환: 생태적 공공예술

콘크리트 숲 속에서 자연을 불러오기 — 생태적 공공예술은 도시와 자연의 이분법을 넘어, 상호 연결된 생태계로서의 도시를 상상한다.

환경 예술가 앤디 골드스워디는 자연 재료를 활용한 일시적 설치물을 통해 도시 공간에 자연의 리듬과 패턴을 도입한다. 낙엽, 돌, 얼음으로 만든 그의 섬세한 작품들은 시간이 지남에 따라 변화하고 결국 자연으로 돌아가도록 설계되어, 영구성에 대한 기념비적 관념에 도전한다. 이는 인간 창조물의 일시성과 자연 과정의 순환성에 대한 시적 명상을 제공한다.

"생태적 공공예술은 도시를 인간만의 공간이 아닌, 다종(多種)이 공존하는 장소로 재인식하게 한다."

독일의 개념미술가 요셉 보이스의 '7000 오크스' 프로젝트는 카셀 도시 전역에 7000그루의 참나무를 심는 대규모 환경 작업이었다. 보이스는 이를 "사회적 조각"으로 정의하며, 단순한 환경 개선을 넘어 사회적 의식 변화를 목표로 했다. 각 나무 옆에 세워진 현무암 기둥은 시간이 지남에 따라 나무의 성장과 돌의 불변성 사이의 대비를 보여준다 — 이는 자연과 문화, 변화와 지속성에 관한 시각적 은유다.

미국의 예술가 아그네스 데니스의 '밀밭 — 맨해튼의 대치'는 1982년 월스트리트 금융 지구 근처 매립지에 2에이커 규모의 밀밭을 조성한 프로젝트다. 마천루의 그림자 아래 황금빛 밀이 춤추는 초현실적 광경은 도시와 농업, 자본주의와 식량 생산 사이의 관계에 대한 강력한 성찰을 제공했다.

이러한 생태적 공공예술은 도시를 단순한 인공 환경이 아닌, 복합적 생태계의 일부로 재인식하게 한다. 그것은 인간과 비인간 존재 사이의 상호의존성과 연결성을 강조하며, 환경 위기 시대에 도시의 생태적 재구상을 위한 시각적 실험실로 기능한다.

✤ 장소의 시학: 맥락과 특수성

공공예술은 추상적 진공 속에 존재하지 않는다. 그것은 특정 장소의 역사적, 사회적, 공간적 맥락과 불가분의 관계를 맺으며, 그 장소의 고유한 특질과 대화한다. 이러한 '장소 특정성'은 현대 공공예술의 핵심 원리다.

미국의 조각가 리처드 세라의 '기울어진 호'는 뉴욕 연방 플라자를 가로지르는 거대한 강철판으로, 그 장소의 물리적 조건과 불가분하게 연결되도록 설계되었다. 세라는 "작품을 옮기는 것은 작품을 파괴하는 것"이라고 주장했다. 결국 이 작품은 공공의 반발로 인해

철거되었지만, 공공예술의 사회적 책임과 미적 자율성 사이의 긴장에 관한 중요한 토론을 촉발했다.

"장소는 단순한 위치가 아니라, 의미의 밀도다."

미술사학자 미웡 크완은 장소 특정성의 개념이 어떻게 물리적 장소에서 담론적, 사회적, 제도적 장소로 확장되었는지 분석한다. 그에 따르면 현대 공공예술은 단순히 물리적 장소가 아닌, 다양한 사회적 맥락과의 관계 속에서 의미를 생성한다.

이러한 확장된 장소 개념은 전 세계적으로 활동하는 예술가들에게 중요한 질문을 제기한다. '낙하산 예술' — 지역 맥락에 대한 깊은 이해 없이 외부 예술가가 제작한 작품 — 에 대한 비판이 증가하면서, 많은 공공예술 프로그램들이 예술가 레지던시, 커뮤니티 리서치, 참여적 디자인 과정을 통해 더 깊은 맥락적 참여를 장려하고 있다.

✣ 일상의 미학: 예술 감각의 민주화

공공예술의 가장 혁명적 측면은 아마도 그것이 예술 경험을 민주화한다는 점일 것이다. 미술관의 문턱을 넘을 필요도, 입장료를 낼 필요도, 특별한 문화적 자본을 갖출 필요도 없이, 모든 이가 일상 속에서 예술과 마주칠 수 있게 한다.

프랑스 철학자 자크 랑시에르의 표현을 빌리자면, 공공예술은 '감각적인 것의 분배' — 무엇이 보이고, 들리고, 말해질 수 있는지에 대한 사회적 합의 — 를 재구성한다. 이는 단순한 미적 개입을 넘어, 도시 공간의 민주적 가능성을 확장하는 정치적 행위다.

하웨 플렌사의 '크라운 분수'는 이러한 민주화의 뛰어난 사례다. 시카고 밀레니엄 파크에 위치한 이 작품은 일천 명이 넘는 시카고 시민들의 얼굴이 LED 화면에 투사되고, 그들의 입에서 물이 분출되는 독특한 물 놀이 공간이다. 여름이면 다양한 계층의 어린이와 성인들이 함께 물놀이를 즐기는 이 장소는 예술 작품과 놀이터 사이의 경계를 흐리며, 민주적 공공 공간의 가능성을 구현한다.

"가장 좋은 공공예술은 더 많은 의미를 제공하고, 더 많은 관객을 포용하며, 더 많은 은유를 생성한다." 루시 리파드의 이 표현은 공공예술의 개방성과 다층적 의미 생성 능력을 강조한다. 일상 공간에 통합된 예술은 특별한 '문화적 행사'가 아닌, 도시 생활의 자연스러운 리듬과 맥락 속에서 경험된다.

✦ 도시 미학의 민주화: 누구의 도시, 누구의 미학인가?

"도시는 누구의 것인가?" 이 질문은 도시 미학의 민주화 논의의 핵심이다. 도시 경관의 미적 질을 결정할 권한은 누구에게 있는가? 어떤 표현 방식이 공적 영역에 드러날 가치가 있는가?

전통적으로 도시 미학은 전문가들 ― 건축가, 도시계획가, 공공예술 위원회, 큐레이터 ― 의 영역으로 간주되었다. 모더니즘 도시계획의 선구자 르 코르뷔지에는 "건축가는 미래의 세계를 구축한다"고 선언했다. 그러나 이러한 하향식 접근은 종종 실제 거주자들의 일상적 필요와 문화적 표현을 간과한다는 비판을 받았다.

그래피티와 스트리트 아트는 제도권 미학에 대한 대안적 목소리를 대표한다. 뉴욕의 빈민가에서 시작된 그래피티는 처음에는 불법적 낙서로 간주되었으나, 장 미셸 바스키아와 키스 해링과 같은 예술가들을 통해 점차 주류 예술계의 인정을 받게 되었다. 뱅크시의 작품은 도시 표면에 사회적·정치적 메시지를 새김으로써, 예술의 상품화와 제도화에 근본적 질문을 제기한다.

"거리는 가장 진실한 미술관이다. 왜냐하면 그곳에는 큐레이터가 없기 때문이다."

'전술적 도시주의'는 공식적 도시계획 과정을 우회하여 작은 규모의 일시적 개입을 통해 도시 환경을 변화시키는 창의적 방법론이다. 버려진 공간에 허가 없이 꽃을 심는 '게릴라 가드닝', 주차 공간을 잠시 공원으로 변모시키는 '파크데이', 빈 건물을 임시 커뮤니티 센터로 활용하는 실천들은 도시 공간의 대안적 사용 가능성을 실험한다. 이러한 미시적 개입은 관료적 경직성에 도전하며, 시민들이 도시 공간을 창의적으로 재정의할 수 있는 틈새를 만들어낸다.

디지털 기술의 발전은 도시 미학의 민주화를 더욱 가속화한다. 스마트폰의 보급으로 일반 시민들은 도시 환경을 기록하고, 해석하고, 공유하는 시각적 대화의 주체가 되었다. 인

스타그램과 같은 플랫폼은 도시 경관의 미적 가치를 재평가하는 새로운 기준을 만들어내며, 때로는 '인스타그래머블' 장소들이 도시 관광과 개발의 새로운 초점이 되기도 한다.

이러한 민주화의 흐름 속에서도 중요한 질문은 남는다. 미적 표현의 다양성이 모든 사회 집단에게 동등하게 열려 있는가? 부르디외가 지적했듯 미적 취향은 종종 사회적 구별의 수단으로 작용한다. 도시 미학의 진정한 민주화는 단순한 참여 기회의 확대를 넘어, 미적 실천의 기저에 놓인 구조적 불평등을 해소하는 노력을 포함해야 한다.

'미학적 정의'의 관점에서, 도시는 다양한 사회 집단이 각자의 미적 표현과 문화적 정체성을 공간화할 수 있는 플랫폼이 되어야 한다. 이는 하버마스의 '공론장' 개념을 미학적 영역으로 확장한 것으로, 다양한 표현 방식이 평등하게 대화하고 경쟁할 수 있는 조건의 창출을 의미한다.

도시 미학의 민주화가 궁극적으로 지향하는 비전은 도시를 소비의 대상이 아닌 창조의 주체로서 모든 시민이 참여하는 집단적 작품으로 재개념화하는 것이다. 이는 르페브르가 말한 '도시에 대한 권리'의 미학적 차원으로, 단순히 도시 공간을 이용할 권리가 아닌, 그 공간을 상상하고 재창조할 집단적 권리를 포함한다.

3. 공공예술과 도시 경관: 일상 속의 미학적 반란

미술관의 신성한 공간을 벗어나 거리로, 광장으로, 도시의 일상 풍경 속으로 스며드는 예술 — 공공예술은 단순한 전시 장소의 변화가 아닌, 예술과 사회의 관계에 대한 근본적 재고를 요구한다.

발터 벤야민이 『기술복제시대의 예술작품』에서 예견했듯, 현대 도시에서 예술은 '아우라'의 상실과 함께 일상 속으로 침투하며 전혀 새로운 수용 방식을 창출한다. 경건한 침묵 속에 명작을 바라보던 관람객은 이제 출근길에 무심코 마주치는 조각과, 버스를 기다리며 바라보는 벽화와, 쇼핑몰 중앙에서 뿜어 오르는 분수와 일상적 관계를 맺는다. 도시 경관의 일부가 된 예술은 특별한 미적 경험의 대상이 아니라, 우리의 삶을 둘러싸는 환경으로 존재하게 된다.

❖ 도시의 얼굴을 빚는 예술: 정체성의 상징적 구축

스테인리스 스틸의 거대한 물방울이 도시의 스카이라인을 거울처럼 품에 안고, 방문객들의 모습을 왜곡된 반영으로 포착한다. 시카고 밀레니엄 파크의 '클라우드 게이트' — '콩'이라는 애칭으로 더 잘 알려진 아니쉬 카푸어의 작품 — 는 현대 공공예술이 도시 정체성 형성에 미치는 영향력을 보여주는 탁월한 사례다. 이 작품은 설치 이후 불과 몇 년 만에 시카고의 새로운 상징이 되었고, 이제는 그 도시를 떠올릴 때 떠오르는 첫 번째 이미지가 되었다.

"도시는 스스로를 이야기하기 위해 예술적 구문을 필요로 하며, 공공예술 작품은 그 도시가 말하고자 하는 가장 응축된 표현이다."

바르셀로나의 도시 풍경은 안토니 가우디의 유기적 건축물들 없이 상상하기 어렵다. 사그라다 파밀리아 성당의 끝없이 솟아오르는 첨탑과 구엘 공원의 뱀처럼 꿈틀거리는 벤치는 바르셀로나라는 도시의 정신을 시각적으로 구현한다. 건축가 한 사람의 비전이 도시 전체의 정체성을 형성한 놀라운 사례라 할 수 있다.

세계 각국의 관광객들이 자유의 여신상, 시드니 오페라 하우스, 리우데자네이루의 그리스도 상과 같은 예술적 랜드마크를 찾아 순례하는 현상은, 이러한 작품들이 단순한 미적 대상을 넘어 도시와 국가의 상징적 대표가 되었음을 보여준다. 이들은 엽서와 관광 안내서를 장식하는 시각적 아이콘이기도 하지만, 동시에 해당 도시의 역사적 경험과 집단적 가치를 응축한 상징물이기도 하다.

❖ 기념비에서 질문으로: 공공예술의 패러다임 전환

19세기 파리의 개선문이나 전 세계 식민지 도시들에 세워진 제국주의 통치자의 동상들 — 전통적 공공예술은 주로 영웅적 인물이나 역사적 사건을 기념하고, 지배 이데올로기를 강화하는 역할을 담당했다. 권력과 승리의 서사를 청동과 대리석으로 영구화한 이 기념물들은 공식적 역사를 공공 공간에 각인하는 수단이었다.

그러나 20세기 후반, 공공예술은 이러한 기념비적 패러다임에 근본적 질문을 던지기 시작했다. "우리는 무엇을, 어떻게 기억해야 하는가?" 이 물음은 새로운 유형의 기념물을 탄생시켰다.

1981년 완공된 마야 린의 '베트남 참전용사 기념비'는 이러한 전환의 상징적 순간이다. 21세 대학생이었던 린이 설계한 이 기념비는 전통적 영웅주의와 국가주의적 수사를 거부하고, 검은 화강암 벽면에 전사자 이름만을 새기는 단순하면서도 강렬한 접근을 택했다. V자 형태로 지면을 파고든 이 '반(反)기념비'는, 방문객이 자신의 모습이 반사된 벽면 위의 이름들과 대면하도록 함으로써, 개인적 애도와 역사적 성찰의 공간을 창출했다.

"기념물이 과거에는 영웅적 서사를 선언했다면, 현대의 기념물은 복잡한 역사적 진실에 대한 질문을 제기한다."

독일의 '카운터 모뉴먼트' 운동은 이러한 비판적 접근을 더욱 급진화했다. 함부르크의 '반파시즘 기념물'은 점차 지하로 가라앉도록 설계되어, 결국 완전히 사라지고 오직 기억 속에만 존재하게 되었다. 요헨 게르츠와 에스더 샬레프-게르츠는 기념물이 기억의 대체물이 아닌, 기억 작업의 촉매가 되어야 한다고 믿었다. 기념비가 기억의 의무를 대신함으로써 망각을 허용하는 역설적 현상 — '대리 기억' — 에 저항하는 것이다.

제임스 영은 이러한 접근을 "기억을 설명하는 것이 아니라 질문하는" 방식으로 정의했다. 현대의 비판적 기념물들은 단일한 공식 역사를 강화하기보다, 다양한 해석과 대화의 가능성을 열어둔다. 그것은 완성된 서사가 아닌, 지속적인 질문과 재해석의 과정으로서의 역사를 강조한다.

✜ 도시 벽면의 소리: 사회적 · 정치적 담론의 장

"벽은 항상 억압받는 자들의 신문이었다." 거리 예술가 뱅크시의 이 말은 도시 공간이 단순한 미적 개입을 넘어, 사회적 · 정치적 담론의 중요한 무대가 될 수 있음을 상기시킨다. 공공예술은 도시를 사회적 대화와 비판적 성찰의 장으로 변모시키는 잠재력을 지닌다.

크리스토와 잔느-클로드의 '게이츠' 프로젝트는 2005년 뉴욕 센트럴 파크에 23마일에 달하는 주황색 천을 설치함으로써, 뉴욕의 겨울 풍경을 일시적으로 변형시켰다. 이 역동적인 설치물은 익숙한 도시 공간을 낯설게 만들어 일상적 환경에 대한 새로운 인식을 촉발했다. 16일이라는 짧은 기간 동안 존재했지만, 400만 명 이상의 방문객을 끌어모으며 도시의 공유된 경험으로 자리매김했다.

뱅크시의 스텐실 작품들은 런던과 뉴욕, 팔레스타인 장벽의 벽면을 통해 소비주의, 전쟁, 감시 사회에 대한 비판적 메시지를 선명하게 전달한다. 그의 유머와 아이러니로 가득 찬 이미지들은 제도권 예술의 경계 밖에서 작동하며, 도시 표면을 정치적 담론의 장으로 전환한다. 공식적 허가나 후원 없이도 중요한 사회적 담론을 촉발할 수 있는 공공예술의 잠재력을 보여주는 사례다.

중국의 예술가 아이 웨이웨이는 2008년 쓰촨 지진 당시 희생된 학생들을 기리는 설치 작업을 통해 부실 건축과 정부의 은폐에 대한 고발적 메시지를 전했다. 덴마크의 올라퍼 엘리아슨은 '아이스 워치' 프로젝트에서 그린란드에서 가져온 거대한 빙하 조각을 런던과 파리의 공공장소에 설치함으로써, 기후변화의 추상적 위기를 구체적이고 촉각적인 형태로 제시했다.

미술사학자 로잘린드 도이치는 이러한 실천을 "공공 공간의 민주화"로 정의했다. 공공 예술은 "누가 공적 담론에 접근할 수 있고, 어떤 주제가 논의될 수 있는지"를 확장하는 역할을 한다. 그것은 도시 공간을 단순한 소비와 통행의 장소가 아닌, 집단적 사유와 대화의 장으로 재구성한다.

✣ 재생의 미학: 도시 풍경의 변형과 그 이면

1997년, 쇠퇴한 스페인의 산업도시 빌바오에 프랭크 게리가 설계한 구겐하임 미술관이 개관했다. 이 건물의 유려한 티타늄 외관은 즉시 도시의 새로운 상징이 되었고, 빌바오는 몇 년 만에 세계적인 문화 관광지로 변모했다. 이른바 '빌바오 효과' — 하나의 문화적 랜드마크가 도시 전체의 운명을 바꾸는 현상 — 는 공공예술과 건축이 도시 재생에 미칠 수 있는 변혁적 영향력을 증명했다.

영국 런던의 테이트 모던 역시 버려진 발전소를 현대 미술관으로, 그리고 템즈 강변의 사우스워크 지역을 문화적 중심지로 재탄생시킨 사례다. 특히 터빈 홀에서 정기적으로 개최되는 대규모 설치 프로젝트들은 산업 유산과 현대 예술의 창조적 대화를 통해, 이 공간을 단순한 전시장 이상의 도시적 경험 장소로 만들었다.

"예술은 단지 도시를 아름답게 하는 것이 아니라, 도시가 자신의 과거와 대화하고 미래를 상상하는 방식을 변화시킨다."

그러나 이러한 문화 주도 재생은 양날의 검과 같다. 문화지리학자 샤론 주킨이 날카롭게 지적했듯이, 예술을 통한 도시 재생은 '상징적 경제'를 창출하지만, 동시에 누구의 문화가 가치 있게 여겨지는지에 대한 권력 관계를 반영한다. 예술가들이 저렴한 임대료를 찾아 쇠퇴한 지역에 정착하면, 그 지역은 점차 '멋진' 장소로 변모하고, 결국 젠트리피케이션의 물결에 휩쓸려 원주민과 예술가들 자신마저 밀려나는 '예술가 주도 젠트리피케이션'의 아이러니한 순환은 뉴욕 소호에서 베를린 크로이츠베르크, 서울 문래동에 이르기까지 전 세계 도시에서 반복되고 있다.

이러한 딜레마에 대응하여, 더 포용적이고 공동체 중심적인 도시 재생 모델도 등장하고 있다. 포틀랜드의 '앨버타 아트 워크'나 리버풀의 '바코니즘' 같은 프로젝트는 지역 주민들의 적극적인 참여와 권한 부여를 강조하며, 예술이 지역 정체성과 사회적 자본을 강화하는 방향으로 활용되도록 한다. 이는 하향식 문화 개입이 아닌, 지역 공동체의 창조적 에너지를 중심으로 한 재생 방식이다.

✤ 관객에서 참여자로: 공동 창작의 예술

"예술가는 더 이상 천재적 창조자가 아니라, 사회적 촉매자다." 참여형 공공예술의 부상은 예술가와 관객 사이의 전통적 경계를 흐릿하게 만든다. 이는 예술을 단순한 감상의 대상이 아닌, 공동체 형성과 사회적 참여의 매개체로 재개념화한다.

프랑스 예술가 JR의 '인사이드 아웃' 프로젝트는 전 세계 140개국 이상의 커뮤니티 구성원들이 자신들의 초상 사진을 공공장소에 설치하도록 했다. 페루의 고립된 산악 마을에서 팔레스타인 난민 캠프, 북미 원주민 보호구역에 이르기까지, 이 프로젝트는 사회적 가시성에서 배제된 이들에게 자신의 얼굴을 도시 경관의 일부로 만들 기회를 제공했다. 참여자들은 단순한 모델이나 관람객이 아닌, 작품의 공동 창작자가 된다.

미국의 예술가 릭 로우의 '프로젝트 로우 하우스'는 휴스턴의 쇠퇴한 흑인 지역에서 버려진 가옥들을 예술과 사회 서비스의 복합 공간으로 변모시켰다. 1993년 시작된 이 프로젝트는 예술 전시, 교육 프로그램, 저소득층 주택, 한부모 지원을 통합하여, 예술을 통한 지역사회 발전의 모델을 제시했다. 로우는 이를 '사회 실천 예술'의 사례로 보며, 예술의 사회적 책임과 변혁적 잠재력을 강조한다.

뉴올리언스에서 시작되어 전 세계로 확산된 캔디 창의 '죽기 전에 나는 _____하고 싶다' 프로젝트는 공공 공간에 설치된 대형 칠판에 시민들이 자신의 희망과 꿈을 적도록 초대한다. 이 단순하지만 강력한 개입은 낯선 사람들 사이에 의외의 친밀감과 연결을 만들어낸다. 창은 "우리가 공유하는 것이 우리를 나누는 것보다 많다"는 메시지를 통해, 도시 공간에서 가능한 대화의 유형을 확장한다.

영국의 그랜트 케스터가 '대화적 미학'이라 명명한 이러한 접근은 예술의 가치가 물리적 산물이 아닌, 사회적 관계와 대화의 창출에 있다고 본다. 이는 프랑스 큐레이터 니콜라 부리오의 '관계적 미학' 개념과도 연결되는 관점으로, 공공예술을 정적인 기념물에서 역동적인 사회적 과정으로 재정의한다.

✦ 미래의 기억: 디지털 공공예술의 가능성

돌과 청동이 아닌, 빛과 픽셀, 코드로 만들어진 예술 — 디지털 기술의 발전은 공공예술의 형식과 경험 방식에 혁명적 변화를 가져왔다. 미디어 파사드, 프로젝션 매핑, 증강현실 기술은 도시의 물리적 표면을 유동적이고 상호작용적인 캔버스로 변모시킨다.

라파엘 로자노-헤머의 '관계 건축학' 시리즈는 공공 건물의 파사드에 관객의 움직임과 소리에 반응하는 빛과 이미지를 투사한다. 그의 작품 '펄스 룸'은 관객의 심장 박동을 빛의 패턴으로 변환하여 공간 전체를 관객의 생체 리듬으로 채운다. 이는 도시 공간에 대한 집단적 재전유와 놀이적 개입의 강력한 형태다.

호주의 예술가 그룹 '어번스크린'은 건물 표면에 3D 영상을 투사하는 프로젝션 매핑 기술을 통해 도시 경관을 일시적으로 변형시킨다. 그들의 작품 '카고'는 함부르크 엘브필하모니의 육중한 벽면을 마치 살아 움직이는 유기체처럼 보이게 만들었다. 이러한 디지털 변형은 도시의 고정된 건축적 요소를 유동적이고 표현적인 매체로 재해석한다.

"디지털 공공예술은 도시를 닫힌 텍스트가 아닌, 무한히 다시 쓰이고 재구성될 수 있는 열린 플랫폼으로 만든다."

증강현실(AR) 기술은 물리적 도시 공간과 디지털 예술 층위 사이의 경계를 더욱 흐린다. 2017년 애플과 뉴욕 현대미술관이 협력한 '[AR]T' 프로젝트는 뉴욕, 런던, 파리 등 여러 도시의 공공 공간에 AR 예술 작품을 설치했다. 이러한 작품들은 스마트폰 앱을 통해서만 볼 수 있으며, 물리적 도시와 가상 공간의 경계를 흐리는 하이브리드 예술 경험을 창출한다.

이러한 디지털 공공예술은 영구성보다는 일시성, 고정성보다는 적응성, 독백보다는 상호작용을 특징으로 한다. 그것은 도시 경험에 새로운 시간적, 공간적 차원을 더하며, 공공 공간이 기념과 표상을 넘어 놀이와 참여의 장으로 재발견될 가능성을 제시한다.

✚ 나무를 심는 예술: 생태적 공공예술의 부상

아스팔트와 콘크리트로 뒤덮인 도시에 자연의 리듬과 생명력을 되돌리는 예술 — 생태적 공공예술은 환경 위기 시대의 중요한 미학적 반응이다. 환경 문제가 점점 더 긴급한 이슈로 부각됨에 따라, 많은 예술가들이 자연과 도시의 관계를 재구성하는 작업에 몰두하고 있다.

환경 예술가 앤디 골드스워디는 낙엽, 돌, 얼음과 같은 자연 재료를 활용한 일시적 설치물을 통해 도시 공간에 자연의 패턴과 과정을 도입한다. 그의 작품들은 시간이 지남에 따라 변화하고 결국 자연으로 돌아가도록 설계되어, 영구성에 대한 기념비적 관념에 근본적 질문을 던진다. 이는 도시의 시간성에 자연의 순환적 리듬을 접목시키는 시도다.

"생태적 공공예술은 도시를 인간만의 공간이 아닌, 다종(多種)이 공존하는 장소로 재인식하게 한다."

요셉 보이스의 '7000 오크스' 프로젝트는 독일 카셀 도시 전역에 7000그루의 참나무를 심는 대규모 환경 예술 작업이었다. 보이스는 이를 "사회적 조각"으로 정의하며, 예술을 통한 환경적, 사회적 변화의 가능성을 탐구했다. 각 나무 옆에 세워진 현무암 기둥은 시간이 지남에 따라 나무의 성장과 돌의 불변성 사이의 대비를 보여준다 — 이는 자연과 문화, 변화와 지속성에 관한 시각적 은유다.

아그네스 데니스의 '밀밭 — 맨해튼의 대치'는 1982년 월스트리트 금융 지구 근처 매립지에 2에이커 규모의 밀밭을 조성한 프로젝트다. 마천루의 그림자 아래서 황금빛 밀이 춤추는 초현실적 광경은 도시와 농업, 자본주의와 식량 생산 사이의 관계에 대한 강력한 성찰을 제공했다. 이는 도시의 역사 — 이 땅이 한때 농경지였다는 사실 — 를 상기시키는 동시에, 도시 공간의 대안적 사용 가능성을 제시한다.

이러한 생태적 공공예술은 도시를 단순한 인공 환경이 아닌, 복합적 생태계의 일부로 재인식하게 한다. 그것은 인간과 비인간 존재 사이의 상호의존성과 연결성을 강조하며, 도시와 자연의 이분법을 넘어 통합적 관계의 가능성을 탐구한다.

✤ 장소의 시학: 맥락이 만드는 의미

공공예술과 도시 경관의 관계는 깊은 상호의존성을 지닌다. 예술은 도시 경관을 변형시키지만, 동시에 도시적 맥락에 의해 형성된다. 도시 환경 속 예술 작품은 그것이 놓인 특정 장소의 역사적·사회적·공간적 조건과 불가분의 관계를 맺는다.

리처드 세라의 '기울어진 호'는 뉴욕 연방 플라자를 가로지르는 거대한 강철판으로, 그 장소의 물리적 조건과 불가분하게 연결되도록 설계되었다. 세라는 "작품을 옮기는 것은 작품을 파괴하는 것"이라고 단호하게 주장했다. 결국 이 작품은 공공의 반발로 인해 철거되었지만, 그 논쟁은 공공예술의 사회적 책임과 미적 자율성 사이의 복잡한 긴장관계에 대한 중요한 토론을 촉발했다.

미술사학자 미옹 크완은 『한 장소 다음 또 다른 장소』에서 장소 특정성의 개념이 어떻게 물리적 장소에서 담론적, 사회적, 제도적 장소로 확장되었는지 분석한다. 그에 따르면 현대 공공예술은 단순히 물리적 장소가 아닌, 다양한 사회적 맥락과의 관계 속에서 의미를 생성한다.

"장소는 단순한 배경이 아니라, 예술 작품의 본질적 구성요소다. 그것은 작품의 의미를 형성하고, 작품에 의해 변형된다."

이러한 맥락적 접근은 글로벌 작가들이 지역적 특수성을 어떻게 다루는지에 대한 질문을 제기한다. '낙하산 예술' — 지역 맥락에 대한 깊은 이해 없이 외부 예술가가 제작한 작

품 ─ 에 대한 비판이 증가하면서, 많은 공공예술 프로그램들이 예술가 레지던시, 커뮤니티 리서치, 참여적 디자인 프로세스 등을 통해 장소와 커뮤니티에 대한 더 깊은 참여를 장려하고 있다.

✤ 일상의 미학: 예술 경험의 민주화

공공예술의 가장 혁명적 측면은 예술 경험의 근본적 민주화에 있다. 이는 미술관의 신성한 문턱을 넘을 필요도, 입장료를 지불할 여유도, 특별한 문화적 자본을 소유할 필요도 없이, 모든 시민이 일상 속에서 예술과 마주칠 수 있게 하는 변화다. 출근길에 무심코 지나치는 벽화, 점심을 먹으며 바라보는 광장의 조각, 아이와 놀이터에서 만나는 상호작용적 설치물 ─ 이런 우연한 만남들이 예술 경험의 본질적 성격을 변모시킨다.

프랑스 철학자 자크 랑시에르의 표현을 빌리자면, 공공예술은 '감각적인 것의 분배' ─ 무엇이 보이고, 들리고, 말해질 수 있는지에 대한 사회적 합의 ─ 를 재구성한다. 이는 도시 공간에서 누구의 목소리가 표현되고, 누구의 미적 감각이 인정받는지를 다시 묻는 정치적 행위다. 특권적 소수가 아닌, 다양한 사회 구성원들의 감각과 표현이 공적 영역에 등장할 때, 도시의 미적 경험은 더욱 풍요로워진다.

시카고 밀레니엄 파크의 '크라운 분수'는 이러한 민주적 미학의 탁월한 사례다. 하웨 플렌사가 설계한 이 작품은 천 명이 넘는 시카고 시민들의 얼굴이 LED 화면에 순차적으로 투사되고, 그들의 입에서 물이 분출되는 독특한 물놀이 공간을 창출한다. 여름이면 다양한 계층의 어린이와 성인들이 함께 물놀이를 즐기는 이 장소는 예술 작품과 놀이터의 경계를 흐리며, 미적 경험과 일상의 즐거움을 결합한다.

"좋은 공공예술은 더 많은 의미를 제공하고, 더 많은 관객을 포용하며, 더 많은 은유를 생성한다." 루시 리파드의 이 표현은 공공예술의 다층적 의미 생성 능력을 강조한다. 비평가의 해설이나 큐레이터의 안내 없이도, 다양한 맥락과 배경을 가진 시민들은 자신만의 방식으로 작품을 해석하고 경험한다. 이러한 해석의 다양성은 공공예술의 본질적 풍요로움을 구성한다.

일상 공간에 통합된 예술은 특별한 '문화적 행사'로서가 아니라, 도시 생활의 자연스러운 리듬과 맥락 속에서 경험된다. 이는 존 듀이가 『경험으로서의 예술』에서 주장한, 일상경험과 예술적 경험의 통합이라는 이상을 실현한다. 예술은 더 이상 일상으로부터 분리된 특별한 영역이 아니라, 삶의 질감과 의미를 풍요롭게 하는 필수적 요소가 된다.

이처럼 공공예술은 예술의 사회적 역할과 대중과의 관계를 근본적으로 재구성한다. 그것은 예술의 아우라와 제도적 권위를 해체하면서도, 동시에 일상 환경 속에서 미적 경험의 새로운 가능성을 열어낸다. 도시 공간에 스며든 예술은 우리가 살아가는 환경을 단순한 기능적 배경이 아닌, 의미와 아름다움, 비판적 사고가 깃든 풍요로운 경험의 장으로 변화시킨다.

4. 도시 미학의 민주화: 공간과 권력의 창조적 재편

어느 도시의 골목길에서 형형색색의 벽화가 피어나고, 평범한 주차 공간이 갑자기 작은 정원으로 변모하며, 비어있던 공터가 주민들의 손에 의해 공동체 텃밭으로 탈바꿈한다. 이처럼 도시 미학의 민주화란 도시의 얼굴을 그리는 붓이 소수의 전문가들의 손에서 다양한 시민들의 손으로 옮겨가는 조용하면서도 혁명적인 변화를 의미한다. 이는 단순한 표현 방식의 변화를 넘어, 앙리 르페브르가 날카롭게 통찰했듯 "도시 공간은 사회적 생산물"이라는 인식에 기반한 권력 관계의 근본적 재편이다.

✦ 엘리트 미학의 성과 무너뜨리기

20세기 대부분의 기간 동안, 도시의 미적 결정권은 마치 중세 성채처럼 굳게 닫힌 전문가 집단의 영역이었다. 르 코르뷔지에가 "건축가는 미래의 세계를 구축한다"고 선언할 때, 그 말 속에는 도시 환경의 디자인이 소수 엘리트의 특권이라는 확신이 스며있었다. 브라질리아의 비행기 형태 도시 계획과 찬디가르의 기하학적 구역들은 이러한 하향식 미학의 극단적 표현이었다. 이 웅장한 비전들은 종종 시각적으로 인상적이었지만, 그 안에서 살아가는 사람들의 일상적 필요와 욕구를 간과하는 근본적 한계를 드러냈다.

"위대한 도시는 결코 한 사람의 머릿속에서 태어나지 않는다. 그것은 수천, 수만의 손과 마음이 함께 짜낸 거대한 태피스트리다."

이러한 엘리트주의적 도시 미학에 대한 저항은 1960~70년대를 기점으로 여러 형태로 모습을 드러내기 시작했다. 뉴욕 브롱크스와 할렘의 젊은이들이 지하철 차량을 형형색색의 그래피티로 뒤덮기 시작했을 때, 그들은 단순한 반달리즘을 넘어 도시 공간의 미적 언어를 재정의하는 문화적 반란을 일으키고 있었다. 초기에는 불법적 낙서로 치부되던 이 표현 형식은 장 미셸 바스키아와 키스 해링과 같은 예술가들의 작업을 통해 점차 주류 예술계의 인정을 받게 되었다.

영국의 거리 예술가 뱅크시가 도시의 벽면에 남긴 날카로운 스텐실 이미지들은 도시 미학의 민주화가 갖는 전복적 잠재력을 완벽하게 보여준다. 익명성의 베일 뒤에서 활동하며, 그는 소비주의, 감시 사회, 전쟁, 불평등에 대한 비판적 메시지를 도시 경관에 새긴다. 뱅크시의 작품이 후에 갤러리에서 천문학적 가격으로 거래된다는 아이러니는, 반체제적 예술 표현이 결국 상품화되는 자본주의의 흡수력을 보여주지만, 동시에 거리에서 시작된 미학적 반란이 가진 문화적 영향력을 증명하기도 한다.

✤ 도시의 틈새에서 자라나는 창조성

소규모의 임시적 개입을 통해 도시 환경을 창의적으로 변화시키는 '전술적 도시주의'는 도시 미학의 민주화를 위한 또 다른 중요한 흐름이다. 이는 관료적 도시계획 과정의 느린 속도와 경직성을 우회하여, 즉각적이고 실험적인 방식으로 도시 공간의 가능성을 탐색한다.

"전술적 도시주의란 마치 도시의 균열에서 자라나는 야생화와 같다. 계획되지 않았지만, 그 자발적 생명력으로 도시 경관에 예기치 않은 아름다움을 더한다."

'게릴라 가드닝'이라는 실천은 버려진 땅이나 관리되지 않는 공공 공간에 허가 없이 식물을 심음으로써, 녹지 부족이라는 도시 문제에 시민들이 직접 대응하는 방식이다. 초기에는 불법적 활동으로 간주되었지만, 많은 도시에서 이러한 실천은 점차 공식적 인정을 받게 되었다. 런던의 '인크레더블 에더블(Incredible Edible)' 운동은 공공 공간에 식용 식물을 심어 도시 환경을 미적으로 개선하는 동시에 식량 안보와 공동체 의식을 고양시킨다.

2005년 샌프란시스코에서 시작된 '파크데이'는 주차 공간을 일시적 공원으로 변형시키는 창의적 개입으로, 이제는 전 세계 200개 이상 도시에서 매년 열리는 국제적 이벤트로 성장했다. 단 하루 동안이지만, 이 행사는 자동차 중심 도시 설계에 대한 비판적 질문을 제기하며, 공공 공간의 대안적 사용 가능성을 시각적으로 제시한다.

이러한 비공식적 실천들은 도시 공간을 고정된 실체가 아닌, 지속적으로 재협상되고 재구성될 수 있는 가능성의 영역으로 재인식하게 한다. 그것은 도시 환경이 단순히 전문가들에 의해 '완성된' 후 소비되는 제품이 아니라, 시민들의 창조적 참여를 통해 끊임없이 '진행 중인' 과정임을 상기시킨다.

✤ 디지털 시대의 민주화된 도시 미학

스마트폰 카메라의 보급과 소셜 미디어의 발달은 도시 미학의 민주화를 새로운 차원으로 확장시켰다. 이제 모든 시민은 도시 환경의 시각적 기록자이자 해석자, 그리고 그 이미지의 유통자가 될 수 있다. 한때 전문 사진작가나 관광 안내서의 영역이었던 도시 이미지의 생산과 유통이 이제는 일상적 실천이 되었다.

인스타그램과 같은 플랫폼은 도시 공간의 미적 가치에 대한 새로운 형태의 집단적 평가 시스템을 창출했다. '인스타그래머블' 공간 — 소셜 미디어에 공유하기 좋은 시각적 특성을 가진 장소 — 이 관광과 도시 개발의 새로운 초점이 되는 현상은, 디지털 기술이 어떻게 도시의 미적 가치 체계를 재구성하는지 보여준다.

"디지털 플랫폼은 도시의 숨겨진 구석구석을 가시화하고, 주류 미적 담론에서 배제되었던 공간들에 새로운 가치를 부여한다. 쇠락한 산업 지구의 녹슨 철골 구조물이 갑자기 '미적 자원'으로 재발견되는 순간을 목격하는 것은 놀라운 일이다."

크라우드소싱 기반의 도시 매핑 프로젝트나 증강현실 애플리케이션은 시민들이 도시 공간에 대한 대안적 내러티브를 구축할 수 있는 플랫폼을 제공한다. 히스토리핀(Historypin)과 같은 앱은 사용자들이 역사적 사진과 개인적 이야기를 특정 위치에 '핀'으로 표시할 수 있게 하여, 공식적 역사에서 종종 배제되는 일상적 경험과 기억을 도시 경관에 재삽입한다.

그러나 이러한 디지털 민주화의 이면에는 여전히 기술적·경제적 접근성의 불평등이라는 그림자가 드리워져 있다. 스마트폰을 소유하지 못하거나 디지털 리터러시가 부족한 이

들은 이 새로운 형태의 도시 미학적 대화에서 여전히 배제될 위험이 있다. 진정한 민주화는 이러한 디지털 격차를 인식하고 극복하려는 노력을 포함해야 한다.

✤ 제도권의 민주적 전환: 참여적 디자인과 공동창작

도시 미학의 민주화는 비공식적 실천만이 아닌, 제도적 변화를 통해서도 진행되고 있다. 많은 도시들이 공공 공간과 공공예술 프로젝트에 지역 커뮤니티를 적극적으로 참여시키는 '플레이스메이킹' 접근법을 채택하고 있다. 이는 전문가와 시민 사이의 전통적 경계를 허물고, 공동 창작의 과정을 통해 장소의 정체성과 미적 특성을 발전시키는 방법론이다.

시애틀의 프리몬트 지구에 위치한 '프리몬트 트롤' ─ 다리 밑에 사는 거대한 트롤 조각상 ─ 은 이러한 참여적 접근의 성공적 사례다. 이 작품은 지역 예술가들과 주민들의 협업으로 탄생했으며, 이제는 그 지역의 상징적 랜드마크가 되었다. 공동체의 직접적 참여를 통해 만들어진 이 조각상은 단순한 미적 대상을 넘어, 지역의 독특한 정체성과 창의적 정신을 표현하는 매개체가 되었다.

포블랜드의 '시티 리페어(City Repair)' 프로젝트는 주민들이 교차로와 공공 공간을 창의적으로 변형하도록 권장하고 지원한다. 지역 주민들은 함께 도로에 그림을 그리고, 공동 정원을 조성하며, 야외 가구를 설치한다. 이러한 과정은 도시 공간의 미적 질을 향상시키는 동시에, 공동체 의식과 장소에 대한 소속감을 강화한다.

"참여적 디자인은 단순히 '더 많은 사람들의 의견을 듣는 것'이 아니라, 도시 미학의 생산 과정 자체를 근본적으로 재구성하는 것이다. 그것은 시민들을 단순한 소비자나 비평가가 아닌, 도시 환경의 공동 창작자로 인정하는 패러다임의 전환이다."

이러한 참여적 접근은 전문가의 지식과 시민의 일상적 경험 사이의 생산적 대화를 가능하게 한다. 그것은 도시 디자인의 주체를 확장하고, 지역 특유의 미적 표현을 장려함으로써 글로벌 자본주의가 촉진하는 도시 경관의 균질화에 대응하는 중요한 전략이 된다.

✤ 민주화의 딜레마와 도전

도시 미학의 민주화는 그러나 여전히 많은 딜레마와 도전에 직면해 있다. 가장 역설적인 현상 중 하나는 처음에는 반체제적이고 대안적이었던 미적 표현이 점차 주류화되고 상품화되는 과정이다. 한때 저항의 상징이었던 스트리트 아트가 부동산 가치를 높이는 '힙스터' 미학의 일부로 전유되거나, 기업 광고 캠페인에 활용되는 현상은 이러한 모순을 선명하게 보여준다.

"반란적 미학이 곧 상품이 된다는 역설은 자본주의의 놀라운 유연성과 흡수력을 보여준다. 어제의 저항이 오늘의 트렌드로, 내일의 마케팅 전략으로 변모한다."

피에르 부르디외가 예리하게 지적했듯이, 미적 취향은 결코 중립적이지 않으며 사회적 구별의 중요한 메커니즘으로 작용한다. 다양한 사회 집단이 도시 미학의 생산에 참여할 때, 상이한 미적 가치와 표현 방식 사이의 긴장과 갈등은 불가피하다.

누구의 미학적 비전이 공공 공간에 표현될 가치가 있는가? 다양한 미적 표현 사이의 충돌을 어떻게 중재할 것인가? 이러한 질문들은 단순한 미학적 고려를 넘어, 심오한 정치적, 윤리적 함의를 갖는다.

'미학적 정의'라는 개념은 이러한 맥락에서 중요한 규범적 지향점을 제공한다. 이는 단순히 미적 경험의 양적 분배를 넘어, 누가 도시 환경의 미적 질을 결정할 권리를 갖는지에 관한 근본적 질문이다. 제프리 호가 강조하는 '틈새 공간'의 중요성은 여기서 특별한 의미를 갖는다. 이러한 공간들은 공식적 도시계획의 통제 밖에서 자발적이고 실험적인 미적 실천이 꽃피울 수 있는 자유로운 영역을 제공한다.

✤ 도시에 대한 권리로서의 미학적 참여

르페브르가 제창하고 데이비드 하비가 발전시킨 '도시에 대한 권리' 개념은 도시 미학의 민주화를 위한 강력한 이론적 기반을 제공한다. 이 관점에서, 도시 거주자들은 단순히 주어진 도시 환경의 소비자가 아니라, 그 환경을 생산하고 변형하는 데 적극적으로 참여할 집단적 권리를 가진 주체다.

"도시에 대한 권리란 단순히 기존 도시에 접근할 권리가 아니라, 그것을 우리의 가장 소중한 욕망에 따라 변화시킬 권리다. 더 나아가, 이러한 변형 과정을 통해 우리 자신도 변화시킬 권리다."

이러한 시각에서 볼 때, 도시 미학의 민주화는 단순한 문화적 현상이 아니라, 보다 포괄적인 도시 민주주의를 향한 정치적 프로젝트의 중요한 일부다. 그것은 도시 공간의 생산과 재생산에 관한 권력 관계를 재구성하고, 모든 시민이 자신이 살아가는 환경의 미적 질을 형성하는 데 목소리를 낼 수 있는 세계를 지향한다.

도시 미학의 민주화가 갖는 진정한 혁명적 잠재력은 바로 여기에 있다. 그것은 단순히 도시를 '더 아름답게' 만드는 데 그치지 않고, 우리가 공유하는 공간을 통해 어떤 사회를 구축하고 싶은지, 어떤 가치를 중시하는지, 그리고 어떻게 함께 살아갈 것인지에 대한 집단적 상상력을 확장시킨다.

✤ 결론: 끊임없이 쓰이는 도시의 시학

도시 미학의 민주화는 결코 완결된 상태가 아니라, 끊임없이 진행되는 과정이다. 스페인 조각가 에두아르도 칠리다가 표현했듯, "진정한 민주주의는 미완의 건축물, 끊임없이 건설되어야 하는 무언가"이며, 이는 도시 미학의 민주화에도 적용된다.

이 여정에서 중요한 것은 단순히 기존 질서에 대한 저항만이 아니라, 보다 포용적이고 참여적인 도시 미학을 위한 적극적 대안의 구축이다. 스트리트 아트, 게릴라 가드닝, 참여적 디자인, 공동체 기반 공공예술과 같은 다양한 실천들은 이러한 대안을 실험하고 구체화하는 중요한 장이 된다.

"도시는 결코 완성되지 않는 집단적 시(詩)다. 매일 새로운 구절이 추가되고, 기존 운율이 재해석되며, 새로운 목소리가 합류한다."

도시 미학의 민주화가 지향하는 궁극적 비전은 도시를 단순한 소비와 생산의 공간이 아닌, 공동 창조의 장으로 재개념화하는 것이다. 이는 모든 도시 거주자가 단순한 수동적 소비자나 관람자가 아닌, 도시 환경의 미적 질을 형성하는 능동적 참여자로 인정받는 세계를 상정한다.

이러한 비전은 도시를 고정된 실체가 아닌, 끊임없이 재구성되고 재해석되는 집단적 작품으로 이해하며, 모든 시민이 이 창조적 과정에 참여할 동등한 권리와 능력을 가지고 있음을 긍정한다. 그것은 도시가 단순히 전문가들에 의해 디자인되는 '제품'이 아니라, 시민들이 함께 쓰고 다시 쓰는 '이야기'임을 인식하는 것이다.

이러한 공동 창작의 과정을 통해, 도시는 다양한 목소리와 비전이 공존하고 대화하는 풍요로운 미학적 풍경이 될 수 있다. 그리고 이 집단적 창조성의 표현 속에서, 우리는 함께 살아가는 더 정의롭고, 아름답고, 의미 있는 방식을 발견할 수 있을 것이다.

[참/고/문/헌]

1. 아리스토텔레스, 『정치학』, 기원전 4세기.

2. 게오르그 짐멜, 「대도시와 정신적 삶」 (Die Großstädte und das Geistesleben), 1903.

3. 앙리 르페브르, 『공간의 생산』 (The Production of Space), Blackwell Publishing, 1974.

4. 미셸 드 세르토, 『일상생활의 실천』 (The Practice of Everyday Life), University of California Press, 1980.

5. 데이비드 하비, 『포스트모더니티의 조건』 (The Condition of Postmodernity), Blackwell Publishers, 1989.

6. 제인 제이콥스, 『미국 대도시의 죽음과 삶』 (The Death and Life of Great American Cities), Random House, 1961.

7. 리처드 세넷, 『이방인의 도시』 (The Conscience of the Eye), W.W. Norton & Company, 1992.

8. 마누엘 카스텔스, 『네트워크 사회의 도래』 (The Rise of the Network Society), Blackwell Publishers, 1996.

9. 에드워드 소자, 『후기 메트로폴리스』 (Postmetropolis: Critical Studies of Cities and Regions), Wiley-Blackwell, 2000.

10. 브루노 라투르, 『사회 재조립하기』 (Reassembling the Social: An Introduction to Actor-Network-Theory), Oxford University Press, 2005.

11. 에베네저 하워드, 『내일의 전원도시』 (Garden Cities of To-morrow), 1898.

12. 고든 차일드, 『도시 혁명』 (Man Makes Himself), Watts & Co., 1936.

13. 피에르 노라, 『기억의 장소』 (Les Lieux de Mémoire), Gallimard, 1984.

14. 발터 벤야민, 『기술복제시대의 예술작품』 (The Work of Art in the Age of Mechanical Reproduction), Schocken Books, 1936.

15. 얀 겔, 『사람을 위한 도시』 (Cities for People), Island Press, 2010.

16. 케빈 린치, 『도시의 이미지』 (The Image of the City), MIT Press, 1960.

17. 샤론 주킨, 『도시 문화의 본질』 (The Cultures of Cities), Blackwell Publishing, 1995.

18. 윌리엄 화이트, 『소셜 라이프 오브 스몰 어반 스페이스즈』 (The Social Life of Small Urban Spaces), Project for Public Spaces, 1980.

19. 리처드 플로리다, 『창조적 계급의 부상』 (The Rise of the Creative Class), Basic Books, 2002.

제6장

✝

도시 문학과 시적 상상력
– 텍스트로 읽는 도시 –

1. 문학 속의 도시 풍경

근대성이 태동하는 순간부터 도시와 문학은 서로의 그림자처럼 따라다녔다. 도시가 인간 문명의 물질적 집적체라면, 문학은 그 도시 경험을 언어의 비단으로 감싸 의미를 부여하는 특별한 영역이었다. 미하일 바흐친의 표현을 빌리자면, 문학 속 도시는 '크로노토프' — 시간과 공간이 교차하는 밀도 높은 지점으로서 인간 경험의 다층적 결을 한 폭의 그림처럼 펼쳐 보인다.

19세기, 증기와 매연이 도시의 하늘을 뒤덮던 산업화의 소용돌이 속에서 도시는 문학적 상상력의 무대 중앙에 우뚝 섰다. 찰스 디킨스의 런던은 단순한 이야기의 배경이 아닌, 그 자체로 살아 숨쉬는 인물이었다. 『올리버 트위스트』의 안개 자욱한 거리, 『블리크 하우스』의 미로 같은 슬럼가, 테임즈 강에서 피어오르는 악취 — 이 모든 것은 디킨스의 펜 끝에서 생명을 얻어 근대 도시의 양면성을 생생하게 증언한다. 그의 런던은 기회와 착취, 발전과 퇴락, 자유와 소외가 뒤엉킨 모순의 풍경화다.

파리의 대로를 거닐던 보들레르의 발걸음은 근대 도시 경험의 원형을 빚어냈다. 『악의 꽃』에서 그가 창조한 '산책자(flâneur)'는 군중 속의 고독한 관찰자로서, 도시의 일시적 광경들 — 화려한 쇼윈도, 인공 조명의 반짝임, 패션의 덧없는 흐름 — 을 시적 언어로 포착했다. 발터 벤야민이 통찰했듯, 보들레르의 파리는 "알레고리의 수도"로서 근대성 자체를 알레고리화한 문학적 공간이었다.

20세기에 접어들며 문학 속 도시는 더욱 실험적이고 심리적인 풍경으로 변모했다. 제임스 조이스의 『율리시스』에서 더블린은 단 하루(1904년 6월 16일)의 미시적 시간 속에 압축된다. 블룸과 스티븐의 도시 편력은 지리적 공간만이 아닌, 의식의 흐름, 기억의 파편, 신화적 차원을 아우르는 총체적 도시 텍스트를 직조한다. 조이스는 세밀한 현실 묘사와 언어적 실험으로 도시의 물리적 표면과 심리적 깊이 사이의 긴장을 탐구했다.

비서구 문학의 풍경화 속에서도 도시는 중심 모티프로 자리 잡았다. 나기브 마푸즈의 『카이로 3부작』은 식민지배와 독립 사이에서 요동치는 카이로의 변화를 세 세대의 가족사를 통해 포착한다. 무라카미 하루키의 도쿄는 후기자본주의의 소비주의와 소외, 그리고 그 이면에 숨겨진 초현실적 차원이 공존하는 독특한 공간으로 그려진다. 『상실의 시대』나 『노르웨이의 숲』에서 도쿄의 카페, 재즈 바, 고독한 아파트는 현대 도시인의 멜랑콜리를 담아내는 그릇이 된다.

라틴아메리카 문학에서는 마술적 사실주의가 도시 풍경과 결합하여 특별한 문학적 지형을 이룬다. 가르시아 마르케스의 '마콘도'는 라틴아메리카 도시 발전의 알레고리로서, 식민주의, 근대화, a제국주의의 복합적 유산을 반영한다. 코르타사르의 『천국으로 가는 지하철』에서 부에노스아이레스의 지하철은 현실과 환상의 경계를 허무는 문학적 헤테로토피아로 기능한다.

21세기 글로벌 도시의 다문화적 현실은 새로운 도시 서사를 낳고 있다. 자디 스미스의 『화이트 티스』는 런던의 다문화적 십자로에서 펼쳐지는 여러 세대와 인종의 삶을 그린다. 에탄 네브의 텔아비브-야파는 지정학적 긴장이 도시 공간에 각인되는 모습을 예리하게 포착한다. 위화의 『제7일』은 급변하는 베이징의 풍경 속에서 개인의 소외와 정체성의 위기를 담아낸다.

도시 문학은 공식 역사가 놓치는 일상의 결, 주변부의 목소리, 감각의 지도를 세밀하게 기록한다. 이탈로 칼비노의 『보이지 않는 도시들』은 55개의 상상적 도시를 통해, 도시가 물리적 구조물을 넘어 어떻게 욕망과 기억, 교환의 네트워크로 경험되는지 보여준다. 이러한 문학적 시도는 도시를 감정과 상징의 복합체로 이해하도록 이끈다.

문학 속 도시는 또한 미래에 대한 유토피아와 디스토피아적 상상력을 투영하는 스크린이기도 하다. 벨라미의 『뒤돌아보며』에 그려진 보스턴 2000년의 유토피아적 비전부터, 포스터의 「기계가 멈추다」의 지하 도시 디스토피아까지, 문학은 도시 발전의 가능한 궤적을 성찰한다. 사이버펑크 소설의 미래 도시 — 깁슨의 '스프롤', 스티븐슨의 '메타버스' — 는 테크놀로지와 자본주의가 극단화된 도시 공간을 선견적으로 탐색한다.

문학 속 도시 풍경은 궁극적으로 인간 조건의 거울로 기능한다. 도시는 인간의 집합적 열망과 불안, 기억과 망각, 소통과 고립이 구체화된 공간으로서, 문학적 상상력을 통해 끊임없이 재해석된다. 로베르트 무질이 『특성 없는 남자』에서 '카카니아'라는 가상 수도를 통해 포착한 것은 비엔나의 특수한 문화적 풍경만이 아닌, 근대성 자체의 보편적 모순이었다.

도시 문학은 단순한 미메시스(모방)를 넘어 포이에시스(창조)의 영역으로 나아간다. 문학은 도시를 재현할 뿐 아니라, 도시를 경험하고 해석하는 방식 자체를 형성한다. 피에르 노라의 개념을 빌리자면, 문학 속 도시는 '기억의 장소'로서 집단적 상상력과 정체성을 구성한다. 디킨스의 런던, 보들레르의 파리, 조이스의 더블린, 무라카미의 도쿄는 이제 물리적 장소를 넘어 문화적 텍스트가 되어, 우리가 그 도시들을 읽고 걷는 방식에 지속적인 흔적을 남긴다.

이처럼 문학은 도시의 물리적 지도 위에 의미와 감정, 기억과 상상의 보이지 않는 지층을 더한다. 문학가들은 도시의 지리학자이자 고고학자로서, 콘크리트와 유리 너머의 인간 경험을 발굴하고 기록한다. 그들의 펜끝에서 도시는 단순한 건물들의 집합이 아닌, 인간 드라마의 살아있는 무대로 피어난다.

2. 도시의 문학적 지도 그리기: 상상력으로 걷는 거리

도시의 지도는 두 가지 방식으로 그려진다. 하나는 측량사의 정확한 계산과 건축가의 청사진으로, 또 하나는 시인과 소설가의 감수성으로. 문학적 지도 제작은 이 두 번째 방식으로, 콘크리트와 아스팔트 사이에서 피어나는 상상력의 꽃을 채집하는 작업이다. 프랑코 모레티가 『근대 서사시에 관한 지도』에서 통찰했듯, 문학 작품을 지도화하는 일은 단순한 시각적 재현을 넘어 텍스트와, 도시 경험의 숨겨진 구조를 드러내는 해석의 댄스다.

더블린의 거리를 걸어보자. 매년 6월 16일, '블룸스데이'가 되면 전 세계의 조이스 독자들은 『율리시스』의 주인공 레오폴드 블룸의 발자취를 따라 도시를 순례한다. 이들은 마틴스 제과점에서 구운 신장을 맛보고, 샌디마운트 해변에서 바다를 응시하며, 데이비 번 술집에서 점심과 함께 글래스 버건디를 홀짝인다. 이는 단순한 관광이 아니라, 조이스가 잉크로 그린 문학적 더블린과 현실 도시 사이의, 백 년에 걸친 대화에 참여하는 의식이다.

파리는 아마도 세계에서 가장 풍부한 문학적 층위를 품고 있는 도시일 것이다. 빅토르 위고의 『레미제라블』이 그린 혁명의 거리, 프루스트가 『잃어버린 시간을 찾아서』에서 묘사한 사교계의 살롱들, 헤밍웨이의 『움직이는 향연』에 등장하는 몽파르나스와 생제르맹 데프레의 카페들은 모두 물리적 도시 위에 중첩된 상상의 지층이다. '보들레르 산책로'를 따라 걷는 이들은 19세기 시인의 눈으로 21세기 파리를 바라보는 시간 여행자가 된다. 이는 과거의 유물을 찾는 고고학이 아니라, 도시의 끊임없는 변화 속에서 문학적 상상력이 어떻게 새롭게 숨쉬는지를 경험하는 살아있는, 현재 진행형의 대화다.

문학적 지도는 종종 공식 역사가 침묵하는 도시의 그림자, 주변부의 목소리를 담아낸다. 로스앤젤레스의 치카노 문학은 관광 안내서에서 찾아볼 수 없는 라틴계 커뮤니티의 내밀한 지리를 그려낸다. 루이스 발데스의 『조프』나 헬레나 마리아 비라몬테스의 『그들의 개들 아래』와 같은 작품들은 이스트 LA를 단순한 '위험 지역'이 아닌, 풍부한 문화적 뿌리와 기억, 저항의 역사가 새겨진 살아있는 공간으로 재해석한다. 이러한 대안적 문학 지도는 도시 공간에 대한 지배적 서사에 틈새를 만들고, 다양한 공동체의 목소리에 귀 기울이도록 한다.

디지털 기술의 물결은 문학적 지도 제작에 새로운 지평을 열었다. GIS와 웹 기반 매핑 도구들은 문학 작품의 공간적 차원을 다채롭게 시각화하고 분석하는 가능성을 제공한다. '리터러리 아틀라스 오브 유럽'이나 '매핑 더 레이크스'와 같은 디지털 인문학 프로젝트들은 텍스트 마이닝, 공간 분석, 인터랙티브 시각화 기술을 결합하여, 작품 속에 숨겨진 지리적 패턴과 구조를 가시화한다. 이런 디지털 지도는 서로 다른 시대와 작가, 장르 간의 공간적 상상력을 비교하며 새로운 해석의 문을 연다.

문학 관광은 이러한 지도 그리기의 대중적 형태로, 독자들의 열정이 만들어낸 문화 현상이다. 셜록 홈즈의 베이커가 221B, 브론테 자매의 하워스, 마르케스의 아라카타카와 같은 '문학의 성지'들은 매년 수많은 순례자들을 맞이한다. 이는 단순한 팬덤의 표현을 넘어, 독자와 텍스트, 장소 사이의 삼각관계를 체험하는 복합적 실천이다. 닉 벤틀리가 지적했듯, 문학 관광은 "텍스트성과 물질성, 상상과 경험 사이의 대화"를 촉발하며, 책 속 세계와 현실 세계 사이의 경계를 흐릿하게 만든다.

문학적 지도는 또한 도시 정체성의 형성과 문화적 기억의 보존에 중요한 역할을 한다. 많은 도시들이 문학적 유산을 도시 브랜딩과 문화 관광의 자원으로 활용한다. 더블린의 조이스 센터, 프라하의 카프카 박물관, 부에노스아이레스의 보르헤스 문화 센터는 작가와 도시의 유기적 관계를 기념하고, 문학적 기억을 집단적 정체성으로 직조한다. 그러나 이 과정에서 문학의 복잡성이 관광객용 기념품으로 단순화될 위험도 존재한다. 진정한 문학적 지도 그리기는 상업적 논리를 넘어, 텍스트와 도시의 다층적 관계에 대한 비판적 감수성을 요구한다.

문학적 지도는 공간뿐 아니라 시간의 차원도 품는다. 도시는 끊임없이 변화하지만, 문학 작품은 특정 순간의 도시 풍경을 영원히 포착한다. 이는 문학적 지도와 현재의 물리적 도시 사이에 불가피한 간극을 만들어낸다. 그러나 이 간극은 단절이 아닌, 과거와 현재, 상상과 현실 사이의 생산적 긴장으로 읽을 수 있다. 안드레아스 후이센이 말하는 "도시 팔림세스트" — 여러 시간의 층이 중첩된 도시 텍스트 — 는 바로 이러한 시간적 중첩과 긴장에서 태어난다.

물리적 지도가 객관적 거리와 좌표를 표현한다면, 문학적 지도는 공간의 주관적 경험, 감정적 울림, 기억과 연상의 그물망을 담아낸다. 조르주 페렉의 『공간의 종류들』이 그린 파리는 측량사의 자가 아닌, 산책자의 오감과 기억으로 측정된 도시다. 이러한 '정서 지리학'은 도시 공간이 단순한 물리적 용기가 아닌, 의미와 감정이 새겨진 인간 경험의 풍경임을 일깨운다.

도시의 문학적 지도 그리기는 결국 공간에 대한 창조적 전유의 가능성을 열어준다. 미셸 드 세르토가 『일상의 실천』에서 통찰했듯, 도시의 보행자들은 도시계획가의 청사진 위에 자신만의 시적 경로를 그려넣는다. 문학적 지도 그리기는 이러한 일상의 시학을 보다 의식

적이고 집단적인 차원으로 확장한다. 그것은 도시를 닫힌 텍스트가 아닌, 다양한 목소리와 경험, 기억과, 상상이 교차하는 열린 대화의 장으로 변모시킨다.

더블린의 '블룸스데이'나 파리의 '보들레르 산책로'와 같은 문학적 순례는 도시를 읽고 쓰는 행위의 변증법적 과정을 구체화한다. 그것은 물리적 공간과 텍스트적 상상, 개인적 경험과 집단적 기억, 과거의 흔적과 현재의 해석이 서로 얽히고 대화하는 살아있는 실천이다. 이를 통해 도시는 단순한 건물들의 집합이 아닌, 끊임없이 다시 읽히고 다시 쓰이는 문화적 텍스트로 거듭난다.

문학적 지도를 그리는 일은 도시의 표면 아래 숨겨진 이야기의 지층을 발굴하는 작업이다. 그것은 눈에 보이는 거리와 건물 너머, 상상력과 기억이 빚어낸 보이지 않는 도시의 지형도를 그려낸다. 이 지도를 따라 걷는 이들은 단순한 관광객이 아니라, 도시와 문학 사이의 끊임없는 대화에 동참하는 공동 저자가 된다. 그들의 발자국은 도시라는 거대한 책 위에 또 하나의 문장을, 또 하나의 이야기를 새겨 넣는다.

3. 도시와 언어의 상호작용: 말하는 거리, 읽는 도시

도시와 언어는 서로를 비추는 거울이다. 도시가 언어적 교류와, 혁신의 용광로로 기능했다면, 언어는 도시 공간에 의미와 질서를 부여하는 보이지 않는 지도였다. 사회언어학자 윌리엄 라보프의 표현처럼, 도시는 언어의 다양성과 창조성이 끓어오르는 "사회언어학적 실험실"이다. 이 실험실에서 벌어지는, 도시와 언어의 밀월은 단순한 인과관계가 아닌, 복합적이고 다채로운 문화적 춤사위로 이해해야 한다.

도시의 말소리를 들어보자. 뉴욕시를 연구하던 라보프는 맨해튼 백화점의 사회적 계층에 따라 발음 패턴이 체계적으로 달라짐을 발견했다. 런던의 '콕니' 억양, 베를린의 '베를리너리쉬', 도쿄의 '에도-벤'과 같은 도시 방언들은 단순한 지역적 변이가 아니라, 도시 정체성과 계급 의식이 목소리를 얻은 형태다. 이들 방언은 종종 정통 표준어에 대한 언어적 반란으로, 도시 하층민의 저항적 정체성을 담아내며, 동시에 도시 문화의 진정성과 지역색을 생생하게 표현한다.

다문화 도시의 언어 풍경은 더욱 복잡하다. 도시의 교차로에서는 코드 전환, 언어 혼종, 피진과 크레올 형성과 같은 창조적 언어 실험이 일상적으로 벌어진다. 뉴욕의 '스팽리시', 런던의 '멀티에스닉 영어', 싱가포르의 '싱글리시'와 같은 혼종적 언어들은 도시 이주자들의 경험과 다중적 정체성을 반영한다. 언어인류학자 존 검퍼츠가 지적했듯, 이러한 언어적 융합은 결함이나 오류가 아닌, 복합적 정체성과 소속감을 협상하는 지혜로운 전략이다.

도시 공간의 이름은 단순한 지리적 표지가 아닌, 정치적·문화적 선언문이다. 거리, 광장, 지하철역, 지구의 이름들은 집단적 기억과 정체성을 구성하는 상징적 텍스트다. 식민지 독립 후 '봄베이'가 '뭄바이'로, '마드라스'가 '첸나이'로 변신한 것은 탈식민적 주권의 언어적 선언이었다. 마찬가지로 동유럽 사회주의 체제 붕괴 이후 '레닌 광장'이나 '스탈린 거리'의 개명은 정치적 단절과 새로운 시작을 알리는 상징적 의식이었다. 이러한 명명의 정치학은 도시 공간이 물리적 실체 이상의, 권력과 이데올로기가 각인된 담론의 전쟁터임을 보여준다.

도시의 표면을 덮는 언어적 풍경은 가로 표지판, 공공 안내문, 상업 광고, 반항적 그래피티 등 다양한 '공공 문자'로 가득하다. 사회기호학자 크레스와 반 리우웬이 강조하듯, 이런 도시 텍스트들은 언어, 이미지, 공간 배치, 물질적 특성이 복잡하게 얽힌 '다중양식적' 소통을 구성한다. 파리 메트로의 우아한 아르누보 간판, 도쿄 시부야의 눈부신 네온 사인, 이스탄불 그랜드 바자르의 다언어 상업 표지들은 각 도시의 시각적·언어적 정체성을 형성하는 핵심 요소다.

도시의 공식 언어 정책과 '언어 경관'은 권력과 저항의 긴장 관계를 드러낸다. 몬트리올의 프랑스어 우선 정책이나 브뤼셀의 이중언어 표지판은 언어적 권리와 정치적 자율성을 둘러싼 오랜 투쟁의 결과물이다. 반면 그래피티, 스트리트 아트의 텍스트, 지역 사투리를 활용한 비공식 간판은 공식 언어 질서에 대한 저항과 대안적 목소리를 표현한다. 얀 블로마트가 통찰했듯, 이러한 언어 경관은 "권력, 역사, 정체성의 지표"로서 도시의 숨겨진 내러티브를 말해준다.

도시 공간의 언어적 조직은 우리가 도시를 인식하고 탐색하는 방식을 근본적으로 형성한다. 지하철 노선도, 거리 표지판, 랜드마크 명칭은 도시민들이 공간을 이해하고 이동하

는 인지적 지도를 그려준다. 언어인류학자 키스 바소의 연구가 보여주듯, 장소 이름은 단순한 위치 표시가 아닌, 문화적 지식과 역사적 이야기가 응축된 기억의 창고다. '세븐 다이얼스', '타임스 스퀘어', '명동'과 같은 지명들은 위치 정보를 넘어, 특별한 역사적 맥락과 문화적 울림을 담고 있다.

예술가들은 도시 언어의 창조적 가능성을 탐구해왔다. 콘크리트 포에트리, 개념미술의 텍스트 작업, 사운드 아트는 도시 공간의 언어적 차원을 미학적으로 재해석한다. 시튜아시오니스트 운동의 '정신지리학'과 '표류' 개념은 도시 경험의 주관적·감정적 지형을 언어로 포착하려는 실험이었다. 이러한 예술적 실천은 도시의 기능적·합리적 언어 질서에 균열을 내고, 도시 공간을 읽고 쓰는 대안적 방식을 제시한다.

디지털 혁명은 도시와 언어의 관계에 새로운 차원을 더했다. 모바일 앱, 소셜 미디어 태그, 디지털 지도는 도시 공간을 언어적으로, 매개하고 탐색하는 방식을 변화시켰다. '포스퀘어'나 '옐프'와 같은 위치 기반 플랫폼은 사용자들이 도시 장소에 대한 경험과 감정을 기록하고 공유하는 디지털 아고라를 형성한다. 이런 온라인 언어 실천은 공식적·제도적 도시 담론과 병행하는 시민 주도적 도시 텍스트를 구성한다.

언어적 관점에서 보면, 도시는 다양한 목소리와 담론이 공존하고 경쟁하는 '이질언어적' 공간이다. 바흐친의 이 개념은 도시의 언어적 현실이 단일한 공식 언어나 지배적 내러티브로 환원될 수 없음을 상기시킨다. 도시는 다양한 사회 집단, 문화적 전통, 역사적 층위의 언어가 교차하고 대화하는 복합적 텍스트다. 이러한 다성적 환경은 도시의 창조적 에너지와 문화적 역동성의 원천이 된다.

도시와 언어의 밀접한 관계는 결국 인간의 사회적 존재 방식과 맞닿아 있다. 벤 라마스가 지적했듯, 도시의 언어적 실천은 "정체성의 수행"이자 "사회적 관계의 협상"이다. 도시민들은 언어를 통해 소속감을 표현하고, 사회적 경계를 넘나들며, 도시 공간에 대한 자신의 해석과 주장을 펼친다. 이런 의미에서 도시의 언어적 지형은 단순한 소통 도구가 아닌, 도시 생활의 사회적·문화적·정치적 차원이 실현되는 살아있는 매체다.

도시와 언어의 상호작용은 기능적 관계를 넘어선 복합적 문화 현상이다. 도시의 언어적 요소들 — 방언의 억양, 거리의 이름, 공공 텍스트의 직조 — 은 도시의 역사, 권력 구조, 문화적 정체성을 반영하고 동시에 형성한다. 이러한 언어적 차원에 대한 탐구는 도시의 물리적·시각적 측면에 치중된 전통적 도시 연구를 풍요롭게 하며, 도시 경험의 상징적·담론적 구조에 대한 더 깊은 이해를 가능하게 한다. 도시를 '읽는다'는 것은 단순한 비유가 아닌, 도시 공간의 언어적 구성과 의미화에 참여하는 적극적인 해석 행위인 것이다.

4. 디지털 시대의 도시 내러티브: 픽셀로 짓는 도시 이야기

디지털 기술의 물결은 도시를 읽고 쓰는 방식에 조용한 혁명을 일으켰다. 과거 도시의 이야기는 작가, 계획가, 정책 입안자라는 특권적 필력에 의해 주도되었지만, 오늘날 디지털 미디어는 도시 서사의 펜을 시민들의 손에 쥐어주며 새로운 형태의 집단적 스토리텔링을 가능케 한다. 헨리 젠킨스가 말한 '컨버전스 문화'와 '참여 문화'는 이러한 변화의 지형도를 그리는 유용한 나침반이 된다.

소셜 미디어는 일상의 순간들을 도시 서사의 재료로 변모시킨다. 인스타그램의 위치 태그와 해시태그는 특정 장소를 중심으로 수천 개의 시각적 단편을 모아 집단적 이미지 모자이크를 형성한다. 트위터의 실시간성은 도시의 숨결과 맥박 — 시위, 축제, 재난 — 을 즉각적으로 포착하는 다성부 합창을 만들어낸다. 페이스북의 '메모리즈' 기능은 같은 장소에 대한 개인의 시간적 경험을 겹쳐놓아 도시와의 관계에 깊이를 더한다. 이런 소셜 미디어 내러티브는 공식 가이드북의 광택 있는 표면 아래, 도시의 주름진 피부와 숨겨진 표정을 드러낸다.

위치 기반 서비스는 물리적 공간과 디지털 이야기를 직접 연결하는 다리를 놓는다. '히스토리핀'과 같은 플랫폼은 사용자들이 역사적 사진과 일화를 특정 좌표에 '핀'으로 고정시켜, 도시의 물리적 표면 위에 기억의 투명한 층을 덧입힌다. '포스퀘어'나 '구글 맵 리뷰'는 카페, 공원, 거리 모퉁이와 같은 일상 공간에 대한 집단적 감상과 경험을 누적시킨다. 제이슨 파라길이 통찰했듯, 이러한 위치 기반 스토리텔링은 "장소의 의미가 고정되지 않고, 사회적으로 구성되며, 끊임없이 재협상된다"는 인식을 강화한다.

증강현실(AR) 기술은 도시 내러티브에 마법의 차원을 더한다. AR 앱을 통해 사용자들은 콘크리트 벽과 아스팔트 위에 중첩된 디지털 이야기 층을 경험할 수 있다. 디트로이트 디지털 저스티스 코얼리션의 프로젝트처럼, 이 기술은 도시의 비가시적 역사 — 노동자들의 파업, 인종 차별의 경계선, 젠트리피케이션으로 사라진 공동체 — 를 시각화하는 도구가 된다. AR은 또한 예술적 실험의 장으로서, 실제 도시 공간을 대안적 현실, 미래적 비전, 환상적 변형으로 재해석할 수 있는 캔버스를 제공한다.

도시 데이터의 시각화와 내러티브화는 도시의 복잡한 숨결을 이해하는 새로운 렌즈를 선사한다. '휴먼스 오브 뉴욕'은 익명의 통계 속에 숨겨진 개인들의 얼굴과 이야기를 수집하여 도시의 인간적 초상을 그려낸다. '스토리맵 JS'와 같은 도구는 차가운 데이터와 따뜻한 내러티브, 객관적 지도와 주관적 이야기를 융합하여 도시의 다차원적 실체를 표현한다. 이런 접근은 도시 데이터를 단순한 숫자의 나열이 아닌, 살과 피가 흐르는 이야기로 변환한다.

참여적 도시 계획과 '시민 과학'은 디지털 스토리텔링을 도시 변화의 지렛대로 활용한다. '넥스트 헤이그'나 '마이 시티 오클랜드' 같은 플랫폼은 시민들이 자신의 동네와 도시에 대한 이야기, 아이디어, 우려를 공유할 수 있는 디지털 광장을 제공한다. 이러한 참여적 내러티브는 전문가 중심의 도시 계획 논의를 풍요롭게 하고, 때로는 도전함으로써 도시의 미래 방향에 시민의 목소리를 새긴다. 레이첼 서크가 말했듯, 이는 "도시 공간의 미래에 대한 집단적 저작권"을 확장하는 과정이다.

디지털 아카이브와 '문화적 매핑' 프로젝트들은 공식 역사에서 지워진 도시의 그림자를 복원한다. '슬럼 박물관'과 같은 디지털 기획은 도시 빈민가의 주민들이 자신의 일상, 문화, 투쟁을 기록하고 공유할 수 있는 플랫폼을 제공한다. 이러한 '아래로부터의 역사쓰기'는 공식 내러티브에서 종종 침묵당하는 목소리와 경험을 되살리며, 도시에 대한 보다 다층적인 이해를 가능케 한다.

그러나 디지털 도시 내러티브의 장밋빛 전망 뒤에는 새로운 형태의 그림자도 존재한다. '디지털 격차' — 기술적 접근성, 디지털 문해력, 문화적 자본의 불균형 — 는 누가 도시 이야기의 생산과 유통에 참여할 수 있는지를 결정한다. 알고리즘적 큐레이션과 플랫폼의 상업적 논리는 특정 유형의 도시 내러티브를 전면에 내세우고 다른 이야기를 주변부로 밀어낸다. 인스타그램의 알고리즘이 선호하는 '포토제닉한' 도시 이미지는 화려한 건축물, 세련된 카페, 정돈된 공원과 같은 도시의 표면에 과도한 조명을 비추며, 그 이면의 복잡한 현실을 그림자 속에 가둔다.

디지털 내러티브의 순간성과 파편화는 도시 기억의 성격을 변모시킨다. 소셜 미디어의 게시물이나 앱 기반 리뷰는 종종 즉각적이고 휘발성이 강해, 도시 경험에 대한 보다 지속적이고 숙고된 기록의 가치를 약화시킬 수 있다. 앤드류 호스킨스가 이를 "커넥티드 기억" — 네트워크화되고 유동적이며 끊임없이 재구성되는 기억 — 이라 개념화했듯, 이러한 변화는 도시 경험의 시간적 연속성과 역사적 의미에 근본적인 질문을 던진다.

국경을, 초월하는 디지털 내러티브는 '장소성'의 개념을 확장한다. 소셜 미디어와 디지털 플랫폼은 물리적으로 떨어진 개인들이 특정 도시 공간을 중심으로 가상의 공동체를 형성할 수 있게 한다. 이주민 디아스포라는 디지털 미디어를 통해 고향 도시와의 연결을 유지하고, 물리적 거리를 뛰어넘는 감정적·문화적 유대를 만들어낸다. 이런 '초-지역적' 내러티브는 도시에 대한 소속감과 정체성이 더 이상 물리적 거주에 국한되지 않음을 보여준다.

디지털 시대의 도시 내러티브는 궁극적으로 도시의 의미와 공간에 대한 권리를 둘러싼 복합적 대화의 무대다. 그것은 도시를 단일한 저자나 권위에 의해 쓰여진 완성된 텍스트가 아닌, 다양한 목소리와 시선이 끊임없이 더해지고 변형되는 '열린 작품'으로 바라볼 수 있게 한다. 이러한 집단적 스토리텔링은 도시를 단순한 물리적 구조물이나 경제적 기계가 아닌, 인간의 경험과 상상력이 새겨진 의미의 직물로 이해하도록 초대한다.

디지털 기술은 도시를 말하고, 쓰고, 읽는 방식을 근본적으로 변화시키며 도시 경험의 새로운 차원을 열어준다. 소셜 미디어, 위치 기반 서비스, 증강현실, 참여적 플랫폼은 시민들이 도시 이야기의 공동 창작자로 나설 수 있는 전례 없는 기회를 제공한다. 이러한 도구들은 도시의 보이지 않는 층위를 드러내고, 소외된 목소리를 증폭하며, 대안적 도시 미래를 상상할 수 있는 창을 연다.

    그러나 이는 동시에 디지털 접근성의 불평등, 알고리즘적 편향, 기억의 파편화와 같은 새로운 도전도 수반한다. 디지털 시대의 도시 내러티브가 진정 포용적이고 변혁적인 잠재력을 실현하기 위해서는, 이러한 기술적·사회적 제약에 대한 비판적 성찰과 창조적 개입이 필요하다.

    도시는 이제 콘크리트와 강철만으로 지어지지 않는다. 그것은 픽셀과 코드, 태그와 댓글, 디지털 기억과 가상 경험으로도 구축된다. 이 새로운 도시 건축의 시대에, 우리는 모두 도시 이야기의 공동 저자가 되어 함께 살고 꿈꾸는 공간을 말로써 다시 짓고 있다.

[참/고/문/헌]

1. 아리스토텔레스, 『정치학』, 기원전 4세기.

2. 루이스 멈포드, The City in History: Its Origins, Its Transformations, and Its Prospects, Harcourt, Brace & World, 1961.

3. 데이비드 하비, 『포스트모더니티의 조건』(The Condition of Postmodernity), Blackwell Publishers, 1989.

4. 게오르그 짐멜, 「대도시와 정신적 삶」(Die Großstädte und das Geistesleben), 1903.

5. 앙리 르페브르, The Production of Space, Blackwell Publishing, 1974.

6. 미셸 드 세르토, 『일상생활의 실천』(The Practice of Everyday Life), University of California Press, 1980.

7. 제인 제이콥스, 『미국 대도시의 죽음과 삶』(The Death and Life of Great American Cities), Random House, 1961.

8. 리처드 세넷, 『이방인의 도시』(The Conscience of the Eye), W.W. Norton & Company, 1992.

9. 마누엘 카스텔스, 『네트워크 사회의 도래』(The Rise of the Network Society), Blackwell Publishers, 1996.

10. 에드워드 소자, 『후기 메트로폴리스』(Postmetropolis: Critical Studies of Cities and Regions), Wiley-Blackwell, 2000.

11. 브루노 라투르, 『사회 재조립하기』(Reassembling the Social: An Introduction to Actor-Network-Theory), Oxford University Press, 2005.

12. 에베네저 하워드, 『내일의 전원도시』(Garden Cities of To-morrow), 1898.
    고든 차일드(V. Gordon Childe), Man Makes Himself, Watts & Co., 1936.

13. 피에르 부르디외, 『구별짓기』(Distinction: A Social Critique of the Judgement of Taste), Harvard University Press, 1984.

14. 발터 벤야민(Walter Benjamin), 『기술복제시대의 예술작품』(The Work of Art in the Age of Mechanical Reproduction), Schocken Books, 1936.

15. 레베카 솔닛(Rebecca Solnit), Wanderlust: A History of Walking, Viking Penguin, 2000.

16. 얀 겔(Jan Gehl), 『사람을 위한 도시』(Cities for People), Island Press, 2010.

17. 케빈 린치(Kevin Lynch), The Image of the City, MIT Press, 1960.

18. 샤론 주킨(Sharon Zukin), 『도시 문화의 본질』(The Cultures of Cities), Blackwell Publishing, 1995.

19. 윌리엄 화이트(William H. Whyte), 『소셜 라이프 오브 스몰 어반 스페이스즈』(The Social Life of Small Urban Spaces), Project for Public Spaces, 1980.

제7장

✛

도시의 기억과 서사
- 역사성과 장소성 -

1. 도시의 집단 기억과 트라우마: 상처받은 돌과 치유의 공간

도시는 콘크리트와 강철만으로 지어지지 않는다. 그것은 기억과 경험, 희망과 상처가 켜켜이 쌓인 시간의 지층이다. 1920년대 모리스 알박스가 발전시킨 '집단 기억' 개념은 기억이 단순한 개인적 현상을 넘어 사회적으로 구성되고 공유된다는 통찰을 제공한다. 도시 공간은 이러한 집단 기억의 물질적 토대이자 상징적 매개체로서, 공동체의 정체성과 역사적 연속성을 떠받치는 눈에 보이지 않는 기둥이 된다.

트라우마적 역사는 도시 기억의 가장 깊고 복잡한 지층을 형성한다. 대규모 폭력, 전쟁, 자연재해, 산업 재앙과 같은 사건들은 도시 공동체의 집단적 심리에 깊은 상처를 남기며, 그 치유와 해석은 수십 년, 때로는 수세기에 걸친 여정이 된다. 알라이다 아스만이 지적했듯, 트라우마는 "말할 수 없는 것과 침묵 사이의 역설적 결합"으로 존재하며, 이 역설을 풀어내기 위한 문화적 형식과 실천이 필요하다.

히로시마의 평화 기념 공원과 원폭 돔은 핵무기의 파괴적 위력과 그 인간적 대가를 기억하는 상징적 장소다. 1945년 8월 6일, 원자폭탄이 도시를 잿더미로 만들었을 때, 기적적으로 일부 구조만 남은 산업진흥회관(현재의 원폭 돔)은 의도적으로 보존되어 파괴의 순간을 영원히 증언한다. 평화 기념관의 전시물, 매년 8월의 추모식, 수천 개의 종이학 헌납과 같은 의례는 말로 표현할 수 없는 트라우마를 공적 담론으로 승화시키고, 희생자를 기리며, 핵무기 없는 세계를 위한 보편적 호소를 담아낸다. 이 기억의 장소는 단순한 과거의 상처가 아닌, 켄고 쿠마의 현대적 추모 공간이 보여주듯 평화와 화해를 향한 미래지향적 비전을 품고 있다.

베를린은 20세기의 중첩된 트라우마 ― 나치즘, 홀로코스트, 분단, 냉전 ―를 기억하고 마주하는 복합적 도시 풍경을 발전시켜왔다. 피터 아이젠만의 '학살된 유럽 유대인을 위한 기념비'는 2,711개의 콘크리트 기둥이 만드는 미로 같은 구조를 통해, 방문자들에게 방향감각의 상실과 소외감을 유발하여 홀로코스트의 압도적 공포를 감각적으로 전달한다. 다니엘 리베스킨트의 유대인 박물관은 '공허의 건축'을 통해 부재와 상실의 경험을 공간화한다. 베를린 장벽의 흔적을 따라 이어지는 '베를린 장벽 트레일'은 분단의 상처를 기억하면서도, 도시의 치유와 재통합 과정을 표현한다. 베를린은 트라우마적 과거를 지우거나 미화하지 않고, 오히려 그것을 정면으로 마주함으로써 "기억의 작업"이 어떻게 이루어질 수 있는지 보여준다.

남아프리카공화국 요하네스버그의 '아파르트헤이트 박물관'과 '헌법 언덕'은 인종차별 체제의 트라우마를 기억하고 민주적 전환을 기념하는 공간이다. 과거 정치범 수용소였던 장소를 재활용한 헌법 언덕은 상징적으로 억압의 장소를 정의와 인권의 전당으로 변모시켰다. 이러한 기억의 공간은 "진실과 화해"라는 남아공의 전환기 정의 모델을 물리적으로 구현하며, 과거의 상처를 인정하면서도 공유된 미래를 향한 집단적 의지를 담아낸다.

캄보디아 프놈펜의 '투올 슬렝 대학살 박물관'과 '킬링 필드'는 크메르 루주 정권 (1975~1979)에 의한 대량학살의 기억을 보존한다. 과거 고문 센터였던 이 장소들은 생존자의 증언, 희생자의 사진, 고문 도구의 전시를 통해 극단적 폭력의 역사를 날것 그대로 보여준다. 이러한 직설적 접근은 가해자와 피해자가 여전히 같은 사회에 공존하는 현실 속에서 부인과 망각에 저항하며, 트라우마적 역사가 도시와 국가의 집단 기억에서 사라지는 것을 막는다.

도시 트라우마는 인간이 일으킨 폭력뿐 아니라 산업 재앙과 환경 재해의 형태로도 나타난다. 우크라이나의 프리피야트는 1986년 체르노빌 원전 사고 이후 유령 도시가 되었으며, 그 폐허는 과학기술의 오만함과 생태적 취약성에 대한 경고로 남아있다. 이탈리아 라퀼

라와 같은 지진 피해 도시들은 자연재해 이후 재건 과정에서 물리적 구조물뿐 아니라 도시의 사회적 직물과 문화적 정체성을 회복하는 어려움을 보여준다. 이러한 경우, 도시의 기억 작업은 트라우마를 극복하고 회복력을 구축하는 과정의 중심축이 된다.

젠트리피케이션, 도시 재개발, 산업 쇠퇴와 같은 점진적 과정도 도시 공동체에 집단적 트라우마를 일으킬 수 있다. 미국 디트로이트나 영국 리버풀과 같은 '러스트 벨트' 도시들의 경험은 산업 기반 상실이 단순한 경제적 현상이 아닌, 세대를 걸쳐 전승되던 노동자 정체성과 공동체 구조의 붕괴임을 보여준다. 이러한 '느린 폭력'의 기억은 종종 포스트-산업 유산의 보존, 노동자 박물관, 구술사 프로젝트를 통해 기록되고 전달된다.

집단 기억과 트라우마를 둘러싼 정치적 갈등은 도시 공간에서 특히 첨예하게 표출된다. 스페인 마드리드의 '기억의 계곡'을 둘러싼 논쟁이나, 미국 남부 도시들의 남북전쟁 기념물에 관한 갈등은 "누구의 기억이 공적 공간에서 재현될 권리가 있는가"라는 근본적 질문을 던진다. 이러한 '기억의 정치학'은 단순한 과거 해석의 문제가 아닌, 현재의 권력 관계와 미래의 사회적 비전을 둘러싼 투쟁이다.

디지털 기술의 발전은 도시 트라우마를 기억하고 전달하는 새로운 가능성을 열었다. 증강현실 앱, 디지털 아카이브, 대화형 설치물은 물리적 도시 공간에 중첩된 기억의 층위를 가시화하고, 과거와 현재 사이의 대화적 관계를 촉진한다. 워싱턴 DC의 '홀로코스트 박물관'의 디지털 증언 프로젝트나 히로시마 평화 기념관의 가상현실 경험은 직접적 증인이 사라진 후에도 트라우마적 기억의 정서적 힘을 보존하려는 시도다.

마리안느 허시가 발전시킨 '포스트메모리' 개념은 직접 경험하지 않은 트라우마가 다음 세대에게 전달되는 방식을 설명한다. 도시의 기억 장소와 기념물은 이러한 세대 간 기억 전달의 중요한 다리가 되어, 개인적 경험과 집단적 역사 사이의 연결을 만든다. 9/11 메모리얼은 테러 공격을 직접 경험하지 않은 세대에게도 그 충격과 의미를 전달하는 중요한 장소가 되었다.

도시의 트라우마 기억은 단순한 과거 재현을 넘어, 치유와 변화를 위한 자원이 될 수 있다. 제프리 알렉산더가 제안한 '문화적 트라우마' 개념에 따르면, 집단적 트라우마를 인식하고 공적으로 표현하는 과정은 공동체의 연대감을 강화하고 도덕적 책임에 대한 새로운 인식을 일깨울 수 있다. 이런 관점에서 히로시마의 평화 기념관이나 베를린의 홀로코스트 기념물과 같은 도시 기억의 장소는 단순한 슬픔의 표현이 아닌, 집단적 반성과 사회적 변혁을 위한 촉매제로 작용한다.

도시의 집단 기억과 트라우마는 단순한 과거의 흔적이 아닌, 현재와 미래를 형성하는 살아있는 과정이다. 기념물, 박물관, 보존된 유적, 의례적 실천을 통해 도시는 고통스러운 과거와 마주하고, 그것을 의미 있는 현재 경험으로 변환하며, 미래를 위한 윤리적 나침반을 제공한다. 이러한 '기억의 작업'은 도시 공동체가 자신의 역사적 상처를 인정하고 극복함으로써 보다 정의롭고 인도적인 미래를 향해 나아가는 끊임없는 여정이다.

도시의 벽과 거리, 광장과 기념물은 침묵하는 것처럼 보이지만, 사실 그들은 끊임없이 이야기를 들려준다. 그것은 승리와 영광의 이야기만이 아닌, 상처와 고통, 그리고 그것을 극복하려는 인간 정신의 이야기다. 트라우마를 기억하는 도시는 단순히 과거에 묶인 도시가 아니라, 오히려 상처를 통해 배우고 성장하는 도시, 더 나은 미래를 향한 집단적 의지를 품은 도시가 된다.

2. 도시 재생과 장소성의 보존 : 기억과 변화의 균형

도시 재생과 장소성 보존 사이의 긴장은 현대 도시 발전의 중심 딜레마다. 도시는 끊임없이 진화하는 유기체이지만, 이 변화가 도시의 문화적 정체성과 집단적 기억을 희생시킬 때 공동체는 본질적인 무언가를 잃게 된다. 돌로레스 하이든이 통찰했듯, "장소는 기억을 담고, 기억은 장소에 담긴다." 이런 관점에서 장소성은 단순한 미학적 고려를 넘어 도시 공동체의 정체성과 사회적 연속성의 근본 요소다.

20세기 중반, 많은 도시 재개발은 "창조적 파괴"의 논리에 기반했다. 뉴욕의 로버트 모제스나 파리의 조르주 퐁피두 같은 계획가들은 낡은 지역을 철거하고 모더니즘적 비전으로 재건했다. 그러나 제인 제이콥스가 경고했듯, 이런 접근은 종종 "도시의 풍부한 다양성과 복잡성을 파괴"했다. 보스턴의 웨스트 엔드나 세인트루이스의 프루이트-아이고 같은

대규모 재개발은 물리적 환경뿐 아니라 수십 년에 걸쳐 형성된 사회적 네트워크와 문화적 실천을 함께 무너뜨렸다.

이런 경험에 대한 반성은 보다 맥락적이고 보존 지향적인 도시 재생 패러다임으로 이어졌다. 이는 단순히 역사적 건물의 외관을 보존하는 것을 넘어, 도시 공간에 스며든 의미와 기억의 층위를 존중하는 접근이다. 에드워드 렐프가 개념화한 "장소의 정체성"은 물리적 환경, 활동, 의미의 복합적 상호작용을 포함하며, 이 세 차원 모두가 진정한 장소성 보존에 필수적이다.

✤ 산업 유산의 창조적 재활용

산업 유산의 창조적 재활용은 맥락 민감적 재생의 대표적 사례다. 런던의 테이트 모던은 템스강 남쪽의 버려진 뱅크사이드 발전소를 세계적인 현대 미술관으로 변모시켰다. 헤르조그 & 드 뫼롱의 디자인은 건물의 산업적 특성 — 거대한 터빈 홀, 벽돌 외관, 중앙 굴뚝 —을 보존하면서도 현대 미술을 위한 새로운 공간을 창출했다. 이 프로젝트는 단순한 건물 보존을 넘어, 영국의 산업 유산에 대한 재평가와 사우스워크 지역의 문화적 재활성화를 촉진했다.

뉴욕의 하이라인은 맨해튼 웨스트사이드의 폐선된 고가 화물철도를 선형 공원으로 변모시킨 프로젝트다. 제임스 코너와 딜러 스코피디오 + 렌프로의 협업으로 실현된 이 설계는 철도의 산업적 특성 — 철로, 자갈, 야생 식물 — 을 보존하면서도 현대적 공공 공간의 필요에 부응했다.

하이라인은 첼시와 미트패킹 지구의 역사적 정체성을 재해석하고 강화하는 성공적 사례로 평가받는다. 그러나 동시에 이 성공은 주변 지역의 급격한 젠트리피케이션을 촉발하며, 도시 재생이 사회경제적 배제로 이어질 수 있는 위험성도 보여주었다.

암스테르담의 NDSM 조선소 재생은 대안적이고 점진적인 접근을 보여준다. 과거 네덜란드 최대 조선소였던 이 공간은 1980년대 폐쇄 이후 예술가, 장인, 소규모 기업가들에 의해 자생적으로 점유되었다. 시 정부는 이러한 임시적 사용을 인정하고 지원함으로써, 하향식 마스터플랜 대신 상향식 발전 모델을 채택했다. 결과적으로 NDSM은 산업 유산의 물리적 구조뿐 아니라 창조적 생산과 실험의 장소로서의 정체성도 보존할 수 있었다.

베이징의 798 예술구는 산업 유산 재생의 또 다른 모델이다. 1950년대 동독의 바우하우스 디자인 영향을 받은 이 군수공장 단지는 2000년대 초 예술가들의 스튜디오와 갤러리로 자생적으로 변모했다. 처음에는 철거 위협에 직면했으나, 문화적·경제적 가치를 인정받아 보존되었다. 798은 중국의 사회주의 산업 시대 유산을 보존하면서도, 현대 중국의 예술적·상업적 역동성을 담아내는 공간으로 기능한다. 그러나 점차 증가하는 상업화와 관광화는 초기의 예술적 정체성을 희석시키는 도전이 되고 있다.

❖ 무형 문화유산과 생활 전통의 보존

도시 재생에서 무형 문화유산과 생활 전통의 보존도 중요한 고려사항이다. 이탈리아 볼로냐의 역사적 중심지 재생은 물리적 구조의 복원뿐 아니라, 전통적 상점, 장인 공방, 식품 시장과 같은 일상 경제의 보호도 포함했다. "볼로냐 모델"은 도시 직물의 물리적 차원과 생활 문화의 상호의존성을 인식하고, 둘 모두를 보존하는 통합적 접근의 중요성을 보여준다.

후기 산업 도시에서 장소성 보존은 종종 기억의 정치학과 정체성 문제와 연결된다. 독일 루르 지역의 엠셔파크는 탈산업화된 광산과 제철소 단지를 생태 공원과 문화 공간으로 변모시키면서, 노동자 계급의 역사와 산업 유산을 기념하고 재해석한다. 이는 단순한 미학적 변형이 아닌, 지역 정체성의 핵심이었던 산업 과거와의 관계를 재협상하는 과정이다.

'신개발주의'의 맥락에서 급속히 변화하는 도시들은 특히 심각한 장소성 위기에 직면한다. 두바이나 상하이 같은 도시들의 초고층 개발은 종종 기존 도시 구조와 문화적 맥락을 급진적으로 변형시킨다. 싱가포르는 이러한 도전에 대응하여 "보존 마스터플랜"을 도입하고, 차이나타운, 리틀 인디아, 캄퐁 글람과 같은 역사적 지구를 보존함으로써 급속한 현대화와 문화적 연속성 사이의 균형을 모색하고 있다.

❖ 기억의 작업과 정치학

도시 재생과 장소성 보존의 관계는 "기억의 작업"과 "기억의 정치학" 차원을 포함한다. 포스트-사회주의 도시들의 기념물 재해석이나, 포스트-식민 도시들의 식민 유산 처리는 단순한 물리적 보존을 넘어, "누구의 역사가 기억될 가치가 있는가"라는 근본적 질문을 제

기한다. 케이프타운의 식민지 및 아파르트헤이트 건축물 재해석이나, 호치민시의 프랑스 식민 건축 활용은 복잡한 과거와의 관계를 협상하는 다양한 방식을 보여준다.

디지털 기술은 물리적 보존과 변화 사이의 긴장을 중재하는 새로운 가능성을 제공한다. 증강현실, 디지털 아카이브, 가상 재건은 물리적으로 사라진 장소의 기억과 의미를 보존하고 전달하는 도구가 될 수 있다. 베를린의 "사라진 장소들" 앱이나 리스본의 "기억의 거리" 프로젝트는 도시 공간의 역사적 층위를 디지털 형식으로 보존하고 접근 가능하게 만든다.

참여적 계획과 공동체 기반 보존은 장소성 보존의 민주화를 향한 중요한 진전이다. 전통적으로 보존 결정은 전문가와 정책 입안자들이 주도했으나, 최근에는 지역 주민과 이해관계자를 포함하는 보다 포용적인 과정이 발전하고 있다. 영국의 "마을 유산 이니셔티브"나 미국의 "메인 스트리트 프로그램"은 지역 공동체가 자신의 문화유산과 장소성 보존에 직접 참여하는 모델을 제시한다.

✛ 시간의 연속체로서의 도시

도시 재생과 장소성 보존은 궁극적으로 도시가 어떻게 자신의 과거와 관계 맺고, 현재의 필요에 대응하며, 미래를 상상하는가에 관한 것이다. 성공적인 접근은 단순한 이분법 — 보존 대 개발, 과거 대 미래 — 을 넘어, 도시를 끊임없이 진화하는 생물학적·문화적 시스템으로 인식한다. 패트릭 게데스가 주장했듯이, 도시는 "현재에 살아있는 과거이자, 미래를 형성하는 현재"이며, 진정한 도시 재생은 이러한 시간적 연속성을 존중하고 강화해야 한다.

테이트 모던이나 하이라인 같은 성공적 재생 프로젝트가 보여주듯, 장소성 보존은 단순한 물리적 보존이나 박제화가 아닌, 도시의 다층적 역사와 의미를 창조적으로 재해석하고 재활성화하는 과정이다. 이는 물리적 구조뿐 아니라 사회적 관계, 문화적 실천, 집단적 기억을 포함하는 통합적 접근을 요구한다. 이런 보다 풍부하고 맥락적인 장소성 개념은 도시가 독특한 역사적 정체성을 존중하면서도 현대적 도전에 창조적으로 대응할 수 있는 기반이 된다.

도시 재생은 결국 기억과 변화, 보존과 혁신 사이의 정교한 균형을 찾는 예술이다. 가장 성공적인 사례들은 과거를 단순히 보존하는 것이 아니라, 그것을 현재와 대화하게 하고 미래를 향한 새로운 가능성으로 변모시키는 능력을 보여준다. 이러한 창조적 재해석을 통

173

해, 도시는 단순한 건물과 거리의 집합이 아닌, 시간과 의미가 켜켜이 쌓인 살아있는 이야기로 경험된다.

3. 도시 박물관과 아카이브: 기억의 저장고, 정체성의 작업장

도시 박물관과 아카이브는 단순한 유물의 창고가 아닌, 도시의 집단적 기억과 정체성을 수집, 보존, 해석하는 능동적 문화기관이다. 미셸 푸코가 통찰했듯, 아카이브는 "무엇이 말해질 수 있고, 보존될 가치가 있는지를 결정하는 시스템"으로서, 지식과 기억의 정치학과 불가분하게 얽혀 있다.

✤ 도시 박물관의 진화

전통적 도시 박물관은 19세기 후반에서 20세기 초에 걸쳐 국민국가 형성과 도시 자부심의 맥락에서 탄생했다. 암스테르담 역사 박물관, 런던 박물관, 파리 카르나발레 박물관과 같은 기관들은 물질 문화, 예술 작품, 도시 계획 문서를 통해 도시의 공식적 역사를 전시하며, 종종 도시의 진보와 성취를 강조하는 서사를 구축했다. 이 초기 박물관들은 대개 엘리트 중심적 시각을 채택하고, 도시의 복잡하고 논쟁적인 역사보다 기념비적 사건과 인물에 초점을 맞추었다.

그러나 20세기 후반 이후, "새로운 박물관학" 운동의 영향으로 도시 박물관은 보다 포용적이고 다원적인 접근을 발전시켰다. 뉴욕의 "로어 이스트 사이드 테네먼트 박물관"은 19~20세기 이민자 가족들의 일상을 복원한 현장 박물관으로, 도시 역사의 비엘리트적 측면을 조명한다. 스톡홀름의 "미디엘틸 박물관"은 중세 도시의 고고학적 층위 위에 건설되어, 방문객들이 문자 그대로 도시의 역사적 지층을 경험할 수 있게 한다. 샌프란시스코의 "GLBT 역사 박물관"은 도시의 퀴어 역사를 기록하고 전시함으로써, 주류 역사서술에서 종종 누락되는 공동체의 경험을 가시화한다.

✤ 참여적 기억의 장소들

지역사회 기반 아카이브와 에코뮤지엄은 도시 기억의 보다 분산적이고 참여적인 모델을 제시한다. 에코뮤지엄 개념은 1970년대 프랑스에서 발전했으며, 전통적인 벽과 컬렉

션으로 정의되는 박물관이 아닌, 지역사회 전체를 포괄하는 생활 박물관을 지향한다. 영국 해크니의 "해크니 박물관"은 지역 주민들의 기증과 참여로 컬렉션을 구축하고, 워크숍과 구술사 프로젝트를 통해 주민들이 자신의 역사와 기억을 문서화하도록 지원한다. 이런 접근은 도시 기억의 다양성과 주관성을 인정하며, 누가 도시의 역사를 정의하고 해석할 권한을 갖는지에 대한 민주화를 추구한다.

구술사 프로젝트는 기록되지 않은 도시 경험과 주변화된 목소리를 복원하는 중요한 방법론이다. 뉴욕의 "사우스 브롱크스 구술사 프로젝트"는 1970년대 도시 위기와 재생 과정에서의 지역 주민 경험을 기록한다. 홍콩의 "구술 역사 프로젝트"는 급속한 도시 개발로 사라지는 지역과 공동체의 기억을 보존한다. 이러한 구술사 수집은 공식 문서나 언론 보도가 포착하지 못하는 일상적 경험, 감정적 반응, 지역적 지식의 복합성을 담아낸다.

✦ 디지털 시대의 도시 기억

디지털 기술의 발전은 도시 기억의 수집, 보존, 접근에 혁명적 변화를 가져왔다. 크라우드소싱 기반의 디지털 아카이브는 시민들이 도시 역사의 공동 창작자로 참여할 수 있는 플랫폼을 제공한다. "히스토리핀"과 같은 프로젝트는 사용자들이 역사적 사진을 현재 위치에 매핑하고 개인적 이야기를 추가할 수 있게 함으로써, 공식 역사와 개인 기억 사이의 경계를 흐린다. 런던의 "디지털 바빌론" 프로젝트는 가상현실과 3D 모델링을 활용해 도시의 역사적 발전을 시각화하며, 사라진 도시 경관을 디지털로 재건한다. 이런 디지털 도구는 도시 기억에 대한 접근성을 확대하고, 선형적 서사를 넘어선 다층적이고 상호연결된 도시 역사 탐색을 가능하게 한다.

✦ 트라우마와 갈등의 기억

도시 아카이브는 집단적 트라우마와 분쟁의 기억을 다루는 중요한 장소다. 베이루트의 "전쟁 기억 박물관"은 레바논 내전(1975~1990) 동안 분단선이었던 건물을 복원하여, 폭력과 분열의 역사를 성찰하는 공간으로 변모시켰다. 벨파스트의 "북아일랜드 분쟁 아카이브"는 트러블(The Troubles) 시기의 문서, 이미지, 구술 증언을 디지털로 보존하고 접근 가능하게 만든다. 이러한 '어려운 유산'의 아카이브는 단순한 사실적 기록을 넘어, 사회적 치유와 화해의 과정에 기여한다.

❖ 다양한 도시 서사의 보존

이주와 디아스포라의 경험을 기록하는 아카이브는 도시의 초국가적 연결과 문화적 다양성을 조명한다. 런던의 "이주 박물관"이나 멜버른의 "이주 박물관"은 다양한 이주자 집단의 도시 형성과 변형에 대한 기여를 기록한다. 이러한 기관들은 도시 정체성이 고정된 것이 아닌, 지속적인 이동과 문화적 교환의 과정임을 강조하며, 배타적 민족주의 서사에 대한 대안을 제시한다.

도시 일상과 대중문화의 아카이브는 공식 역사에서 종종 간과되는 일상적 경험과 문화적 표현을 보존한다. 파리의 "일상 생활 아카이브"는 개인 일기, 편지, 가족 사진과 같은 평범한 도시민들의 사적 기록을 수집한다. 도쿄의 "에도-도쿄 박물관"은 도시의 물리적 발전뿐 아니라, 패션, 오락, 음식 문화와 같은 일상 생활의 변화도 상세히 전시한다. 이러한 접근은 도시 역사가 단순한 정치적·경제적 발전이 아닌, 일상적 실천과 대중적 상상력에 의해서도 형성됨을 인정한다.

산업 유산과 노동 역사의 아카이브는 도시의 경제적 변화와 노동 계급의 경험을 기록한다. 맨체스터의 "과학산업박물관"은 산업혁명의 중심지였던 도시의 기술적·산업적 유산을 보존한다. 바르셀로나의 "노동 역사 박물관"은 이주 노동자들의 경험과 노동 운동의 역사를 기록한다. 이러한 아카이브는 도시 경제의 물질적 기반과 그것을 가능하게 한 노동자들의 기여를 가시화함으로써, 종종 엘리트 중심적 도시 서사를 교정한다.

❖ 미래를 위한 기억

도시 박물관과 아카이브는 도시 계획과 정책 형성에도 중요한 역할을 한다. 이들은 과거 도시 개입의 성공과 실패에 대한 증거를 제공하고, 현재 도시 문제에 대한 역사적 맥락을 제시한다. 암스테르담의 "도시 계획 센터"는 도시 발전의 역사적 기록을 보존할 뿐만 아니라, 현재 도시 계획 논쟁에 대한 공개 포럼으로도 기능한다. 이러한 "역동적 아카이브" 접근은 과거에 대한 이해가 미래 도시 형성에 어떻게 기여할 수 있는지 보여준다.

도시 박물관과 아카이브의 제도화는 도시 정체성 형성에 핵심적 역할을 한다. 그것은 단순한 과거 보존이 아닌, 도시가 자신의 역사를 어떻게 해석하고, 현재를 어떻게 이해하

며, 미래를 어떻게 상상하는지에 영향을 미치는 문화적·정치적 과정이다. 스튜어트 홀이 주장했듯이, 유산과 기억의 제도화는 "과거에 관한 것이 아니라, 현재를 통해 과거를 재구성하는 방식"이며, 이는 도시의 집단적 정체성과 미래 비전에 깊은 영향을 미친다.

도시 박물관과 아카이브는 도시의 다층적 역사와 복합적 정체성을 보존하고 해석하는 중요한 문화적 기관이다. 전통적인 박물관 컬렉션에서 참여적 공동체 아카이브, 구술사 프로젝트, 디지털 플랫폼에 이르기까지, 이들은 도시 기억의 다양한 차원을 포착하고 전달하는 복합적 인프라를 구성한다. 이러한 기억의 제도화는 도시가 자신의 과거와 대화하고, 다양한 목소리와 경험을 인정하며, 보다 포용적인 미래를 상상할 수 있는 기반을 제공한다. 진정으로 민주적인 도시 아카이브는 단일한 권위적 서사가 아닌, 도시의 복잡하고 때로는 모순적인 역사를 인정하는 "대화적 기억"의 공간으로 기능해야 한다.

도시를 아카이브한다는 것은 결국 도시의 영혼을 보존하는 일이다. 건물과 거리, 광장과 공원은 도시의 몸체를 이루지만, 그 안에 담긴 이야기와 기억, 경험과 감정이 도시의 영혼을 구성한다. 도시 박물관과 아카이브는 이 영혼을 포착하고 전달하는 작업을 통해, 과거와 현재, 그리고 미래를 잇는 살아있는 다리를 놓는다.

4. 기억의 정치학과 도시 공간: 돌과 거리에 새겨진 권력의 지형도

도시 공간은 집단 기억과 권력이 복합적으로 얽히는 물리적 무대다. 제임스 영이 지적했듯, "기념물은 단순히 과거를 반영하는 것이 아니라, 과거가 현재에 어떻게 기억되어야 하는지를 규정하는 정치적 행위"다. 누구의 역사가 기념되고, 어떤 사건이 중요하게 여겨지며, 어떤 가치가 공간에 각인되는가는 근본적으로 권력관계와 헤게모니 투쟁의 결과물이다.

✤ 식민 기념물과 저항의 상징학

식민지 시대 기념물과 제국주의적 상징은 기억의 정치학이 가장 첨예하게 드러나는 영역이다. 영국, 프랑스, 벨기에와 같은 구 식민 강대국 도시들의 공공 공간은 제국의 '위대한 인물'과 '문명화 사명'을 기리는 동상과 기념비로 가득하다. 2020년 전 세계적으로 확산된 '동상 철거' 운동은 이러한 식민적 기억 경관에 대한 급진적 도전이었다. 영국 브리스톨에서 노예 상인 에드워드 콜스턴의 동상이 시위대에 의해 항구에 던져진 사건은 단순한 파괴 행위가 아닌, 기억의 정치학에 대한 직접 행동이었다. 이는 식민주의와 노예제의 유산이 현재의 인종적 불평등과 어떻게 연결되는지에 대한 인식을 보여준다.

남아프리카공화국의 도시들은 아파르트헤이트 이후 기념물과 장소 명명을 둘러싼 복합적 협상을 경험해왔다. 케이프타운 대학의 "#RhodesMustFall" 운동은 제국주의자 세실 로즈의 동상 철거를 요구했으며, 이는 교육 기관과 도시 공간에 여전히 남아있는 식민주의적 구조에 대한 도전이었다. 동시에 요하네스버그와 같은 도시들은 넬슨 만델라, 월터 시술루와 같은 반아파르트헤이트 투사들을 기리는 새로운 기념물과 거리 이름을 도입함으로써, 도시 공간을 통해 국가의 새로운 다인종적 민주주의 정체성을 구축하고자 했다.

미국 남부 도시들의 남북전쟁 기념물은 또 다른 논쟁적 기억의 장이다. 많은 남부연합 기념물들이 실제 남북전쟁 직후가 아닌, 짐 크로우 법과 인종 분리가 강화되던 20세기 초에 건립되었다는 사실은, 이들이 단순한 역사적 기념물이 아닌 백인 우월주의의 이데올로기적 도구로 기능했음을 보여준다. 뉴올리언스, 리치먼드, 샬럿츠빌과 같은 도시들에서 이러한 기념물의 제거는 역사적 정의를 향한 중요한 단계로 인식되었다. 이를 대체하는 새로운 기념물 — 뉴올리언스의 노예 반란 기념비나 몽고메리의 린칭 희생자 추모 공간 — 은 억압과 저항의 역사를 포용적으로 재해석하려는 시도다.

동유럽과 중앙아시아의 포스트-사회주의 도시들은 정치적 전환 이후 급진적인 기억 경관의 재구성을 경험했다. 레닌, 스탈린 동상의 대규모 철거와 소비에트 시대 거리 이름의 변경은 공산주의 과거와의 단절과 새로운 국가 정체성 구축의 상징적 행위였다. 헝가리 부다페스트의 '메멘토 파크'와 같은 프로젝트는 소비에트 시대 기념물들을 제거하면서도 역사적 유산으로 보존하는 대안적 접근을 보여준다. 이는 기억의 지우기가 아닌, 비판적 거리두기와 재맥락화의 전략이다.

✤ 장소 명명과 권력의 지형학

장소 명명은 도시 기억의 정치학이 작동하는 또 다른 중요한 영역이다. 거리, 광장, 지구, 공공 시설의 이름은 단순한 지리적 지시가 아닌, 집단적 가치와 내러티브를 전달하는 문화

적 텍스트다. 후기 식민지 도시들의 탈식민화 과정에서 뭄바이(이전 봄베이), 양곤(이전 랑군), 콜카타(이전 캘커타)와 같은 도시명 변경은 제국주의적 과거로부터의 상징적 독립을 의미했다. 마찬가지로 현대 터키 도시들에서 아르메니아, 그리스, 쿠르드 출신 장소 이름의 체계적 터키화는 민족적으로 균질한 국가 공간을 구축하려는 정치적 기획의 일부였다.

도시 계획과 설계 자체가 특정 역사적 내러티브와 권력 관계를 공간적으로 구현한다. 19세기 오스만 남작의 파리 재건축은 노동자 계급 봉기를 억제하고 제2제국의 제국적 위엄을 과시하기 위한 전략이었다. 20세기 식민지 도시들의 이중 구조 — 유럽인 거주지와 '원주민' 구역의 공간적 분리 — 는 인종적 위계와 제국주의적 통제를 물리적으로 구현했다. 이러한 역사적 불평등의 공간적 유산은 현대 도시 경관에 여전히 각인되어 있으며, 포스트식민 도시들의 지속적인 사회공간적 분할에 영향을 미친다.

✤ 젠더와 다양성의 기억 정치학

공공 기념의 젠더 정치학은 도시 공간에서 여성과 퀴어 역사의 체계적 배제를 드러낸다. 대부분의 도시 경관에서 여성 인물을 기리는 동상은 남성 인물의 5% 미만을 차지하며, 이는 공적 역사에서 여성 기여의 비가시화를 반영한다. 런던의 "인페이머스 여성" 프로젝트나 바르셀로나의 "여성의 기억" 이니셔티브와 같은 최근의 노력은 이러한 젠더화된 기억 경관에 개입하여, 잊혀진 여성 운동가, 예술가, 지식인들을 공적 기억으로 복원하고자 한다. 마찬가지로 LGBTQ+ 역사의 공간적 표식 — 뉴욕의 스톤월 인 기념물이나 베를린의 동성애자 홀로코스트 희생자 추모비 — 는 성적 다양성의 역사와 퀴어 공동체의 저항을 도시 기억의 일부로 인정하는 중요한 진전이다.

이주와 디아스포라 공동체의 기억은 도시 공간에서 종종 주변화되어 왔다. 엔리케 오죠와 빌리 J. 미첼과 같은 문화 지리학자들은 공적 기억이 민족적·문화적 소수자들의 경험과 기여를 어떻게 침묵시키는지 분석해왔다. 토론토의 "이탈리안 유산 프로젝트"나 멜버른의 "차이나타운 유산 산책"과 같은 이니셔티브는 이러한 침묵에 도전하고, 이주 공동체의 기억을 도시 공간과 내러티브에 통합하고자 한다. 이는 국민국가 중심의 동질적 기억 담론에서 벗어나, 도시를 다문화적 만남과 초국가적 연결의 공간으로 재개념화하는 데 기여한다.

❖ 대안적 기억 실천과 디지털 가능성

대안적·반(反)기념물 운동은 기존의 기념 관행에 도전하는 혁신적 접근을 제시한다. 독일 작가 군터 뎀니히와 조각가 요헨 게르츠가 주도한 "사라지는 기념물" 프로젝트는 전통적 기념물의 영웅적·기념비적 어휘에서 벗어나, 부재와 상실의 감각을 중심으로 한 기억 작업을 제안한다. 이러한 반기념물은 관객의 수동적 경외보다는 적극적 참여와 비판적 성찰을 요구하며, 기억을 고정된 서사가 아닌 지속적인 질문과 대화의 과정으로 접근한다.

디지털 기술은 기억의 정치학에 새로운 가능성과 도전을 제공한다. 증강현실 앱, 디지털 아카이브, 참여적 매핑 프로젝트는 공식적으로 인정받지 못한 기억과 대안적 도시 내러티브를 가시화하는 도구로 활용된다. 뉴욕의 "뮤지엄 오브 스트리트아트" 앱이나 베를린의 "트레이스스 오브 유대이시 라이프" 프로젝트는 물리적 도시 공간에 중첩된 비가시적 역사의 층위를 드러낸다. 이러한 디지털 개입은 기관화된 기억 담론의 독점을 약화시키고, 다양한 행위자들이 도시의 과거를 해석하고 재전유할 수 있는 분산된 플랫폼을 제공한다.

기억의 정치학은 글로벌 도시 환경에서 특히 복잡한 양상을 띤다. 급속한 도시화, 초국가적 자본 흐름, 광범위한 이주는 장소 기반 기억의 안정성과 연속성을 위협할 수 있다. 홍콩, 싱가포르, 두바이와 같은 도시들에서 역사적 지구의 보존과 유산 관광화는 종종 복잡한 식민적·포스트식민적 맥락을 박제화하고 상품화하는 결과를 낳는다. 이러한 맥락에서 진정한 도전은 글로벌 자본의 압력에 저항하면서도, 도시의 다층적 역사와 복합적 정체성을 인정하는 기억 실천을 발전시키는 것이다.

❖ 다중적 기억을 향해

포용적인 도시 서사를 위해서는 "다중적 기억" — 다양한 역사적 경험과 기억 사이의 대화적 관계 — 에 대한 인식이 필요하다. 마이클 로스버그가 제안한 이 개념은 기억이 제로섬 게임이 아님을 강조한다. 한 집단의 고통과 저항에 대한 인정이 다른 집단의 경험을 부정하지 않으며, 오히려 다양한 역사적 트라우마와 투쟁 사이의 연대 가능성을 열어준다. 이러한 관점에서 도시 공간은 단일한 주류 내러티브나 파편화된 정체성 정치를 넘어, 다양한 기억 사이의 생산적 대화가 일어날 수 있는 장으로 재구성될 수 있다.

　기억의 정치학과 도시 공간의 관계는 단순한 과거 표상의 문제가 아닌, 현재의 권력 관계와 미래의 사회적 비전을 협상하는 역동적 과정이다. 식민지 기념물, 인종차별적 상징, 젠더화된 기억 경관을 둘러싼 논쟁은 도시 공간이 이데올로기와 권력의 물질화된 표현임을 드러낸다. 포용적이고 다원적인 도시 서사를 구축하기 위해서는, 역사적으로 소외된 집단의 기억과 경험이 공적 공간에 통합되어야 한다.

　그러나 이는 단순히 더 많은 동상을 세우거나 기념물을 다양화하는 차원을 넘어, 기억 자체에 대한 보다 비판적이고 대화적인 접근 — 과거를 고정된 서사로 닫아버리는 것이 아닌, 현재와 미래에 대한 지속적인 질문으로 여는 접근 — 을 요구한다. 이러한 기억의 민주화는 도시가 모든 시민들의 경험과 목소리를 인정하고 포용하는 진정한 공유 공간으로 발전하기 위한 필수적 과정이다.

　도시의 거리와 광장, 기념물과 건물들은 단순한 물리적 구조물이 아니라 권력과 저항, 기억과 망각의 투쟁이 새겨진 텍스트다. 이 텍스트를 비판적으로 읽고 새롭게 쓰는 작업은 곧 도시의 과거를 재해석하고 더 정의로운 미래를 상상하는 정치적 행위다. 진정으로 포용적인 도시 공간은 승자의 역사만이 아닌, 모든 시민의 기억과 경험이 존중받고 대화할 수 있는 민주적 기억의 장이 되어야 할 것이다.

[참/고/문/헌]

1. 모리스 알박스,『집단 기억의 사회적 틀』, 1925.

2. 피터 아이젠만, "학살된 유럽 유대인을 위한 기념비 설계", 베를린, 2005.

3. 다니엘 리베스킨트,『유대인 박물관 건축』, 베를린, 2001.

4. 켄고 쿠마, "히로시마 평화 기념 공간 설계", 히로시마, 2012.

5. 알라이다 아스만,『기억의 공간과 문화』, 2011.

6. 피에르 노라,『기억의 장소』(Les Lieux de Mémoire), Gallimard, 1984.

7. 발터 벤야민,『아케이드 프로젝트』(The Arcades Project), Harvard University Press, 1999.

8. 제임스 영,『반기념물의 정치학』(The Texture of Memory), Yale University Press, 1993.

9. 미셸 드 세르토,『일상생활의 실천』(The Practice of Everyday Life), University of California Press, 1980.

10. 이탈로 칼비노,『보이지 않는 도시들』(Invisible Cities), Harcourt Brace Jovanovich, 1972.

11. 찰스 디킨스,『올리버 트위스트』(Oliver Twist), Richard Bentley, 1837.

12. 제임스 조이스,『율리시스』(Ulysses), Sylvia Beach, 1922.

13. 빅토르 위고,『레미제라블』(Les Misérables), A. Lacroix & Cie., 1862.

14. 무라카미 하루키,『상실의 시대』(Norwegian Wood), Kodansha Ltd., 1987.

15. 가브리엘 가르시아 마르케스,『백년 동안의 고독』(One Hundred Years of Solitude), Harper & Row, 1967.

16. 프랑코 모레티,『근대 서사시에 관한 지도』(Atlas of the European Novel), Verso Books, 1998.

17. 윌리엄 라보프, "사회언어학적 실험실 연구", 뉴욕시 백화점 사례 분석, 1966.

18. 존 검퍼츠,『언어와 사회적 정체성』(Language and Social Identity), Cambridge University Press, 1982.

제8장

✛

도시 축제와 의례
- 공동체 문화의 현대적 표현 -

1. 전통적 도시 축제의 변화와 지속: 공동체 의례의 현대적 변주

도시 축제는 공적 공간과 집단적 표현이 만나는 독특한 문화 현상이다. 미하일 바흐친의 카니발 개념을 확장하면, 축제는 일상적 질서가 일시적으로 전복되고 재구성되는 순간으로서, 도시의 사회적·문화적 역동성을 드러내는 특별한 시간이다. 빅터 터너가 말하는 "코뮤니타스" — 사회적 위계와 차이가 잠시 해체되는 평등한 공동체 경험 — 가 이러한 축제적 순간에 피어난다.

✛ 축제의 역사적 뿌리와 현대적 변형

도시 축제의 역사적 뿌리는 종종 종교적 의례, 수확 감사, 계절의 변화, 역사적 사건 기념과 같은 전통적 관행에 있다. 세비야의 세마나 산타는 가톨릭 부활절 전통에서, 바라나시의 디왈리는 힌두교 빛의 승리를 기념하는 의례에서, 교토의 기온 마츠리는 14세기 역병을 물리치기 위한 종교적 의식에서 시작되었다. 이 전통 축제들은 시간의 흐름에 따라 변형되고 재해석되었지만, 여전히 도시 문화의 중요한 연속성을 제공한다.

리우데자네이루의 카니발은 전통 축제의 현대적 변형과 글로벌 의미 확장을 보여주는 대표적 사례다. 원래 가톨릭 사순절 시작 전 마지막 축제로 유럽에서 전파되었으나, 브라질에서는 아프리카 디아스포라 전통과 혼합되어 독특한 문화적 혼종성을 발전시켰다. 삼바 학교의 화려한 퍼레이드는 단순한 오락을 넘어, 브라질 사회의 인종적·계급적 관계와 국가 정체성에 대한 복합적 주석으로 기능한다. 동시에 리우 카니발은 세계적 관광 상품이자 브라질의 문화적 상징 자본으로서, 연간 약 10억 달러의 경제적 효과를 창출한다. 이러한 글로벌화와 상품화 과정에서도, 카니발은 지역 공동체에 문화적 표현과 정치적 비판의 중요한 장을 제공한다.

뉴올리언스의 마디 그라 역시 식민지 시대 프랑스 가톨릭 전통에서 시작되어, 아프리카계 미국인 문화, 크레올 전통, 현대 관광 산업의 영향을 받으며 복합적으로 발전했다. 가면과 화려한 복장의 가장행렬은 인종, 계급, 젠더의 일상적 경계를 일시적으로 흐리는 해방 공간을 창출한다. 동시에 '크루'라 불리는 마디 그라 조직들은 뉴올리언스의 사회적 위계와 권력 관계를 반영하기도 한다. 허리케인 카트리나 이후 마디 그라는 도시 회복력과 문화적 지속성의 상징으로 더욱 중요한 의미를 획득했으며, 재난 후 사회적 재건과 집단적 치유의 매개체로 기능했다.

✤ 아시아 도시 축제의 현대적 재해석

아시아 도시의 전통 축제들도 현대적 맥락에서 새롭게 해석되고 있다. 부산의 불꽃축제는 비교적 최근에 시작되었지만(2005년), 전통적인 제례 요소와 현대적 스펙터클을 결합하여 도시 정체성과 국제적 가시성을 강화하는 전략적 문화 이벤트로 발전했다. 타이페이의 등불절은 고대 중국 전통에 기원을 두지만, 현대 디자인과 기술을 통합하여 국가적 자부심과 문화적 혁신을 동시에 표현한다. 이러한 축제들은 도시의 전통과 현대성 사이의 창조적 긴장을 통해 문화적 연속성과 변화를 협상한다.

✤ 상품화와 관광화의 양면성

도시 축제의 상품화와 관광화는 양가적 현상이다. 발렌시아의 라스 파야스나 시에나의 팔리오와 같은 축제들은 점차 관광객 중심의 스펙터클로 변모하면서, 문화적 진정성과 지역 공동체 참여의 쇠퇴에 대한 우려를 낳기도 한다. 관광 수입은 축제의 경제적 지속가능성에 기여하지만, 동시에 상업적 논리가 공동체적 의미와 문화적 자율성을 약화시킬 위험도 존재한다. 구이 디 메오는 이를 "축제의 탈영토화"라 부르며, 지역적 맥락과 의미로부터 분리된 글로벌 소비 상품으로의 전환을 경계한다.

✦ 공간 정치학의 장으로서의 축제

축제는 또한 도시 공간의 일시적 재구성과 전유를 통해 공간 정치학의 중요한 장이 된다. 런던의 노팅힐 카니발은 원래 1950~60년대 카리브해 이민자들에 대한 인종적 폭력에 대응하여 시작되었으며, 도시 공간에 대한 소수자 집단의 권리 주장과 디아스포라 정체성의 공적 표현으로 기능했다. 볼티모어의 아트스케이프는 도시 재생 과정에서 소외된 지역을 예술적으로 재활성화하는 전략으로 발전했다. 이러한 축제는 도시 공간의 지배적 용도와 의미에 도전하고, 대안적 도시성의 가능성을 실험하는 기회를 제공한다.

✦ 디지털 시대의 축제 경험

디지털 기술과 소셜 미디어의 발전은 도시 축제의 경험과 전파 방식을 변화시키고 있다. 부놀의 라 토마티나나 자이푸르의 홀리 축제와 같은 지역 행사들이 인스타그램, 유튜브 등을 통해 글로벌 관중에게 전달되면서, 물리적 참여와 가상적 관람 사이의 경계가 흐려지고 있다. 디지털 매개는 축제의 글로벌 가시성과 경제적 가치를 높이지만, 동시에 지역 공동체와 방문객 사이의 관계를 재구성하고, 때로는 '인스타그래머블' 순간을 중심으로 축제 경험을 재편하기도 한다.

✦ 지속되는 공동체적 가치

그러나 전통 축제의 공동체적 가치와 문화적 중요성은 상업화와 글로벌화에도 불구하고 여전히 강력하게 지속된다. 멕시코시티의 무에르토스의 날은 글로벌 관심이 증가했음에도, 가족과 공동체가 조상을 기리고 생명과 죽음의 순환을 경축하는 깊은 문화적 의미를 유지한다. 시에나의 팔리오 경주는 관광 스펙터클인 동시에, 17개 콘트라데의 역사적 경쟁과 정체성을 표현하는 진정한 공동체 의례다. 이러한 사례들은 도시 축제가 글로벌 상품이 되면서도 지역적 의미와 집단적 기억의 저장소로 기능할 수 있음을 보여준다.

축제는 또한 급속한 도시화와 사회적 파편화 속에서 공동체 의식과 소속감을 재건하는 중요한 메커니즘이 될 수 있다. 싱가포르의 차이나타운 축제나 런던의 디왈리 축제와 같은 다문화 도시 맥락의 전통 행사들은 디아스포라 공동체에 문화적 연속성과 정체성 표현의 기회를 제공하는 동시에, 다양한 문화적 전통 사이의 대화와 상호이해를 촉진한다. 이러한 축제들은 글로벌 도시의 복합적 정체성과 초국가적 연결을 공간적으로 구현한다.

✤ 도시 마케팅과 축제화

도시 정부와 기업들은 점차 축제를 도시 마케팅과 경제 발전의 도구로 활용하고 있다. 에든버러 프린지 페스티벌이나 몬트리올 재즈 페스티벌과 같은 문화 이벤트들은 도시 이미지 형성과 관광객 유치에 핵심적 역할을 한다. 이러한 '축제화'는 경제적 이익을 창출하지만, 동시에 축제의 창조적·비판적 잠재력을 약화시키고 도시 공간의 신자유주의적 상품화를 강화할 위험도 있다. 데이비드 하비는 이를 "문화적 차이의 자본화"라 비판하며, 진정한 문화적 다양성과 창조성이 시장 논리에 종속될 위험성을 경고한다.

✤ 균형 찾기: 전통과 혁신, 지역과 글로벌

리우의 카니발, 뉴올리언스의 마디 그라, 부산의 불꽃축제와 같은 도시 축제들은 전통과 현대성, 지역과 글로벌, 진정성과 상품화 사이의 복합적 균형을 협상하는 역동적 문화 현상이다. 이들은 상업화와 관광화의 압력에 직면하면서도, 여전히 도시 공동체에 집단적 정체성, 사회적 결속, 창조적 표현의 중요한 기회를 제공한다. 성공적인 도시 축제는 역사적 연속성을 존중하면서도 현대적 맥락과 필요에 적응하며, 글로벌 가시성을 확보하면서도 지역 공동체의 참여와 주체성을 유지한다.

이러한 균형을 통해, 도시 축제는 급속히 변화하는 도시 환경 속에서도 공동체 문화의 생명력과 지속성을 증명하는 중요한 사회적·문화적 기관으로 기능한다. 축제는 단순한 오락이나 관광 상품을 넘어, 도시가 자신의 과거와 관계 맺고, 현재의 다양성을 경축하며, 미래의 가능성을 상상하는 집단적 의례로서 도시 문화의 심장부에 자리한다.

2. 현대 도시의 새로운 의례적 공간

✤ 현대 도시의 새로운 의례적 공간: 세속의 성소들

현대 도시에서 전통적 종교 의례의 중심성이 약화되었음에도, 인간의 의례적 충동과 집단적 경험에 대한 근원적 갈망은 여전히 강력하게 살아 있다. 에밀 뒤르켐이 일찍이 통찰했듯, 의례는 단순한 종교적 행위를 넘어 사회적 연대와 집단 정체성을 형성하는 기본적 메커니즘이다. 세속화된 도시 환경에서 이러한 의례적 기능은 새로운 공간과 실천으로 이전되어, "세속적 의례"의 다채로운 지형을 그려내고 있다.

✤ 스포츠 경기장: 현대의 성전

스포츠 경기장은 현대 도시의 대표적인 의례적 공간이다. 캐서린 알비네즈가 스포츠를 "미국의 시민 종교"의 핵심 요소로 분석했듯, 스포츠 이벤트는 종교적 의례와 놀랍도록 유사한 방식으로 신성한 공간, 시간, 의례적 수행, 공동체 형성의 기능을 제공한다. 영국 프리미어 리그의 축구 경기장, 스페인의 산티아고 베르나베우, 미국의 매디슨 스퀘어 가든과 같은 공간들은 단순한 오락 시설을 넘어 "세속적 성전"으로 기능한다.

맨체스터 유나이티드의 올드 트래포드나 FC 바르셀로나의 캄프 누에서 팬들은 구단의 역사와 신화가 체현된 "신성한" 공간에서 집단적 감정의 고양을 경험한다. 팬들의 집단적 응원, 클럽 상징물과 색상의 의례적 전시, 경기 전후의 의식화된 행동 패턴은 종교적 예배와 구조적 유사성을 보인다. 스포츠 스타는 현대적 "성인"으로 숭배되며, 팬들 사이에 진정한 코뮤니타스 — 일시적이지만 강력한 평등과 연대의 경험 — 가 형성된다. 로버트 벨라가 분석했듯, 이러한 경험은 파편화된 도시 사회에서 귀중한 집단적 정체성과 초월적 경험의 기회를 제공한다.

✤ 음악의 의례적 공간: 집단적 황홀경

콘서트홀과 음악 공연장 역시 현대 도시의 중요한 의례적 공간이다. 게오르그 짐멜은 도시 생활의 과도한 자극과 감각적 과부하가 정신적 방어 메커니즘으로서의 "무관심"을 낳는다고 지적했다. 음악 공연은 이러한 정서적 억제를 일시적으로 해제하고, 집단적 감정 표현과 공유의 안전한 공간을 제공한다. 시드니 오페라 하우스의 클래식 공연, 글래스턴베리 페스티벌의 야외 무대, 베를린 테크노 클럽 베르크하인의 올나이트 댄스 파티 — 이러한 공간들은 참가자들이 일상적 정체성과 사회적 제약을 초월하는 집단적 몰입을 경험할 수 있게 한다.

특히 대형 콘서트와 음악 페스티벌은 아놀드 반 제넵이 설명한 "통과 의례"의 세 단계 — 분리, 과도기, 재통합 — 와 구조적 유사성을 보인다. 참가자들은 일상 생활에서 분리되어, 콘서트의 몰입적 경험이라는 리미널한 상태를 거쳐, 공유된 체험으로 변화된 채 일상으로 복귀한다. C.K. 양이 말하는 "기능적 종교성"의 관점에서, 이러한 음악 체험은 현대 도시인에게 의미, 초월, 공동체 소속감의 중요한 원천이 된다.

❖ 쇼핑몰: 소비의 의례

쇼핑몰은 겉보기에 순전히 상업적 공간이지만, 더 깊이 들여다보면 주목할 만한 의례적 차원을 지닌다. 존 피스크는 쇼핑을 단순한 소비 행위가 아닌, 의미와 정체성을 협상하는 문화적 실천으로 분석했다. 두바이 몰, 미네소타의 몰 오브 아메리카, 서울의 코엑스몰과 같은 거대 쇼핑 공간은 단순한 상업 시설을 넘어, 현대 도시의 "세속적 성지"로 기능한다. 주말 쇼핑, 계절별 세일, 홀리데이 시즌 이벤트는 도시 생활의 의례적 리듬을 형성한다.

자크 데리다가 지적한 "소비의 형이상학"은 물질적 욕망을 넘어서는 초월적 차원을 시사한다. 다니엘 밀러는 쇼핑이 종종 "사랑의 의례"로 기능하며, 특히 가족 구성원을 위한 쇼핑이 돌봄과 헌신의 표현으로 작용한다고 주장한다. 이처럼 쇼핑몰은 순수한 상업 공간이 아닌, 사회적 관계, 문화적 의미, 의례적 실천이 복합적으로 얽힌 공간으로 이해될 수 있다.

❖ 공적 의례의 공간

공공 광장과 공원은 도시의 중요한 시민적 의례 공간이다. 뉴욕의 타임스 스퀘어 새해맞이 행사, 런던 트라팔가 광장의 공공 기념식, 파리 샹젤리제 거리의 국경일 퍼레이드는 도시 공동체의 집단적 정체성과 시민적 가치를 확인하고 강화하는 의례적 기능을 한다. 베네딕트 앤더슨이 말하는 "상상의 공동체"는 이러한 공적 의례를 통해 구체적 현실로 체험된다.

공원에서의 요가 수업, 그룹 러닝, 태극권 모임과 같은 집단적 신체 활동은 도시 공간의 또 다른 의례적 활용을 보여준다. 이러한 실천은 개인의 건강과 웰빙을 증진할 뿐만 아니라, 공유된 리듬과 동작을 통한 집단적 일체감을 형성한다. 피에르 부르디외가 발전시킨 "아비투스" 개념의 관점에서, 이러한 공유된 신체적 실천은 도시 공간에 내재된 사회적·문화적 의미를 체현하고 재생산한다.

❖ 일상의 의례 공간

카페와 바와 같은 "제3의 공간" — 레이 올덴버그가 집과 직장 사이의 비공식적 공공 모임 장소를 지칭하기 위해 만든 용어 — 은 일상적 의례성의 중요한 장소다. 파리의 카페 문화, 런던의 펍, 비엔나의 커피하우스, 베를린의 바는 단순한 소비 공간을 넘어, 도시 생활

의 리듬과 사회적 교류의 패턴을 구조화하는 의례적 장소로 기능한다. 아침 커피, 오후 티타임, 해피 아워, 주말 브런치와 같은 일상적 실천은 도시 시간의 의례적 표식으로 작용한다.

✤ 문화적 의례와 디지털 공간

아트 갤러리와 박물관은 현대 도시의 미학적·지적 의례가 수행되는 중요한 공간이다. 캐롤 던컨은 미술관을 "세속적 의례 공간"으로 분석하며, 관람객의 동선, 명상적 감상, 작품에 대한 경외가 종교적 예배와 구조적 유사성을 갖는다고 주장한다. 뉴욕 MoMA의 "무소음 관람", 테이트 모던의 특별전 개막식, 교토 박물관의 계절별 전시는 현대 도시인의 문화적·지적 의례 캘린더를 구성한다.

디지털 기술의 발전은 의례적 경험의 새로운 차원을 창출하고 있다. 포켓몬 고와 같은 증강현실 게임은 도시 공간에 디지털 의례의 층위를 추가하며, 참가자들이 물리적 도시를 탐험하며 가상의 목표를 추구하는 하이브리드 경험을 제공한다. 코로나19 팬데믹 이후 확산된 줌 콘서트, 가상 박물관 투어, 온라인 요가 클래스는 의례적 경험이 반드시 물리적 공존을 요구하지 않음을 보여주었다. 이러한 디지털 의례 공간은 도시 경험의 공간적·시간적 경계를 재구성한다.

✤ 종교와 세속 사이의 경계 흐림

현대 도시의 새로운 의례적 공간들은 기존 종교 전통과 복합적인 관계를 맺는다. 일부 학자들은 이러한 세속적 의례가 전통적 종교의 "기능적 대체물"로 작용한다고 주장하나, 이는 지나치게 단순한 이해일 수 있다. 오히려 현대 도시에서는 전통적 종교 실천과 새로운 세속적 의례 사이의 경계가 흐려지고, 복합적인 혼합과 재해석이 이루어진다. 예를 들어, 요가는 힌두 영적 전통에서 기원했으나 현대 도시에서는 종종 세속적 웰빙 실천으로 재해석되며, 크리스마스 쇼핑은 종교적 의미와 상업적 의례가 복합적으로 얽힌 현상이다.

종교적 의례가 약화된 현대 도시에서도 의례적 충동과 집단적 경험에 대한 인간의 근본적 욕구는 새로운 표현 형태와 공간을 찾아왔다. 스포츠 경기장, 콘서트홀, 쇼핑몰, 공공 광장, 카페, 박물관과 같은 공간들은 현대 도시인에게 의미, 초월, 공동체 소속감의 중요한 원천이 되었다. 이러한 "세속적 성소"는 종교적 성격은 약하지만, 도시 생활의 리듬을 구조화하고, 집단적 정체성을 강화하며, 파편화된 도시 경험에 의미와 연결성을 부여하는 중요한 역할을 한다.

현대 도시는 전통적인 종교적 의례가 쇠퇴했다고 해서 의례 자체가 사라진 것은 아니다. 오히려 의례는 형태를 바꾸어 도시의 일상 곳곳에 스며들어 있다. 스타디움의 함성, 콘서트장의 열광, 카페의 일상적 리듬, 쇼핑몰의 계절적 의식들은 모두 현대 도시인의 삶에 구조와 의미를 부여하는 세속적 의례로 기능한다. 이러한 의례적 공간들은 인간의 근원적인 소속감과 초월에 대한 욕구가 현대 도시 환경에서도 여전히 살아있음을 증명하는 문화적 증거다.

3. 도시 공간의 일시적 전유와 카니발적 전복: 일상의 틈새에서 피어나는 대안적 도시성

도시 공간의 일시적 전유와 카니발적 전복은 도시 생활의 일상적 질서와 지배적 규범을 잠시 중단하고 재구성하는 역동적 사회문화 현상이다. 미하일 바흐친의 '카니발레스크' 개념은 이런 현상을 이해하는 핵심 이론적 틀을 제공한다. 바흐친에 따르면, 중세 카니발은 "제2의 삶", "뒤집힌 세계"를 창출하여 공식 문화의 위계와 금기를 일시적으로 전복시키는 해방적 기능을 했다. 현대 도시에서 이런 카니발적 전통은 다양한 형태로 지속되며, 사회적 통제와 공간적 질서의 지배적 메커니즘에 창조적으로 도전한다.

✤ 공공 축제: 집단적 고양의 순간

공공 축제는 도시 공간의 일시적 전유와 재구성의 대표적 사례다. 브라질 살바도르의 카니발 기간 동안, 도시의 주요 거리와 광장은 상업적·행정적 기능에서 벗어나 춤, 음악, 퍼레이드의 집단적 공간으로 변모한다. 수십만 명의 참가자들이 공유하는 이 강렬한 신체적·감각적 경험은 에밀 뒤르켐이 말한 "집단적 고양" ─ 개인이 더 큰 집단적 정체성에 일시적으로 융합되는 강렬한 사회적 경험 ─ 의 현대적 구현이다. 이러한 카니발적 순간은 일상적 사회 규범의 일시적 전복을 통해, 대안적 사회 관계와 공간 활용의 가능성을 구체적으로 시험하고 체험하는 기회를 제공한다.

❖ 정치적 시위: 공간의 재점유

정치적 시위와 대중 집회는 더욱 명시적으로 도시 공간의 지배적 용도와 의미에 도전한다. 이집트 카이로의 타흐리르 광장(2011), 터키 이스탄불의 탁심 광장(2013), 홍콩의 중심 지구(2014, 2019)에서 벌어진 대규모 시민 점거 운동들은 상업적·행정적 중심지를 정치적 저항과 대안적 공동체 조직의 공간으로 전환시켰다. 데이비드 그레이버가 분석한 "직접민주주의의 즉흥적 공간"은 일시적이지만 강렬한 사회적 실험으로서, 참가자들에게 평등, 연대, 직접 참여의 대안적 사회 비전을 체험하게 한다.

❖ 예술적 개입: 일상의 재해석

대규모 예술 행사와 거리 축제 역시 일상적 도시 경험을 재구성하는 중요한 메커니즘이다. 네바다 사막의 버닝맨은 비록 도시 외부에서 열리지만, 일시적 도시의 급진적 가능성을 보여주는 대표적 사례다. '블랙 록 시티'라 불리는 이 임시 정착지는 상품화, 화폐 경제, 환경적 영향을 최소화하는 급진적 원칙에 따라 운영되며, 참가자들에게 일주일간의 대안적 도시 경험을 제공한다. 팀 에덴서는 이러한 현상을 "일상적 공간 실천의 의도적 파괴"로 분석하며, 이를 통해 도시 공간의 지배적 용도와 의미에 대한 비판적 성찰이 가능해진다고 주장한다.

❖ 택티컬 어바니즘: 미시적 개입의 정치학

일시적 도시 개입은 보다 소규모이지만 중요한 도시 공간 전유의 형태다. '택티컬 어바니즘'으로도 알려진 이러한 접근은 공식적 도시계획 과정을 우회하여 작고 일시적인 변화를 통해 도시 환경을 변형시키는 시민 주도 전략이다. '파크데이'와 같은 이니셔티브는 주차 공간을 임시 공원으로 변환함으로써, 도시 공간의 자동차 중심 할당에 도전한다. '게릴라 가드닝'은 버려진 도시 공간을 허가 없이 경작함으로써, 공간의 생태적·공동체적 가능성을 실험한다. 미셸 드 세르토의 "일상의 창조적 전술" 개념은 이러한 미시적 개입이 어떻게 지배적 공간 질서에 대한 창조적 저항으로 기능하는지 설명한다.

❖ 임시 자율구역: 틈새의 정치학

'임시 자율구역(TAZ)' — 하킴 베이가 발전시킨 개념 — 은 도시 공간의 일시적 전유와 카니발적 전복의 이론적·실천적 가능성을 확장한다. TAZ는 "지배 구조의 레이더에 포착되지 않는" 일시적 자유 공간으로, 공식적 통제 메커니즘을 우회하여 자율적 표현과 실험이 가능한 공간적·시간적 '틈새'를 창출한다. 일렉트로닉 댄스 뮤직 씬의 레이브 파티, 임시 예술 설치, 팝업 공동체 정원은 TAZ의 현대 도시적 구현으로 볼 수 있다. 이러한 실천은 일시성과 유동성을 전략적으로 활용하여, 제도화와 상품화의 위험을 최소화하면서 대안적 사회·공간적 관계의 가능성을 탐색한다.

✤ 신체와 퍼포먼스의 정치학

도시 공간의 일시적 전유는 종종 감각적·신체적 차원과 밀접하게 연결된다. 프랑스의 '실황 역할극' 집단 '블랑크'의 대규모 공공 연기는 참가자들이 모두 흰옷을 입고 도시 거리를 천천히 이동하며 일상적 도시 리듬과 시간성에 도전한다. 암스테르담의 '나체 자전거 시위'는 화석 연료 의존과 신체 이미지에 관한 사회적 규범에 동시에 도전하며, 도시 공간에서 신체의 가시성과 취약성을 새롭게 경험하는 기회를 제공한다. 리차드 셰크너는 이러한 현상을 "변형적 퍼포먼스"로 분석하며, 일상적 행동 코드와 신체적 습관이 의도적으로 중단되고 재구성되는 과정을 강조한다.

✤ 디지털 시대의 새로운 가능성

디지털 기술과 소셜 미디어는 도시 공간의 일시적 전유에 새로운 차원을 추가한다. '플래시몹'은 소셜 미디어를 통해 조직되는 갑작스러운 집단 행동으로, 공공장소에서 예상치 못한 퍼포먼스를 전개한 후 빠르게 해산한다. '스마트몹' ― 하워드 라인골드가 제안한 용어 ― 은 디지털 네트워크를 통해 정치적 목적의 일시적 공간 점유를 조직한다. 이러한 현상은 물리적 도시 공간과 디지털 네트워크 사이의 경계를 흐리며, 네트워크화된 대중의 새로운 행동 가능성을 탐색한다.

✤ 한계와 모순

도시 공간의 일시적 전유와 카니발적 전복은 평등주의적 잠재력과 함께 내재적 한계와 모순도 지닌다. 카니발적 순간의 포용성은 종종 제한적이며, 기존의 사회적 배제와 특권이 재생산될 수 있다. 에딘버러 프린지 페스티벌과 같은 문화 이벤트는 접근성과 참여 가능성에서 계급적·인종적·젠더적 불평등을 반영할 수 있다. 또한 일시적 공간 전유의 급진적

잠재력은 종종 상품화와 제도화의 위험에 직면한다. 버닝맨의 기업 후원 증가나 뉴욕의 '하이 라인' 프로젝트와 같은 사례는 일시적·대안적 공간 실천이 어떻게 부동산 개발과 젠트리피케이션의 촉매로 전환될 수 있는지 보여준다.

❖ 도시에 대한 권리의 실현

이러한 한계에도 불구하고, 도시 공간의 일시적 전유는 도시 생활의 지배적 리듬과 공간적 질서에 대한 중요한 도전이자 창조적 대안으로 기능한다. 앙리 르페브르의 "도시에 대한 권리" 개념은 도시 공간을 단순한 교환 가치를 넘어 사용 가치와 창조적 잠재력의 관점에서 재개념화한다. 이러한 틀에서 축제, 시위, 일시적 개입은 추상적 원칙이 아닌 구체적 실천으로서 "도시에 대한 권리"를 주장하고 실현하는 방식이다.

축제와 시위, 일시적 도시 개입이 창출하는 '일시적 자율구역'의 경험은 도시민에게 일상을 넘어선 집단적 희열과 연대감을 제공할 뿐만 아니라, 대안적 도시성의 가능성을 상상하고 실험하는 중요한 기회를 제공한다. 이는 단순한 일시적 도피가 아닌, 에른스트 블로흐가 말하는 "구체적 유토피아" — 현실 속에 이미 잠재된 대안적 가능성의 실현 — 로서, 보다 포용적이고 참여적인, 생태적으로 지속가능한 도시 미래를 향한 집단적 실험이자 희망의 표현이다.

도시는 단순한 건물과 도로의 집합이 아니라, 끊임없이 재해석되고 재창조되는 살아있는 텍스트다. 카니발과 축제, 시위와 퍼포먼스, 플래시몹과 게릴라 가드닝은 이 텍스트에 새로운 문장을 쓰는 방식이며, 지배적 도시 서사에 대한 창조적 각주이자 대안적 독해다. 이러한 일시적 전유와 카니발적 전복의 순간들은 비록 짧고 불완전할지라도, 다른 도시, 다른 삶의 가능성을 구체적으로 체험하고 상상하는 귀중한 기회를 제공한다.

4. 디지털 시대의 도시 축제와 가상 공동체: 경계를 넘나드는 의례적 경험

디지털 기술의 급속한 발전은 도시 축제와 의례의 형식, 경험, 의미를 근본적으로 재구성하고 있다. 스마트폰, 소셜 미디어, 증강현실(AR), 가상현실(VR) 기술은 축제의 공간적·시간적 경계를 확장하고, 참여 방식을 다양화하며, 물리적 공간과 디지털 영역 사이의 창조적 상호작용을 가능하게 한다. 헨리 젠킨스가 제안한 "컨버전스 문화" 개념은 이러한 변화를 이해하는 유용한 틀을 제공한다 — 현대 도시 축제는 점차 다양한 미디어 플랫폼을 가로지르는 "트랜스미디어 경험"으로 진화하고 있다.

❖ 소셜 미디어와 축제 경험의 확장

소셜 미디어는 도시 축제 경험의 공유와 증폭을 위한 강력한 도구가 되었다. 발렌시아의 라스 파야스 축제나 자이푸르의 홀리 축제 참가자들은 실시간으로 이미지와 동영상을 인스타그램, 페이스북, 틱톡에 공유함으로써, 지역적 이벤트를 글로벌 관객에게 중계한다. 이러한 디지털 매개는 축제 경험을 확장하고 재구성한다. 참가자들은 단순히 축제를 체험하는 데 그치지 않고, 어떻게 그 경험을 프레임하고, 편집하고, 공유할지 고려하게 된다. 새라 핑크는 이를 "디지털 민족지학적 순간"으로 설명하며, 축제 참가자가 동시에 그 경험의 기록자이자 큐레이터가 되는 현상을 분석한다.

해시태그와 위치 태그는 특정 축제를 중심으로 "임시적 네트워크 공중"을 형성한다. #RioCarnaval, #Coachella, #Diwali와 같은 해시태그는 지리적으로 분산된 개인들이 특정 축제 경험을 중심으로 일시적 온라인 공동체를 형성할 수 있게 한다. 이러한 디지털 공동체는 물리적 축제에 참여하는 사람들뿐만 아니라, 원격으로 참여하는 "가상 참가자"도 포함한다. 아르준 아파두라이가 제안한 "미디어스케이프"와 "테크노스케이프" 개념은 이러한 초국가적 디지털 축제 공동체의 형성을 이해하는 데 유용한 관점을 제공한다.

❖ 증강현실과 가상현실: 축제 경험의 새로운 차원

증강현실과 위치 기반 기술은 도시 축제의 새로운 참여 방식을 가능하게 한다. 암스테르담의 조명 페스티벌은 AR 앱을 통해 방문객들이 예술 설치물과 상호작용하고 부가 정보를 얻을 수 있게 한다. 도쿄의 '팀랩 보더리스' 디지털 아트 뮤지엄은 물리적 공간과 디지털 투영이 원활하게 융합된 몰입형 환경을 제공하며, 방문객의 움직임에 반응하는 역동적 경험을 창출한다. 이러한 접근은 축제를 단순한 관람 대상이 아닌, 참가자와 기술이 공동 창조하는 상호작용적 과정으로 변형시킨다.

가상현실 기술은 도시 축제의 지리적 제약을 초월할 수 있는 가능성을 제공한다. 팜플로나의 '산 페르민 축제'의 VR 체험은 세계 각지의 사람들이 유명한 '황소 달리기' 이벤트를

안전하게 경험할 수 있게 한다. '버닝맨' 페스티벌은 2020년 팬데믹 기간 동안 '멀티버스'라는 가상 공간으로 이전되어, 참가자들이 디지털 아바타를 통해 상호작용하고 가상 예술 설치물을 경험할 수 있게 했다. 이러한 가상 축제는 물리적 접근성 제한을 극복할 수 있지만, 동시에 신체적 공존과 감각적 몰입의 중요한 차원이 상실될 수 있다는 딜레마를 제기한다.

✤ 디지털 조직화와 물리적 집합의 융합

플래시몹과 스마트몹은 디지털 조직화와 물리적 집합이 결합된 독특한 도시 현상이다. 하워드 라인골드가 분석한 "스마트 군중"은 모바일 기술을 통해 신속하게 조직되어 물리적 공간에서 일시적 집단 행동을 수행한다. 뉴욕의 '즉흥 에브리웨어' 같은 그룹은 그랜드 센트럴 역에서의 '정지 게임'과 같은 대규모 참여형 퍼포먼스를 조직하여, 일상적 도시 공간을 일시적 축제 공간으로 변모시킨다. 이러한 현상은 네트워크화된 개인들이 어떻게 디지털 조직화를 통해 물리적 도시 공간을 창의적으로 전유할 수 있는지 보여준다.

✤ 팬데믹과 디지털 축제의 가속화

코로나19 팬데믹은 디지털 도시 축제의 발전을 급속히 가속화했다. 물리적 모임에 대한 제한으로 인해, 많은 전통적 도시 축제들이 디지털 대안을 모색해야 했다. 리우 카니발의 가상 퍼레이드, 에든버러 프린지 페스티벌의 온라인 공연, 일본 각지의 디지털 마쓰리 행사는 모두 팬데믹 시대의 창의적 적응 사례다. 호세 판 딕이 분석한 "플랫폼 사회"의 관점에서, 이러한 변화는 단순한 일시적 대응이 아닌, 디지털 플랫폼이 문화적 표현과 사회적 연결의 필수적 인프라로 자리잡는 더 넓은 추세의 일부로 볼 수 있다.

✤ 하이브리드 축제 모델의 부상

하이브리드 축제 모델 — 물리적 이벤트와 디지털 참여를 결합하는 접근 — 은 팬데믹 이후 새로운 표준으로 부상하고 있다. 오스틴의 '사우스 바이 사우스웨스트'나 영국의 '글래스턴베리' 같은 대형 축제들은 현장 이벤트와 함께 고품질 라이브 스트리밍, 가상 전시회, 온라인 워크숍을 제공한다. 이러한 하이브리드 모델은 글로벌 접근성을 확대하고 새로운 수익 흐름을 창출하지만, 축제 경험의 본질, 경제적 지속가능성, 디지털 접근성의 불평등에 관한 중요한 질문도 제기한다.

✤ 디지털 보존과 아카이빙

디지털 기술은 또한 도시 축제와 의례의 기록과 보존 방식을 변화시키고 있다. 360도 동영상, 드론 촬영, 3D 스캐닝 기술은 전례 없이 상세한 축제 기록을 가능하게 한다. 구글의 '문화 연구소'나 유네스코의 '무형문화유산 디지털 도서관' 같은 이니셔티브는 전 세계 도시 축제의 디지털 아카이브를 구축하고 있다. 제프리 슈나프는 이러한 발전이 "문화유산의 초연결 보존"을 가능하게 한다고 주장하지만, 동시에 디지털 기록이 포착할 수 없는 축제 경험의 체현된 측면에 대한 우려도 제기한다.

✤ 디지털 축제의 경제적 차원

디지털 도시 축제의 경제적 측면도 주목할 필요가 있다. 플랫폼화와 데이터 추출은 현대 축제 경제의 중요한 요소가 되고 있다. 페스티벌 앱, 디지털 티켓팅, 위치 기반 서비스는 참가자 경험을 향상시키는 동시에, 가치 있는 데이터를 생성한다. 빈센트 모스코가 분석한 "디지털 자본주의"의 관점에서, 이러한 변화는 축제 경험의 상품화와 데이터화가 심화되는 광범위한 과정의 일부로 볼 수 있다.

✤ 물리적 공존의 가치 재발견

디지털 매개에도 불구하고, 물리적 공간에서의 직접적 만남이 주는 촉각적, 정서적 경험의 가치는 오히려 재인식되고 있다. 모리스 메를로-퐁티의 현상학적 관점이 시사하듯, 축제 경험의 중심에는 신체화된 지각이 있다. 코로나19 제한이 완화된 후 물리적 축제에 대한 열광적 귀환은 디지털 상호작용이 대체할 수 없는 공동 현존의 가치를 증명한다. 한스 울리히 그룸브레히트가 주장한 "현존의 생산" 개념은 디지털 매개가 완전히 재현할 수 없는 축제의 물질적·감각적 차원을 강조한다.

디지털 시대의 도시 축제와 가상 공동체는 물리적 공간과 디지털 영역 사이의 복합적 상호작용을 통해 형성된다. 소셜 미디어 공유, 증강현실 경험, 가상 참여, 하이브리드 이벤트는 축제의 공간적·시간적 경계를 확장하고, 참여 방식을 다양화하며, 새로운 형태의 공동체적 연결을 가능하게 한다. 코로나19 팬데믹은 이러한 디지털 변환을 가속화했지만, 동시에 신체적 공존과 감각적 몰입의 대체 불가능한 가치도 부각시켰다.

미래의 도시 축제는 물리적 직접성과 디지털 연결성의 장점을 창의적으로 결합하는 하이브리드 형태로 발전할 가능성이 높다. 이러한 발전은 디지털 접근성, 문화적 진정성, 상업화와 데이터 추출의 윤리적 문제, 그리고 무엇보다 기술적 혁신이 어떻게 의미 있는 공동체 경험과 도시 공간의 창조적 전유를 강화할 수 있는지에 대한 지속적인 성찰을 요구한다.

도시 축제는 오늘날 물리적 거리와 디지털 네트워크를 동시에 가로지르는 복합적 의례로 진화하고 있다. 이 융합의 과정에서 우리는 기술의 가능성을 탐색하는 동시에, 인간의 물리적 공존과 감각적 경험이 주는 고유한 가치를 재발견하고 있다. 이러한 창조적 긴장 속에서, 축제는 여전히 도시 공동체가 자신의 정체성을 표현하고, 사회적 연대를 강화하며, 일상을 초월하는 공유된 경험의 순간을 창출하는 본질적 기능을 유지하고 있다.

[참/고/문/헌]

1. 아리스토텔레스, 『정치학』, 기원전 4세기.

2. 모리스 알박스, 『집단 기억의 사회적 틀』, 1925.

3. 루이스 멈포드, The City in History: Its Origins, Its Transformations, and Its 4. Prospects, Harcourt, Brace & World, 1961.

4. 데이비드 하비, 『포스트모더니티의 조건』(The Condition of Postmodernity), Blackwell Publishers, 1989.

5. 게오르그 짐멜, 「대도시와 정신적 삶」(Die Großstädte und das Geistesleben), 1903.

6. 앙리 르페브르, The Production of Space, Blackwell Publishing, 1974.

7. 미셸 드 세르토, 『일상생활의 실천』(The Practice of Everyday Life), University of California Press, 1980.

8. 제인 제이콥스, 『미국 대도시의 죽음과 삶』(The Death and Life of Great American Cities), Random House, 1961.

9. 리처드 세넷, 『이방인의 도시』(The Conscience of the Eye), W.W. Norton & Company, 1992.

10. 마누엘 카스텔스, 『네트워크 사회의 도래』(The Rise of the Network Society), Blackwell Publishers, 1996.

11. 에드워드 소자, 『후기 메트로폴리스』(Postmetropolis: Critical Studies of Cities and Regions), Wiley-Blackwell, 2000.

12. 브루노 라투르, 『사회 재조립하기』(Reassembling the Social: An Introduction to Actor-Network-Theory), Oxford University Press, 2005.

13. 에베네저 하워드, 『내일의 전원도시』(Garden Cities of To-morrow), 1898.

14. 고든 차일드(V. Gordon Childe), Man Makes Himself, Watts & Co., 1936.

15. 피에르 노라, 『기억의 장소』(Les Lieux de Mémoire), Gallimard, 1984.

16. 발터 벤야민(Walter Benjamin), 『기술복제시대의 예술작품』(The Work of Art in the Age of Mechanical Reproduction), Schocken Books, 1936.

17. 얀 겔(Jan Gehl), 『사람을 위한 도시』(Cities for People), Island Press, 2010.

18. 케빈 린치(Kevin Lynch), The Image of the City, MIT Press, 1960.

19. 샤론 주킨(Sharon Zukin), 『도시 문화의 본질』(The Cultures of Cities), Blackwell Publishing, 1995.

20. 윌리엄 화이트(William H. Whyte), 『소셜 라이프 오브 스몰 어반 스페이스즈』(The Social Life of Small Urban Spaces), Project for Public Spaces, 1980.

제3부
도시의 사회적 구조

제9장
도시 공동체의 형성과 변화

제10장
도시의 계층과 불평등_공간적 정의

제11장
이방인과 타자성_도시의 다양성과 포용

제12장
도시의 공공성과 사적 영역의 경계

도시의 사회적 구조는 인간과 공간, 공동체가 복잡하게 얽혀 있는 사회적 관계와 제도적 틀을 다룹니다. 이 부에서는 도시 공동체의 형성과 변화, 계층과 불평등, 다양성과 포용, 공공성과 사적 영역의 경계를 중심으로 논의합니다.

제9장

✤

도시 공동체의 형성과 변화

1. 공동체 형성 과정과 역사적 사례: 도시 공동체의 생성과 변용

도시 공동체 형성은 역사적 맥락과 사회경제적 조건이 복합적으로 작용하는 역동적 과정이다. 19세기 산업혁명기 미국 도시는 이러한 공동체 형성의 원형적 사례를 제공한다. 급속한 산업화와 도시화의 물결 속에서, 도시는 유럽과 아시아 각지에서 유입된 대규모 이민자 집단을 흡수하며 독특한 사회적 지형을 형성했다. 이러한 배경에서 이민자 집단들은 언어적·문화적·종교적 동질성을 기반으로 도시 내 특정 구역에 집중적으로 정착하는 경향을 보였다.

✤ 에스닉 인클레이브와 생존의 공간

이민자 공동체의 공간적 집중은 단순한 거주지 선택을 넘어 생존과 적응을 위한 전략적 메커니즘으로 기능했다. 시카고학파의 사회학자 로버트 파크와 어니스트 버제스는 이러한 현상을 '자연적 지역' 형성으로 개념화했으며, 이는 후에 '에스닉 인클레이브'로 불리게 되었다. 뉴욕의 맨해튼 로어 이스트 사이드에 형성된 유대인 지구, 리틀 이탈리아, 샌프란시스코의 차이나타운은 이러한 에스닉 인클레이브의 대표적 사례다.

에스닉 인클레이브는 이민자들에게 다양한 사회적·경제적 기능을 제공했다. 문화적 친숙함과 언어적 편의성은 이주 초기의 심리적 안정을 가능하게 했으며, 공동체 내 상호부조 네트워크는 주택, 취업, 금융 접근성 등 실질적 필요를 충족시켰다. 보스턴 노스엔드의 이탈리아 이민자들은 '랜즈만 소사이어티'라 불리는 상호부조 조직을 통해 의료 지원과 장례 서비스를 제공했으며, 뉴욕 차이나타운의 '회관'은 광둥어를 사용하는 중국 이민자들에게 주택, 일자리, 법률 지원을 제공했다.

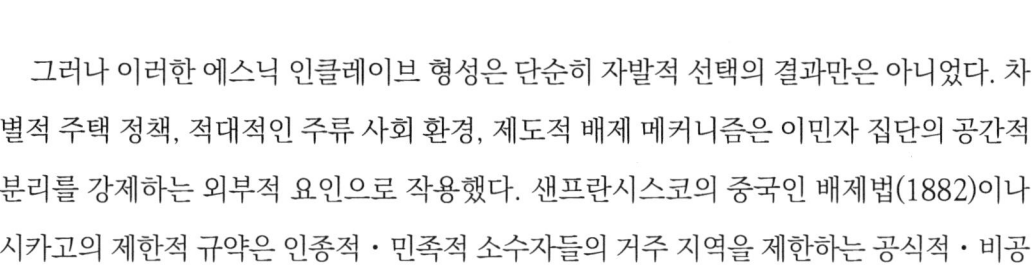

그러나 이러한 에스닉 인클레이브 형성은 단순히 자발적 선택의 결과만은 아니었다. 차별적 주택 정책, 적대적인 주류 사회 환경, 제도적 배제 메커니즘은 이민자 집단의 공간적 분리를 강제하는 외부적 요인으로 작용했다. 샌프란시스코의 중국인 배제법(1882)이나 시카고의 제한적 규약은 인종적·민족적 소수자들의 거주 지역을 제한하는 공식적·비공식적 장벽을 형성했다.

✤ 도시 문제와 공동체적 대응

19세기 후반에서 20세기 초반에 걸친 급속한 도시화는 심각한 도시 문제를 야기했다. 산업 지역 인근에 형성된 노동자 주거지는 열악한 주택 조건, 위생 시설 부족, 과밀화로 특징지어지는 빈민가로 변모했다. 제이콥 리스의 『타자의 절반은 어떻게 살아가는가』(1890)는 뉴욕 빈민가의 참혹한 생활 조건을 생생하게 기록했으며, 이는 도시 개혁 운동의 중요한 촉매제가 되었다.

이러한 맥락에서 도시 공동체는 페르디난트 퇴니스가 제시한 게마인샤프트와 게젤샤프트의 이중적 특성을 드러냈다. 에스닉 인클레이브 내부에서는 혈연, 지연, 문화적 유사성에 기반한 게마인샤프트적 유대가 강하게 유지되었지만, 보다 넓은 도시 사회와의 관계에서는 계약적, 비인격적, 기능적 관계를 특징으로 하는 게젤샤프트적 상호작용이 지배적이었다. 이러한 이중적 구조는 도시 공동체가 근대화의 압력 속에서도 전통적 유대를 재생산하고 적응시키는 방식을 보여준다.

✤ 종교 기관과 노동 기반 공동체

초기 도시 공동체 형성 과정에서 종교 기관은 특히 중요한 역할을 담당했다. 시카고의 폴란드계 가톨릭 교구, 뉴욕의 유대인 회당, 보스턴의 아일랜드계 가톨릭 성당은 단순한 종교적 기능을 넘어 사회 서비스, 교육, 문화 유지, 정치적 조직화의 중심지로 기능했다. 교회와 회당은 이민자들이 새로운 도시 환경에 적응하면서도 문화적 정체성을 유지할 수 있는 제도적 기반을 제공했다.

노동 기반 공동체 형성도 주목할 만한 현상이다. 피츠버그의 제철소, 디트로이트의 자동차 공장, 로웰의 방직 공장 주변에 형성된 노동자 주거지는 직업적 유사성과 계급적 연대에 기반한 독특한 공동체 문화를 발전시켰다. 이러한 노동 공동체는 종종 노동조합 활동, 상호 부조 네트워크, 여가 및 문화 활동을 통해 강화되었으며, 산업 자본주의의 불안정성에 대응하는 집단적 안전망을 제공했다.

✤ 공동체의 역동성과 변화

주목할 점은 초기 도시 공동체가 단일하고 정적인 실체가 아닌, 끊임없이 변화하고 재구성되는 역동적 과정이었다는 것이다. 1차 세계대전 이후 남부에서 북부 도시로의 아프리카계 미국인 대이동은 시카고, 디트로이트, 필라델피아와 같은 도시의 인종적·문화적 지형을 변화시켰으며, 새로운 형태의 도시 공동체 형성을 촉발했다. 이는 공동체가 고정된 실체가 아닌, 사회경제적 조건, 인구학적 변화, 정치적 역학관계에 반응하며 지속적으로 재형성되는 사회적 구성물임을 보여준다.

초기 도시 공동체 형성은 문화적 유사성과 사회경제적 필요, 자발적 선택과 구조적 제약, 전통적 유대와 근대적 관계가 복합적으로 작용한 과정이었다. 이러한 역사적 패턴에 대한 이해는 현대 도시 공동체의 역동성과 복잡성을 이해하는 중요한 기반을 제공한다.

도시 공동체는 단순한 지리적 집적이 아닌, 공유된 정체성과 상호의존성을 통해 지속적으로 재창조되는 살아있는 유기체다. 새로운 도시 계획 패러다임과 슬럼 재개발의 혁신적 모델이 보여주듯, 성공적인 도시 공동체 형성은 물리적 환경 개선과 사회적 관계 강화, 전문가 지식과 지역 지혜의 결합, 공식적 제도와 비공식적 네트워크의 상호보완적 작용을 필요로 한다. 이러한 복합적 시각은 현대 도시가 직면한 불평등, 소외, 분열의 도전에 대응하는 데 중요한 통찰을 제공한다.

2. 현대 도시 공동체의 특징과 과제: 복잡성의 시대에 도시를 다시 상상하기

현대 도시 공동체는 역사적 맥락에서 형성된 패턴과 함께, 세계화, 기술 발전, 인구학적 변화 등 현대적 변화 요인이 복합적으로 작용하는 복잡한 사회적 생태계를 이룬다. 이러한 도시 공동체는 다양성과 복잡성, 사회적 불평등, 문화적 혼합 등의 특징적 양상을 보이며, 이에 따른 여러 도전에 직면하고 있다.

❖ 현대 도시 공동체의 특징

다양성과 복잡성

현대 도시 공동체의 가장 두드러진 특징은 인구구성의 다양성과 사회적 관계의 복잡성이다. 게오르그 짐멜은 일찍이 『대도시와 정신적 삶』(1903)에서 도시 생활이 개인에게 미치는 심리적 영향을 분석했다. 짐멜에 따르면, 도시의 다양한 자극과 사회적 접촉은 개인에게 익명성과 자유를 제공하지만, 동시에 '무관심'이라는 심리적 방어 메커니즘을 발달시킨다.

현대 도시에서 이러한 경향은 더욱 심화되었다. 도시 인구의 증가와 다양화, 디지털 기술의 발전, 글로벌 이동성의 확대는 사회적 관계의 복잡성을 가중시켰다. 로버트 푸트남이 『나 홀로 볼링』(2000)에서 지적했듯이, 현대 도시에서는 전통적 공동체 유대의 약화와 사회적 자본의 감소 현상이 관찰된다. 이는 한편으로 개인의 자율성과 다양한 생활방식의 수용을 가능케 하지만, 다른 한편으로는 사회적 고립과 소외의 위험을 증가시킨다.

사회적 불평등

현대 도시는 사회적·경제적 불평등이 공간적으로 구현되는 장소다. 피에르 부르디외의 개념을 빌리면, 도시 공간은 다양한 '자본' 형태(경제적, 문화적, 사회적)의 불균등한 분배를 반영한다. 이는 주거 분리, 교육 기회의 격차, 기본 서비스 접근성의 차이 등으로 나타난다.

글로벌 도시에서 특히 두드러지는 이러한 불평등은 '이중 도시' 또는 '분절된 도시' 현상으로 개념화되기도 한다. 런던, 뉴욕, 상하이와 같은 도시에서는 글로벌 엘리트가 거주하는 초호화 지구와 빈곤층이 밀집한 쇠퇴 지역이 지리적으로 인접해 있으면서도 사회적으로는 완전히 분리된 '평행 현실'을 형성한다.

특히 주목할 만한 것은 젠트리피케이션 현상이다. 루스 글래스가 1964년 처음 개념화한 이 과정은, 저소득층 거주 지역이 중산층 유입으로 물리적·사회적으로 변모하면서 원주민이 점차 밀려나는 현상을 지칭한다. 베를린의 크로이츠베르크, 뉴욕의 브루클린, 서울의 이태원 등 전 세계 많은 도시에서 관찰되는 이 과정은 현대 도시의 계급적 역동성과 불평등의 강화 메커니즘을 보여준다.

문화적 혼합

현대 도시는 전례 없는 수준의 문화적 다양성과 혼종성을 경험하고 있다. 글로벌 이주의 증가, 정보통신 기술의 발달, 초국가적 문화 흐름은 도시의 정체성과 문화적 지형을 근본적으로 재구성한다. 아르준 아파두라이가 제시한 '글로벌 문화 흐름의 다섯 가지 차원' — 민족경관, 미디어경관, 기술경관, 금융경관, 이념경관 — 은 이러한 복합적 흐름을 이해하는 유용한 틀을 제공한다.

도시 공간에서 이러한 흐름은 다양한 방식으로 표현된다. 토론토의 케싱턴 마켓, 런던의 브릭 레인, 시드니의 카브라마타와 같은 다문화 지구는 다양한 음식, 언어, 종교, 예술 형태가 공존하고 융합하는 장소다. 이러한 문화적 다원성은 도시의 창조성과 활력의 원천이 되지만, 동시에 사회적 응집력과 공유된 정체성 유지의 과제를 제기한다.

✣ 현대 도시 공동체의 과제

환경 지속가능성

급속한 도시화와 자원 집약적 생활양식은 심각한 환경적 과제를 초래한다. 도시는 전 세계 온실가스 배출의 약 70%를 차지하며, 생물다양성 감소, 수자원 오염, 폐기물 문제 등 다양한 환경 위기의 중심에 있다. 기후변화로 인한 해수면 상승, 폭염, 강력한 폭풍과 같은 극단적 기상 현상은 특히 연안 도시와 취약 계층에게 심각한 위협이 된다.

이러한 도전에 대응하여, '지속가능한 도시' 또는 '회복력 있는 도시' 모델이 전 세계적으로 주목받고 있다. 덴마크 코펜하겐의 탄소중립 목표, 싱가포르의 통합적 물 관리 시스템, 콜롬비아 메데진의 친환경 대중교통 혁신은 도시 환경 지속가능성을 위한 선도적 사례들이다.

특히 '15분 도시' 개념은 도시민이 필요한 대부분의 일상 활동(직장, 쇼핑, 교육, 의료, 레저)에 도보나 자전거로 15분 이내에 접근할 수 있는 근접성 기반 도시 설계를 지향한다. 프랑스 파리의 앤 이달고 시장이 추진한 이 모델은 이동 필요성 감소, 화석연료 의존도 축소, 지역 경제 활성화, 공동체 유대 강화 등 다양한 사회적·환경적 이점을 제공한다.

사회적 포용과 통합

다양한 인구 집단이 공존하는 현대 도시에서 사회적 포용과 통합은 핵심적 과제다. 인종, 민족, 종교, 계급, 성별, 성적 지향, 장애 여부 등 다양한 차원의 차이를 존중하면서도 공유된 시민의식과 소속감을 형성하는 것은 복잡한 균형을 요구한다.

유엔 해비타트는 '포용적 도시'를 "모든 시민이 도시 발전의 혜택에 평등하게 참여하고 기여할 수 있는 도시"로 정의한다. 이는 물리적 공간의 접근성뿐만 아니라, 의사결정 과정의 참여, 경제적 기회의 공정한 분배, 문화적 다양성의 인정을 포함하는 포괄적 개념이다.

포용적 도시 구현을 위한 다양한 접근이 시도되고 있다. 독일 베를린의 '지역 관리' 프로그램은 취약 지역의 사회적 응집력을 강화하기 위해 주민 참여, 공동체 기반 프로젝트, 다문화 대화를 촉진한다. 캐나다 토론토의 '근린 개선 지역' 이니셔티브는 데이터 기반 접근을 통해 취약 지역을 식별하고 맞춤형 지원을 제공한다.

그러나 이러한 노력에도 불구하고, 현대 도시는 여전히 '낯선 이에 대한 공포'와 사회적 분절화의 도전에 직면해 있다. 리처드 센넷이 『다른 사람들과 함께』(2012)에서 강조했듯이, 진정한 도시 공동체는 차이의 부정이 아닌, 차이와 함께 살아가는 능력의 발전을 요구한다.

공공 공간 활성화

현대 도시에서 공공 공간은 단순한 물리적 장소를 넘어, 시민성의 형성, 사회적 상호작용의 촉진, 집단적 정체성의 구축에 중요한 역할을 한다. 그러나 상업화, 사유화, 감시 강화, 디지털 기술의 발달로 인한 '가상 공간으로의 철수' 등 다양한 요인이 전통적 공공 공간의 역할과 의미를 변화시키고 있다.

덴마크의 건축가 얀 겔은 『사람을 위한 도시』(2010)에서 인간 중심의 도시 설계와 활력 있는 공공 공간 조성의 중요성을 강조했다. 겔의 접근법은 코펜하겐의 보행자 중심 도시 재편, 뉴욕의 타임스 스퀘어 재설계, 멜버른의 골목길 활성화 등 전 세계 많은 프로젝트에 영향을 미쳤다.

특히 '일시적 도시주의' 또는 '전술적 도시주의'는 공공 공간의 창의적 재활성화를 위한 중요한 접근법으로 부상했다. 파리의 '플라주', 샌프란시스코의 '파크렛', 보고타의 '시클로비아' 등은 최소한의 비용과 가역적 개입을 통해 도시 공간의 대안적 사용을 실험하는 사례들이다.

디지털 기술의 발전은 공공 공간의 개념과 경험을 확장한다. '스마트 시티' 이니셔티브는 디지털 센서, 데이터 분석, 모바일 앱을 통해 공공 공간의 이용과 관리를 최적화하고자 한다. 그러나 이러한 접근은 디지털 접근성의 격차, 감시와 프라이버시 우려, 기술 의존성의 위험과 같은 새로운 도전을 제기한다.

코로나19 팬데믹은 공공 공간의 중요성과 취약성을 동시에 드러냈다. 사회적 거리두기로 인해 많은 공공 공간이 일시적으로 폐쇄되거나 이용이 제한되었지만, 동시에 도시민들의 정신적·신체적 건강을 위한 접근 가능한 공공 공간의 필수적 역할이 재인식되었다. 이는 미래 도시 계획에서 탄력적이고 포용적인 공공 공간 설계의 중요성을 부각시켰다.

✦ 통합적 접근의 필요성

현대 도시 공동체는 전례 없는 다양성, 복잡성, 변화의 속도를 경험하고 있다. 이러한 특성은 개인의 자유와 기회를 확대하는 동시에, 사회적 불평등, 문화적 갈등, 환경적 지속가능성 등 중대한 도전을 제기한다. 이러한 도전에 효과적으로 대응하기 위해서는 도시를 단순한 물리적 환경이나 경제적 시스템이 아닌, 복합적 사회생태계로 이해하는 총체적 접근이 필요하다.

특히 강조되어야 할 것은 도시 발전 과정에서 다양한 목소리의 포용과 권한 부여다. 마르기트 마이어와 같은 도시 연구자들이 지적했듯이, 현대 도시 정책은 종종 '성장연합'이나 '도시 엘리트'의 이해를 우선시하는 경향이 있다. 진정으로 포용적이고 지속가능한 도시 공동체 구축을 위해서는 취약 계층, 소수 집단, 비공식 부문의 행위자들이 도시의 미래를 함께 구상하고 형성하는 과정에 의미 있게 참여할 수 있어야 한다.

환경 지속가능성, 사회적 포용, 공공 공간 활성화라는 세 가지 핵심 과제는 상호 연결되어 있으며, 통합적 접근을 요구한다. 성공적인 도시 공동체는 이러한 다차원적 도전에 창의적으로 대응하면서, 경제적 번영, 사회적 형평성, 문화적 다양성, 생태적 건전성을 균형 있게 추구하는 모델을 발전시켜야 할 것이다.

현대 도시는 인류 역사상 가장 복잡한 사회적 실험의 장이다. 이 실험의 성공 여부는 우리가 다양성 속에서 연대를, 개인의 자유 속에서 공동의 책임을, 지역적 특수성 속에서 보편적 가치를 어떻게 조화시킬 수 있는지에 달려 있다. 이것이 21세기 도시 공동체가 직면한 가장 근본적인 도전이자 가능성이다.

[참/고/문/헌]

1. 아리스토텔레스, 『정치학』, 기원전 4세기.

2. 모리스 알박스, 『집단 기억의 사회적 틀』, 1925.

3. 루이스 멈포드, The City in History: Its Origins, Its Transformations, and Its Prospects, Harcourt, Brace & World, 1961.

4. 데이비드 하비, 『포스트모더니티의 조건』(The Condition of Postmodernity), Blackwell Publishers, 1989.

5. 게오르그 짐멜, 「대도시와 정신적 삶」(Die Großstädte und das Geistesleben), 1903.

6. 앙리 르페브르, The Production of Space, Blackwell Publishing, 1974.

7. 미셸 드 세르토, 『일상생활의 실천』(The Practice of Everyday Life), University of California Press, 1980.

8. 제인 제이콥스, 『미국 대도시의 죽음과 삶』(The Death and Life of Great American Cities), Random House, 1961.

9. 리처드 세넷, 『이방인의 도시』(The Conscience of the Eye), W.W. Norton & Company, 1992.

10. 마누엘 카스텔스, 『네트워크 사회의 도래』(The Rise of the Network Society), Blackwell Publishers, 1996.

11. 에드워드 소자, 『후기 메트로폴리스』(Postmetropolis: Critical Studies of Cities and Regions), Wiley-Blackwell, 2000.

12. 브루노 라투르, 『사회 재조립하기』(Reassembling the Social: An Introduction to Actor-Network-Theory), Oxford University Press, 2005.

13. 에베네저 하워드, 『내일의 전원도시』(Garden Cities of To-morrow), 1898.

14. 고든 차일드(V. Gordon Childe), Man Makes Himself, Watts & Co., 1936.

15. 피에르 노라, 『기억의 장소』(Les Lieux de Mémoire), Gallimard, 1984.

16. 발터 벤야민(Walter Benjamin), 『기술복제시대의 예술작품』(The Work of Art in the Age of Mechanical Reproduction), Schocken Books, 1936.

17. 얀 겔(Jan Gehl), 『사람을 위한 도시』(Cities for People), Island Press, 2010.

18. 케빈 린치(Kevin Lynch), The Image of the City, MIT Press, 1960.

19. 샤론 주킨(Sharon Zukin), 『도시 문화의 본질』(The Cultures of Cities), Blackwell Publishing, 1995.

20. 윌리엄 화이트(William H. Whyte), 『소셜 라이프 오브 스몰 어반 스페이스즈』(The Social Life of Small Urban Spaces), Project for Public Spaces, 1980.

제10장

✝

도시의 계층과 불평등
- 공간적 정의 -

1. 공간적 정의와 불평등 구조: 도시 공간의 권력 지형도

도시 공간은 단순한 물리적 영역이 아닌, 권력과 자원의 불균등한 분배가 구체화된 사회적 구성물이다. 앙리 르페브르가 『공간의 생산』(1974)에서 주장했듯이, 공간은 사회적 관계에 의해 생산되며 동시에 이러한 관계를 재생산한다. 이러한 관점에서 도시의 공간적 불평등은 우연의 산물이 아닌, 특정한 정치·경제적 메커니즘과 역사적 과정의 결과물이다.

✤ 공간적 불평등의 기반

도시 내 자원과 기회의 분배는 정치적·경제적 권력 구조에 깊이 뿌리내리고 있다. 이러한 구조적 불평등은 다양한 정책적·제도적 메커니즘을 통해 공간적으로 구현된다. 세 가지 대표적 메커니즘 — 게리맨더링, 레드라이닝, 배타적 구역 지정 — 은 공간적 불평등이 어떻게 제도화되는지 보여주는 중요한 사례다.

게리맨더링은 정치적 이득을 위해 선거구 경계를 의도적으로 조작하는 관행이다. 이 용어는 1812년 매사추세츠 주지사 엘브리지 게리의 이름과 도롱뇽(salamander)의 합성어로, 그가 승인한 기묘한 모양의 선거구에서 유래했다. 현대 도시에서 게리맨더링은 종종 소수 인종 집단의 정치적 대표성을 약화시키는 수단으로 활용된다. 미국 남부 도시들에서는 아프리카계 미국인 밀집 지역이 여러 선거구로 분할되어 어느 선거구에서도 다수를 차지하지 못하게 하는 '분산(cracking)' 전략이 관찰된다. 이러한 정치적 배제는 공공 자원 배분과 정책 결정에서의 소외로 이어져, 공간적 불평등을 강화한다.

레드라이닝은 1930년대 미국 연방주택청이 도입한 관행으로, 특정 지역(주로 흑인 및 이민자 밀집 지역)을 '위험 지역'으로 지정하여 주택 담보 대출과 보험 제공을 제한했다. 이 지역들은 문자 그대로 지도상에 붉은 선으로 표시되었다. 이러한 차별적 금융 정책은 소수 인종 커뮤니티의 주택 소유와 자산 형성 기회를 심각하게 제한했다. 레드라이닝의 영향은 수십 년이 지난 현재까지도 지속되어, 도시 내 인종별 주거 분리와 부의 격차에 중요한 역사적 기원을 제공한다.

배타적 구역 지정은 토지 이용 규제를 통해 특정 유형의 주택 개발(특히 저소득층 주택)을 제한하는 정책이다. 대표적으로 최소 부지 크기 요건, 단독 주택 전용 구역 지정, 개발 밀도 제한 등이 포함된다. 미국 교외 지역에서 흔히 관찰되는 이러한 관행은 '배타적 공동체'를 형성하고 유지하는 법적 메커니즘으로 기능한다. 이는 저소득층의 접근성을 제한함으로써, 교육, 고용, 안전과 같은 기회와 자원에 대한 불평등한 접근으로 이어진다.

이러한 메커니즘들은 단독으로 작용하지 않고, 역사적 차별과 구조적 인종주의, 계급 관계와 결합하여 복합적인 공간적 불평등 체계를 형성한다. 더글러스 매시와 낸시 덴튼은 『미국의 아파르트헤이트』(1993)에서 이러한 복합적 과정이 어떻게 '하이퍼분리' — 다차원적이고 지속적인 인종 간 주거 분리 — 를 초래했는지 분석했다.

❖ 토지 독점의 영향

도시화 과정에서 토지 소유권의 집중은 불평등 심화의 중요한 메커니즘이다. 토지는 본질적으로 공급이 제한된 자원이며, 도시 성장과 함께 그 가치가 상승하는 특성을 가진다. 헨리 조지가 『진보와 빈곤』(1879)에서 지적했듯이, 도시 발전과 인구 증가로 인한 토지 가치 상승의 이익(지대)은 토지 소유자들에게 불균등하게 분배된다. 이는 어떠한 생산적 기여 없이도 '불로소득'을 창출하는 메커니즘이다.

현대 도시에서 이러한 불균등한 지대 포착은 중요한 부의 불평등 원천이다. 서울과 같은 고도로 집중된 대도시에서는 이 현상이 특히 두드러진다. 서울 강남 지역의 부동산 가치 상승은 일부 토지 소유자에게 막대한 부를 창출했고, 이는 세대 간 부의 이전을 통해 불평등의 지속과 심화에 기여했다. 최장집의 연구에 따르면, 서울의 급격한 도시화 과정에서 토지

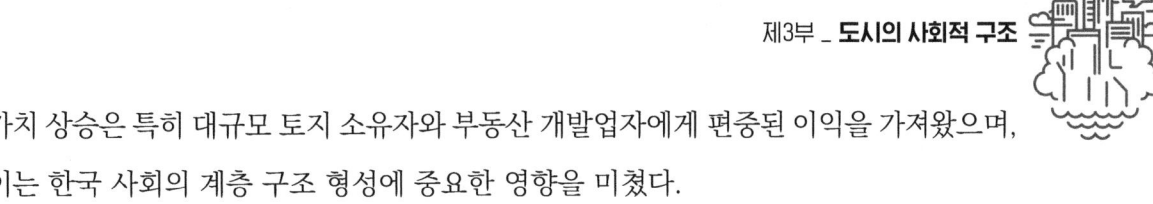

가치 상승은 특히 대규모 토지 소유자와 부동산 개발업자에게 편중된 이익을 가져왔으며, 이는 한국 사회의 계층 구조 형성에 중요한 영향을 미쳤다.

토지 독점의 영향은 주택 시장에서 특히 명확하게 드러난다. 수잔 페인스타인은 『정의로운 도시』(2010)에서 부동산 시장의 투기적 성격이 어떻게 주택 접근성 위기와 주거 불안정을 초래하는지 분석했다. 전 세계 많은 대도시에서 주택 가격 상승은 임금 증가율을 크게 상회하며, 이는 주거비 부담의 불균등한 증가로 이어진다. 이러한 현상은 저소득층과 중산층의 주거 불안정성을 증가시키고, '임대료 격차'를 통한 젠트리피케이션을 촉진한다.

토지 독점과 부동산 시장 불평등에 대한 대응으로, 다양한 정책적 접근이 시도되어 왔다. 싱가포르의 공공주택 프로그램(HDB), 독일 일부 도시의 토지 가치세, 미국의 포용적 구역 지정 정책은 토지 자원의 보다 공정한 분배를 위한 다양한 접근법을 보여준다. 그러나 이러한 정책의 효과는 정치적 의지, 제도적 역량, 시장 역학 등 다양한 요인에 의해 제약될 수 있다.

❖ 구조적 편견의 지속

도시 불평등의 지속과 재생산에 있어 구조적 편견의 역할은 중요하다. 미국의 레드라이닝 정책은 이러한 구조적 편견이 어떻게 장기적 영향을 미치는지 보여주는 대표적 사례다. 1930~60년대에 시행된 이 정책은 인종별 주거 분리를 제도화했으며, 그 영향은 수십 년이 지난 현재까지도 미국 도시 경관에 뚜렷하게 남아있다.

2018년 미국 연방준비제도의 연구에 따르면, 1930년대 레드라이닝 지도에서 '위험' 등급을 받은 지역들은 현재도 더 낮은 주택 가치, 더 높은 인종 분리, 더 낮은 주택 소유율을 보인다. 이러한 공간적 불평등은 교육, 의료, 고용 기회와 같은 핵심 자원에 대한 접근성 격차로 확장된다. 레드라이닝 지역의 학교는 종종 자금 부족, 교사 이직률 증가, 교육 자원 부족 등의 문제에 직면한다. 이는 교육적 성취와 미래 소득 가능성에 장기적 영향을 미쳐, 세대 간 불평등의 재생산에 기여한다.

의료 접근성의 공간적 불평등도 주목할 만하다. 미국 공중보건 연구자들은 '의료 사막' — 의료 서비스에 대한 접근이 제한된 지역 — 이 종종 역사적으로 소외된 커뮤니티와 일치함을 발견했다. 이러한 지역에서는 만성 질환 발병률이 높고, 평균 수명이 짧으며, 영아 사망률이 높은 경향이 있다. 시카고 사우스 사이드나 디트로이트의 특정 지역에서 관찰되는 이러한 '건강 격차'는 구조적 불평등이 매우 구체적이고 신체적인 결과로 나타남을 보여준다.

구조적 편견은 또한 환경적 불평등의 형태로도 나타난다. 로버트 불라드의 연구는 유색 인종 커뮤니티가 불균등하게 환경 유해시설에 노출되는 '환경 인종주의' 현상을 문서화했다. 이는 단순한 우연이 아닌, 토지 이용 결정, 환경 규제 집행, 정치적 대표성 등에서의 체계적 편향의 결과다.

이러한 구조적 편견과 그 결과에 대한 대응으로, '환경 정의', '주거 정의', '건강 형평성' 등의 사회운동이 발전해왔다. 이러한 운동은 불평등의 구조적 원인을 인식하고, 단순한 증상 치료가 아닌 근본적 변화를 추구한다. 그러나 이러한 노력은 종종 깊이 뿌리내린 제도적 관성, 경제적 이해관계, 정치적 저항에 직면한다.

✤ 공간적 정의를 향하여

공간적 정의와 불평등 구조에 대한 분석은 도시 불평등이 단순한 개인적 선택이나 시장 역학의 자연스러운 결과가 아님을 보여준다. 오히려, 게리맨더링, 레드라이닝, 배타적 구역 지정과 같은 구체적 정책과 관행, 토지 독점과, 구조적 편견이 복합적으로 작용하여 특정 집단에게 불리한 공간적 결과를 초래한다.

이러한 이해는 도시 불평등 해소를 위한 포괄적 접근의 필요성을 강조한다. 에드워드 소자가 『공간적 정의를 찾아서』(2010)에서 주장했듯이, 진정한 도시 정의는 자원의 재분배뿐만 아니라, 공간 생산의 과정과 권력 관계의 근본적 재구성을 요구한다. 이는 도시 계획, 주택 정책, 토지 이용 규제, 공공 투자 등 다양한 영역에서의 변화를 수반하며, 무엇보다 도시 공간이 누구에 의해, 누구를 위해 생산되는지에 대한 근본적 질문을 제기한다.

도시 공간은 단순한 물리적 무대가 아니라 사회적 관계와 권력이 각인된 살아있는 지형도다. 도시의 거리와 건물, 경계와 구역은 역사적으로 형성된 불평등 구조를 반영하고 재생산한다. 진정한 공간적 정의를 향한 여정은 이러한 구조적 불평등의 뿌리를 인식하고, 모든 시민이 도시에 대한 권리를 실질적으로 행사할 수 있는 새로운 공간 생산 방식을 모색하는 것에서 시작된다. 이는 단순한 기술적 해결책이나 점진적 개혁을 넘어, 도시 공간을 민주화하고 공통적 자원으로 재구성하는 보다 근본적인 변화를 요구한다.

2. 계층화된 도시 공간 분석: 불평등의 지리적 표현

도시 공간의 계층화는 사회경제적 불평등이 물리적 환경에 투영되는 과정이다. 이는 단순한 주거지 분리를 넘어, 인프라, 서비스, 환경 질, 경제적 기회의 불균등한 분포를 포함하는 복합적 현상이다. 피터 마르쿠제는 이러한 공간적 계층화를 "분할된 도시"로 개념화했다. 이는 도시가 단순히 다양한 지역으로 나뉘는 것이 아니라, 권력과 자원의 불균등한 분배에 따라 위계적으로 구조화됨을 의미한다.

✛ 텔아비브: 분리된 도시의 초상

텔아비브는 공간적 계층화의 역동성을 보여주는 대표적 사례다. 이스라엘의 경제적 · 문화적 중심지인 이 도시는 북부와 남부 간의 뚜렷한 사회공간적 분리를 보인다. 이러한 분리는 도시의 초기 발전 단계부터 존재했으나, 신자유주의적 도시 정책과 글로벌 경제로의 통합으로 인해 최근 수십 년간 심화되었다.

텔아비브의 북부 지역(특히 라마트 아비브, 헤르츨리야 피투아흐)은 고급 주택, 국제적 기업 본사, 부티크 상점가, 잘 관리된 해변과 공원으로 특징지어진다. 이 지역은 글로벌 엘리트와 상류층 이스라엘인이 주로 거주하며, 세계적 수준의 인프라와 서비스에 접근할 수 있다. 반면, 남부 지역(야파, 하티크바)은 역사적으로 팔레스타인계 주민과 저소득 이민자 집단이 거주해왔으며, 노후화된 인프라, 공공 서비스 부족, 높은 범죄율, 환경 문제에 직면해 있다.

오렌 이프타헬은 이러한 분리가 단순한 경제적 격차를 넘어, 민족적 · 인종적 차원의 불평등을 포함한다고 지적한다. 그의 분석에 따르면, 텔아비브의 도시 계획과 자원 배분은 아쉬케나지(유럽계) 유대인에게 유리하게 편향되어 있으며, 미즈라히(중동계) 유대인과 팔레스타인 시민은 상대적으로 소외되어 있다. 이는 국가적 · 지역적 정치 역학과 이스라엘-팔레스타인 갈등의 맥락에서 이해되어야 한다.

최근의 젠트리피케이션 과정은 이러한 공간적 계층화를 더욱 복잡하게 만든다. 남부 텔아비브의 일부 지역(플로렌틴, 네베 츠데크)은 "힙스터" 문화와 예술 공간의 등장으로 변화를 경험하고 있다. 그러나 이러한 변화는 종종 원주민의 이주와 지역적 정체성의 상실을 수반한다. 그 결과, 도시 내 불평등은 단순히 감소하기보다는 새로운 형태로 재구성된다.

텔아비브의 사례는 도시 계층화가 단순한 경제적 요인을 넘어, 역사적 발전 경로, 정치적 권력 관계, 문화적 위계, 글로벌 경제 역학이 복합적으로 작용하는 과정임을 보여준다. 이는 도시 불평등이 단일한 차원이 아닌, 다양한 사회적 균열선을 따라 형성되고 재생산됨을 시사한다.

✤ 서울: 기회의 지리학

서울은 경제 시설과 기회의 공간적 편중이 어떻게 도시 불평등을 심화시키는지 보여주는 중요한 사례다. 한국의 수도는 급속한 경제 성장과 도시화를 경험하면서, 상업, 교육, 문화 시설의 뚜렷한 지리적 집중을 발전시켰다.

서울의 강남 지역(특히 강남구, 서초구, 송파구)은 프리미엄 오피스 공간, 대형 상업 시설, 명문 사교육 기관, 고급 의료 시설의 집중지가 되었다. 이러한 집중은 1970~80년대 정부 주도의 개발 정책과 이후의 시장 역학이 결합된 결과다. 박배균의 연구는 이러한 불균형적 발전이 국가의 전략적 선택과 자본 축적 논리의 상호작용을 통해 형성되었음을 보여준다.

이러한 경제 시설의 편중은 주택 시장의 심각한 격차로 이어졌다. 2022년 기준, 강남구의 평균 아파트 가격은 서울 북부 및 서부 지역의 2~3배에 달한다. 이러한 주택 가격 격차는 단순한 물리적 주거 환경의 차이를 넘어, "좋은 학군", "편리한 생활 인프라", "높은 사회적 지위"와 같은 비물질적 가치에 대한 프리미엄을 반영한다.

특히 교육 인프라의 불균등한 분포는 사회적 이동성에 중요한 영향을 미친다. 서울대학교 사회학과 연구팀의 분석에 따르면, 강남 지역의 학생들은 명문대학 진학률이 현저히 높으며, 이는 사교육 접근성, 교육 정보 네트워크, 학부모의 문화적·사회적 자본과 밀접하게 연관되어 있다. 이러한 교육적 이점은 세대 간 계층 재생산의 중요한 메커니즘으로 작용한다.

경제 시설 편중의 또 다른 중요한 차원은 일자리 접근성이다. 서울의 중심 업무 지구와 강남 비즈니스 지구에 고임금·고숙련 일자리가 집중되면서, 주거지-직장 간 공간적 불일치가 발생한다. 이는 저소득층에게 긴 통근 시간과 높은 교통비 부담을 초래하며, 이는 다시 가처분 소득과 삶의 질에 영향을 미친다.

이러한 경제 시설 편중에 대응하여, 서울시는 2010년대부터 '균형 발전' 정책을 추진해왔다. 동북권과 서남권에 혁신 클러스터를 조성하고, 대중교통 네트워크를 확장하며, 문화·교육 시설의 분산을 장려하는 정책이 시행되었다. 그러나 이러한 노력의 효과는 제한적이었으며, 시장 논리와 기존 불평등 구조의 관성을 극복하기 어려웠다.

서울의 사례는 경제 시설의 편중이 단순한 기능적 효율성의 문제가 아닌, 기회와 자원에 대한 접근의 근본적 불평등을 구조화하는 메커니즘임을 보여준다. 이는 또한 공간적 불평등이 단순히 물리적 환경이나 주택 시장에 국한되지 않고, 교육, 고용, 문화적 자본, 사회적 네트워크 등 다양한 차원으로 확장됨을 시사한다.

❖ 도시 확장의 역설: 성장이 낳는 분절

도시 외곽으로의 확장, 즉 스프롤 현상은 현대 도시의 공간석 계층화에 중요한 영향을 미친다. 이는 단순한 물리적 성장을 넘어, 복잡한 사회경제적·환경적 영향을 수반하는 과정이다. 특히 주목할 점은 도시 확장이 내부 도심 지역에 미치는 역설적 영향이다.

도시 확장은 종종 중산층과 상류층의 교외화를 수반한다. 미국, 호주, 유럽의 많은 도시에서 관찰된 이 패턴은 세금 기반, 정치적 영향력, 소매 구매력의 공간적 재분배로 이어진다. 그 결과, 내부 도심 지역은 종종 자원 고갈과 투자 부족에 직면한다. 케네스 잭슨은 『경계 이동』(1985)에서 이러한 과정이 어떻게 미국 내부 도시의 쇠퇴에 기여했는지 분석했다.

도시 외곽의 새로운 개발이 투자와 인프라 개선을 촉진하는 동안, 기존 도심 지역은 종종 "계획된 방치"를 경험한다. 이는 공공시설 유지관리 감소, 학교 품질 저하, 소매 옵션 제한으로 나타난다. 이러한 조건은 남아있는 주민들의 삶의 질에 부정적 영향을 미치며, 부정적 피드백 루프를 강화한다.

도시 확장의 또 다른 중요한 차원은 새로운 이주민(종종 소수 인종 또는 저소득층)과 기존 교외 주민 간의 긴장이다. 미국 애틀랜타, 호주 시드니, 프랑스 파리 외곽에서 관찰되는 이 현상은 공공 서비스 접근, 주택 정책, 학교 통합 등을 둘러싼 갈등으로 표출된다. 이러한 긴장은 종종 인종적·계급적 편견과 결합되어, 새로운 형태의 공간적 배제와 분리를 낳는다.

도시 확장의 환경적 영향도 계층화된 방식으로 분배된다. 교외 개발은 종종 자연 서식지 파괴, 수질 오염, 대기 질 악화를 초래한다. 그러나 이러한 환경적 비용은 균등하게 분배되지 않는다. 저소득층 커뮤니티는 불균등하게 환경 위험(산업 시설 근접성, 홍수 취약성, 열섬 효과 등)에 노출되는 경향이 있다. 데이비드 페로우의 연구는 이러한 "환경적 부정의"가 어떻게 기존의 사회적 불평등을 강화하는지 보여준다.

도시 확장의 역설적 측면은 특히 "재도시화" 또는 "도심 회귀" 과정에서 두드러진다. 많은 글로벌 도시에서, 한때 쇠퇴했던 내부 도심 지역이 새롭게 주목받고 젠트리피케이션을 경험하고 있다. 이는 저소득층 주민의 이주, 지역 문화의 상품화, 공간의 사회적 의미 재구성을 수반한다. 호주 멜버른, 미국 포틀랜드, 독일 베를린의 내부 도시 지역에서 이러한 패턴이 관찰된다.

스마트 성장, 대중교통 중심 개발, 혼합 소득 주택 같은 계획 접근법이 도시 확장의 부정적 효과를 완화하기 위해 제안되어 왔다. 이들은 도시 형태와 기능에 대한 보다 통합적 비전을 제시하지만, 실행은 종종 정치적 저항, 시장 압력, 제도적 분절화에 의해 제약된다.

도시 확장의 역설은 도시 발전이 단순한 선형 과정이 아닌, 공간적 불평등의 복잡한 재구성을 수반함을 보여준다. 이는 또한 도시 계층화가 정적 현상이 아닌, 지속적으로 진화하는 역동적 과정임을 시사한다. 효과적인 도시 정책은 이러한 복잡성을 인식하고, 단순한 물리적 개입을 넘어 근본적인 사회경제적 역학에 대응해야 한다.

✢ 공간 정의를 향하여

계층화된 도시 공간에 대한 분석은 도시 불평등이 단순한 소득 격차를 넘어, 공간적으로 구조화되고 다양한 사회적·경제적·문화적 차원을 포함하는 복합적 현상임을 보여준다. 텔아비브의 북부-남부 분리, 서울의 경제 시설 편중, 도시 확장의 역설적 영향은 모두 이러한 복잡성의 다양한 측면을 보여준다.

이러한 공간적 계층화는 단순한 자연적 과정이나 개인적 선택의 집합이 아니다. 오히려, 이는 정책 결정, 자원 배분, 제도적 관행, 문화적 가치가 복합적으로 작용하여 형성되는 사회적 구성물이다. 따라서 효과적인 정책적 대응은 이러한 구조적 요인들을 인식하고 다차원적으로 접근해야 한다.

공간 정의의 관점에서, 도시 계획은 단순한 물리적 설계를 넘어 권력과 기회의 공간적 분배를 다루는 정치적 과정이다. 레이철 브래트와 데이비드 하비가 주장했듯이, 보다 공정한 도시를 향한 변화는 기술적 해결책뿐만 아니라, 계획 과정의 민주화, 자원에 대한 집단적 권리 인식, 도시 공간 생산에 대한 대안적 모델을 요구한다.

도시 공간은 단순한 배경이 아니라 사회적 불평등의 적극적 생산자이자 표현이다. 도시의 거리와 건물, 경계와 구역은 권력과 기회의 지리를 그려내며, 이 지리는 결코 중립적이지 않다. 공간적 정의를 향한 여정은 이러한 불평등의 지리를 읽고 이해하는 것에서 시작하여, 궁극적으로는 모든 도시 거주자가 자신이 살고 일하는 공간을 함께 만들어갈 권리를 실현하는 것을 목표로 한다.

3. 사회적 통합을 위한 대안적 접근법: 분절된 도시를 다시 잇기

도시의 계층화와 공간적 불평등이 심화되는 가운데, 세계 각지에서는 보다 포용적이고 통합적인 도시 환경을 창출하기 위한 혁신적 접근법들이 시도되고 있다. 이러한 대안적 접근법들은 물리적 환경 설계, 거버넌스 구조, 제도적 틀의 재구성을 통해 도시 불평등의 구조적 원인에 대응하고자 한다. 이들은 공통적으로 도시를 단순한 경제적 엔진이 아닌, 다양한 집단의 필요와 열망을 포용하는 사회적 공간으로 재개념화한다.

❖ 통합형 도시 계획: 공간을 통한 연결

통합형 도시 계획은 물리적 공간 설계를 통해 사회적 응집력과 상호작용을 촉진하는 접근법이다. 이는 특히 공공 공간과 주거 환경의 설계에 주목한다.

암스테르담의 공공 공간 활용 전략은 통합형 도시 계획의 대표적 사례로 평가받는다. 네덜란드의 수도는 오랜 이민 역사와 문화적 다양성을 특징으로 하며, 이에 따른 사회적 통합 문제에 창의적으로 대응해 왔다. 암스테르담 시정부는 "공간적 사회 정책"이라는 종합적 틀을 통해, 공원, 광장, 도서관과 같은 공공 공간을 사회적 교류와 다문화 소통의 장으로 전략적으로 설계하고 있다.

비욜메르파크는 이러한 접근의 상징적 사례다. 암스테르담 남동부 비욜메르 지역에 위치한 이 공원은 수리남, 가나, 모로코 등 다양한 이민자 공동체가 밀집한 지역에 있다. 공원의 재설계 과정에서 시 당국은 지역 주민들을 적극적으로 참여시켰으며, 다양한 문화적 배경을 가진 주민들의 필요와 선호를 반영했다.

그 결과, 공원은 다양한 활동 공간(축구장, 바비큐 구역, 다문화 정원, 커뮤니티 이벤트 공간)을 포함하게 되었으며, 개방적이고 접근성 높은 설계를 통해 자연스러운 교류를 촉진한다. 암스테르담 도시계획국의 평가에 따르면, 이 공원의 재설계 이후 지역 내 다양한 민족 집단 간 일상적 상호작용이 40% 증가했으며, 지역에 대한 소속감과 안전 인식도 크게 향상되었다.

독일의 '소셜 시티' 프로그램은 혼합 주거 단지 개발을 통한 사회적 통합 촉진의 주목할 만한 사례다. 1999년에 시작된 이 연방 이니셔티브는 도시 내 불리한 지역의 물리적·사회적 재생을 목표로 한다. 프로그램의 핵심 원칙 중 하나는 "사회적 혼합" ― 다양한 소득, 연령, 문화적 배경을 가진 주민들의 균형 잡힌 공존 ― 의 촉진이다.

베를린의 크로이츠베르크-노르트 지역은 소셜 시티 프로그램의 성공적 적용 사례로 평가받는다. 전통적으로 터키계 이민자와 저소득층이 밀집했던 이 지역은 주택 재개발 과정에서 혼합 소득 모델을 적용했다. 구체적으로, 새로운 주택 개발에는 사회 주택(25%), 중간 소득층 주택(50%), 시장가 주택(25%)의 비율이 의무화되었다. 또한, 공동 정원, 다목적 커뮤니티 센터, 세대 간 만남의 장과 같은 공유 공간이 계획적으로 통합되었다.

혼합 주거 접근의 효과는 긍정적으로 평가된다. 함부르크 대학의 연구에 따르면, 소셜 시티 프로그램이 적용된 지역에서는 계층 간 사회적 네트워크가 확장되고, 상호 신뢰가 증가하며,

지역에 대한 소속감이 강화되는 경향이 관찰되었다. 특히 주목할 만한 것은 교육적 효과로, 혼합 소득 환경에서 저소득층 학생들의 학업 성취도가 향상되는 "또래 효과"가 확인되었다.

✦ 주민 참여 기반 정책: 목소리를 되찾는 공동체

주민 참여 기반 정책은 도시 거버넌스 구조를 재구성하여 소외된 집단에게 발언권과 의사결정 권한을 부여하는 접근법이다. 이는 단순한 자문을 넘어, 실질적인 권한 공유와 공동 생산을 지향한다.

레바논 트리폴리의 사례는 특히 갈등 상황에서 참여적 접근의 잠재력을 보여준다. 시리아 내전으로 인해 레바논은 인구 대비 세계 최대 규모의 난민을 수용하게 되었으며, 이는 기존 주민과 난민 사이의 자원 경쟁과 사회적 긴장을 초래했다. 트리폴리에서는 UN-Habitat와 지역 NGO인 UTOPIA가 협력하여 "지역사회 기반 포용적 복원력" 프로젝트를 시행했다.

이 프로젝트의 핵심은 혼합된 지역 위원회의 형성이었다. 이 위원회는 레바논 시민과 시리아 난민의 동등한 대표성을 보장하며, 지역 인프라 개선 프로젝트를 직접 계획하고 실행하는 권한을 부여받았다. 구체적 활동으로는 공공 공간 재생, 기초 서비스 개선, 생계 지원 이니셔티브 등이 포함되었다. 중요한 섬은 이러한 프로젝트들이 레바논 주민과 시리아 난민 모두에게 혜택을 제공하도록 설계되었다는 것이다.

옥스포드 대학의 연구자들이 수행한 프로젝트 평가에 따르면, 이 참여적 접근은 여러 긍정적 효과를 가져왔다. 첫째, 공동 작업 경험을 통해 두 집단 간의 상호 이해와 신뢰가 증진되었다. 둘째, 난민들은 수동적 수혜자가 아닌 적극적 기여자로서의 위상을 확립할 수 있었다. 셋째, 지역 주민의 필요에 직접 반응하는 실용적 인프라 개선이 이루어졌다. 마지막으로, 이 모델은 지역 차원에서 갈등 변환과 평화 구축의 가능성을 보여주었다.

중국의 도시 이주민 통합 정책은 거대한 규모와 중앙집권적 특성으로 인해 다른 맥락과는 구별되는 접근을 보여준다. 중국은 세계 최대 규모의 국내 이주를 경험하고 있으며, 호구 제도 — 주민의 법적·행정적 지위를 출생지에 따라 구분하는 시스템 — 로 인해 농촌 출신 도시 이주민들은 다양한 제도적 장벽에 직면해 왔다.

그러나 최근 중국의 여러 도시들은 이주민 통합을 위한 혁신적 접근을 시도하고 있다. 중국 톈진의 "커뮤니티 자치 위원회" 모델은 이주민 대표가 지역 의사결정에 참여할 수 있는 공식적 채널을 제공한다. 이 위원회는 주택, 교육, 보건, 안전 등 일상적 문제에 관한 결정권을 갖고 있으며, 이주민과 지역 주민 간의 대화 플랫폼으로도 기능한다.

❖ 제도적 개선: 공정한 규칙의 재설계

제도적 개선 접근법은 도시 개발과 자원 배분의 법적·규제적 틀을 재구성하여 보다 공정한 결과를 촉진하는 전략이다. 이는 시장 메커니즘과 공공 정책의 창의적 결합을 통해, 사회적 형평성과 경제적 활력 사이의 균형을 추구한다.

캐나다 밴쿠버의 "밀도 보너스 제도"는 민간 개발과 공공 이익을 연계하는 혁신적 모델이다. 이 제도 하에서, 개발업체들은 기본 허용 밀도를 초과하는 개발권(추가 층수나 면적)을 얻는 대가로, 공동체 시설 건설, 저렴한 주택 제공, 공공 공간 개선과 같은 사회적 기여를 해야 한다. 이러한 "사회적 교환" 메커니즘은 도시 개발로 인한 가치 상승의 일부를 공동체에 환원하는 방식이다. 밴쿠버의 도심 이스트사이드 지역은 이 접근의 영향을 보여주는 주목할 만한 사례다. 역사적으로 캐나다에서 가장 빈곤한 도시 지역 중 하나인 이 지역은 최근 급격한 개발 압력에 직면해 있다. 밴쿠버 시는 2014년 이 지역에 대한 지역 계획을 수립하면서, 밀도 보너스 제도를 통해 개발업체들이 사회 주택, 커뮤니티 센터, 문화 공간, 저렴한 상업 공간을 제공하도록 요구했다.

OECD가 제안하는 이민자 통합을 위한 다층적 정책 프레임워크는 도시 차원을 넘어선 제도적 접근을 보여준다. 이 프레임워크는 도시가 국가 및 초국가적 정책 맥락 내에서 작동한다는 인식에 기반하며, 다양한 거버넌스 수준 간의 조정과 일관성을 강조한다. OECD의 "도시 내 이민자 통합을 위한 로드맵"은 네 가지 차원의 통합을 제시한다: 경제적(노동 시장 접근성, 기술 인정), 사회적(교육, 주택, 의료), 문화적(언어, 시민 참여), 공간적(거주 패턴, 이동성) 차원이다. 이 프레임워크의 중요한 특징은 지역적 맥락의 중요성을 인식하면서도, 국제적 기준과 모범 사례를 참조하는 균형 잡힌 접근이다.

예를 들어, OECD의 가이드라인을 바탕으로 스페인 바르셀로나는 "상호문화 도시 전략"을 개발했다. 이 전략은 이민자 통합을 위한 종합적 접근으로, 다음과 같은 요소를 포함

한다: 이중 언어 교육 프로그램, 이민자 기업가 지원 서비스, 문화 간 대화 플랫폼, 이민자 대표의 지역 의사결정 참여 메커니즘. 바르셀로나의 접근은 문화적 다양성을 보존하면서도 공유된 시민 정체성을 발전시키는 "통합 없는 동화 없음, 동화 없는 통합 없음"이라는 원칙을 반영한다.

✤ 통합의 도시를 향하여

사회적 통합을 위한 대안적 접근법들은 도시 불평등이 단순한 기술적 문제가 아닌, 근본적인 권력 관계와 자원 배분 메커니즘과 관련된 복합적 도전임을 인식한다. 성공적인 접근법들은 물리적 설계(암스테르담의 공공 공간, 독일의 혼합 주거), 참여적 거버넌스(레바논 트리폴리의 혼합 위원회, 중국의 커뮤니티 자치), 제도적 혁신(밴쿠버의 밀도 보너스, OECD의 다층적 프레임워크)을 통합적으로 활용한다.

이러한 접근법들의 공통점은 도시 공간과 제도가 사회적 관계를 반영할 뿐만 아니라 적극적으로 형성한다는 인식이다. 따라서 보다 통합적이고 포용적인 도시 환경 조성은 물리적 장벽 제거를 넘어, 의미 있는 상호작용과 교류를 촉진하는 기회 구조의 창출을 요구한다.

루스 레버레이스가 주장했듯이, 진정한 도시 통합은 단순한 공존이 아닌 공생 — 차이를 인정하면서도 상호 존중과 공유된 경험을 통해 풍요로워지는 관계 — 을 목표로 해야 한다. 이는 도시가 다양성을 문제가 아닌 자산으로 인식하고, 차이를 억압하는 것이 아니라 그것으로부터 배우고 성장하는 접근을 요구한다.

성공적인 사회적 통합 이니셔티브는 또한 단기적 개입을 넘어 장기적 변화를 지향한다. 이는 공간과 제도의 물리적 재구성뿐만 아니라, 인식, 태도, 규범의 변화를 포함하는 복합적 과정이다. 도시는 이러한 장기적 과정을 지원하기 위해 지속적인 자원 투입, 정치적 의지, 그리고 다양한 이해관계자 간의 진정한 협력을 필요로 한다.

도시는 분열과 불평등의 공간인 동시에, 회복과 연결의 가능성을 품은 장소다. 암스테르담의 공원, 레바논의 혼합 위원회, 밴쿠버의 제도적 혁신이 보여주듯, 도시 공간과 제도의 창의적 재구성은 분절된 사회적 지형을 다시 잇는 다리를 놓을 수 있다. 이러한 대안적 접근법들은 도시가 단순한 경제적 엔진이나 물리적 인프라의 집합이 아닌, 다양한 삶의 방식이 만나고, 대화하고, 함께 미래를 상상하는 공유된 장소임을 상기시킨다.

[참/고/문/헌]

1. 모리스 알박스, 『집단 기억의 사회적 틀』, 1925.

2. 로버트 파크 & 어니스트 버제스, 『도시 사회학』, 1925.

3. 제이콥 리스, 『타자의 절반은 어떻게 살아가는가』, 1890.

4. 페르디난트 퇴니스, 『공동체와 사회』, 1887.

5. 앙리 르페브르, 『공간의 생산』 (The Production of Space), Blackwell Publishing, 1974.

6. 미셸 드 세르토, 『일상생활의 실천』 (The Practice of Everyday Life), University of California Press, 1980.

7. 리처드 세넷, 『이방인의 도시』 (The Conscience of the Eye), W.W. Norton & Company, 1992.

8. 제인 제이콥스, 『미국 대도시의 죽음과 삶』 (The Death and Life of Great American Cities), Random House, 1961.

9. 데이비드 하비, 『포스트모더니티의 조건』 (The Condition of Postmodernity), Blackwell Publishers, 1989.

10. 피에르 부르디외, 『구별짓기』 (Distinction: A Social Critique of the Judgement of Taste), Harvard University Press, 1984.

11. 루스 글래스, 『젠트리피케이션 연구』 (Gentrification), 1964.

12. 아르준 아파두라이, 『현대성의 분열』 (Modernity at Large), University of Minnesota Press, 1996.

13. 피에르 노라, 『기억의 장소』 (Les Lieux de Mémoire), Gallimard, 1984.

14. 발터 벤야민(Walter Benjamin), 『기술복제시대의 예술작품』 (The Work of Art in the Age of Mechanical Reproduction), Schocken Books, 1936.

15. 돌로레스 하이든(Dolores Hayden), The Power of Place: Urban Landscapes as Public History, MIT Press, 1995.

16. 케빈 린치(Kevin Lynch), The Image of the City, MIT Press, 1960.

17. 제임스 코너(James Corner) & 딜러 스코피디오 + 렌프로(Diller Scofidio + Renfro), "뉴욕 하이라인 프로젝트", 2009.

18. 헤르조그 & 드 뫼롱(Herzog & de Meuron), "테이트 모던 설계", 런던, 2000.

19. 패트릭 게데스(Patrick Geddes), Cities in Evolution, Williams & Norgate Ltd., 1915.

20. 헨리 젠킨스(Henry Jenkins), Convergence Culture: Where Old and New Media Collide, NYU Press, 2006.

21. 앤드류 호스킨스(Andrew Hoskins), Memory in the Digital Age, Palgrave Macmillan, 2017.

제11장

✛

이방인과 타자성
– 도시의 다양성과 포용 –

1. 다양성과 포용: 다문화 도시 사례 연구

　현대 도시는 전례 없는 문화적 다양성의 장소가 되었다. 세계화, 이주, 디아스포라의 흐름이 가속화되면서, 도시들은 다양한 언어, 종교, 문화적 전통이 공존하고 때로는 충돌하는 공간이 되었다. 이러한 배경에서, 일부 도시들은 다양성을 단순한 도전이 아닌 잠재적 자산으로 인식하고, 보다 포용적인 도시 환경 조성을 위한 혁신적 접근법을 발전시켜 왔다. 토론토, 코펜하겐, 뉴욕의 사례는 이러한 접근이 어떻게 공간적으로 구현되고 제도적으로 지원되는지 보여준다.

✤ 토론토의 다문화적 포용 사례

　캐나다 토론토는 세계에서 가장 다문화적인 도시 중 하나로, 인구의 약 절반이 외국 태생이며, 200개 이상의 민족 집단과 140개 이상의 언어가 공존한다. 이러한 극도의 다양성은 캐나다의 상대적으로 개방적인 이민 정책과 1988년 제정된 다문화주의법과 같은 포용적 법적 틀에 의해 뒷받침된다. 그러나 토론토의 다문화적 성공은 단순한 법적 틀을 넘어, 도시 정체성, 공간 계획, 제도적 관행에 깊이 뿌리내린 포용의 문화에 기인한다.

　리젠트 파크는 토론토의 다문화적 포용 접근을 보여주는 상징적 공간이다. 한때 캐나다 최대의 공공 주택 단지였던 이 지역은 2000년대 초반부터 야심찬 재개발 프로젝트를 거쳤다. 중요한 점은, 이 재개발이 단순한 물리적 재건이 아닌, 사회적 통합과 문화적 다양성을 중심에 둔 종합적 접근을 취했다는 것이다. 이는 토론토 커뮤니티 주택, 민간 개발업체, 비영리 단체, 거주민 간의 복합적 파트너십을 통해 진행되었다.

리젠트 파크 수영센터는 이러한 포용적 설계의 대표적 사례다. 이 시설은 건축적 혁신 — 반투명 유리벽, 유니버설 디자인, 친환경 기술 — 으로 주목받았지만, 더 중요한 것은 그 운영 방식이다. 센터는 주기적으로 무슬림 여성 전용 수영 시간을 제공하며, 이는 종교적·문화적 요구를 존중하면서도 공공 시설에 대한 접근성을 보장하는 방식이다. 또한 저소득층 거주자를 위한 무료 프로그램, 다양한 언어로 제공되는 수영 교실, 문화적으로 다양한 직원 구성 등을 통해 포용성을 실천한다.

다니엘스 스펙트럼은 리젠트 파크 내 문화적 허브로, 다양한 문화적 표현과 교류를 위한 공간을 제공한다. 이 시설은 지역 기반 예술 단체, 문화 기관, 커뮤니티 서비스 제공자들을 위한 공간을 포함하며, 연중 다양한 문화적 행사, 워크숍, 전시를 개최한다. 특히 주목할 만한 것은 이 공간이 아프리카계, 카리브계, 남아시아계, 원주민 등 다양한 문화 집단의 표현을 지원하고 기념하는 방식이다.

토론토의 접근은 또한 제도적 차원에서의 혁신을 포함한다. 시의 "다양성 우리의 강점" 모토는 단순한 슬로건을 넘어, 구체적 정책과 프로그램으로 구현된다. 토론토는 35개 언어로 정보를 제공하는 다언어 서비스, 시청 내 다양성 옹호 사무소, 이민자 정착 지원을 위한 지역 파트너십 프로그램 등을 운영한다. 또한 "접근성 디자인 가이드라인"은 물리적 공간이 다양한 필요(문화적, 언어적, 장애 관련)를 포용하도록 보장한다.

매리 겐틀먼의 연구에 따르면, 토론토의 다문화적 성공은 세 가지 핵심 요소에 기인한다. 첫째, "통합 없는 동화 없이" 원칙 — 문화적 다양성을 유지하면서도 공유된 시민 정체성을 발전시키는 접근 — 에 대한 광범위한 사회적 합의. 둘째, 지역 커뮤니티 조직, 종교기관, 이민자 자조 단체의 강력한 네트워크와 이들에 대한 공공 지원. 셋째, 다양성을 도시 정체성과 경제적 경쟁력의 핵심 요소로 인식하는 전략적 시각이다.

그러나 토론토 모델이 완벽하지는 않다. 도시는 여전히 인종화된 빈곤, 공간적 분리, 노동시장 차별과 같은 구조적 불평등에 직면해 있다. 특히 최근의 젠트리피케이션 과정은 일부

이민자 공동체를 도시 주변부로 밀어내는 결과를 낳고 있다. 이는 다양성 존중이라는 이상과 도시 공간의 경제적 역학 사이의 지속적 긴장을 보여준다.

✤ 코펜하겐의 Superkilen 공원: 다양성의 풍경

덴마크 코펜하겐의 노르브로 지역에 위치한 슈퍼킬렌 공원은 도시 디자인을 통한 다문화적 표현과 통합의 혁신적 사례다. 2012년 완공된 이 880미터 길이의 선형 공원은 비알케 잉겔스 그룹, 토포텍1, 수퍼플렉스의 협업으로 설계되었다. 공원의 독특한 점은 50개 이상의 국적을 대표하는 지역 주민들이 설계 과정에 적극적으로 참여했다는 것이다.

슈퍼킬렌은 세 개의 구역으로 나뉘며, 각각 다른 색상과 기능을 가진다. '레드 스퀘어'는 문화와 스포츠 활동을 위한 공간으로, 중국의 무용 파빌리온과 모로코 분수가 특징적이다. '블랙 마켓'은 도시의 생활실처럼 기능하며, 터키 벤치, 레바논 체스판, 이라크 피크닉 테이블을 포함한다. '그린 파크'는 레크리에이션과 스포츠를 위한 공간으로, 일본 체리나무, 아르메니아 당구대, 스페인 축구 골대를 갖추고 있다.

이 공원의 가장 주목할 만한 특징은 세계 각지에서 가져온 60개 이상의 물건과 시설물이다. 이들은 단순한 장식이 아닌, 지역 주민들의 기억, 정체성, 문화적 배경을 반영하는 의미 있는 선택이다. 예를 들어, 팔레스타인 토양, 태국 복싱링, 불가리아 체스판, 이라크 야외 스피커 등은 각 집단의 고유한 문화적 실천과 역사를 표현한다. 이러한 접근은 문화적 다양성을 추상적 개념이 아닌, 구체적이고 감각적인 경험으로 변환한다.

공원 조성 과정에서의 참여적 접근도 주목할 만하다. 설계자들은 "공공 참여"를 넘어 "공공 발명"을 목표로 했다. 지역 주민들은 워크숍, 공청회, 온라인 플랫폼을 통해 의견을 제시했을 뿐만 아니라, 일부는 전 세계 여행을 통해 공원에 포함될 물건들을 직접 선정했다. 단순히 의견을 듣는 것을 넘어, 주민들을 공동 창작자로 위치시키는 이 접근은 진정한 주인의식과 소속감을 촉진했다.

슈퍼킬렌은 덴마크의 복잡한 이민 담론 맥락에서 이해되어야 한다. 2000년대 이후 덴마크는 보다 제한적인 이민 정책을 채택했으며, 문화적 동화에 대한 압력이 증가했다. 노르

225

브로 지역은 덴마크에서 이민자 비율이 가장 높은 지역 중 하나로, 때로는 갈등과 사회적 긴장의 장소였다. 이러한 맥락에서 슈퍼킬렌은 단순한 미학적 프로젝트를 넘어, 다문화주의에 대한 정치적 선언으로 기능한다. 공원은 동화가 아닌 인정의 정치를 체현하며, 이민자의 존재를 문제가 아닌 도시 정체성의 필수적 부분으로 재구성한다.

슈퍼킬렌의 설계는 차이에 대한 두 가지 일반적 접근 — 보편주의적 중립성과 문화적 분리 — 을 모두 거부한다. 대신, 공원은 문화적 특수성을 인정하면서도 이를 공유된 공간에 통합하는 "보편적 특수성"의 모델을 제시한다. 각 문화적 요소는 고유한 정체성을 유지하면서도, 전체적인 공공 영역의 일부가 된다.

턴 베르텔센의 연구에 따르면, 슈퍼킬렌은 지역 내 사회적 상호작용과 응집력에 긍정적 영향을 미쳤다. 공원 개장 이후 세 가지 주요 변화가 관찰되었다.

첫째, 다양한 문화적 배경을 가진 사람들 간의 일상적 만남과 대화가 증가했다.
둘째, 공원에서 개최되는 다문화 축제와 이벤트를 통해 상호 문화적 이해가 증진되었다.
셋째, 지역에 대한 긍지와 소속감이 강화되었다.

그러나 슈퍼킬렌 모델에도 한계와 비판이 존재한다. 일부 비평가들은 이 접근이 문화적 차이를 지나치게 시각적·상징적 차원으로 환원하며, 보다 깊은 구조적 불평등과 권력 관계를 간과한다고 지적한다.

또한, 다양한 문화적 표현이 때로는 맥락에서 분리되어 일종의 "다문화적 구경거리"로 변환될 위험도 있다. 마지막으로, 공원의 성공이 주변 지역의 젠트리피케이션을 촉진하여 역설적으로 일부 이민자 가구의 이주를 초래할 가능성도 우려된다.

이러한 한계에도 불구하고, 슈퍼킬렌은 도시 공간이 어떻게 문화적 차이를 인정하고 기념하면서도 공유된 시민 정체성을 형성할 수 있는지 보여주는 혁신적 사례로 평가받는다. 이는 다문화주의를 추상적 이상이 아닌, 일상적 도시 경험의 구체적 차원으로 전환하는 방식을 제시한다.

❖ 뉴욕시의 공공공간 접근성 개선: 평등을 향한 여정

뉴욕시는 세계에서 가장 다양한 도시 중 하나로, 200개 이상의 언어가 사용되며 인구의 37%가 외국 태생이다. 이러한 극도의 다양성은 도시의 정체성과 활력의 핵심 요소로 인식되면서도, 공공 자원과 공간에 대한 평등한 접근성 보장이라는 지속적 도전을 제기한다. 최근 수십 년간, 뉴욕시는 이민자 커뮤니티를 위한 포용적 공공 공간 조성을 위한 다양한 이니셔티브를 발전시켜 왔다.

뉴욕시 공원 및 레크리에이션부의 "공원 평등 이니셔티브"는 역사적으로 소외된 지역 — 종종 높은 이민자 인구를 가진 지역 — 의 공원 접근성과 질을 개선하는 것을 목표로 한다. 2014년 출범한 이 프로그램은 뉴욕시의 극심한 공원 불평등 — 일부 부유한 지역은 풍부한 녹지와 잘 관리된 공공 공간을 갖추고 있는 반면, 다른 지역은 심각한 부족과 투자 부족에 직면해 있다 — 을 해소하기 위한 대응이다.

이 이니셔티브의 주목할 만한 사례는 퀸즈 구의 "커뮤니티 공원 이니셔티브"다. 퀸즈는 뉴욕시에서 가장 다양한 구로, 120개 이상의 언어가 사용되며 주민의 48%가 외국 태생이다. 이 이니셔티브는 플러싱, 잭슨 하이츠, 코로나와 같은 이민자 밀집 지역의 소규모 지역 공원들을 개선하고 활성화했다. 중요한 점은, 이러한 개선이 단순한 물리적 업그레이드를 넘어, 특정 커뮤니티의 문화적 필요와 선호를 반영했다는 것이다.

예를 들어, 코로나의 루이스 시페스 공원은 에콰도르, 콜롬비아, 멕시코 이민자들이 많이 거주하는 지역에 위치해 있다. 공원 재설계 과정에서, 계획가들은 이들 라틴 아메리카 문화에서 중요한 세대 간 교류와 대규모 가족 모임을 지원하는 공간 요소를 통합했다. 이는 확장된 피크닉 공간, 다세대 활동을 위한 유연한 오픈 스페이스, 전통 게임을 위한 테이블 등을 포함한다. 또한 공원의 식재와 색채 선택은 라틴 아메리카의 미학적 전통을 반영한다.

플러싱의 로즈 플레이스는 동아시아(주로 중국, 한국) 이민자들이 많은 지역에 위치한 작은 공원이다. 이 공원의 개선은 동아시아 문화에서 중요한 공간 활용 패턴을 고려했다. 이는 태극권과 같은 아침 운동을 위한 경질 공간, 중국 전통 정원 요소에서 영감받은 조경, 세대 간 활동을 촉진하는 다기능 공간을 포함한다. 흥미로운 점은, 공원 안내판과 규칙이 영어뿐만 아니라 중국어, 한국어로도 제공된다는 것이다.

공공 공간의 문화적 포용성은 물리적 설계를 넘어, 프로그래밍과 활동에도 확장된다. 뉴욕시 공원부의 "공원에서의 문화" 프로그램은 다양한 문화적 배경을 가진 커뮤니티들이 공공 공간에서 자신들의 전통 축제, 의례, 예술적 표현을 공유할 수 있는 플랫폼을 제공한다. 예를 들어, 플러싱 메도우 코로나 파크에서는 디왈리, 중국 신년, 이드 알-피트르와 같은 다양한 문화적 축제가 정기적으로 개최된다. 이러한 이벤트는 단순한 오락을 넘어, 문화적 전통을 보존하고, 세대 간 지식 전승을 지원하며, 다양한 집단 간의 상호 이해를 촉진하는 중요한 역할을 한다.

뉴욕시의 접근에서 특히 주목할 만한 것은 참여적 설계와 커뮤니티 기반 계획의 강조다. "사람들이 만드는 장소" 이니셔티브는 지역 주민들이 자신의 공공 공간 설계와 운영에 직접 참여할 수 있는 메커니즘을 제공한다. 이는 특히 언어적 장벽, 이민 지위 관련 두려움, 정부 기관에 대한 불신 등으로 인해 공식적 계획 과정에서 종종 소외되는 이민자 커뮤니티에게 중요하다.

뉴욕시의 공공 공간 접근성 개선은 도시 계획의 제도적 틀과 정책 환경에 의해 뒷받침된다. 2017년 출범한 "포용적 도시" 이니셔티브는 도시 기관들이 이민자와 문화적 다양성에 대한 고려를 모든 계획과 정책 결정에 주류화하도록 요구한다. 구체적으로, 모든 주요 도시 개발 프로젝트는 "문화적 영향 평가"를 수행해야 하며, 이는 제안된 프로젝트가 다양한 문화적 실천, 유산, 정체성에 미칠 영향을 평가한다.

뉴욕시의 접근은 인상적인 성과에도 불구하고, 중요한 도전과 한계에 직면해 있다. 첫째, 지속적인 재정 압박과 자원 경쟁은 평등한 투자를 제약한다. 둘째, 급속한 젠트리피케이션은 많은 이민자 커뮤니티를 도시 주변부로 밀어내고 있으며, 이는 접근성 개선 노력을 복잡하게 만든다. 셋째, 이민 단속 강화와 같은 더 넓은 정치적 맥락은 특히 미등록 이민자들의 공공 공간 이용을 제한할 수 있다.

이러한 도전에도 불구하고, 뉴욕시의 사례는 대규모 다문화 도시에서 공공 공간이 어떻게 포용과 통합의 도구로 기능할 수 있는지 보여준다. 이는 물리적 설계, 프로그래밍, 거버넌스를 통합적으로 접근하는 다차원적 전략의 중요성을 강조한다.

❖ 차이를 넘어, 함께 살아가기

토론토, 코펜하겐, 뉴욕의 사례들은 도시 공간에서의 다양성과 포용에 대한 다양한 접근법을 보여준다. 이들은 공통적으로 문화적 다양성을 단순한 도전이 아닌 잠재적 자산으로 인식하며, 차이를 억압하거나 무시하는 것이 아닌, 이를 인정하고 통합하는 접근을 취한다. 또한 이들은 모두 물리적 설계(건축, 도시 계획, 공간 구성)와 사회적 과정(참여, 권한 부여, 제도적 지원)의 중요한 상호작용을 보여준다.

이러한 사례들에서 배울 수 있는 핵심 교훈은 다음과 같다. 첫째, 효과적인 다문화 도시 공간은 단순한 기능적 필요를 넘어, 다양한 문화적 의미, 실천, 상징을 인식하고 통합한다. 둘째, 도시 공간의 포용성은 하향식 계획이 아닌, 다양한 목소리와 관점을 포함하는 참여적 과정을 통해 가장 잘 달성된다. 셋째, 성공적인 다문화 공간은 차이의 상징적 인정을 넘어, 자원과 기회에 대한 실질적이고 평등한 접근을 보장해야 한다.

그러나 이 사례들은 또한 다문화 도시 이상을 둘러싼 지속적 긴장과 과제를 보여준다. 문화적 인정과 사회경제적 평등, 특수한 필요의 수용과 공유된 공공 영역의 유지, 지역적 특수성과 보편적 도시 정책 간의 균형을 찾는 것은 계속되는 도전이다. 마지막으로, 젠트리피케이션, 이민 제한 정책, 포퓰리즘적 반발과 같은 더 넓은 정치경제적 맥락은 도시 수준의 포용적 노력을 제약하거나 위협할 수 있다.

결국, 진정으로 포용적인 도시 공간 창출은 단일한 사업이나 정책이 아닌, 지속적인 협상과 재구성의 과정이다. 발렌타인 브랙이 주장했듯이, 이상적인 다문화 도시는 "차이의 말소가 아닌 차이와 함께 살아가는 법을 배우는 곳, 다양한 목소리가 침묵당하지 않고 도시의 미래를 함께 형성하는 대화에 참여하는 곳"이다.

토론토의 다언어 서비스, 코펜하겐의 다문화 표현 공간, 뉴욕의 문화적으로 반응하는 공원들은 모두 도시가 어떻게 다양성을 위협이 아닌 창조적 자원으로 활용할 수 있는지 보여준다. 이들은 차이를 부정하거나 동화시키는 것이 아니라, 오히려 그것을 인정하고 기념함으로써 더 풍요롭고 활력 있는 도시 경험을 만들어낸다. 궁극적으로, 이러한 도시들은 21세기의 다원적 현실 속에서 공존과 상호 존중의 새로운 모델을 실험하고 있다.

2. 타자성을 통해 본 도시 정체성 변화: 차이의 지형도를 읽다

도시는 단순한 물리적 공간을 넘어 사회적 관계, 문화적 의미, 권력 구조가 교차하는 복합적 장소다. 이러한 도시 공간에서 '타자성(otherness)'의 경험과 표현은 도시 정체성 형성의 핵심적 요소로 작용한다. 타자성은 지배적 규범, 문화, 집단과의 차이를 통해 정의되는 상태로, 도시 환경에서는 다양한 방식으로 공간화되고 경험된다. 이는 도시 정체성의 역동적 변화와 긴밀하게 연결되어 있으며, 베를린과 같은 도시의 사례는 이러한 관계의 복잡성을 잘 보여준다.

✤ 도시와 타자성의 관계

롤랑 바르트는 그의 저서 『기호의 제국』에서 도시를 "담론"으로 정의했다. 이는 도시가 단순한 물리적 실체가 아닌, 읽고 해석할 수 있는 텍스트이자, 의미를 생산하고 전달하는 기호 체계임을 의미한다. 바르트에 따르면, 도시는 거주자들에게 "말을 걸고", 그들의 정체성, 행동, 상호작용 방식을 형성한다. 동시에, 도시 자체도 거주자들의 실천과 해석을 통해 지속적으로 재구성된다. 이러한 상호작용적 관계는 도시 정체성의 유동적이고 협상적인 특성을 강조한다.

타자성은 이러한 도시 담론의 중심에 위치한다. 게오르그 짐멜은 일찍이 『낯선 이』(1908) 에세이에서 도시 공간에서의 타자성 경험을 분석했다. 짐멜에게 "낯선 이"는 물리적으로는 가까우나 사회적으로는 먼 존재로, 도시 생활의 본질적 특성인 "거리감"과 "근접성"의 독특한 결합을 체현한다. 이러한 양면성은 현대 도시 경험의 핵심 특성이 되었다.

지그문트 바우만은 『현대성과 양가성』(1991)에서 타자성이 근대 도시의 구성적 외부로 기능한다고 주장한다. 즉, 지배적 정체성과 질서는 항상 "타자"와의 대비를 통해 정의되고 강화된다는 것이다. 이러한 관점에서 도시 공간은 포함과 배제, 친숙함과 낯섦, 안전과 위험의 이분법적 구분이 지속적으로 협상되는 장(場)이다.

도시 맥락에서 타자성은 다양한 차원 — 문화적, 인종적, 종교적, 계급적, 젠더적 — 에서 경험되고 표현된다. 마크 오제의 "비장소" 개념은 현대 도시에서 타자성의 또 다른 형태를 조명한다. 공항, 쇼핑몰, 고속도로와 같은 비장소는 역사적 맥락, 관계적 정체성, 문화적 특수성이 결여된 공간으로, 일시적이고 익명적인 상호작용을 특징으로 한다. 이러한 공간에서 모든 이는 일종의 "타자"가 되며, 이는 현대 도시 경험의 파편화와 소외를 반영한다.

도시 정체성 형성에서 타자성의 역할은 양면적이다. 한편으로, 타자성은 차별, 분리, 불평등의 원천이 될 수 있다. 다른 한편으로, 타자성은 창조적 긴장, 문화적 혁신, 사회적 변화의 잠재적 공간을 제공한다. 도린 매시는 『장소를 위한 공간』(2005)에서, 건강한 도시 정체성은 차이와 다양성을 억압하거나 동화시키는 것이 아니라, 이를 생산적으로 수용하고 협상하는 능력에 기반한다고 주장한다.

도시에서 타자성의 경험은 또한 역사적으로 특수한 맥락에 위치한다. 포스트식민주의, 세계화, 대량 이주, 디지털 연결성의 시대에, 타자와의 관계는 그 어느 때보다 도시 정체성의 중심에 위치한다. 이러한 맥락에서, 베를린은 타자성과 도시 정체성의 복잡한 관계를 분석하기 위한 특별히 풍부한 사례를 제공한다.

✤ 베를린의 역사적 타자성

베를린은 독일과 유럽 역사의 격동적 변화를 체현하는 도시로, 타자성과 도시 정체성의 복잡한 관계를 탐구하기 위한 독특한 "도시 실험실"을 제공한다. 이 도시는 나치즘, 냉전 분단, 통일, 포스트-사회주의 전환, 세계화, 유럽 난민 위기 등 수많은 역사적 파열과 전환을 경험했다. 이러한 각 시기는 도시 공간에 자신만의 타자성 형태를 새겨 넣었으며, 이들의 흔적은 현재 베를린의 복합적 정체성을 구성한다.

베를린 장벽은 도시 공간에서 타자성이 어떻게 물리적으로 구현될 수 있는지 보여주는 극단적 사례다. 1961년부터 1989년까지, 이 콘크리트 장벽은 단순한 국경이 아닌, 두 정치적·이데올로기적 체제 사이의 근본적 분리를 상징했다. 장벽의 물리적 실재는 "우리"와 "그들", "이곳"과 "저곳", "자유"와 "억압"이라는 이분법적 공간 구조를 강제했다. 각 측면에서, 다른 쪽은 급진적 타자로 규정되었다 — 서베를린에서 동독은 전체주의적 억압의 공간으로, 동베를린에서 서독은 자본주의적 퇴폐와 불평등의 공간으로 재현되었다.

장벽 붕괴 이후 30여 년이 지났음에도, 이러한 역사적 타자성의 흔적은 베를린의 도시 경관과 사회적 구조에 여전히 뚜렷하게 남아있다. 한스 보든이 지적했듯이, "베를린 장벽은 물리적으로는 사라졌지만, 정신적·사회적·경제적 장벽은 여전히 존재한다." 이는 주택 패턴, 투표 행태, 소득 분포, 심지어 도시 조명 유형(서베를린의 따뜻한 가스등 vs. 동베를린의 차가운 형광등)과 같은 미묘한 차이에서도 관찰된다.

베를린의 중요한 특징은 이러한 역사적 타자성을 지우거나 억압하기보다, 이를 도시 정체성의 핵심 부분으로 통합하려는 의식적 노력이다. 장벽의 물리적 흔적은 보존되고 기념되며, 도시 경관에 의도적으로 표시된다. 포츠다머 플라츠의 바닥 동선 표시, 번화한 거리를 가로지르는 벽돌선, 베르나우어 슈트라세의 베를린 장벽 기념관은 모두 도시의 분단 역사를 시각적으로 기억하게 한다. 이러한 접근은 카렌 틸이 말하는 "상처 입은 도시의 치유 과정"의 일부로, 과거의 트라우마를 지우는 것이 아닌, 이를 인정하고 통합함으로써 보다 풍부하고 성찰적인 도시 정체성을 형성한다.

베를린의 역사적 타자성은 장벽에만 국한되지 않는다. 홀로코스트와 나치 시대의 기억은 도시 정체성의 또 다른 핵심 차원을 구성한다. 피터 아이젠만이 설계한 '학살된 유럽 유대인을 위한 기념비'는 도시 중심부에 위치하여, 타자화와 배제의 극단적 형태였던 홀로코스트의 기억을 도시 정체성의 중심에 위치시킨다. 이 기념비는 단순한 역사적 표시가 아닌, 현대 도시 생활 속에서 지속적으로 마주치고 경험하게 되는 공간이다. 그것의 추상적 형태와 미로 같은 구조는 방문자들에게 방향감각의 상실, 불안, 고립을 경험하게 함으로써, 타자성의 정서적·체현적 차원을 직접적으로 전달한다.

더욱 근래에는, 난민과 이주민의 유입이 베를린에 새로운 타자성의 차원을 더했다. 2015년 유럽 난민 위기 동안, 독일은 100만 명 이상의 망명 신청자를 받아들였으며, 베를린은 이들 중 상당수의 정착지가 되었다. 이는 아랍어 상점, 시리아 레스토랑, 다언어 간판이 늘어나는 등 도시 경관의 가시적 변화를 가져왔다. 노이쾰른이나 베딩과 같은 지역은 문화적 혼종성과 초국가적 정체성의 공간으로 변모했다.

이러한 새로운 타자성의 통합은 도전과 창조적 긴장을 동시에 수반한다. 엘 시다티의 연구에 따르면, 베를린의 난민 수용은 도시 정체성에 대한 두 가지 경쟁적 내러티브를 촉발했다: 하나는 베를린을 개방적, 세계주의적, 포용적 도시로 정의하는 "환영의 문화" 내러티

브이고, 다른 하나는 문화적 보존과 전통적 정체성 보호를 강조하는 보다 방어적인 내러티브다. 이러한 긴장은 도시 공간의 사용과 의미를 둘러싼 지속적인 협상으로 이어진다.

베를린의 사례가 보여주는 중요한 통찰은 타자성이 단순히 억압되거나 동화되어야 할 문제가 아닌, 도시 정체성의 구성적 요소가 될 수 있다는 것이다. 리어벤 드 카우터가 주장했듯이, 베를린은 "타자성을 통한 정체성 구축"의 모델을 제시한다. 이는 차이와 불일치를 억압하지 않고, 오히려 이를 도시 내러티브의 풍요로운 부분으로 통합하는 접근이다.

✤ 타자성과 도시 설계

도시 설계는 물리적 환경을 형성하는 실천을 넘어, 사회적 관계와 권력 구조를 공간적으로 표현하고 구현하는 정치적 과정이다. 이 과정에서 타자성은 중심적 역할을 한다. 도시 설계는 특정 집단을 타자화하고 배제하는 메커니즘으로 작용할 수도 있고, 반대로 차이를 인정하고 다양한 정체성의 공존을 촉진하는 도구가 될 수도 있다.

적대적 건축은 타자화의 공간적 구현을 보여주는 명확한 사례다. 이는 특정 사용자, 특히 홈리스나 청소년과 같은 "바람직하지 않은" 집단의 공간 점유를 방지하도록 설계된 도시 요소를 지칭한다. 분할된 벤치, 스파이크가 박힌 받침대, 불규칙한 표면, 무작위로 배치된 바위 등이 이에 해당한다. 이러한 요소들은 일견 중립적이거나 미학적인 선택으로 보일 수 있지만, 사실상 특정 신체와 행위를 배제하는 물리적 메커니즘으로 기능한다.

로우나 길은 이러한 적대적 건축이 "공공 공간의 사회적 위생화"를 목표로 한다고 지적한다. 이는 도시 설계를 통해 특정 집단을 "타자"로 규정하고, 그들의 가시성과 접근성을 제한함으로써 "정상적" 도시 주체와 공간 사용의 경계를 강화한다. 이러한 접근은 공공 공간의 포용성과 민주적 본질을 약화시키며, 도시 정의의 관점에서 심각한 문제를 제기한다.

그러나 도시 설계는 또한 타자성을 인정하고 다양성을 포용하는 방향으로 활용될 수도 있다. 가령, 아눙시아타 캐펠라가 개발한 "다초점 설계" 원칙은 다양한 문화적 관행, 신체적 능력, 사회적 선호를 수용하는 유연한 공간 창출을 목표로 한다. 이는 단일한 지배적 사용자를 가정하는 전통적 설계 접근을 거부하고, 다양한 '타자'의 필요와 욕구를 적극적으로 통합하는 방식이다.

토론토의 리젠트 파크 재개발은 이러한 포용적 접근의 사례다. 다양한 문화적 배경의 주민들이 거주하는 이 지역의 재개발 과정에서, 설계자들은 각 문화 집단의 공간적 실천과 선호를 조사하고 반영했다. 예를 들어, 확대 가족 모임을 위한 유연한 공동 공간, 다양한 종교적 실천을 지원하는 다목적실, 문화적으로 특수한 식품 재배를 위한 커뮤니티 정원 등이 포함되었다. 이러한 설계는 문화적 차이를 문제가 아닌 창조적 자원으로 재구성한다.

도시 설계에서 타자성 협상의 또 다른 중요한 차원은 기억과 역사적 내러티브의 공간적 표현이다. 누구의 역사가 기념되고, 어떤 사건이 공간적으로 표시되며, 어떤 내러티브가 도시 경관에 새겨지는가의 문제는 본질적으로 정치적이다. 돈 미첼은 이를 "기념비적 정치학"이라 부르며, 이는 공적 기억과 망각의 선택적 과정을 통해 특정 집단을 '역사의 주체'로, 다른 이들을 '타자'로 구성한다고 설명한다.

최근의 도시 설계는 이러한 기념비적 정치학에 보다 비판적이고 포용적인 접근을 모색하고 있다. 몽고메리의 '평화와 정의를 위한 국가 기념관'은 미국 남부의 린칭 희생자들을 기리는 공간으로, 오랫동안 공식 역사에서 지워진 인종적 폭력의 기억을 도시 공간에 복원한다. 요하네스버그의 '아파르트헤이트 박물관'은 인종 분리의 역사를 직면하고 성찰하는 공간을 제공한다. 이러한 프로젝트들은 역사적으로 타자화된 집단의 경험과 기억을 도시 내러티브의 중심으로 가져온다.

✤ 차이를 통한 공존: 도시 정체성의 재구성

타자성을 통해 본 도시 정체성 변화에 대한 분석은 도시가 단일하고 고정된 정체성을 가진 동질적 실체가 아님을 보여준다. 오히려, 도시는 다양한 역사적 경험, 문화적 전통, 사회적 위치가 끊임없이 교차하고 협상되는 복합적 장소다. 이러한 복잡성은 도시 공간에 물리적으로 새겨지며, 건축물, 가로 패턴, 공공 장소, 기념물을 통해 표현된다.

베를린의 사례는 역사적 타자성이 도시 정체성의 핵심 구성 요소가 될 수 있음을 보여준다. 분단과 통일, 제국주의와 전체주의, 이주와 다문화주의의 복합적 유산은 도시의 물리적 형태와 사회적 직물에 깊이 새겨져 있다. 베를린은 이러한 타자성의 흔적을 지우려 하기보다, 이를 도시 내러티브의 풍부한 부분으로 통합하는 접근을 통해 보다 복합적이고 성찰적인 도시 정체성을 발전시켰다.

도시 설계는 타자성을 구현하고 협상하는 핵심적 매체다. 적대적 건축과 같은 배제적 접근은 특정 집단을 '타자'로 규정하고 공공 공간에서 그들의 존재를 제한한다. 반면, 다초점 설계나 참여적 계획과 같은 포용적 접근은 다양한 정체성과 실천의 공존을 촉진한다. 두 접근 모두 도시 공간이 단순한 중립적 배경이 아닌, 권력 관계와 사회적 위계가 물질화되는 정치적 장(場)임을 보여준다.

도시 정체성 형성에서 타자성의 역할에 대한 이해는 보다 포용적이고 민주적인 도시 환경 창출을 위한 중요한 통찰을 제공한다. 레이나 프리드만이 주장했듯이, "진정한 도시적 포용은 차이의 말소가 아닌, 차이에 대한 인정과 존중을 통해 달성된다." 이는 타자성을 위협이나 문제가 아닌, 도시의 풍요로움과 복잡성에 기여하는 본질적 요소로 재개념화하는 접근을 요구한다.

디지털화, 세계화, 이주 증가로 특징지어지는 현대 도시 맥락에서, 타자성과의 생산적 관계 형성은 그 어느 때보다 중요한 과제가 되었다. 도시는 단순히 다양한 집단이 공존하는 공간이 아닌, 차이를 통한 상호 학습과 변화가 가능한 창조적 환경으로 재구상될 수 있다. 이러한 비전은 물리적 설계, 제도적 관행, 문화적 태도의 복합적 변화를 요구하지만, 궁극적으로 더 풍부하고 탄력적이며 진정으로 다원적인 도시 정체성의 발전을 가능하게 한다.

도시는 결국 차이의 지형도다. 그 지도를 읽고 그리는 방식이 도시의 미래를 결정한다. 타자성을 억압하거나 동화시키려는 도시는 결국 자신의 창조적 가능성을 제한한다. 반면, 타자성을 인정하고 그것과 대화하는 도시는 끊임없이 자신을 갱신하고 재발명할 수 있는 역동적 공간이 된다. 베를린이 보여주듯, 상처와 분열의 기억도 치유와 재생의 자원이 될 수 있다. 이것이 바로 타자성을 통해 본 도시 정체성 변화의 핵심적 교훈이다.

[참/고/문/헌]

1. 겐틀먼, 메리(Gentilman, Mary). "Toronto's Multicultural Success: Integration Without Assimilation." 연구 논문.

2. 베르텔센, 턴. (Bertelsen, Tørn). "Superkilen: Landscape of Diversity and Social Cohesion." 연구 보고서.

3. 시다티, 엘(Sidati, El). "Berlin and Refugee Integration: Competing Narratives of Urban Identity." 학술 논문.

4. 매시, 도린(Massey, Doreen). For Space. Routledge, 2005.

5. 바르트, 롤랑(Barthes, Roland). Empire of Signs. Hill and Wang, 1982.

6. 짐멜, 게오르그(Simmel, Georg). "The Stranger." Sociology: Inquiries into the Construction of Social Forms, 1908.

7. 바우만, 지그문트(Bauman, Zygmunt). Modernity and Ambivalence. Polity Press, 1991.

8. 오제 마크(Augé, Marc). Non-Places: Introduction to an Anthropology of Supermodernity. Verso Books, 1995.

9. 미첼, 돈(Mitchell, Don). "The Monumental Politics of Public Space." 학술 연구.

10. 보든, 한스(Boden, Hans). "The Berlin Wall: Physical and Mental Barriers in Post-Unification Berlin." 연구 논문.

11. 드 카우터, 리어벤 (Cauter, Lieven De). "Identity Through Otherness: Berlin as a Model for Urban Reconstruction." 학술 논문.

12. 캐펠라, 아눙시아타(Capella, Annunziata). "Multifocal Design Principles for Inclusive Urban Spaces." 도시 설계 연구.

13. 프리드만, 레이나(Friedman, Reyna). "True Urban Inclusion Through Recognition and Respect for Difference." 도시 사회학 연구.

제12장

✦

도시의 공공성과 사적 영역의 경계

1. 공공 공간과 개인 공간의 경계 변화

✤ 공공과 개인의 경계에서: 현대 도시 공간의 변화와 의미

도시는 말없이 우리의 삶을 품는다. 그 품 안에서 우리는 보이지 않는 경계를 넘나들며 하루를 살아간다. 아침에 현관문을 닫는 순간 우리는 사적 영역에서 공적 영역으로 발을 내딛는다. 그러나 이 경계는 과연 어디에 존재하는가? 벽과 문으로 명확히 구분되는 물리적 실체인가, 아니면 우리의 인식과 사회적 관습이 만들어낸 보이지 않는 선인가?

✤ 도시의 숨결, 공간의 언어

도시는 끊임없이 숨 쉬며 자신의 형태를 바꾼다. 개인과 공동체, 국가와 자본이 만들어 내는 복잡한 역학 관계 속에서 도시 공간은 지속적으로 재구성된다. 서울의 한 골목길을 걸어보자. 담벼락에 걸린 화분들, 대문 앞에 놓인 의자, 길가에 늘어선 가게들의 좌판 — 이 모든 것들은 공적 영역과 사적 영역의 섬세한 협상의 결과물이다.

"도시 공간은 단순한 물리적 용기가 아니라, 우리의 일상적 실천과 관계가 새겨지는 살아 있는 텍스트다."

모로코 라바트의 '호우마(houma)'와 같은 전통적 근린 공간에서는 집 앞의 작은 광장이나 좁은 골목길이 명확히 공적이거나 사적인 영역으로 구분되지 않았다. 대신 이들은 주민들의 일상적 실천과 암묵적 합의를 통해 관리되는 중간적 영역으로 존재했다. 여성들은 이곳에서 일상적 대화를 나누고, 아이들은 뛰어놀며, 지역 공동체는 축제와 의례를 통해 이 공간에 의미를 부여했다.

그러나 현대적 도시 계획이 도입되면서, 이러한 미묘한 공간적 위계는 더 이분법적인 구조로 대체되었다. 새로운 아파트 단지는 명확히 구분된 사적 공간(개별 세대)과 공적 공간(도로, 공식 광장, 지정된 공원)으로 설계되었다. 이러한 변화는 공간 사용 패턴과 사회적 상호작용에 깊은 영향을 미쳤다. 주민들, 특히 여성과 노인들은 새로운 공식적 공공 공간에서 이전의 중간 영역에서 느꼈던 것과 같은 소속감과 안전함을 경험하지 못했다.

✤ 상징적 경제와 공공 공간의 재구성

도시들이 글로벌 경쟁 속에서 투자자와 관광객을 유치하기 위해 분투하는 지금, 공공 공간은 단순한 시민 생활의 배경을 넘어 '상징적 경제'의 중요한 요소로 재개념화되고 있다. 화려한 밀레니엄 파크나 혁신적인 하이라인과 같은 플래그십 공공 공간 프로젝트들은 도시 미학을 향상시키고 새로운 공공 영역을 제공하지만, 동시에 중요한 질문을 제기한다: 누구를 위한 공공 공간인가?

"공공 공간의 물리적 품질 향상이 역설적으로 그 사회적 포용성의 감소로 이어질 때, 우리는 '공공성의 역설'에 직면한다."

서울의 청계천 복원 사업을 생각해보자. 콘크리트로 덮인 하천을 도심 속 물길로 되살려 낸 이 프로젝트는 분명 도시 환경을 개선하고 시민들에게 새로운 여가 공간을 제공했다. 그러나 동시에 주변 상권의 변화와 지가 상승을 촉발하여, 오랫동안 그곳을 생활 터전으로 삼았던 영세 상인들의 이주를 가속화했다. 공공 공간의 품질 향상이 역설적으로 그 공간에 의존해 살아가던 사람들의 접근성을 감소시킨 것이다.

✤ 침투하는 사유화의 물결

지난 수십 년간 도시 공간에서 가장 두드러진 변화 중 하나는 전통적으로 공공적이었던 영역의 점진적 사유화다. 쇼핑몰, 기업 구역, 고급 주거 단지 내의 '유사-공공' 공간들은 겉보기에는 공원이나 광장처럼 보이지만, 실제로는 민간 주체가 소유하고 통제한다.

스리랑카 콜롬보에서는 내전 이후 급속한 도시 개발 과정에서 많은 공공 공간이 민간 관리로 이전되었다. 기업의 '입양' 프로그램을 통해 관리되는 도시 공원들은 더 나은 인프라와 유지 관리를 제공하지만, 동시에 접근성과 자율성에 제약을 가한다. 보안 인력, 감시 카메라, 엄격한 사용 규칙을 통해 '바람직하지 않은' 행위와 사람들은 이 공간에서 점차 배제된다.

"공공 공간이 사유화될 때, 우리는 물리적 접근은 가능하지만 사회적 접근은 제한되는 모순적 상황에 처하게 된다."

프랑스 인류학자 마크 오제가 말한 '비장소(non-places)' ― 공항, 쇼핑몰, 고속도로와 같이 특정 장소성이나 역사적 맥락과의 유의미한 연결 없이 표준화된 공간 ― 의 확산은 현대 도시 경험의 또 다른 특징이다. 이들 공간은 공적으로 접근 가능하지만, 본질적으로 상업적이고 기능적인 논리에 지배된다. 진정한 사회적 교류나 시민적 참여보다는 익명적이고 일시적인 관계가 이 공간을 채운다.

✦ 공간이 말하는 윤리

도시 공간의 설계는 단순한 미학적 또는 기능적 결정이 아니라, 중요한 윤리적·정치적 함의를 지닌다. 벤치 중간의 팔걸이, 분수대 주변의 스파이크, 인공적으로 거친 표면과 같은 '적대적 건축' 요소들은 겉보기에는 중립적인 디자인 선택으로 보일 수 있지만, 사실상 특정 신체와 행위 ― 주로 홈리스, 청소년, 사회적 소수자 ― 를 공공 공간에서 배제하는 메커니즘으로 작동한다.

홍콩에서는 공원 벤치를 '반(反)수면' 디자인으로 교체하는 정책이 노인과 이주 가사 노동자들의 공간 접근성을 크게 제한했다. 필리핀과 인도네시아에서 온 여성 노동자들은 유일한 휴일인 일요일에 공원에 모여 사교 활동을 하고 공동체 지원 네트워크를 형성해왔다. 그러나 새로운 벤치 디자인은 이들의 장시간 머무름을 어렵게 만들었다.

"디자인은 결코 중립적이지 않으며, 항상 특정 이용자와 활동에 대한 가치 판단을 반영한다."

반면, 콜롬비아 메데진의 '사회적 도시주의' 접근은 고품질 공공 공간과 문화 시설을 도시의 가장 소외된 지역에 전략적으로 배치함으로써, 공간적 불평등을 해소하고 사회적 통합을 촉진하고자 했다. 에스파냐 도서관과 같은 공공 시설은 단순한 서비스 제공을 넘어, 도시 공공성과 시민권의 물리적 표현으로 기능한다.

✛ 디지털 시대의 공공성

스마트폰을 손에 든 채 도시를 걷는 우리는 이미 물리적 공간과 디지털 공간을 동시에 점유하고 있다. 무료 와이파이, 위치 기반 서비스, 증강현실 애플리케이션은 도시 공간 경험을 재구성하지만, 이들은 주로 민간 기업이 소유하고 통제한다. 이는 공공 공간 사용에 대한 데이터 수집과 분석을 통해 새로운 형태의 감시와 통제를 가능하게 한다.

캐나다 토론토의 '사이드워크 랩스' 프로젝트는 구글의 모회사가 도시 수변 지역에 첨단 기술이 통합된 '미래 도시' 구역을 개발하고자 했던 시도였다. 그러나 공공 공간에서 수집된 데이터의 소유권과 통제권을 둘러싼 논쟁은 결국 프로젝트의 취소로 이어졌다. 이는 "디지털 시대의 공공성"에 대한 근본적 질문을 제기한다. 공공 공간에서 생성된 데이터는 공공재로 간주되어야 하는가? 시민들은 공공 영역에서 디지털적으로 추적되지 않을 권리가 있는가?

✛ 경계에서 살아가기

공공 공간과 개인 공간의 경계 변화는 단순한 물리적 재구성을 넘어, 도시 생활의 본질과 시민권의 의미에 관한 근본적인 질문을 제기한다. 이는 명확한 방향이나 패턴 없이, 다양한 이해관계자와 가치 사이의 지속적인 협상을 통해 형성된다.

우리가 살아가는 아파트 단지를 생각해보자. 개인의 집과 공용 공간 사이에는 명확한 경계가 있지만, 주민들은 복도에 화분을 내놓고, 엘리베이터에서 이웃과 대화하며, 단지 내 벤치에서 담소를 나누면서 이 경계를 끊임없이 재협상한다. 이러한 일상적 실천을 통해 공간은 단순한 물리적 용기를 넘어, 의미와 관계가 새겨진 살아있는 텍스트가 된다.

미국의 도시계획가 제인 제이콥스가 오래 전에 지적했듯이, 건강한 도시 공간은 다양한 사람들, 활동, 기능 사이의 섬세한 "거리의 발레"를 가능하게 하는 공간이다. 이러한 비전을 디지털 시대에도 지속하기 위해서는, 기술적 혁신과 경제적 압력에 대응하면서도 도시 공공 영역의 포용성과 활력을 보존하는 신중한 계획과 거버넌스가 필요하다.

그리고 무엇보다, 우리 각자가 일상에서 공간의 의미를 어떻게 이해하고, 경계를 어떻게 협상하며, 도시 공동체의 일원으로서 어떻게 살아갈 것인지에 대한 성찰이 요구된다. 공공 과 개인의 경계에서, 우리는 끊임없이 자신과 타인, 개인과 공동체, 자유와 책임 사이의 균형을 모색하며 도시 생활의 복잡한 직물을 함께 짜나간다.

2. 공공 공간의 회복: 도시 공공성 강화를 위한 실험과 성찰

도시는 우리의 몸을 담는 그릇이자, 기억을 새기는 캔버스다. 공공 공간은 이 도시라는 텍스트에서 가장 활기찬 문장들을 품고 있다. 그러나 점차 희미해지는 이 문장들을 어떻게 다시 선명하게 할 수 있을까? 도시의 공공성이 약화되는 현상을 목격하며, 세계 곳곳에서 는 잃어버린 공공 영역을 회복하기 위한 다양한 실험이 진행되고 있다. 이는 단순히 물리적 공간을 재구성하는 문제가 아니라, 도시 민주주의의 본질과 시민의 권리에 관한 근본적인 질문을 던진다.

✤ 함께 짓는 도시, 함께 나누는 공간

도시를 누가 만드는가? 전통적으로 도시 계획은 전문가들의 영역이었다. 그러나 최근 수십 년간 이러한 패러다임은 크게 변화했다. 이제 도시 만들기는 행정가, 건축가, 개발자 뿐 아니라 평범한 시민들이 함께 참여하는 집단적 창조 행위로 이해되고 있다.

뉴욕시의 '플라자 프로그램'은 이러한 협력적 도시 만들기의 흥미로운 사례다. 2007년 시작된 이 프로그램은 차량으로 가득했던 도로 공간을 사람들을 위한 광장으로 전환하는 것을 목표로 한다. 그러나 이 프로그램의 진정한 혁신은 그 과정에 있다. 시 정부는 비전과 재정을 제공하지만, 구체적인 광장의 모습과 활용 방식은 지역 주민들과 공동체 조직이 결정한다.

퀸즈 코로나 플라자의 사례를 살펴보자. 이 광장은 지역 이민자 지원 단체가 관리하며, 라틴 아메리카 문화 행사부터 이민자 서비스 정보 세션, 지역 상인 시장까지 다양한 프로그램이 열린다. 휴식을 취하는 노인들, 뛰어노는 아이들, 대화를 나누는 이민자들로 가득한 이 공간은 단순한 도시 설계의 산물이 아니라, 지역 정체성과 필요가 구현된 살아있는 장소다.

"도시는 전문가들이 그린 청사진이 아니라, 시민들의 일상적 실천과 상상력이 만나 끊임없이 다시 쓰이는 텍스트다."

스페인 바르셀로나의 '수퍼블록' 실험은 더욱 급진적인 접근을 보여준다. 9개의 도시 블록을 하나의 단위로 묶어, 내부 도로는 보행자 우선 구역으로 전환하고 자동차 통행은 외부 경계로 제한하는 이 모델은 본질적으로 도시 공간의 성격을 재정의한다. 포포블레노우 지역의 첫 번째 수퍼블록에서는 이전에 자동차가 점령했던 도로의 70%가 놀이터, 야외 좌석, 커뮤니티 정원으로 변모했다.

바르셀로나 도시계획국장 살바도르 루에다의 표현을 빌리자면, 이는 "도시 공간의 탈사유화"다. 특정 목적(자동차 이동)과 특정 이용자(자동차 소유자)에게 독점적으로 할당되었던 공간을 다시 공공의 영역으로 돌려놓는 과정이다. 이러한 관점은 공공성을 단순한 소유권의 문제가 아닌, 공간이 다양한 사용과 이용자에게 얼마나 열려 있는지의 문제로 재해석한다.

디지털 시대의 공공성 역시 새로운 도전과 가능성을 제시한다. 암스테르담의 '공정한 스마트 시티' 이니셔티브는 도시의 디지털화가 시민의 권리와 참여를 약화시키지 않도록 하는 원칙을 수립했다. '알고리즘 등록부'를 통해 도시 관리에 사용되는 모든 알고리즘을 공개하고, '데이터 공유 원칙'을 통해 공공 공간에서 수집된 데이터를 공공재로 취급하도록 명시한 것이다. 이는 디지털 공간에서도 투명성과 민주적 통제가 유지되어야 한다는 인식을 반영한다.

✦ 공간이 던지는 윤리적 질문들

도시 공간을 설계하고 관리하는 과정에는 불가피하게 윤리적 판단이 개입된다. 누구를 위한 공간인가? 어떤 행위가 허용되고 제한되어야 하는가? 보안과 접근성, 다양성과 질서 사이의 균형은 어떻게 맞출 것인가? 이러한 질문들은 단순한 기술적 문제가 아니라, 우리가 어떤 도시에서, 어떤 방식으로 함께 살아갈 것인지에 관한 가치 판단을 요구한다.

9/11 이후 강화된 보안 담론은 도시 공간의 설계에 깊은 영향을 미쳤다. 많은 도시에서 테러 위협에 대비한 '표적 경화' 조치 — 장벽, 볼라드, 감시 카메라 등 — 가 도입되었다. 이러한 요소들은 분명 안전이라는 중요한 가치를 지키기 위한 것이지만, 동시에 공공 공간의 개방성과 접근성을 제한하고 불안과 감시의 분위기를 조성할 위험이 있다.

영국 도시설계자 존 홀든은 이를 "방어적 도시주의와 개방 도시 사이의 윤리적 균형"의 문제라고 표현한다. 그의 연구에 따르면, 지나친 보안 조치는 역설적으로 시민들에게 위협 받는 느낌을 주어 공공 공간의 활력을 감소시킬 수 있다. 또한 가시적인 보안 장치들은 종종 '안전의 연극' — 실질적 위험 감소보다는 안전의 인상을 주기 위한 상징적 조치 — 으로 기능하기도 한다.

이러한 딜레마에 대응하여 발전한 '창조적 보안' 접근법은 보안 기능을 공공 공간의 디자인에 자연스럽게 통합하는 전략이다. 예를 들어 조경 요소, 조명, 공공 예술, 도시 가구가 보안 기능을 동시에 수행하도록 설계하는 것이다. 영국 맨체스터의 '도시 회복력 프레임워크'는 이러한 접근의 선도적 사례로, 안전과 도시 품질을 함께 고려하는 종합적 방법론을 제시한다.

"도시 공간의 윤리는 안전과 자유, 통제와 개방 사이의 끊임없는 대화를 통해 형성된다."

공공 공간의 '문화적 포용성' 역시 중요한 윤리적 과제다. 도시 공간은 특정 문화적 가치와 규범을 체현하며, 이는 다른 문화적 배경을 가진 이용자들에게 암묵적 배제로 경험될 수 있다. 예를 들어, 서구적 공공 공간 모델은 종종 개인적이고 일시적인 사회적 상호작용을 특권화하며, 보다 집단적이고 지속적인 공간 점유를 선호하는 문화적 실천과 충돌할 수 있다.

핀란드 헬싱키의 사례는 이러한 문화적 충돌을 잘 보여준다. 소말리아, 이라크, 아프간 출신 이민자들은 선형적 공원 벤치와 개인 공간 중심의 설계가 자신들의 집단적이고 순환적인 사회적 모임 방식과 맞지 않는다고 느꼈다. 이에 대응하여 헬싱키 시는 '상호문화적 공공 공간' 가이드라인을 개발했다. 원형 좌석 배치, 날씨 보호 시설, 다기능 공간 등 다양한 문화적 실천을 수용할 수 있는 유연한 디자인 요소를 강조한 것이다.

세대 간 형평성 또한 간과할 수 없는 윤리적 차원이다. 도시 공간은 다양한 연령대의 필요와 선호를 반영해야 하지만, 많은 경우 경제적으로 활동적인 성인 인구의 요구에 맞춰 설계된다. 이는 아동, 청소년, 노인과 같은 다른 연령 집단의 공간적 배제로 이어질 수 있다.

스웨덴의 도시학자 보드릴 캬르스텐은 이를 "도시 공간의 세대적 편향"이라 부르며, 이러한 편향이 특정 연령 집단의 도시 시민권을 제한하는 방식을 분석했다. 예를 들어, 많은 도시 중심부는 상업적 활동에 초점을 맞추어 설계되어, 소비 능력이 제한된 청소년이나 이동성이 감소한 노인들에게 접근성과 편의성이 낮을 수 있다.

영국 맨체스터의 '연령 친화 맨체스터' 프로그램은 노인 자문단, 접근성 감사, 세대 간 디자인 워크숍 등을 통해 도시 공간이 모든 연령대에게 환영받고 접근 가능하도록 보장하고자 한다. 스페인 폰테베드라의 '어린이 친화 도시 이니셔티브'는 도시 디자인과 교통 계획에 아동의 관점과 필요를 체계적으로 통합하는 접근법을 발전시켰다.

✤ 지속 가능한 공유: 함께 돌보는 도시

잘 설계된 공공 공간도 적절한 유지 관리와 활성화가 없다면 시간이 지남에 따라 그 품질과 접근성이 저하될 수 있다. 공공성의 지속적인 유지는 단순한 물리적 관리를 넘어, 다양한 이해관계자들이 공간의 미래를 함께 결정하고 돌보는 과정을 필요로 한다.

이탈리아 볼로냐의 '공유 도시 규정'은 이러한 협력적 관리의 혁신적 모델을 제시한다. 이 규정은 시민들이 도시 당국과 직접 "협력 계약"을 맺어 공공 공간의 관리와 활성화에 참여할 수 있는 법적 프레임워크를 제공한다. 광장 활성화, 버려진 건물 재활용, 공공 정원 조성과 같은 프로젝트를 시민들이 직접 제안하고 실행할 수 있게 한 것이다.

볼로냐 모델의 핵심 혁신은 공공 공간을 단순한 정부 자산이 아닌 "도시 공유재"로 재개념화한 점이다. 모든 시민이 접근하고 함께 돌볼 책임이 있는 공유 자원으로서 도시 공간을 바라보는 이 관점은 관리와 활성화에 대한 보다 분산된, 상향식 접근의 기반을 제공한다.

"도시는 사적인 소유물도, 관청의 행정 대상도 아닌, 모든 시민이 함께 가꾸고 누리는 공유재다."

볼로냐 도시계획 국장 지오바니 기오반니니에 따르면, 이 모델의 성공 요인은 세 가지다. 첫째, 수평적 관계와 상호 신뢰에 기반한 새로운 행정 문화의 발전. 둘째, 시민 제안을 지원하고 협력 과정을 촉진하는 전담 '도시 공유재 사무소'의 설립. 셋째, 협력 정신과 지역 소유권을 장려하는 법적·행정적 프레임워크의 개발이다. 이 모델은 이탈리아 내 30개 이상의 도시와 몬트리올, 암스테르담, 바르셀로나 등 세계 여러 도시에서 채택되었다.

지속가능한 공공 공간 관리의 또 다른 혁신적 접근은 '적응적 관리'다. 도시 환경의 불확실성과 변화하는 필요에 유연하게 대응하는 이 방식은 작은 실험을 통해 점진적으로 공간을 개선한다. 미국 포틀랜드의 '거리 실험 프로그램'은 공공 공간의 일시적이고 저비용 개입을 통해 새로운 사용 방식을 테스트하고, 이용자 피드백에 기반해 조정한다. 이러한 실험적 접근은 대규모 개입 전에 다양한 아이디어를 시험할 수 있게 하며, 지역 필요에 더욱 민감하게 대응할 수 있다.

디지털 기술 또한 공공 공간의 관리를 더 참여적으로 만드는 데 기여할 수 있다. 멕시코시티의 '디지털 공공 공간 플랫폼'은 시민들이 유지 관리 문제를 보고하고, 개선 제안을 제출하며, 공간 사용에 관한 데이터를 확인할 수 있는 통합 인터페이스를 제공한다. 이러한 도구는 시민 참여의 장벽을 낮추고, 보다 협력적이고 증거 기반적인 의사결정을 가능하게 한다.

✤ 공공성의 회복, 도시의 재발견

도시의 본질은 무엇인가? 단순한 건물과 도로의 집합? 효율적인 경제 활동의 장? 아니면 다양한 삶과 문화가 만나고 충돌하고 화해하는 활기찬 무대? 공공 공간의 회복은 결국 도시의 근본적 의미를 재발견하는 과정이다.

프랑스 철학자 앙리 르페브르가 말한 "도시에 대한 권리" — 모든 도시 거주자가 도시 공간의 생산과 이용에 평등하게 참여할 권리 — 는 단순한 추상적 개념이 아니라, 구체적인 도시 공간의 설계와 관리 방식을 통해 실현되거나 제한된다. 뉴욕의 플라자 프로그램, 바르셀로나의 수퍼블록, 볼로냐의 공유 도시 규정과 같은 혁신적 접근은 이 권리를 실현하기 위한 다양한 실험으로 볼 수 있다.

그러나 이러한 실험은 늘 완벽한 해답을 제공하지는 않는다. 공공 공간의 개선이 주변 지역의 상업적 가치를 높여 원주민의 이주를 촉진하는 젠트리피케이션의 역설, 지역 기반 관리 모델이 직면하는 자원과 역량의 한계, 보안과 개방성 사이의 끊임없는 긴장 등 복잡한 도전은 계속된다.

이러한 딜레마에 대한 최선의 대응은 단일한 보편적 모델이 아니라, 지역의 특수성과 필요에 민감한 접근이다. 각 도시, 각 지역은 자신만의 역사, 문화, 지리적 조건을 가지고 있으며, 이에 맞는 고유한 공공성의 형태를 발전시켜야 한다. 서울의 청계천, 부산의 감천마을, 광주의 양림동이 각기 다른 방식으로 공공 공간을 재해석하듯, 공공성의 회복은 지역의 맥락과 정체성에 뿌리를 두어야 한다.

동시에, 이러한 다양성 속에서도 우리는 몇 가지 보편적 원칙을 발견할 수 있다. 투명성과 포용성, 다양한 이해관계자의 참여, 실험과 적응의 자세, 그리고 무엇보다 공간을 단순한 물리적 자산이 아닌 살아있는 사회적 관계의 장으로 바라보는 관점이 그것이다.

우리가 살아가는 도시, 우리가 매일 걷는 거리, 우리가 만나고 대화하는 광장과 공원은 단순한 배경이 아니라 우리의 삶과 관계를 형성하는 적극적인 행위자다. 공공 공간의 회복은 결국 도시를 다시 인간의 척도로, 인간의 필요와 꿈에 맞게 재구성하는 과정이다. 그 과정에서 우리는 도시를 새롭게 발견하고, 도시 속에서 자신을 다시 발견한다.

"도시는 우리가 함께 쓰는 이야기다. 공공 공간은 그 이야기가 가장 생생하게 펼쳐지는 페이지다."

[참/고/문/헌]

1. 겐틀먼, 메리(Gentilman, Mary). "Toronto's Multicultural Success: Integration Without Assimilation." 연구 논문.

2. 베르텔센, 턴. (Bertelsen, Tørn). "Superkilen: Landscape of Diversity and Social Cohesion." 연구 보고서.

3. 시다티, 엘(Sidati, El). "Berlin and Refugee Integration: Competing Narratives of Urban Identity." 학술 논문.

4. 매시, 도린(Massey, Doreen). For Space. Routledge, 2005.

5. 바르트, 롤랑(Barthes, Roland). Empire of Signs. Hill and Wang, 1982.

6. 짐멜, 게오르그(Simmel, Georg). "The Stranger." Sociology: Inquiries into the Construction of Social Forms, 1908.

7. 바우만, 지그문트(Bauman, Zygmunt). Modernity and Ambivalence. Polity Press, 1991.

8. 오제 마크(Augé, Marc). Non-Places: Introduction to an Anthropology of Supermodernity. Verso Books, 1995.

9. 미첼, 돈(Mitchell, Don). "The Monumental Politics of Public Space." 학술 연구.

10. 보든, 한스(Boden, Hans). "The Berlin Wall: Physical and Mental Barriers in Post- Unification Berlin." 연구 논문.

11. 드 카우터, 리어벤(Cauter, Lieven De). "Identity Through Otherness: Berlin as a Model for Urban Reconstruction." 학술 논문.

12. 캐펠라, 아눙시아타(Capella, Annunziata). "Multifocal Design Principles for Inclusive Urban Spaces." 도시 설계 연구.

13. 프리드만, 레이나(Friedman, Reyna). "True Urban Inclusion Through Recognition and Respect for Difference." 도시 사회학 연구.

도시인문학

-도시에서 읽는 인간의 이야기-

제4부
현대 도시의 과제와 미래

제13장

✛

디지털 시대의 도시
– 스마트시티와 테크놀로지 –

1. 스마트시티 개념과 기술 혁신 사례

✤ 디지털 도시의 시학: 스마트시티와 인간의 자리

어느 도시의 한 거리에서, 길을 걷는 시민은 자신이 몇 개의 카메라에 포착되고 있는지, 자신의 스마트폰이 몇 개의 센서와 교신하고 있는지, 그리고 자신의 발걸음이 어떤 알고리즘에 의해 분석되고 있는지 알지 못한다. 오늘날 우리가 살아가는 도시는 더 이상 단순한 물리적 건축물과 도로의 집합체가 아니라, 보이지 않는 디지털 신경망으로 촘촘히 연결된 살아있는 유기체처럼 진화하고 있다. 이것이 '스마트시티'라 불리는 현대 도시의 새로운 풍경이다.

✤ 스마트시티: 기술의 꿈, 인간의 현실

'스마트시티'라는 용어는 1990년대 말 등장했지만, 그 개념은 시간의 흐름에 따라 끊임없이 변화해왔다. 처음에는 IBM, 시스코, 마이크로소프트와 같은 기술 기업들이 그린 청사진 — 센서와 네트워크, 데이터 분석을 통해 도시 운영의 효율성을 극대화하는 비전 — 이었다. 도시를 하나의 거대한 기계처럼 최적화할 수 있다는 기술적 이상이었다.

2010년대에 접어들면서 이 개념은 보다 시민 중심적이고 문제 해결 지향적인 방향으로 확장되었다. 유럽연합이 정의한 스마트시티는 "디지털 기술을 활용하여 시민의 삶을 개선하고, 도시 서비스와 인프라를 더 효율적으로 만들며, 경제 성장, 환경 지속가능성, 사회적 포용을 촉진하는 도시"다. 이제 기술은 목적이 아닌 수단으로 재정의 되었다.

가장 최근에는 스마트시티 담론이 데이터 소유권, 알고리즘적 거버넌스, 디지털 권리, 기술적 주권과 같은 더 깊은 질문으로 확장되고 있다. 바르셀로나의 "기술 주권" 이니셔티브나 암스테르담의 "TADA" 원칙은 기술이 누구에 의해, 누구를 위해, 어떤 가치에 따라 설계되고 통제되는지에 대한 근본적인 질문을 제기한다.

"스마트시티는 단순한 기술적 구조물이 아니라, 우리가 도시를 상상하고, 경험하고, 관리하는 방식에 대한 새로운 패러다임이다."

이러한 진화는 도시의 디지털화가 단순한 기술적 변화가 아닌, 도시 생활의 사회적, 정치적, 경제적 차원을 근본적으로 재구성하는 과정임을 보여준다. 그것은 우리가 공간, 시간, 공동체, 시민권을 경험하는 방식을 변화시키고 있다.

✤ 기술의 시(詩)학: 도시를 다시 쓰다

스마트시티의 기술적 기반은 마치 도시라는 텍스트를 새롭게 쓰는 언어와 같다. 사물인터넷(IoT)은 도시의 물리적 요소들 ― 가로등, 쓰레기통, 벤치, 버스 정류장 ― 에 목소리를 부여한다. 이제 이들은 더 이상 침묵하는 사물이 아니라, 데이터를 수집하고 소통하는 능동적 행위자가 된다.

스마트 가로등은 보행자나 차량이 감지될 때만 밝기를 높이고, 그 외 시간에는 에너지를 절약하기 위해 밝기를 낮춘다. 스마트 쓰레기통은 자신이 얼마나 차 있는지 모니터링하고, 수거 경로 최적화를 위해 데이터를 전송한다. 이들은 마치 도시의 일상적 운율을 새롭게 조율하는 시적 장치들이다.

빅데이터 분석은 도시의 리듬과 패턴을 해독하는 해석학이다. 교통 흐름, 에너지 소비, 공기 질의 변화 패턴을 분석함으로써, 이전에는 보이지 않았던 도시의 숨겨진 이야기들이 드러난다. 서울의 심야 버스 노선이 휴대폰 통화 데이터 분석을 통해 재설계된 사례는, 데이터가 어떻게 시민의 일상적 필요와 도시 서비스를 더 긴밀하게 연결할 수 있는지 보여준다.

인공지능과 기계학습은 도시가 스스로 학습하고 적응하는 능력을 부여한다. 교통 신호는 실시간 교통 상황에 맞춰 자동으로 조정되고, 건물의 에너지 시스템은 사용 패턴에 따라 최적화된다. 이는 도시가 더 이상 고정된 텍스트가 아니라, 끊임없이 자신을 다시 쓰고 수정하는 대화형 서사가 되어가고 있음을 의미한다.

디지털 트윈은 물리적 도시의 가상 복제본으로, 도시 계획과 관리를 위한 새로운 지도학을 제시한다. 싱가포르의 '버추얼 싱가포르' 프로젝트는 도시 전체의 3D 디지털 모델을 구축하여, 도시 계획자들이 다양한 시나리오를 테스트하고 정책 변화의 잠재적 영향을 예측할 수 있게 한다. 이는 마치 도시의 미래를 가상으로 시연해보는 문학적 상상력의 확장이다.

✤ 세 도시의 이야기: 각기 다른 스마트시티의 비전

스마트시티는 마치 열린 텍스트처럼 다양한 해석과 구현을 허용한다. 세계 각국의 도시들은 자신들의 역사, 문화, 가치관, 우선순위에 따라 서로 다른 스마트시티 내러티브를 발전시키고 있다.

싱가포르의 '스마트 네이션' 이니셔티브는 마치 정교한 교향곡과 같은 중앙 집중적이고 총체적인 비전을 보여준다. 이 도시국가는 전국에 걸쳐 통합된 센서 네트워크를 구축하고, 교통, 주택, 의료, 환경 관리를 위한 첨단 디지털 솔루션을 개발했다. '버추얼 싱가포르' 디지털 트윈은 도시 계획과 관리를 위한 포괄적인 가상 모델을 제공한다.

"싱가포르의 스마트시티 비전은 마치 세밀하게 계획된 정원과 같다. 모든 요소가 조화롭게 배치되고, 효율적으로 관리되지만, 자발적 성장과 무질서의 여지는 제한된다."

이러한 접근의 장점은 신속한 구현과 체계적인 통합이지만, 비판가들은 강력한 중앙 통제와 광범위한 데이터 수집이 프라이버시와 시민 자율성에 미치는 영향을 우려한다. 싱가포르의 모델은 효율성과 통제 사이의 미묘한 균형을 보여준다.

반면, 바르셀로나는 민주적이고 시민 중심적인 스마트시티의 다른 이야기를 들려준다. 2015년 아다 콜라우 시장의 당선 이후, 바르셀로나는 초기의 기술 주도적 접근에서 '기술 주권'과 '시민 혁신'을 강조하는 방향으로 전환했다. 이 모델은 오픈 데이터, 오픈 소스 소프트웨어, 분산형 디지털 인프라, 참여적 거버넌스를 중심으로 한다.

바르셀로나의 '시티 OS' 플랫폼은 다양한 도시 데이터를 통합하고 개방된 표준 API를 통해 접근 가능하게 한다. '디시딤 바르셀로나'는 시민들이 도시 정책과 예산에 관한 의사 결정에 참여할 수 있는 디지털 플랫폼이다. '수퍼블록' 이니셔티브는 자동차 통행을 제한하고 생활 공간을 회복하기 위한 혁신적 도시 설계로, 디지털 기술과 물리적 도시 계획의 통합을 보여준다.

"바르셀로나의 접근은 도시를 공동 창작의 공간으로 재구성한다. 기술은 시민들이 도시의 공동 저자가 되기 위한 도구가 된다."

바르셀로나 모델의 강점은 민주적 통제, 투명성, 시민 주권에 대한 강조이지만, 도전과 제로는 확장성의 한계와 참여 과정의 복잡성이 있다.

두바이는 또 다른 스마트시티 내러티브를 보여준다. '스마트 두바이' 전략은 "세계에서 가장 행복한 도시"를 만든다는 목표 하에, 블록체인, AI, IoT, 데이터 분석에 대한 대규모 투자를 포함한다. 두바이의 '페이퍼리스 전략'은 모든 정부 거래를 디지털화하는 것을 목표로 하며, '두바이 나우' 앱을 통해 구현된다.

두바이는 자율주행 교통, 하이퍼루프, 드론 택시와 같은 미래 교통 기술의 테스트베드로도 기능한다. '두바이 지속가능한 도시' 프로젝트는 태양광 발전, 물 재활용, 스마트 홈 기술, 지속가능한 교통을 결합한 통합 개발을 보여준다.

"두바이의 스마트시티는 미래에 대한 대담한 비전을 구현한다. 그러나 이 화려한 외관 뒤에는 누가 그 혜택을 누리고, 누가 제외되는지에 대한 질문이 남아 있다."

두바이 모델의 강점은 신속한 구현과 혁신적 기술 채택이지만, 한계로는 하향식 의사결정과 불평등한 혜택 분배에 대한 우려가 있다.

이러한 다양한 사례는 스마트시티가 단일한 청사진이 아닌, 지역의 맥락, 가치, 우선순위에 따라 다르게 구현되는 열린 개념임을 보여준다. 각 도시는 자신만의 디지털 변환 이야기를 써나가고 있는 것이다.

❖ 디지털 도시의 그림자: 비판적 성찰

모든 강력한 서사가 그러하듯, 스마트시티의 이야기에도 빛과 그림자가 공존한다. 기술 중심적 접근의 한계와 잠재적 부작용에 대한 비판적 성찰은 더 균형 잡힌 도시 디지털화를 위해 필수적이다.

기술적 해결주의(technological solutionism)는 스마트시티 담론의 가장 근본적인 도전 중 하나다. 기술 비평가 에브게니 모로조프가 지적했듯이, 이는 복잡한 사회적, 정치적, 경제적 문제를 주로 기술적 문제로 재구성하는 경향이다. 마치 효율적인 알고리즘만 있다면 모든 도시 문제가 해결될 수 있다는 신화와 같다.

"홈리스 문제를 단순히 더 나은 데이터 수집이나 자원 할당 알고리즘으로 해결할 수 있다고 가정하는 것은, 산문을 시로 바꾸려는 것처럼 불가능한 변환을 시도하는 것이다."

프라이버시와 감시에 관한 우려는 디지털 도시의 가장 어두운 그림자 중 하나다. 광범위한 센서 네트워크, CCTV 카메라, 위치 추적 시스템은 전례 없는 수준의 시민 모니터링을 가능하게 한다. 캐나다 토론토의 '사이드워크 랩스' 프로젝트를 둘러싼 논쟁은 이러한 우려를 생생하게 보여준다. 구글의 모회사가 제안한 이 프로젝트는 결국 데이터 수집과 소유권에 관한 시민 우려 속에서 중단되었다.

"디지털 감시의 시대에, 도시는 자유의 공간이면서 동시에 통제의 그물망이 된다. 우리의 발걸음은 자유롭지만, 그 흔적은 항상 기록된다."

디지털 불평등은 스마트시티가 마주한 또 다른 윤리적 도전이다. 디지털 인프라, 장치, 리터러시에 대한 불평등한 접근은 기존의 사회경제적 격차를 심화시킬 수 있다. 인도의 '스마트 시티 미션'에 대한 연구들은 이러한 이니셔티브가 종종 엘리트와 중산층의 필요를 우선시하고, 비공식 정착지와 소외된 집단을 주변화한다고 지적한다.

'스마트'로 지정된 구역과 그렇지 않은 구역 사이의 새로운 도시 분열이 발생할 수 있으며, 이는 "분할된 스마트 도시" 현상으로 개념화되기도 한다. 마치 도시가 디지털 기회의 섬과 배제의 바다로 나뉘는 것과 같다.

알고리즘적 거버넌스의 민주적 함의도 깊은 성찰을 요구한다. 도시 의사결정에서 알고리즘과 자동화된 시스템의 증가하는 역할은 투명성, 책임성, 시민 참여에 관한 질문을 제기한다. 법학자 프랭크 파스콸레가 말한 "블랙박스 사회"의 위험성 — 점점 더 많은 의사결정이 불투명하고 이해하기 어려운 알고리즘 시스템에 위임되는 상황 — 은 특히 예측적 치안 활동, 자원 할당, 리스크 평가와 같은 영역에서 심각한 우려를 낳는다.

"알고리즘은 새로운 도시 문법이 되어가고 있다. 그러나 그 문법을 읽고 쓸 수 있는 사람은 누구인가? 그리고 그 문법이 표현할 수 없는 것은 무엇인가?"

기업 권력의 역할 또한 비판적으로 검토되어야 한다. 많은 스마트시티 이니셔티브는 IBM, 시스코, 화웨이, 마이크로소프트와 같은 글로벌 기술 기업들이 주도하거나 강력하게 영향을 미친다. 이는 도시 거버넌스의 민주적 본질과 공공 가치를 보호하는 지방 정부의 능력에 관한 중요한 질문을 제기한다.

도시학자 로브 키탄이 경고하듯이, 이러한 발전은 "도시의 기업화"로 이어질 수 있으며, 여기서 공공 공간과 서비스가 점점 더 상업적 논리와 이해관계에 영향을 받게 된다. 도시가 상품이 되고, 시민이 소비자로 재정의되는 위험이 있는 것이다.

❖ 인간의 자리를 찾아서: 현명한 도시를 향하여

스마트시티의 비판적 성찰은 좌절로 이어지는 것이 아니라, 더 균형 잡히고 인간 중심적인 도시 디지털화를 위한 새로운 가능성을 열어준다. 바르셀로나의 "기술 주권" 모델, 암스테르담의 "책임 있는 디지털 도시" 프레임워크, 헬싱키의 "MyData" 원칙은 모두 시민 권리, 민주적 통제, 공공 가치를 중심에 둔 대안적 경로를 모색한다.

이러한 대안적 비전들은 스마트시티가 단순히 '스마트한' 도시가 아닌, 진정으로 '현명한(wise)' 도시를 지향해야 함을 시사한다. 기술적 지능과 인간적 지혜의 균형, 효율성과 형평성의 조화, 혁신과 포용의 통합을 추구하는 도시 말이다.

"현명한 도시는 센서의 수나 알고리즘의 정교함으로 측정되지 않는다. 그것은 모든 시민이 존엄하고 의미 있는 삶을 영위할 수 있는 공간을 창출하는 능력으로 평가된다."

이러한 현명한 도시의 실현을 위해서는 몇 가지 핵심 원칙이 필요하다. 먼저, 시민 중심의 설계다. 기술은 시민의 실제 필요와 염원에 응답해야 하며, 이를 위해서는 진정한 참여적 설계 과정이 필수적이다. 시민들이 단순한 소비자나 데이터 포인트가 아닌, 도시의 공동 창작자로 인식되어야 한다.

둘째, 투명성과 책임성이다. 알고리즘적 의사결정 시스템은 이해하기 쉽고, 검토 가능하며, 이의 제기가 가능해야 한다. 암스테르담의 '알고리즘 등록부'는 시가 사용하는 모든 알고리즘 시스템을 공개적으로 문서화하는 좋은 사례다.

셋째, 디지털 권리의 보호다. 프라이버시, 데이터 소유권, 디지털 참여권과 같은 기본적 권리는 스마트시티 발전의 핵심 원칙으로 확립되어야 한다. 바르셀로나의 "시민 디지털 권리 선언"은 이러한 접근의 모델을 제공한다.

넷째, 포용성과 형평성이다. 디지털 혜택이 모든 시민에게 공평하게 분배되도록 보장하는 것은 핵심적 과제다. 이는 디지털 인프라, 기기, 교육에 대한 보편적 접근을 요구하며, 취약 계층과 소외 지역을 우선시하는 정책이 필요하다.

마지막으로, 지역 맥락과의 조화다. 스마트시티 솔루션은 각 도시의 고유한 역사, 문화, 사회경제적 조건에 맞게 조정되어야 한다. 글로벌 모범 사례를 무비판적으로 도입하기보다는, 지역의 필요와 자산에 기반한 접근이 중요하다.

❖ 도시를 다시 상상하며

디지털 기술은 도시를 재구성하는 강력한 도구이지만, 그것이 어떤 도시를 만들 것인가는 기술 자체가 아닌 우리의 집단적 선택과 가치에 달려 있다. 스마트시티 담론은 종종 기술적 가능성에 집중하지만, 더 근본적인 질문은 우리가 어떤 도시에서, 어떤 방식으로 함께 살아가기를 원하는가에 관한 것이다.

디지털 전환의 시대에, 도시는 여전히 인간의 거주지이며, 관계의 그물망이며, 기억과 희망의 저장소다. 기술은 이러한 본질적 특성을 강화할 수도, 약화시킬 수도 있다. 중요한 것은 기술이 인간의 존엄성, 공동체적 유대, 민주적 가치를 지원하는 방향으로 설계되고 구현되도록 보장하는 것이다.

"도시는 궁극적으로 그곳에 사는 사람들의 모습을 닮는다. 디지털 시대의 도시가 반영해야 할 것은 알고리즘의 논리가 아니라, 인간 경험의 풍요로움과 다양성이다."

스마트시티는 단순한 기술적 구조물이 아니라, 우리 시대의 도시적 상상력이 표현된 것이다. 그것은 효율성, 지속가능성, 연결성에 대한 열망뿐만 아니라, 통제, 감시, 표준화에 대한 불안도 반영한다. 이 양가적 특성을 인식하고, 기술의 가능성을 포용하면서도 그 한계와 위험을 경계하는 균형 잡힌 접근이 필요하다.

미래의 도시는 단순히 스마트해지는 것이 아니라, 현명해져야 한다. 그것은 센서와 알고리즘의 지능뿐 아니라, 시민들의 집단적 지혜를, 데이터의 흐름뿐 아니라 인간 관계의 깊이를, 효율적 관리뿐 아니라 민주적 참여를 포용하는 도시다. 이러한 현명한 도시의 비전이 우리의 디지털 도시 여정을 인도해야 할 것이다.

도시의 디지털 변환은 피할 수 없는 현실이지만, 그 과정을 형성하고 방향을 설정하는 것은 우리의 집단적 선택과 가치에 달려 있다. 우리가 지금 내리는 결정들이 미래 세대가 경험할 도시의 모습을 결정할 것이다. 그것이 진정한 의미에서 '스마트'한 선택이 되기 위해서는, 기술의 가능성과 인간의 필요 사이의 섬세한 균형을 찾아야 할 것이다.

2. 디지털의 지층: 기술이 재구성하는 우리의 도시 경험

겨울밤, 낯선 도시의 골목에서 스마트폰을 들여다보는 여행자를 상상해보자. 그의 눈은 화면과 실제 거리 사이를 오가며 현실의 도시와 디지털 지도를 끊임없이 대조한다. 그는 물리적 공간에 있으면서도 동시에 데이터의 바다를 항해하고 있다. 그의 발걸음은 실제 도로를 따라 움직이지만, 그의 경험은 이미 혼합 현실의 영역에 속해 있다. 이것이 우리 시대 도시 경험의 새로운 풍경이다.

✛ 공간을 직조하는 보이지 않는 실

디지털 기술은 도시 공간의 직물에 새로운 실을 엮어 넣었다. 물리적 공간은 이제 데이터, 코드, 알고리즘의 보이지 않는 층위와 중첩되어 있다. '공간 컴퓨팅(spatial computing)'

이라 불리는 이 새로운 패러다임은 컴퓨팅이 평면적 화면을 벗어나 우리가 살아가는 삼차원 세계로 확장되는 현상을 가리킨다.

"우리는 이제 공간을 이중으로 경험한다. 눈에 보이는 물리적 환경과, 코드로 쓰인 보이지 않는 디지털 지층이 공존하는 혼합 현실 속에서 살아가는 것이다."

증강현실(AR)은 이러한 변화의 선두에 서 있다. 스마트폰이나 AR 안경을 통해, 우리는 실제 도시 경관 위에 디지털 정보의 층을 덧입힐 수 있게 되었다. 베를린의 "MauAR" 앱은 현재의 도시 풍경 위에 사라진 베를린 장벽의 디지털 재현을 중첩시켜 보여준다. 이를 통해 방문객들은 물리적으로는 더 이상 존재하지 않는 역사적 구조물을 '경험'할 수 있다. 시간과 공간의 경계가 흐려지는 순간이다.

이탈리아 폼페이의 "시간의 틈" 프로젝트는 이러한 시공간 혼합의 또 다른 사례다. 방문객들은 태블릿을 통해 현재의 고고학적 유적지와 고대 도시의 가상 재건을 실시간으로 비교할 수 있다. 이천 년의 시간 간격이 한 화면 안에서 공존하는 것이다. 밀란의 "잃어버린 강" AR 앱은 현재는 도시 인프라 아래 묻혀버린 역사적 수로의 흐름을 가시화한다. 도시의 숨겨진 지층이 디지털 기술을 통해 표면으로 떠오르는 것이다.

AR 내비게이션은 우리가 도시를 탐색하는 방식을 근본적으로 변화시키고 있다. 구글맵의 '라이브 뷰'와 같은 기술은 카메라 화면에 실시간 방향 정보와 화살표를 중첩하여 보여준다. 이는 추상적인 지도 기호를 해석하는 대신, 직접 "저기 모퉁이를 돌아 왼쪽으로 가세요"라는 식의 직관적 안내를 받는 경험을 제공한다.

그러나 이러한 변화는 중요한 질문을 제기한다. 영국의 도시학자 새라 바렌고트가 "공간적 주의력의 아웃소싱"이라 부른 현상, 즉 우리가 공간을 직접 이해하고 탐색하는 능력을 기술에 맡기게 되면서 발생하는 인지적 변화는 무엇일까? 스마트폰 없이는 길을 찾지 못하는 세대가 등장하고 있는 지금, 우리는 도시 공간에 대한 더 깊은 감각과 이해를 상실하고 있는 것은 아닐까?

디지털 트윈 기술 — 실제 도시의 정교한 가상 복제본 — 은 도시 계획과 관리의 새로운 지평을 열고 있다. 싱가포르의 '버추얼 싱가포르' 프로젝트는 도시 전체의 정교한 3D 모델을

구축하여, 계획자들이 다양한 시나리오를 시뮬레이션하고 정책 변화의 영향을 예측할 수 있게 한다. 이는 마치 도시의 미래를 가상으로 미리 경험해보는 일종의 시간 여행과도 같다.

✣ 광장이 된 화면, 골목이 된 네트워크

디지털 기술은 공공 공간의 본질과 기능을 근본적으로 변화시키고 있다. 전통적인 도시 광장, 공원, 거리는 이제 디지털 층위와 끊임없이 상호작용하는 하이브리드 환경이 되었다.

뉴욕의 '링크NYC' 프로그램은 낡은 공중전화 부스를 무료 WiFi, 전화 통화, 스마트폰 충전, 시 서비스 접근, 지역 정보를 제공하는 키오스크로 대체했다. 이는 단순한 기술적 업그레이드가 아니라, 공공 공간의 의미와 기능에 대한 근본적 재정의다. 이제 거리의 코너는 단순한 통행 공간을 넘어, 디지털 세계로의 포털이자 공공 서비스의 접점이 되었다.

바르셀로나의 '스마트 버스 정류장'은 단순히 버스를 기다리는 장소가 아니라, 실시간 교통 정보, 주변 관심 지점, 무료 WiFi를 제공하는 다기능 공간으로 변모했다. 기다림의 공간이 정보와 연결의 공간으로 재구성된 것이다.

"디지털 시대의 공공 공간은 더 이상 단일한 층위가 아니라, 물리적 현실과 디지털 정보가 끊임없이 교차하고 중첩되는 다차원적 환경이다."

이러한 변화는 사회적 상호작용의 본질에도 영향을 미친다. 런던의 '디지털 플레이그라운드' 이니셔티브는 인터랙티브 조명, 소리 설치물, 반응형 놀이터 장비를 통합한 공공 공간을 조성하여 놀이와 사회적 교류의 새로운 형태를 촉진한다. 이는 디지털 기술이 단순히 우리를 가상 세계로 도피시키는 것이 아니라, 물리적 공간에서의 새로운 상호작용 방식을 가능하게 할 수 있음을 보여준다.

그러나 호주의 도시학자 마르쿠스 피셔가 지적하듯, 같은 기술이 "시민 불참여" — 인근 물리적 환경보다 스크린에 더 몰입하고, 낯선 사람과의 우연한 만남이 줄어드는 현상 — 로 이어질 수도 있다. 카페에 앉아 있는 사람들이 서로 대화하기보다 각자의 스마트폰에 몰두하는 모습은 이제 흔한 광경이 되었다.

디지털 공공 공간의 경험은 종종 개인화와 집단적 경험 사이의 복잡한 긴장을 보여준다.

AR 헤드셋이나 위치 기반 앱을 사용하는 도시 보행자들은 같은 물리적 공간에 있으면서도 각자 다른 디지털 현실을 경험할 수 있다. 이는 "함께 있되 별개로(together but separate)" 존재하는 역설적 상태를 만들어낸다 — 물리적으로는 같은 장소에 있지만, 디지털적으로는 다른 세계에 살고 있는 것이다.

러시아 모스크바의 '자랴디예 공원'은 이러한 긴장을 해소하고자 하는 시도를 보여준다. 이 공원은 집단적 경험을 유도하는 여러 디지털 미디어 인스톨레이션을 특징으로 한다. '비행 시네마'는 방문객들에게 도시의 공중 투어를 제공하는 4D 경험이며, '시간 기계'는 모스크바의 다양한 역사적 시대를 탐험할 수 있는 인터랙티브 여정이다. 이들은 개인화된 디지털 경험이 아닌, 공유된 집단적 경험을 만들어내는 기술의 가능성을 보여준다.

✣ 가상의 이웃들, 디지털 시민의 등장

디지털 기술은 도시 공동체의 형성과 시민권 실천에도 근본적인 변화를 가져왔다. 지리적 근접성에 기반한 전통적 이웃 관계와 병행하여, 이제 가상 커뮤니티가 중요한 사회적 조직의 형태로 부상하고 있다.

지역 페이스북 그룹, 네이버후드 앱, 지역 온라인 포럼은 특정 지역의 주민들을 위한 디지털 집결지가 되었다. 영국의 연구에 따르면, 런던 자치구의 70% 이상이 지역 정보 공유, 도움 요청, 이웃과의 연결을 위한 활발한 WhatsApp 또는 페이스북 커뮤니티 그룹을 가지고 있다. 코로나19 팬데믹 기간 동안, 이러한 플랫폼들은 식품 배달, 정서적 지원, 지역 비즈니스 홍보 등을 조직하는 중요한 도구로 작용했다.

"디지털 시대의 이웃은 더 이상 단순히 물리적으로 가까이 사는 사람들이 아니라, 온라인 공간에서 관심사와 필요를 공유하는 사람들의 네트워크로 확장되고 있다."

이러한 가상 커뮤니티의 부상은 도시 소속감의 본질에 관한 중요한 질문을 제기한다. 한편으로, 이들은 지리적 제약을 넘어 공유된 관심사나 정체성을 중심으로 새로운 형태의 연결과 연대를 가능하게 한다. 다른 한편으로, 이들은 근접성과 일상적 대면 상호작용에 기반한 전통적 도시 공동체의 특징인 우연한 만남, 다양성 경험, 물리적 장소와의 공유된 관계를 온전히 재현하기 어렵다.

디지털 시민권 — 시민참여, 공공 서비스 접근, 정책 형성에 디지털 기술을 통한 참여 — 역시 도시 생활의 중요한 새로운 차원이다. 바르셀로나의 '디시딤 바르셀로나' 플랫폼은 시민들이 도시 예산, 정책, 공간 계획에 관한 협의, 토론, 의사결정에 참여할 수 있는 포괄적인 디지털 생태계를 제공한다. 이는 단순한 온라인 투표 시스템이 아니라, 시민 참여와 민주주의의 본질을 재정의하는 시도다.

서울의 '엠보팅' 앱은 7,800개 이상의 투표를 진행했으며, 430만 명 이상의 시민이 공원 디자인부터 주택 정책까지 다양한 도시 이슈에 관한 결정에 참여했다. 이는 도시 거버넌스의 새로운 형태를 보여주는 사례로, 시민들이 때때로 자문을 제공하는 수동적 참여자가 아닌, 도시의 미래를 함께 결정하는 적극적 주체로 자리매김하는 변화를 보여준다.

그러나 디지털 시민 플랫폼의 효과성과 포용성에 관한 중요한 질문도 제기된다. 디지털 격차, 기술 접근성과 리터러시의 불평등은 누가 이러한 플랫폼에 효과적으로 참여할 수 있는지에 영향을 미친다. 노인, 장애인, 디지털 기술에 익숙하지 않은 이들, 저소득층은 이러한 새로운 시민권 형태에서 소외될 위험이 있다.

바르셀로나는 이러한 우려에 대응하기 위해 디지털 매개자 네트워크와 지역사회 기반 디지털 리터러시 프로그램을 구축하여 취약 계층의 접근성을 높이고 있다. 에스토니아의 '디지털 앰배서더' 프로그램이나 싱가포르의 '디지털 클리닉'도 유사한 접근을 보여준다. 이는 디지털 시민권이 기술적 인프라뿐만 아니라, 사회적 포용과 역량 강화의 문제임을 인식하는 중요한 사례들이다.

✤ 디지털 도시의 그림자와 빛

디지털 기술이 만든 새로운 공간 경험은 빛과 그림자를 동시에 가져온다. 한편으로는 접근성 향상, 새로운 형태의 참여, 풍부한 정보 환경, 공간 경험의 확장을 가능하게 한다. 다른 한편으로는 디지털 격차, 프라이버시 침해, 과도한 감시, 공간 경험의 단편화, 사회적 소외와 같은 우려를 낳는다.

도시 공공 공간의 디지털화는 거버넌스와 관리에 관한 중요한 질문을 제기한다. 센서, 카메라, 데이터 수집 시스템은 공공 공간 사용에 대한 전례 없는 모니터링과 분석을 가능하게 한다. 이는 자원 할당, 유지 관리, 안전 확보 등을 향상시킬 잠재력이 있지만, 프라이버시, 감시, 공공 공간의 상업화에 관한 중요한 우려도 제기한다.

"디지털로 증강된 도시에서, 우리는 항상 보여지고, 기록되며, 분석되는 존재가 된다. 이것은 안전과 편의의 증진인가, 아니면 자유와 자율성의 침해인가?"

공공 서비스의 디지털화는 접근성과 효율성을 높이지만, 동시에 디지털 격차를 심화시킬 수 있다. 두바이의 'DubaiNow' 앱과 같은 통합 서비스 포털은 시민들에게 편리한 원스톱 접근을 제공하지만, 디지털 기술에 친숙하지 않거나 접근성이 제한된 이들은 점점 더 필수적인 서비스에서 소외될 위험이 있다.

소셜 미디어, 온라인 뉴스, 메시징 앱을 통한 정보 흐름의 변화 역시 도시 시민권의 중요한 측면이다. 이러한 플랫폼들은 시민들이 지역 이슈에 대해 알고 참여할 수 있는 새로운 기회를 제공하지만, 동시에 정보 과부하, 가짜 뉴스, 에코 챔버, 알고리즘적 편향과 같은 문제도 야기한다.

미국 조지타운 대학의 연구에 따르면, 지역 언론의 쇠퇴와 소셜 미디어의 부상은 도시 담론과 정보 환경을 근본적으로 변화시켰다. 시민들은 이제 더 분산된 정보 소스에 의존하게 되었고, 이는 지역사회 사건과 이슈에 대한 공유된 이해의 형성을 더 어렵게 만들 수 있다.

바르셀로나의 '디지털 커먼즈' 프로그램은 이러한 도전에 대응하여 협동조합 언론, 시민 저널리즘 플랫폼, 지역 데이터 공유 프로젝트와 같은 대안적 정보 모델을 지원한다. 이는 디지털 시대에도 건강한 지역 정보 생태계를 유지하기 위한 노력의 일환이다.

✤ 디지털과 인간 사이: 도시의 미래를 향해

디지털 기술이 만든 새로운 공간 경험은 도시의 본질과 우리의 도시 생활에 관한 근본적인 질문을 제기한다. 물리적 환경과 디지털 층위가 점점 더 밀접하게 얽히면서, 우리는 이 혼합 현실 속에서 인간적 가치와 경험을 어떻게 보존하고 강화할 것인가?

성공적인 디지털 도시를 위해서는 몇 가지 핵심 원칙이 필요하다. 첫째, 기술은 수단이지 목적이 아니라는 인식이다. 디지털 도구는 더 포용적이고, 지속가능하며, 살기 좋은 도시를 창출하는 데 봉사해야 한다. 둘째, 디지털 격차 해소와 포용성에 대한 지속적인 노력이 필요하다. 모든 시민이 디지털 혁신의 혜택을 누릴 수 있도록 보장하는 것은 핵심적 과제다.

셋째, 물리적 공간과 디지털 경험 사이의 균형을 찾는 것이 중요하다. 디지털 층위는 물리적 환경을 대체하는 것이 아니라, 보완하고 풍요롭게 하는 역할을 해야 한다. 넷째, 프라이버시, 자율성, 시민 권리를 보호하는 강력한 거버넌스 프레임워크가 필요하다. 디지털 모니터링과 데이터 수집의 확산은 민주적 가치와 개인의 자유에 대한 새로운 도전을 제기한다.

마지막으로, 시민 참여와 공동 창조의 원칙이 중요하다. 디지털 도시는 기업이나 정부만의 비전이 아닌, 모든 시민이 함께 상상하고 만들어가는 집단적 프로젝트가 되어야 한다.

"디지털 시대의 도시는 결국 우리가 만들어가는 이야기다. 그 이야기가 기술의 논리만으로 쓰여질 것인지, 아니면 인간의 필요와 꿈, 관계와 의미를 중심으로 쓰여질 것인지는 우리의 선택에 달려 있다."

디지털 기술이 만든 새로운 공간 경험은 우리 도시의 미래에 대한 중요한 질문을 던진다. 물리적 경계와 디지털 층위가 점점 더 얽히는 세계에서, 우리는 도시를 단순한 효율성과 편의성의 공간이 아닌, 의미 있는 만남, 다양성의 경험, 집단적 창조의 장소로 유지할 수 있을까? 이 질문에 대한 답은 기술 자체가 아니라, 그 기술을 어떤 가치와 비전을 위해 활용할 것인가에 달려 있다.

디지털 층위가 도시 경험의 새로운 지질학적 층위로 자리 잡은 지금, 우리는 이 복합적인 지형에서 인간의 자리를 다시 찾고 있다. 그것은 기술에 압도되는 것이 아니라, 기술을 통해 우리의 도시 경험을 풍요롭게 하고, 더 깊이 연결되며, 더 의미 있게 참여하는 길을 모색하는 여정이다.

[참/고/문/헌]

1. 겐틀먼, 메리(Gentilman, Mary). "Toronto's Multicultural Success: Integration Without Assimilation." 연구 논문.

2. 베르텔센, 턴. (Bertelsen, Tørn). "Superkilen: Landscape of Diversity and Social Cohesion." 연구 보고서.

3. 시다티, 엘(Sidati, El). "Berlin and Refugee Integration: Competing Narratives of Urban Identity." 학술 논문.

4. 매시, 도린(Massey, Doreen). For Space. Routledge, 2005.

5. 바르트, 롤랑(Barthes, Roland). Empire of Signs. Hill and Wang, 1982.

6. 짐멜, 게오르그(Simmel, Georg). "The Stranger." Sociology: Inquiries into the Construction of Social Forms, 1908.

7. 바우만, 지그문트(Bauman, Zygmunt). Modernity and Ambivalence. Polity Press, 1991.

8. 오제 마크(Augé, Marc). Non-Places: Introduction to an Anthropology of Supermodernity. Verso Books, 1995.

9. 미첼, 돈(Mitchell, Don). "The Monumental Politics of Public Space." 학술 연구.

10. 보든, 한스(Boden, Hans). "The Berlin Wall: Physical and Mental Barriers in Post- Unification Berlin." 연구 논문.

11. 드 카우터, 리어벤 (Cauter, Lieven De). "Identity Through Otherness: Berlin as a Model for Urban Reconstruction." 학술 논문.

12. 캐펠라, 아눙시아타(Capella, Annunziata). "Multifocal Design Principles for Inclusive Urban Spaces." 도시 설계 연구.

13. 프리드만, 레이나(Friedman, Reyna). "True Urban Inclusion Through Recognition and Respect for Difference." 도시 사회학 연구.

제14장

⊹

지속 가능한 도시
– 생태적 관점과 환경 윤리 –

1. 생명의 도시: 생태학적 지속 가능성과 새로운 도시 패러다임

비 내린 후 물웅덩이에 비친 도시의 모습을 바라본 적이 있는가? 그 흐릿한 경계에서 우리는 콘크리트와 물, 건물과 하늘이 뒤섞인 이중의 풍경을 본다. 이 모호한 경계야말로 현대 도시를 이해하는 새로운 관점을 제시한다. 도시는 더 이상 자연과 분리된 인공물이 아니라, 생태계와 끊임없이 소통하고 교류하는 살아있는 유기체로 재발견되고 있다. 이것이 생태학적 관점에서 바라보는 지속 가능한 도시의 모습이다.

✤ 도시를 보는 새로운 눈: 생태학적 패러다임의 등장

전통적으로 도시는 자연에 대립되는 인간의 발명품으로 여겨졌다. 우리는 자연을 통제하고, 정복하고, 변형시켜 도시를 건설했다고 생각했다. 그러나 오늘날 이러한 이분법적 사고는 급속히 해체되고 있다. 기후 위기, 생물다양성 붕괴, 자원 고갈이라는 전 지구적 도전 앞에서, 우리는 도시와 자연을 더 이상 별개의 실체로 볼 수 없게 되었다.

"도시는 자연으로부터 분리된 섬이 아니라, 생태계의 일부로서 자연의 흐름과 순환에 깊이 연결된 복합적 사회생태시스템이다."

이러한 인식의 전환은 도시 지속 가능성에 대한 접근 방식을 근본적으로 변화시키고 있다. 생태학적 관점은 도시를 단순히 건물과 도로와 인프라의 집합이 아닌, 끊임없이 물질과 에너지를 교환하는 동적 시스템으로 바라본다. 이 관점에서 지속 가능한 도시란 자원을 보존하고, 생물다양성을 보호하며, 생태계 서비스를 유지하면서도 인간의 필요를 충족시키는 방식으로 발전하는 도시를 의미한다.

미국의 생태학자 C.S. 홀링이 발전시킨 '회복탄력성(resilience)' 개념은 이러한 생태학적 지속 가능성의 핵심 요소다. 홀링은 회복탄력성을 단순히 교란 이후 원래 상태로 돌아가는 능력이 아닌, "시스템이 변화를 흡수하면서도 기본적인 기능, 구조, 정체성을 유지하는 능력"으로 정의했다. 이는 변화에 저항하는 것이 아니라, 변화하는 환경에 적응하고 진화할 수 있는 역동적 능력을 강조한다.

스웨덴 스톡홀름 회복탄력성 센터의 칼 폴케와 그의 동료들은 이 개념을 도시 맥락으로 확장했다. '도시 회복탄력성'은 기후 변화, 자원 고갈, 인구 증가와 같은 도전에 직면한 도시가 그 기능과 발전 경로를 유지하거나 신속하게 회복할 수 있는 능력을 의미한다. 자연재해, 경제적 충격, 사회적 위기에 직면했을 때, 회복탄력성이 높은 도시는 이를 견디고, 적응하고, 때로는 이를 새로운 기회로 전환할 수 있다.

생태학적 지속 가능성 논의에서 빼놓을 수 없는 또 하나의 개념은 '행성계 경계(planetary boundaries)'다. 요한 록스트룀과 동료들이 제안한 이 개념은 인류가 안전하게 운영할 수 있는 아홉 가지 지구 시스템 프로세스의 경계를 식별한다. 기후 변화, 생물권 온전성, 토지 시스템 변화, 담수 사용, 생지화학적 흐름 등의 이 경계들을 넘어서면 갑작스럽고 돌이킬 수 없는 환경 변화의 위험이 급증한다. 도시 발전이 이러한 경계 내에서 유지되도록 보장하는 것은 지속 가능성의 필수 조건이 되었다.

생태학적 관점은 전통적인 지속 가능성 담론과 중요한 차이를 보인다. 흔히 이야기되는 '세 기둥(three pillars)' 모델 — 환경적, 경제적, 사회적 지속 가능성을 동등하게 강조하는 접근 — 과 달리, 생태학적 관점은 계층적 관계를 제안한다. 환경 지속 가능성이 근본적인 기반을 형성하고, 사회적 형평성이 그 위에 구축되며, 경제적 발전은 이 두 기둥에 의해 제한되고 방향 지어지는 것이다.

이 '중첩된 원(nested circles)' 또는 '강한 지속 가능성(strong sustainability)' 모델은 자연 자본이 인공 자본으로 완전히 대체될 수 없다는 근본적 인식을 반영한다. 일부 생태

계 기능은 기술적 해결책으로 대체할 수 없으며, 우리의 경제와 사회는 궁극적으로 건강한 생태계의 지속적 기능에 의존한다는 것이다.

❖ 자연과 함께 숨쉬는 도시: 생태학적 도시 설계의 실제

생태학적 원칙이 도시 설계와 계획에 어떻게 적용될 수 있는지 살펴보자. 생태학적 관점에서 지속 가능한 도시는 몇 가지 핵심 특성을 공유한다. 이들은 도시와 자연 생태계의 상호 의존성을 인식하고, 자원 소비를 재생 능력 내로 제한하며, 회복탄력성을 강화하고, 생물 다양성을 보존하는 방식으로 설계되고 관리된다.

이러한 원칙을 실천하는 도시들은 구체적으로 어떤 접근법을 취할까? 다양한 사례 중에서도 특히 주목할 만한 것은 녹색 인프라와 청색 인프라의 통합, 그리고 산업 지역의 생태학적 재생이다.

❖ 녹색과 청색의 하모니: 통합적 인프라 접근

유럽연합은 도시 발전에 있어 녹색 및 청색 인프라의 통합적 접근을 선도하고 있다. 녹색 인프라는 도시 공원, 가로수, 옥상 정원, 도시 농장과 같은 식물 기반 요소를 포함하며, 청색 인프라는 강, 호수, 습지, 빗물 관리 시스템과 같은 물 관련 요소를 의미한다. 이들이 통합되면, 상호 연결된 네트워크를 형성하여 생물다양성을 지원하고, 미기후를 조절하며, 대기 및 수질을 개선하고, 홍수 위험을 관리하는 다양한 기능을 수행한다.

슬로베니아 류블랴나의 '녹색 시스템' 계획은 이러한 접근의 아름다운 사례다. 도시 중심부로부터 방사상으로 뻗어나가는 녹지 쐐기는 도시의 시내, 습지, 주변 숲과 연결된다. 이 네트워크는 단순한 장식이 아니라, 도시 열섬 효과를 완화하고, 홍수 위험을 줄이며, 시민들에게 레크리에이션 기회를 제공하는 다기능적 인프라다. 류블랴나는 또한 자연 기반 해결책을 통합하여 루블랴니차 강의 수질을 개선하고 자연 강변 서식지를 복원했다.

"도시의 녹지와 수공간은 단순한 여가 공간이 아니라, 도시의 회복탄력성과 지속 가능성을 떠받치는 생명선이다."

267

네덜란드의 '룸 포 더 리버(Room for the River)' 프로그램은 홍수 관리에 대한 패러다임의 전환을 보여준다. 전통적인 제방과 둑으로 물을 통제하려는 시도 대신, 이 프로그램은 범람원과 강의 자연적 역동성을 복원하고, 강에게 더 많은 공간을 허용하는 접근을 취한다. 암스테르담과 같은 도시에서는 '물 광장(water squares)'과 '홍수 공원(flood parks)'이라는 창의적인 해결책이 도입되었다. 이들은 평상시에는 공공 공간으로 사용되지만, 폭우 시에는 물을 저장할 수 있는 다기능 공간으로 작동한다.

코펜하겐의 클라우드버스트 관리 계획(Cloudburst Management Plan)은 기후 변화로 인한 극단적 강우에 대응하기 위한 혁신적 접근이다. 이 계획은 도시 전역에 '청색-녹색 인프라'의 네트워크를 조성하여, 물 저장 및 배수 기능을 제공하면서도 동시에 새로운 공원, 산책로, 자전거 도로를 통해 도시 생활의 질을 향상시킨다. 성 요르겐 호수 지역에서는 호수 주변이 물을 저장하고 통제된 방식으로 배출할 수 있는 다기능 공원으로 재설계되었다.

이러한 사례들은 도시 계획의 중요한 패러다임 전환을 보여준다. 전통적인 '회색 인프라' — 콘크리트 제방, 파이프, 배수로 등의 공학적 해결책 — 에서 자연의 프로세스를 활용하고 증폭하는 '녹색-청색 인프라'로의 이동이다. 이는 단일 기능(예: 홍수 방지)을 위해 최적화된 해결책보다 다양한 혜택을 제공하는 다기능 시스템을 선호하는 접근이다.

✢ 상처 입은 땅의 재생: 장자강만 프로젝트

지속 가능한 도시 발전은 새로운 지역의 계획뿐만 아니라, 기존의 훼손된 환경을 회복하고 재생하는 것도 포함한다. 중국 상하이의 장자강만(Zhangjiabang) 프로젝트는 산업 오염 지역에서 생태 공원으로의 대규모 변환을 보여주는 인상적인 사례다.

상하이 동부에 위치한 이 지역은 한때 중공업, 물류 센터, 무허가 주거지로 가득 차 있었으며, 심각한 환경 오염에 시달렸다. 2010년대 초반, 상하이 시는 이 지역을 통합적인 생태 공원과 새로운 도시 개발의 중심지로 변환하는 야심 찬 계획을 시작했다.

프로젝트는 세 가지 핵심 전략을 채택했다. 첫째, 오염 산업을 제거하고 오염된 토양과 수로를 정화했다. 둘째, 자연 습지, 범람원, 토착 식생을 복원하는 생태 복원 프로그램을

실행했다. 마지막으로, 생태계 서비스를 제공하고 기후 변화 영향에 대한 회복탄력성을 강화하는 녹색 인프라 시스템을 구축했다.

이 프로젝트의 중심에는 장자강만 중앙 공원이 있으며, 이는 2.6제곱킬로미터에 달하는 상하이 최대의 도시 공원이다. 이 공원은 단순한 녹지가 아니라, 다양한 생태학적 기능을 수행하는 복합 시스템이다. 자연 기반 빗물 관리 및 홍수 완화를 위한 통합 습지 시스템, 도시 식량 생산을 위한 농장, 생물다양성을 지원하는 토착 수종 숲, 탄소 격리 기능을 하는 맹그로브 숲 복원 등 다양한 요소가 유기적으로 통합되어 있다.

프로젝트의 성과는 인상적이다. 장자강의 수질이 최하 등급에서 중간 등급으로 향상되었고, 연간 최대 500,000 입방미터의 빗물을 수확하고 재사용할 수 있게 되었다. 이전에는 거의 볼 수 없었던 조류가 32종 이상 귀환했으며, 8,000명 이상의 지역 일자리가 창출되었다. 또한 약 10,000가구에 신선한 농산물을 공급하는 도시 농업 시스템이 구축되었다.

장자강만 프로젝트는 또한 산업 유산과 생태학적 가치의 통합이라는 측면에서도 주목할 만하다. 구 공장 구조물의 재활용, 산업 유물의 공공 예술 요소로의 변환, 지역의 노동 역사를 기념하는 해석 센터 설립 등을 통해, 과거와의 연결을 유지하면서도 보다 지속 가능한 미래로 나아가는 균형 잡힌 접근을 보여준다.

그러나 이 프로젝트가 약 3만 명의 기존 주민 이주를 수반했다는 점은 사회적 지속 가능성과 형평성에 관한 중요한 질문을 제기한다. 환경적 목표와 사회적 정의 사이의 균형을 찾는 것은 지속 가능한 도시 재생의 중요한 과제로 남아 있다.

✛ 생태 도시를 향한 도전과 기회

생태학적 원칙을 도시 계획에 통합하는 것은 중요한 도전과 함께 큰 기회를 제공한다. 주요 도전으로는 경제적 단기 이익과 장기적 생태 건전성 사이의 갈등, 기존 도시 구조와 인프라의 경로 의존성, 그리고 생태계 서비스의 가치를 측정하고 평가하는 방법론적 어려움 등이 있다.

그러나 이러한 도전 속에서도 생태학적 접근은 도시 환경에 다양한 공동 혜택을 제공할 수 있다. C40 도시 기후 리더십 그룹의 연구에 따르면, 자연 기반 해결책은 기후 변화 대응뿐 아니라, 건강 증진, 에너지 비용 절감, 부동산 가치 상승, 일자리 창출로도 이어질 수 있다.

"생태학적 접근의 가치는 단순한 환경 보호를 넘어, 더 건강하고, 회복력 있고, 활기찬 도시 공동체를 만드는 데 있다."

로스앤젤레스의 '백만 그루 나무 이니셔티브'는 도시 수목 피복을 증가시키는 것이 연간 약 3,800만 달러의 환경적 · 사회적 혜택을 창출할 수 있다고 추정했다. 이는 대기질 개선, 탄소 격리, 우수 관리, 에너지 절약, 건강 증진 등 다양한 측면에서의 이익을 포함한다.

기술의 발전 역시 생태학적 도시 설계를 지원하는 새로운 도구를 제공한다. 지리정보시스템(GIS), 원격 감지, 빅데이터 분석은 도시 계획가들이 생태계 패턴과 과정을 더 잘 이해하고, 녹색 인프라 네트워크를 최적화하며, 시민 참여를 촉진할 수 있게 한다. 싱가포르의 '버추얼 싱가포르' 플랫폼은 3D 시뮬레이션을 통해 녹지 확장, 생태 회랑 연결, 도시 열섬 완화 전략의 잠재적 영향을 모델링할 수 있게 한다.

시민의 인식과 참여 증가 또한 생태학적 도시 발전의 중요한 동력이다. 전 세계 많은 도시에서, 지역사회 정원 가꾸기, 도시 농업, 시민 과학 프로젝트, 생태 복원 자원봉사와 같은 풀뿌리 이니셔티브가 확산되고 있다. 이러한 참여는 생태학적 접근에 필요한 정치적 지원과 사회적 수용을 구축하는 데 핵심적이다. 시애틀의 '천 개의 레인가든' 프로그램은 시민 참여형 빗물 관리의 성공적 사례로, 주민들이 자신의 정원에 빗물 정원을 만들도록 교육하고 지원함으로써 도시 전체의 빗물 관리 능력을 향상시켰다.

✛ 생명의 도시를 향한 여정

생태학적 관점에서 바라본 지속 가능한 도시는 인간과 자연이 조화롭게 공존하는 공간이다. 이는 도시를 자연 환경과 별개의 인공물로 보는 전통적 이원론에서 벗어나, 도시를 생태계의 통합적 부분으로 인식하는 패러다임의 전환을 요구한다.

류블랴나, 암스테르담, 코펜하겐의 녹색-청색 인프라 사례와 상하이 장자강만의 생태 재생 프로젝트는 생태학적 원칙이 어떻게 실제 도시 개발에 적용될 수 있는지 보여주는 선도적 사례다. 이들은 도시 환경과 자연 시스템의 회복탄력성을 동시에 향상시키는 접근의 잠재력을 증명한다.

그러나 생태학적 지속 가능성을 완전히 달성하기 위해서는 더 근본적인 변화가 필요하다. 이는 단순한 기술적 해결책이나 정책적 개입을 넘어, 우리의 경제 모델, 거버넌스 구조, 사회적 규범, 그리고 가치 체계에 이르는 깊은 수준의 전환을 의미한다.

생태학적 도시로의 여정은 단순한 기술적 과정이 아닌 사회적, 문화적, 정치적 탐험이다. 이는 자연과 도시의 관계, 도시 발전의 목적, 미래 세대와 다른 종에 대한 우리의 책임에 관한 근본적인 질문을 제기한다. 그것은 도시를 더 이상 자연의 대립물이 아닌, 자연과 함께 숨쉬고 진화하는 살아있는 유기체로 재상상하는 과정이다.

"생태학적 도시는 건물과 도로만으로 이루어진 것이 아니라, 물, 흙, 식물, 동물, 그리고 인간이 서로 의존하고 상호작용하는 복합적 생명 시스템이다."

이러한 생태학적 렌즈를 통해 도시를 바라보고 설계할 때, 우리는 인간의 번영과 생태계 건전성이 상호 강화하는 새로운 도시 발전 경로를 개척할 수 있다. 그것은 도시가 더 이상 환경 문제의 원천이 아닌, 생태적 해결책의 일부가 되는 미래다.

결국 지속 가능한 도시의 건설은 기술적 혁신만큼이나 우리의 상상력과 가치관의 변화에 달려 있다. 그것은 도시와 자연, 인간과 비인간 세계 사이의 이분법을 넘어, 모든 생명이 상호 연결된 생태계의 일부로서 함께 번영할 수 있는 새로운 도시 패러다임을 향한 여정이다.

2. 윤리의 녹색 지문: 도시 환경에서 가치와 공간의 만남

어느 도시의 가장자리에 서서 수평선을 바라보라. 콘크리트 숲과 아스팔트 강이 만들어낸 인공의 풍경 속에서, 우리는 무엇을 보는가? 단순한 건물들과 도로의 집합? 아니면 우리의 가치와 선택이 물리적 형태로 구현된 윤리적 지문을 보는 것인가? 도시는 그저 기능적 공간이 아니라, 우리의 자연과의 관계, 세대 간의 책임, 사회적 형평성에 대한 깊은 질문들이 새겨진 살아있는 텍스트다. 이 장에서는 환경 윤리의 렌즈를 통해 녹색 인프라를 바라보며, 지속 가능한 도시를 향한 여정이 단순한 기술적 도전을 넘어 본질적으로 윤리적 탐구임을 살펴볼 것이다.

✣ 도시에 새겨진 가치들: 환경 윤리의 도시적 차원

도시는 인간과 자연의 관계가 가장 압축적으로 드러나는 공간이다. 매일 아침 출근길에 마주치는 가로수, 주말에 휴식을 취하는 공원, 갑작스러운 폭우를 흡수하는 투수성 포장 — 이 모든 요소들은 단순한 물리적 구조물이 아니라, 우리의 윤리적 선택이 구체화된 형태다.

환경 윤리는 인간과 자연 세계 사이의 도덕적 관계를 탐구하는 철학의 한 분야다. 도시 맥락에서 이는 특별한 복잡성을 띤다. 도시는 인간 활동의 중심이지만, 동시에 더 넓은 생태계의 일부이기도 하다. 이 이중적 정체성은 도시 계획과 관리에 있어 윤리적 질문을 필연적으로 수반한다.

"도시는 우리의 필요와 욕망의 표현이자, 우리 가치의 물리적 구현이다. 도시를 설계하고 건설하는 방식은 자연과 미래 세대, 그리고 서로에 대한 우리의 책임을 반영한다."

환경 윤리의 중심에는 세대 간 형평성(intergenerational equity)의 원칙이 자리 잡고 있다. 브룬틀란트 위원회가 처음 공식화한 이 개념은 "미래 세대가 자신의 필요를 충족시킬 수 있는 능력을 손상시키지 않으면서 현재의 필요를 충족시키는" 발전을 요구한다. 이는 우리가 단기적 이득을 위해 도시 생태계를 파괴할 때, 아직 태어나지 않은 이들의 선택권과 삶의 질을 불공정하게 제한한다는 인식을 담고 있다.

서울의 청계천 복원 사업은 이러한 세대 간 형평성에 대한 통찰력 있는 사례다. 1960년대 콘크리트로 덮여 고가도로가 건설되었던 이 하천은 2000년대 초반 자연 하천으로 복원되었다. 이는 단순한 도시 미화 프로젝트가 아니라, 과거 세대의 결정을 재고하고 미래 세대를 위한 생태적 자산을 복원하는 윤리적 행위였다. 오늘날 청계천은 도시 열섬 효과를 완화하고, 생물다양성을 지원하며, 시민들에게 자연과의 연결 공간을 제공한다.

환경 정의(environmental justice)는 또 다른 핵심 윤리적 원칙이다. 이는 환경적 영향과 혜택이 사회적으로 공정하게 분배되어야 한다는 믿음을 중심으로 한다. 현실에서는 종

종 그렇지 않다. 연구에 따르면 저소득층과 소수 인종 커뮤니티가 오염 시설, 유해 폐기물, 교통 오염원에 불균형적으로 노출되는 반면, 공원, 녹지, 깨끗한 공기와 물과 같은 환경적 이점에 대한 접근은 더 제한적이다.

중국 허베이성 석가장에 관한 최근 연구는 이러한 불평등이 어떻게 나타나는지 보여준다. 저소득 동네는 대기 질이 나쁘고 녹지 공간이 적은 경향이 있는 반면, 부유한 지역은 도시 공원, 수목 피복, 생물다양성에 대한 접근성이 더 높았다. 이러한 불공정은 단순한 불편함의 문제가 아니라, 건강, 삶의 질, 그리고 장기적인 회복탄력성에 영향을 미치는 심각한 윤리적 문제다.

미국 포틀랜드의 "환경 정의 프레임워크"는 이러한 불평등을 해소하기 위한 의도적인 접근을 보여준다. 이 프로그램은 저소득층과 소외된 커뮤니티가 환경 정책 결정에 의미 있게 참여할 수 있도록 보장하고, 이러한 커뮤니티에 대한 녹색 인프라 투자의 우선순위를 정한다. 여기서 중요한 것은 단순히 녹지를 더 많이 만드는 것이 아니라, 누가 그 혜택을 받는지, 누구의 목소리가 계획 과정에 반영되는지에 대한 윤리적 질문이다.

생물권 존중(biospheric respect)은 인간이 아닌 생명체와 생태계의 본질적 가치를 인정하는 세 번째 핵심 윤리적 원칙이다. 이 관점에서, 도시 개발 결정은 인간의 필요와 선호만이 아니라, 다른 종과 생태계의 온전성과 복지도 고려해야 한다. 이는 알도 레오폴드의 "토지 윤리"와 아네 네스의 "심층 생태학"과 같은 환경 철학 전통에 뿌리를 두고 있다.

싱가포르의 "도시 속 자연" 비전은 이러한 생물권 존중 원칙을 구현한 사례다. 이 접근은 단순히 도시에 자연 요소를 추가하는 것을 넘어, 도시와 자연 시스템 사이의 상호 의존적 관계를 인식하고 육성하는 것을 목표로 한다. 싱가포르는 건물 옥상과 외벽에 의무적인 녹화 요건을 도입하고, 도시 전체에 생태 회랑을 구축하며, 도시 계획 결정에서 야생 동물의 필요를 적극적으로 고려한다.

이러한 윤리적 원칙들은 종종 도시 정책 결정에서 복잡한 트레이드오프를 수반한다. 예를 들어, 도시 밀도를 높이는 것은 탄소 배출과 도시 확장을 줄임으로써 세대 간 형평성을 증진할 수 있지만, 이는 도시 내 서식지를 감소시켜 생물권 존중 원칙과 충돌할 수 있다.

버려진 산업 지역을 생태 공원으로 복원하는 것은 환경적 건강을 개선하지만, 이로 인한 젠트리피케이션과 주택 비용 상승은 환경 정의 문제를 야기할 수 있다.

효과적인 도시 환경 윤리는 이러한 복잡한 트레이드오프를 명시적으로 인식하고, 다양한 윤리적 고려 사항을 균형 있게 다루는 의사 결정 과정을 요구한다. 이는 기술적 해결책이 아닌, 우리가 도시에서 어떤 가치를 우선시하고, 어떤 미래를 향해 나아가길 원하는지에 대한 지속적인 대화를 필요로 한다.

✤ 자연의 인프라: 녹색 도시를 위한 전략

녹색 인프라는 이러한 도시 환경 윤리의 물리적 표현이다. 이는 자연 및 자연 기반 기능의 상호 연결된 네트워크로, 도시 환경에 다양한 생태적·사회적 혜택을 제공한다. 도시 공원, 가로수, 옥상 정원, 빗물 정원, 투수성 포장, 도시 숲, 생태 회랑 등 다양한 요소를 포함하는 녹색 인프라는 단일 기능의 회색 인프라(콘크리트, 강철, 아스팔트 기반)와 달리, 다양한 환경적·사회적 기능을 동시에 수행할 수 있다.

✤ 하늘 정원: 옥상 녹화의 잠재력

옥상 녹화는 특히 고밀도 도시 환경에서 녹지 공간을 확장하는 효과적인 방법이다. 건물 지붕을 살아있는 생태계로 전환함으로써, 도시는 열섬 효과를 완화하고, 빗물을 관리하며, 에너지 효율성을 향상시키고, 생물다양성을 지원할 수 있다.

캐나다 토론토는 2009년 세계 최초로 모든 신축 및 교체 지붕에 대해 옥상 녹화를 의무화하는 조례를 채택했다. 이 정책의 결과, 도시는 현재 500개 이상의 녹색 지붕을 보유하고 있으며, 이는 60만 제곱미터 이상의 면적을 차지한다. 토론토 대학의 연구에 따르면, 이러한 녹색 지붕은 여름철 옥상 표면 온도를 최대 40°C 낮추고, 냉방 에너지 수요를 75%까지 줄이며, 폭우 시 빗물 유출을 60%까지 감소시킨다.

"녹색 지붕은 도시의 '잃어버린 다섯 번째 입면'을 회복시킨다. 위에서 내려다보면, 도시의 지붕은 거대한 미개발 부동산이며, 이를 활용하는 것은 도시 생태계를 위한 새로운 차원을 열어준다."

프랑스 파리의 "옥상 녹화 및 도시 농업 계획(Parisculteurs)"은 옥상 녹화의 또 다른 혁신적 사례이다. 이 프로그램은 100헥타르의 녹화 표면(그 중 1/3은 도시 농업 전용)을 2020년까지 조성하는 것을 목표로 했다. 이 이니셔티브의 독특한 점은 옥상 공간의 단순한 녹화를 넘어, 도시 식량 생산, 교육, 사회적 포용, 일자리 창출을 통합했다는 것이다.

파리 오페라 바스티유의 옥상은 이제 벌통, 과수원, 채소 정원을 갖춘 생산적인 도시 농장으로 변모했다. 이 공간은 지역 레스토랑에 신선한 농산물을 공급할 뿐만 아니라, 지역 주민들을 위한 교육 워크숍을 제공한다. 이는 녹색 인프라가 단순한 환경적 기능을 넘어, 문화적, 교육적, 사회적 역할까지 수행할 수 있음을 보여준다.

✤ 생명의 회랑: 도시 생태 네트워크 구축

도시 생태 회랑은 녹지 공간을 연결하여 야생 동물 이동, 종자 확산, 유전자 흐름을 촉진하는 녹색 인프라의 또 다른 중요한 구성 요소이다. 파편화된 도시 환경에서 이러한 회랑은 생태적 연결성을 유지하고 생물다양성 손실을 방지하는 데 중요한 역할을 한다.

싱가포르의 '공원 커넥터 네트워크'는 섬 전체에 걸쳐 공원과 자연 구역을 연결하는 선형 녹지 회랑 시스템이다. 현재 이 네트워크는 360km 이상으로 확장되었으며, 야생 동물에게 이동 통로와 서식지를 제공하여 도시 생물다양성을 증진한다. 예를 들어, 이 네트워크 덕분에 멸종 위기에 처한 바늘꼬리 원숭이(banded leaf monkey)의 개체수가 증가하고 있다.

이 생태 회랑은 야생 동물만을 위한 것이 아니다. 보행자와 자전거 이용자를 위한 통로로도 기능하여, 지속 가능한 교통을 촉진하고 시민들의 자연 접근성을 향상시킨다. 이는 인간의 필요와 다른 종의 필요가 상호 배타적이지 않으며, 신중한 설계를 통해 둘 다 충족될 수 있음을 보여준다.

✤ 도시가 숨쉬는 방법: 빗물 관리와 스폰지 시티

빗물 수집 시스템과 투수성 인프라는 녹색 인프라 전략의 또 다른 핵심 요소로, 특히 기후 변화로 인한 강우 패턴 변화에 대응하는 데 중요하다. 이러한 시스템은 폭우 시 홍수 위험을 줄이고, 오염물질을 여과하며, 도시 수자원을 보충한다.

중국 창저우의 '스폰지 시티' 프로젝트는 이러한 접근의 선도적 사례이다. 이 프로젝트는 1,200헥타르 면적에 빗물 정원, 투수성 포장, 녹색 지붕, 인공 습지, 식생 수로 네트워크를 구축했다. 이 인프라는 일반적인 강우 사건 중 70% 이상의 빗물을 포착하여 재사용하거나 지하수를 함양하는 것을 목표로 한다.

"스폰지 시티는 도시가 물과 맺는 관계를 근본적으로 재구성한다. 전통적으로 도시는 빗물을 가능한 한 빨리 배출하도록 설계되었지만, 스폰지 시티는 물을 붙잡고, 저장하고, 정화하며, 활용한다."

특히 주목할 만한 점은 창저우 스폰지 시티의 다기능적 설계이다. 빗물 관리 시스템은 공원, 광장, 운동장으로 통합되어, 평상시에는 레크리에이션 공간으로 기능하고 폭우 시에는 저수 지역으로 전환된다. 이는 도시 공간의 효율적 사용을 보여주며, 인프라가 여러 목적을 동시에 충족할 수 있음을 증명한다.

창저우의 경험에서 얻은 교훈은 현재 중국 전역의 30개 이상의 다른 '스폰지 시티' 이니셔티브에 적용되고 있다. 이는 지역 실험이 어떻게 더 넓은 정책 변화를 이끌 수 있는지 보여주는 중요한 사례이다.

✤ 함께 녹색 미래를 짓다: 커뮤니티 참여와 포용적 설계

녹색 인프라가 진정으로 지속 가능하고 공정하게 되기 위해서는, 계획, 설계, 구현, 유지 관리 과정에 지역 커뮤니티의 의미 있는 참여가 필수적이다. 이는 인프라가 지역의 필요, 가치, 지식을 반영하도록 보장하고, 장기적인 스튜어드십과 지속 가능성을 촉진한다.

미국 뉴욕시의 '천 개의 녹색 지붕' 이니셔티브는 커뮤니티 기반 녹색 인프라의 성공적 사례이다. 이 프로그램은 지역 비영리 단체, 커뮤니티 정원 그룹, 환경 정의 단체와 협력하여 환경 부담이 높고 녹지가 부족한 동네에 녹색 지붕을 개발한다. 프로젝트는 각 지역의 특정 필요와 우선순위에 맞게 조정되어, 식량 생산, 교육 공간, 문화 표현, 레크리에이션 기회 등 다양한 기능을 제공한다.

프로그램의 핵심 측면은 지역 역량 구축과 기술 개발에 대한 강조이다. 브롱크스와 같은 지역에서, 이 이니셔티브는 청소년과 실업자를 대상으로 녹색 지붕 설치, 유지 관리, 도시

농업에 관한 직업 훈련을 제공한다. 이는 생태적 혜택과 사회경제적 기회를 결합하는 종합적 접근을 보여준다.

"진정한 지속 가능성은 단순히 물리적 환경을 변화시키는 것이 아니라, 사람들이 그 환경과 맺는 관계를 변화시키는 것이다. 커뮤니티가 녹색 인프라의 공동 창작자가 될 때, 그것은 단순한 기술적 해결책을 넘어 사회적 변화의 촉매제가 된다."

인도 뭄바이의 '마히엄 비치 정화' 프로젝트는 시민 주도 녹색 인프라 개발의 또 다른 영감을 주는 사례이다. 2015년 시작된 이 운동은 세계에서 가장 큰 커뮤니티 기반 해변 정화 활동으로 성장했다. 수천 명의 자원봉사자들이 109주 동안 2,000만 킬로그램 이상의 쓰레기를 제거했다.

이 이니셔티브의 성공의 핵심은 지역사회 참여와 역량 강화에 대한 강조였다. 프로젝트 팀은 지역 주민, 특히 해변 근처에 사는 빈민가 거주자들과 협력하여 그들을 단순한 수혜자가 아닌 변화의 주체로 참여시켰다. 이는 쓰레기 관리, 재활용, 생태계 보존에 관한 교육 캠페인과 결합되었다. 정화 작업 외에도, 이 프로젝트는 맹그로브 재식림, 산호초 복원, 해변 시설 개선을 포함하는 더 넓은 해안 생태계 재생 노력으로 확장되었다.

뭄바이 시 당국은 시간이 지남에 따라 이 시민 주도 이니셔티브를 인식하고 지원하기 시작했다. 이 사례는 풀뿌리 환경 행동과 공식 제도 간의 효과적인 협력이 어떻게 도시 녹색 인프라에 규모와 지속 가능성을 부여할 수 있는지 보여준다.

내포된 커뮤니티 참여는 또한 녹색 인프라의 환경 정의 차원을 강화한다. 시애틀의 "커뮤니티 원위원회" 프로그램은 역사적으로 소외된 커뮤니티에서 주민 대표 그룹을 구성하여, 그들에게 도시 생태 프로젝트에 대한 의사결정 권한과 예산 할당을 부여한다. 이는 단순히 소외된 지역에 녹색 공간을 더 많이 만드는 것을 넘어, 이러한 공간의 계획과 관리에 있어 커뮤니티의 자율성과 주체성을 인정하는 접근이다.

✤ 녹색의 비전: 윤리와 인프라의 조화로운 통합

녹색 인프라 구축과 환경 윤리의 통합은 더 지속 가능하고 공정한 도시 환경을 위한 종합적 접근을 가능하게 한다. 이러한 통합은 다음과 같은 핵심 원칙을 통해 구현될 수 있다:

분배적 정의: 녹색 인프라 혜택과 부담의 공정한 분배를 보장한다. 이는 취약하고 역사적으로 소외된 커뮤니티에서의 녹색 인프라 투자 우선순위 지정을 포함한다.

절차적 정의: 모든 지역사회 구성원, 특히 소외된 목소리가 녹색 인프라 계획과 의사결정에 의미 있게 참여할 수 있도록 한다.

인식적 정의: 다양한 커뮤니티 경험, 지식, 가치를 인정하고 존중한다. 이는 녹색 인프라 설계에 토착 및 지역 생태 지식을 통합하는 것을 포함한다.

생태적 온전성: 도시 생태계의 건강과 회복탄력성을 보존하고 복원하는 것을 우선시한다. 이는 토착종 사용, 생태계 서비스 촉진, 생물다양성 보존을 포함한다.

세대 간 책임: 미래 세대의 필요와 선호를 고려한 장기적 관점을 채택한다. 이는 적응 가능하고 회복탄력성 있는 녹색 인프라 설계를 의미한다.

콜롬비아 메데진의 '그린 코리도 프로젝트'는 이러한 원칙들이 실제로 어떻게 적용될 수 있는지 보여주는 사례이다. 2016년에 시작된 이 프로젝트는 도시의 주요 간선도로, 지천, 보행로를 따라 30개의 녹색 회랑을 조성하여, 열섬 효과 완화, 대기 질 개선, 생물다양성 증진, 지속 가능한 모빌리티 촉진을 목표로 한다.

이 프로젝트의 특징은 분배적 정의에 대한 강조이다. 녹색 회랑은 녹지와 생태적 편의시설에 대한 접근성이 가장 낮은 저소득 지역에 전략적으로 위치하여, 환경적 혜택의 더 공정한 분배를 보장한다. 또한, 지역사회 참여가 계획 및 설계 과정에 깊이 내재되어 있어, 각 회랑이 지역의 특정 필요와 선호를 반영한다.

프로젝트는 또한 일자리 창출과 사회적 포용에 중점을 둔다. '자딘'으로 알려진 정원사 프로그램은 저소득 여성, 분쟁 희생자, 전 무장 세력 구성원들에게 녹색 인프라 설치 및 유지 관리에 관한 훈련을 제공한다. 현재 75명 이상의 자딘이 프로젝트에 고용되어 있으며, 이는 환경 복원과 사회적 포용을 통합하는 혁신적 접근이다.

생태적 측면에서, 이 프로젝트는 콜롬비아 안데스 산맥의 토착종을 사용하여 지역 생태계를 지원하고 도시의 생물학적·문화적 역사와의 연결을 강화한다. 모니터링 결과에 따

르면 녹색 회랑이 설치된 지역에서 온도가 최대 4℃ 감소했으며, 대기 오염이 눈에 띄게 감소했다.

메데진의 그린 코리도 프로젝트는 녹색 인프라가 어떻게 환경 윤리 원칙을 구체화하여 생태적 회복, 사회적 포용, 환경 정의를 동시에 증진할 수 있는지 보여줍니다. 이는 지속 가능한 도시 발전이 기술적 해결책을 넘어, 사회적 가치와 생태적 원칙을 정책 및 계획 결정에 통합하는 것이 필요함을 시사합니다.

이 사례는 도시 녹색화가 단순한 미화 작업이 아니라, 복합적인 사회생태학적 개입이 될 수 있음을 입증합니다. 안데스 토착종을 활용함으로써 지역 생태계와의 연결성을 강화하고, 소외된 지역사회를 우선시함으로써 환경 정의를 실현하며, 취약 계층에게 교육과 고용 기회를 제공함으로써 사회적 회복력을 증진합니다.

무엇보다 중요한 것은 이 프로젝트가 환경적 혜택과 사회적 혜택이 상호 배타적이지 않음을 보여준다는 점입니다. 도시 온도 감소와 대기질 개선이라는 환경적 성과는 공중 보건 향상과 에너지 비용 절감이라는 사회경제적 혜택으로 이어집니다. 이러한 통합적 접근은 환경 윤리와 녹색 인프라가 함께 작용할 때 가능한 시너지를 보여주는 귀중한 모델이 됩니다.

앞으로 도시들이 기후 위기와 사회적 불평등의 도전에 직면하는 가운데, 메데진의 경험은 지속 가능한 도시 발전이 생태적 건전성, 사회적 형평성, 경제적 활력이 상호 강화하는 통합적 접근을 통해 가능함을 보여줍니다.

[참/고/문/헌]

1. 겐틀먼, 메리(Gentilman, Mary). "Toronto's Multicultural Success: Integration Without Assimilation." 연구 논문.

2. 베르텔센, 턴. (Bertelsen, Tørn). "Superkilen: Landscape of Diversity and Social Cohesion." 연구 보고서.

3. 시다티, 엘(Sidati, El). "Berlin and Refugee Integration: Competing Narratives of Urban Identity." 학술 논문.

4. 매시, 도린(Massey, Doreen). For Space. Routledge, 2005.

5. 바르트, 롤랑(Barthes, Roland). Empire of Signs. Hill and Wang, 1982.

6. 짐멜, 게오르그(Simmel, Georg). "The Stranger." Sociology: Inquiries into the Construction of Social Forms, 1908.

7. 바우만, 지그문트(Bauman, Zygmunt). Modernity and Ambivalence. Polity Press, 1991.

8. 오제 마크(Augé, Marc). Non-Places: Introduction to an Anthropology of Supermodernity Verso Books, 1995.

9. 미첼, 돈(Mitchell, Don). "The Monumental Politics of Public Space." 학술 연구.

10. 보든, 한스(Boden, Hans). "The Berlin Wall: Physical and Mental Barriers in Post- Unification Berlin." 연구 논문.

11. 드 카우터, 리어벤(Cauter, Lieven De). "Identity Through Otherness: Berlin as a Model for Urban Reconstruction." 학술 논문.

12. 캐펠라, 아눙시아타(Capella, Annunziata). "Multifocal Design Principles for Inclusive Urban Spaces." 도시 설계 연구.

13. 프리드만, 레이나(Friedman, Reyna). "True Urban Inclusion Through Recognition and Respect for Difference." 도시 사회학 연구.

제15장

✝

글로벌 시대의 도시 정체성
− 지역성과 세계화의 균형 −

1. 경계에 선 도시: 글로벌 시대 도시 정체성의 재발견

여행자의 시선으로 도시를 바라보자. 홍콩의 고층 빌딩, 파리의 카페 테라스, 이스탄불의 바자르, 서울의 한옥과 마천루가 공존하는 풍경. 이 도시들은 각자의 고유한 얼굴을 지니고 있지만, 동시에 글로벌 자본과 문화의 흐름 속에서 끊임없이 변화하고 있다. 21세기 도시는 세계와 지역, 보편성과 특수성, 전통과 혁신 사이의 경계에 서 있다. 이 경계에서 도시는 자신의 정체성을 어떻게 재발견하고 재구성하는가? 이것이 이 장에서 탐구하고자 하는 질문이다.

2. 사이에 존재하는 도시: 글로컬라이제이션의 풍경

현대 도시는 글로벌 네트워크의 일부이면서 동시에 깊은 역사와 문화적 맥락을 지닌 지역적 공간이다. 전 세계적 연결성의 강화와 정보통신기술의 발달, 인적·물적 자원의 이동 가속화는 도시 공간과 도시민의 정체성에 전례 없는 변화를 가져왔다. 이러한 변화 속에서 도시는 보편성과 특수성, 동질화와 차별화, 세계적 표준과 지역적 전통 사이의 긴장 관계를 경험하고 있다.

"도시는 글로벌한 힘과 지역적 맥락, 제도적 기획과 일상적 실천, 물질적 형태와 상징적 의미 사이의 복잡한 상호작용 속에서 끊임없이 재구성된다."

글로벌화는 단순히 세계적 동질화를 의미하는 것이 아니라, 지역적 특수성과의 복잡한 상호작용 과정이다. 사센은 글로벌 도시들이 세계 경제 네트워크의 노드로 기능하면서 유사한 물리적·사회적 구조를 발전시키고 있음을 지적한다. 금융 중심지, 초고층 빌딩, 국제적 브랜드의 상업 공간 등은 도시 간 유사성을 증가시키는 요소이다. 그러나 이와 동시에, 플로리다와 랜드리는 도시의 창조성과 문화적 활력이 지역적 특수성에서 비롯된다고 주장한다.

이러한 상호작용을 이해하는 데 로버트슨이 제시한 '글로컬라이제이션(Glocalization)' 개념이 유용하다. 이는 글로벌한 요소가 지역적 맥락에 적응하고, 지역적 특성이 글로벌 네트워크 속에서 재해석되는 과정을 포착한다. 단순한 혼합이나 절충이 아닌, 새로운 형태의 문화적·공간적 실천이 창출되는 창조적 과정이다.

바르셀로나는 이러한 글로컬라이제이션의 대표적 사례다. 1992년 올림픽을 계기로 국제적 도시로 도약한 바르셀로나는 카탈루냐의 지역적 정체성을 강조하는 동시에 글로벌 관광 명소로서의 위상을 구축했다. 가우디의 건축물과 같은 고유한 문화 자산은 지역적 특수성을 상징하는 동시에 글로벌 관광객을 유치하는 자원이 되었다. 몬테르데의 연구에 따르면, 바르셀로나의 도시 재생 프로젝트들은 국제적 도시계획 패러다임을 수용하면서도 지역 공동체의 참여와 카탈루냐 전통의 현대적 재해석을 통해 차별화된 도시 정체성을 형성했다.

일본의 교토는 전통과 현대가 공존하는 도시 정체성의 모델을 보여준다. 교토는 천년의 역사적 유산을 보존하면서도 첨단 기술 산업과 현대적 도시 기능을 수용한다. 엄격한 경관 규제를 통해 역사적 도시 형태를 보존하는 한편, 교토역과 같은 현대적 랜드마크를 통해 글로벌 연결성을 강화한다. 특히 주목할 만한 점은 전통 공예와 현대 디자인의 융합, 사찰의 현대적 활용 등을 통해 전통을 정적인 보존 대상이 아닌 동적인 창조적 자원으로 재해석하는 접근이다.

3. 도시 정체성의 다층적 구조

도시 정체성은 단일한 실체가 아니라 다양한 층위와 차원이 중첩된 복합적 현상이다. 물리적 환경, 사회문화적 실천, 그리고 점점 더 중요해지는 디지털 차원은 서로 얽혀 도시의 정체성을 형성한다.

✤ 돌과 이야기: 물리적 환경과 도시 경관

도시의 물리적 환경은 그 도시의 정체성을 가장 가시적으로 표현하는 매체이다. 건축물과 가로, 광장과 공원, 그리고 이들이 형성하는 도시 경관은 도시의 역사적 층위와 문화적 가치, 그리고 사회경제적 관계를 반영한다. 하이든은 도시 경관이 집단적 기억의 저장소로 기능하며, 공동체의 정체성을 물리적으로 구현한다고 주장한다.

글로벌화 시대에 도시 경관은 두 가지 상반된 경향을 보인다. 한편으로는 초고층 빌딩, 국제적 건축가들의 아이콘적 건축물, 세계적 체인점들로 구성된 소비 공간 등 글로벌 도시들 간의 동질화 현상이 나타난다. 코야마는 이러한 현상을 '일반 도시(Generic City)'라는 개념으로 설명하며, 도시들이 고유한 정체성을 상실하고 있다고 비판한다.

다른 한편으로는 지역적 특성을 강화하고 차별화된 도시 경관을 창출하려는 노력도 활발하다. 프램턴이 주창한 '비판적 지역주의(Critical Regionalism)'는 지역의 풍토와 문화적 맥락을 존중하면서도 현대적 건축 언어를 활용하는 접근을 강조한다. 이는 단순한 전통의 모방이 아닌, 지역성의 창조적 재해석을 통해 글로벌 시대에 의미 있는 도시 정체성을 구축하는 방법을 제시한다.

✤ 일상의 안무: 사회문화적 실천과 도시 정체성

도시 정체성은 물리적 환경뿐만 아니라 그 안에서 이루어지는 사회문화적 실천을 통해 형성된다. 축제와 의례, 일상적 생활양식, 예술과 문화 활동은 도시 공간에 생명력을 불어넣고 의미를 부여한다. 레페브르의 표현을 빌리자면, 이러한 실천은 '공간의 생산'에 참여함으로써 도시의 사회적 정체성을 구성한다.

"도시는 건물로만 이루어진 것이 아니라, 그 공간을 채우고 의미를 부여하는 사람들의 일상적 움직임, 관계, 기억으로 구성된다."

마스세이는 장소가 고정된 경계를 가진 폐쇄적 실체가 아니라, 다양한 사회적 관계가 교차하는 열린 과정임을 강조한다. 이러한 관점에서 도시 정체성은 본질적으로 다중적이고 역동적이며, 다양한 행위자들의 상호작용을 통해 끊임없이 재구성된다.

특히 이주민 공동체, 다양한 하위문화 집단, 그리고 사회운동은 지배적인 도시 정체성에 도전하고 대안적 정체성을 제시함으로써 도시의 다층적 정체성 형성에 기여한다.

세르토의 표현을 빌리자면, 도시민들은 글로벌한 힘에 의해 구조화된 공간 속에서도 '전술적(tactical)' 실천을 통해 공간을 전유하고 자신들의 의미를 부여한다. 서울의 청계천, 홍대 앞, 이태원과 같은 공간들은 단순한 물리적 장소가 아니라, 다양한 사회적 실천과 문화적 의미가 교차하는 살아있는 텍스트다.

✤ 코드와 픽셀: 디지털 시대의 도시 정체성

디지털 기술의 발달은 도시 정체성의 새로운 차원을 열었다. 카스텔스는 현대 사회가 '네트워크 사회'로 전환되면서 물리적 공간과 가상 공간의 상호작용이 도시 경험의 중요한 부분이 되었다고 주장한다. 스마트 시티 기술, 소셜 미디어, 증강현실 등은 도시 공간의 인식과 경험 방식을 변화시키며, 물리적 도시와 디지털 도시 사이의 경계를 흐리게 한다.

키첸은 도시가 점차 '코드/공간(code/space)'으로 변모하고 있다고 설명한다. 여기서 코드/공간이란 소프트웨어와 물리적 공간이 상호구성적 관계를 맺는 환경을 의미한다. 이러한 환경에서 도시 정체성은 물리적 경관뿐만 아니라 디지털 인프라, 데이터 흐름, 그리고 알고리즘적 거버넌스에 의해서도 형성된다.

디지털 기술은 또한 도시 정체성의 표현과 공유 방식을 변화시켰다. 소셜 미디어를 통한 도시 이미지의 생산과 유통, 온라인 플랫폼을 통한 도시 경험의 공유, 그리고 디지털 아카이브를 통한 도시 기억의 보존과 활성화는 도시 정체성의 형성과 확산에 새로운 차원을 더한다.

✤ 도시 정체성을 둘러싼 경합과 협상

도시 정체성은 자연적으로 주어지는 것이 아니라, 다양한 행위자들 사이의 경합과 협상을 통해 구성되는 정치적 과정이다. 이 과정에서 도시 브랜딩과 마케팅, 다양한 집단 간의 경합, 그리고 포용적 정체성을 향한 노력이 중요한 역할을 한다.

✤ 도시의 자기 재현: 도시 브랜딩과 마케팅

글로벌 경쟁 속에서 많은 도시들은 도시 브랜딩과 마케팅을 통해 특정한 도시 이미지를 구축하고 촉진한다. 애너홀트는 도시 브랜드가 단순한 로고나 슬로건이 아니라, 도시에 대한 지각, 경험, 그리고 연상 작용의 총체임을 강조한다. 도시 브랜딩은 관광객 유치, 투자 유치, 창조 계층의 정착 등 다양한 경제적 목표를 위해 활용되지만, 동시에 도시 정체성의 특정 측면을 선별적으로 강조하고 다른 측면을 소외시키는 정치적 과정이기도 하다.

주킨은 도시 문화의 상품화와 도시 공간의 미학화가 어떻게 권력 관계와 연결되는지 분석했다. 역사적 건물의 보존, 문화 지구의 지정, 공공 예술의 설치 등은 도시의 문화적 자본을 증진시키는 전략이지만, 이러한 과정에서 특정 계층과 문화적 취향이 우선시되고 다른 집단은 배제될 수 있다.

"도시 브랜딩은 도시의 이야기를 누가, 어떤 목적으로, 누구를 위해 말하는가에 관한 질문을 제기한다."

서울의 '아이서울유(I · SEOUL · U)', 암스테르담의 'I amsterdam', 뉴욕의 'I ♥ NY'과 같은 도시 브랜드는 단순한 마케팅 도구를 넘어, 도시가 자신을 어떻게 인식하고 세계에 표현하고자 하는지를 보여주는 자기 재현의 형태이다. 이러한 브랜드는 도시 정체성의 특정 측면 — 서울의 경우 포용성과 열정, 암스테르담의 경우 개방성과 다양성, 뉴욕의 경우 활력과 독특함 — 을 강조한다.

✤ 누구의 도시인가: 경합하는 정체성들

도시 정체성은 단일하고 통합된 것이 아니라, 다양한 집단과 이해관계에 따라 경합하는 다중적 정체성들의 집합이다. 하비는 도시 공간이 자본, 국가, 시민사회 등 다양한 행위자들 간의 갈등과 협상의 장임을 강조한다. 젠트리피케이션, 관광화, 메가 이벤트 개최 등 도시 변화 과정에서 나타나는 갈등은 종종 도시 정체성을 둘러싼 경합의 형태로 표출된다.

특히 다문화 도시에서는 다양한 문화적 배경을 가진 집단들이 도시 공간과 자원에 대한 접근과 재현을 두고 경합한다. 샌더콕은 다문화주의가 단순한 다양성의 축하를 넘어, 차이의 정치학과 공간적 정의의 문제를 포함해야 한다고 주장한다. 이주민 공동체의 문화적 표현, 종교적 공간의 설립, 그리고 다양한 언어와 기호의 공공 공간 내 가시화는 도시 정체성의 포용성과 다원성을 시험하는 중요한 쟁점이 된다.

서울의 이태원, 런던의 브릭스턴, 뉴욕의 플러싱과 같은 다문화 지역은 다양한 문화적 정체성이 공존하고 때로는 충돌하는 공간이다. 이러한 지역에서는 누구의 문화가 인정받고, 누구의 기억이 보존되며, 누구의 필요가 도시 계획에 반영되는지를 둘러싼 지속적인 협상이 이루어진다.

✤ 함께 살아가기: 포용적 도시 정체성을 향하여

도시 정체성 정치의 핵심 과제는 다양한 집단과 이해관계를 포용할 수 있는 공유된 도시 정체성을 구축하는 것이다. 영은 도시가 '차이 속의 공존(together-in-difference)'을 가능케 하는 공간임을 강조하며, 이를 위해서는 공적 영역의 민주화와 다양한 집단의 참여가 필수적임을 주장한다.

아렌트의 '공적 공간(public space)' 개념은 이러한 논의에 중요한 시사점을 제공한다. 아렌트에게 공적 공간은 다양한 관점이 드러나고 소통되며, 공통의 세계가 구성되는 장소이다. 도시의 광장, 공원, 거리, 그리고 문화 공간 등은 다양한 집단이 만나고 상호작용하며, 차이를 넘어선 공유된 도시 경험과 정체성을 형성할 수 있는 잠재력을 가진다.

세넷은 '열린 도시(open city)' 개념을 통해, 불확실성과 차이를 포용하고 다양한 형태의 공존과 협력을 가능케 하는 도시 형태와 문화의 중요성을 강조한다. 이는 도시 정체성이 고정된 본질이나 노스탤지어적 과거가 아닌, 개방성과 변화 가능성에 기반을 둔 미래 지향적 개념으로 재정립되어야 함을 시사한다.

✤ 미래를 향한 도시 정체성

글로벌 시대의 도시 정체성은 지속적으로 진화하고 있다. 환경 위기와 기후변화, COVID-19 팬데믹과 같은 전 지구적 도전은 도시가 자신을 어떻게 인식하고 재구성해야 하는지에 대한 새로운 질문을 제기한다.

✤ 녹색 도시, 회복력 있는 도시

환경 위기와 기후변화에 대한 인식이 확산되면서, 지속가능성은 도시 정체성의 중요한 차원으로 부상하고 있다. 비트리비우스는 '녹색 도시주의(Green Urbanism)'를 통해 생태적 지속가능성과 도시의 문화적 · 사회적 정체성이 어떻게 통합될 수 있는지 탐구한다. 자연과 도시의 공존, 에너지 자립, 순환 경제, 그리고 녹색 인프라는 단순한 기술적 해결책이 아닌, 도시와 자연, 인간과 환경의 관계에 대한 새로운 문화적 서사와 정체성을 형성한다.

"지속가능한 도시는 단순히 친환경 기술을 도입하는 것이 아니라, 인간과 자연의 관계를 근본적으로 재고하는 새로운 도시 문화를 의미한다."

특히 주목할 만한 것은 많은 도시들이 지역의 생태적 특성과 전통적 지혜를 재발견하고, 이를 현대적 지속가능성 전략과 결합하는 움직임이다. 이는 글로벌 환경 담론과 지역적 맥락의 창조적 결합을 통해 새로운 형태의 글로컬 도시 정체성이 형성될 가능성을 보여준다.

✤ 팬데믹 이후의 도시성

COVID-19 팬데믹은 도시 생활과 도시 공간에 대한 기존의 이해와 관행을 근본적으로 재고하게 만들었다. 물리적 거리두기, 재택근무의 확산, 도시 간 이동의 제한 등은 도시성(urbanity)의 본질과 도시 경험에 대해 질문을 던진다. 특히 공공 공간의 의미와 역할, 근린 생활권의 중요성, 그리고 디지털 연결성과 물리적 근접성의 관계는 포스트코로나 도시 정체성의 핵심 쟁점이 될 것이다.

미슈라는 팬데믹이 '긴밀한 도시(dense city)'와 열린 공간, 글로벌 연결성과 지역적 자족성, 효율성과 회복력 사이의 균형에 대한 재고를 촉구한다고 주장한다. 이러한 재고는 단순한 도시 형태나 기능의 변화를 넘어, 도시적 삶의 가치와 의미에 대한 근본적인 성찰을 포함한다.

✤ 새로운 도시 서사의 구축

글로벌 시대의 도시 정체성은 과거의 향수나 추상적 이상이 아닌, 현재의 도전과 미래의 가능성을 포용하는 새로운 도시 서사를 필요로 한다. 챈은 도시 정체성이 고정된 본질이 아닌 '되어가는 과정(becoming)'으로 이해되어야 한다고 주장한다. 이는 도시의 역사와

287

기억을 존중하면서도, 새로운 사회적·기술적·환경적 조건 속에서 도시의 의미와 가치를 재해석하고 재창조하는 과정이다.

이러한 관점에서, 사노프가 강조하는 참여적 도시 계획과 설계는 단순한 방법론을 넘어 도시 정체성의 민주적 구성을 위한 중요한 틀을 제공한다. 다양한 시민들이 도시의 과거, 현재, 그리고 미래에 대한 서사 구축에 참여함으로써, 더욱 포용적이고 다층적인 도시 정체성이 형성될 수 있다.

✤ 경계에서 시작하는 도시의 미래

글로벌 시대의 도시 정체성은 세계적 보편성과 지역적 특수성, 전통과 혁신, 물질적 형태와 사회적 실천, 그리고 다양한 이해관계와 가치들 사이의 복잡한 상호작용 속에서 끊임없이 재구성된다. 이는 단순한 이분법적 대립이나 절충이 아닌, 새로운 형태의 도시적 존재 방식과 의미 체계의 창조적 구축 과정이다.

우리는 글로벌화를 단순히 지역성을 위협하는 외부적 힘이 아닌, 지역적 정체성이 재해석되고 재활성화될 수 있는 맥락으로 이해할 필요가 있다. 마찬가지로, 지역성은 글로벌 흐름에 대한 방어적 저항이 아닌, 글로벌 시대에 의미 있는 차이와 연대의 기반으로 재개념화되어야 한다.

"도시 정체성은 과거의 고정된 유산이 아니라, 현재의 도전 속에서 끊임없이 재해석되고 재창조되는 살아있는 과정이다."

결국, 글로벌 시대의 도시 정체성은 폐쇄적 경계나 본질주의적 순수성이 아닌, 개방성과 다양성, 그리고 창조적 변화 가능성에 기반을 두어야 한다. 이는 도시가 단순한 물리적 공간이나 경제적 엔진을 넘어, 인간의 삶과 관계, 그리고 의미가 구성되는 복합적 장소로서의 본질을 회복하는 과정이기도 하다.

경계에 선 도시는 두려움과 불확실성의 공간이면서 동시에 창조와 가능성의 공간이다. 이 경계에서 우리는 과거와 미래, 지역과 세계, 전통과 혁신 사이의 생산적 긴장을 통해 더욱 풍요롭고 포용적인 도시 정체성을 발견할 수 있을 것이다.

[참/고/문/헌]

1. Anholt, S. Competitive Identity: The New Brand Management for Nations, Cities and Regions. Palgrave Macmillan. (2007).

2. Arendt, H. The Human Condition. University of Chicago Press. (1958).

3. Augé, M. Non-Places: Introduction to an Anthropology of Supermodernity. Verso Books. (1995).

4. Barthes, R. Empire of Signs. Hill and Wang. (1982).

5. Bauman, Z. Modernity and Ambivalence. Polity Press. (1991).

6. Beatley, T. Green Urbanism: Learning from European Cities. Island Press. (2000).

7. Castells, M. The Rise of the Network Society. Blackwell Publishers. (2000).

8. Chan, C. S. "Toponymy, Place Identity and Place-Making: The Case of Hong Kong." Landscape and Urban Planning, 175, 11~21. (2018).

9. de Certeau, M. The Practice of Everyday Life. University of California Press. (1984).

10. Florida, R. The Rise of the Creative Class: And How It's Transforming Work, Leisure, Community and Everyday Life. Basic Books. (2002).

11. Frampton, K. "Towards a Critical Regionalism: Six Points for an Architecture of Resistance." In H. Foster (Ed.), The Anti-Aesthetic: Essays on Postmodern Culture (pp. 16~30). Bay Press. (1983).

12. Harvey, D. The Condition of Postmodernity. Blackwell. (1989).

13. Hayden, D. The Power of Place: Urban Landscapes as Public History. MIT Press. (1995).

14. Kitchin, R. The Data Revolution: Big Data, Open Data, Data Infrastructures and Their Consequences. Sage Publications. (2014).

15. Koolhaas, R., & Mau, B. "The Generic City." In S, M, L, XL (pp. 1238~1264). Monacelli Press. (1995).

16. Landry, C. The Creative City: A Toolkit for Urban Innovators. Earthscan Publications Ltd. (2000).

17. Lefebvre, H. The Production of Space. Blackwell Publishers. (1991).

18. Massey, D. Space, Place and Gender. University of Minnesota Press. (1994).

19. Mishra, P. "The Post-Pandemic City." Foreign Policy. (2020).

20. Mitchell, D. "The Right to the City: Social Justice and the Fight for Public Space." Guilford Press. (2003).

21. Monterde, A., & López-Rodríguez, A. "Barcelona: From 'Model' to Laboratory." (2007).

22. Simmel, G. "The Stranger." In Sociology: Inquiries into the Construction of Social Forms. (1908).

23. Sidati, E., et al., "Berlin and Refugee Integration: Competing Narratives of Urban Identity." Academic Paper.

제16장

✢

포스트코로나 시대의 도시 공간 재구성

1. 침묵의 혁명: 포스트코로나 시대, 도시 공간의 새로운 문법

도시는 인류의 가장 복잡하고 위대한 발명품이다. 수천 년간 우리는 도시라는 그릇 안에서 문명을 발전시켜 왔다. 그러나 2020년, 눈에 보이지 않는 바이러스 하나가 전 세계 도시의 일상적 리듬을 순식간에 멈추게 했다. 텅 빈 광장들, 출입금지 테이프가 둘러진 공원 벤치들, 굳게 닫힌 상점들의 풍경은 우리가 당연시해온 도시 생활의 기본 전제를 흔들어 놓았다. 그리고 우리는 질문하기 시작했다. 과연 도시는 어떤 공간이어야 하는가? 인간의 필요와 공공의 안전은 어떻게 조화를 이룰 수 있는가? 예기치 않은 위기에도 지속될 수 있는 도시란 어떤 모습인가?

코로나19 팬데믹은 단순한 일시적 위기가 아니라, 도시의 물리적 구조와 사회적 조직, 그리고 공간 이용 방식에 장기적인 변화를 촉발한 촉매제가 되었다. 이제 우리는 '뉴 노멀'이라는 낯선 영토에 들어서며, 도시 공간의 의미와 기능을 다시 쓰고 있다. 이 장에서는 이러한 '침묵의 혁명'이 어떻게 전개되고 있는지, 그리고 이것이 우리의 미래 도시 풍경을 어떻게 재구성하고 있는지 탐색해보고자 한다.

2. 재발견된 거리, 변화된 광장: 공간 사용의 새로운 문법

✤ 광장의 변주곡: 공공 공간 이용의 변화

팬데믹 이전의 도시 광장을 떠올려보자. 수많은 사람들이 어깨를 스치며 오가고, 가로 카페의 테이블은 빼곡히 들어차 있었다. 거리 예술가들이 연주하면 군중이 둘러서고, 아이들은 분수대 주변에서 뛰어놀았다. 이것이 우리가 알던 도시 공공 공간의 모습이었다.

그러나 코로나19는 이러한 친밀함의 문법을 근본적으로 변화시켰다. 허니와 네메로프의 연구가 보여주듯, 도시인들은 혼잡함보다는 개방성을, 밀집보다는 여유로움을, 도심보다는 근린 공간을 선호하게 되었다. 이는 단순한 일시적 행동 변화가 아니라, 공공 공간에 대한 우리의 인식과 기대 자체를 재구성하는 과정이다.

"팬데믹은 도시 공간에 대한 우리의 감각을 재조정했다. 이제 우리는 거리두기의 미학, 개방성의 안전함, 밀도의 위험을 체화하고 있다."

공원과 녹지 공간은 팬데믹 기간 동안 도시 생활의 중심으로 부상했다. 특히 교외 지역과 중간 밀도의 근린지역 내 공원 이용은 현저히 증가했다. 사람들은 자신만의 공간을 확보하기 위해 개인 담요나 의자를 가져와 충분한 간격을 두고 배치하는 새로운 공간 점유 방식을 발전시켰다. 벤치와 피크닉 테이블 같은 공유 시설물은 더 이상 사회적 상호작용의 '집합 노드'로 기능하지 않고, 개인화된 영역으로 변모했다.

또한 도시의 가로는 새로운 의미와 기능을 부여받았다. 차량 통행이 감소하면서, 가로 공간은 보행자와 자전거 이용자, 그리고 야외 상업 활동을 위한 공간으로 재배치되었다. 필즈와 동료들이 표현한 '가로의 재발견'은 단순한 이동 통로였던 거리가 생활과 활동의 무대로 변모하는 과정을 포착한다. 뉴욕의 '오픈 레스토랑' 프로그램이나 밀라노의 '열린 거리' 이니셔티브는 이러한 변화를 정책적으로 구현한 사례들이다.

✤ 근접성의 르네상스

팬데믹은 또한 도시 구조에 대한 우리의 생각을 바꾸었다. 봉쇄 조치와 이동 제한은 도시민들에게 '근접성'의 가치를 재발견하게 했다. 모레노가 제안한 '15분 도시' 개념은 이러한 새로운 도시 비전을 구체화한다. 이는 시민들이 필수적인 도시 기능과 서비스 — 직장, 학교, 의료 시설, 문화 공간, 상점 등 — 에 도보나 자전거로 15분 이내에 접근할 수 있는 도시 구조를 지향한다.

근린 중심의 이러한 모델은 단순한 편의성을 넘어, 도시의 회복력과 지속가능성을 강화하는 접근이다. 이동의 필요성을 줄임으로써 탄소 배출을 감소시키고, 지역 공동체와 경제를 활성화하며, 위기 상황에서도 기본적 서비스에 대한 접근성을 유지할 수 있게 한다. 파리, 바르셀로나, 멜버른과 같은 도시들은 이미 이 개념을 도시 계획의 핵심 원칙으로 채택하고 있다.

"15분 도시는 글로벌 연결성과 지역적 자족성 사이의 새로운 균형을 제시한다. 세계와 연결되되, 필요할 때는 자신의 근린 안에서 완전한 삶을 영위할 수 있는 도시 구조."

✦ 피지털 공간의 탄생

팬데믹은 또한 디지털 공간과 물리적 공간 사이의 경계를 더욱 흐리게 만들었다. 재택근무, 원격 교육, 온라인 쇼핑, 가상 문화 행사 등의 급격한 확산은 도시 활동의 상당 부분이 디지털 영역으로 이동했음을 보여준다. 레시는 이런 현상을 '디지털-물리적 혼종성'의 심화로 개념화한다.

이제 도시 경험은 점차 물리적 환경과 디지털 미디어의 복합적 상호작용을 통해 구성된다. 공공 와이파이, QR 코드 메뉴, 비접촉식 결제 시스템, 증강현실 애플리케이션 등은 이러한 혼종적 도시 경험의 일상적 요소가 되었다. 이는 단순한 기술적 변화가 아니라, 도시 공간의 의미와 경험 방식에 대한 근본적인 재구성을 의미한다.

무로스와 로페즈의 연구가 보여주듯, 이러한 디지털-물리적 융합은 공공 공간의 새로운 가능성을 열어준다. 디지털 기술은 공원이나 광장의 사용자 밀도를 실시간으로 모니터링하여 과밀 상태를 방지하거나, 공공 공간 내에서의 프로그램과 활동을 다양화하고 개인화할 수 있게 한다. 더 나아가, 가상현실과 증강현실 기술은 물리적 제약이나 건강 위험 없이도 풍부한 공공 경험을 제공할 수 있는 잠재력을 가진다.

3. 미래를 향한 도시 설계: 유연성, 건강, 기술의 통합

✦ 변화를 수용하는 도시: 유연성과 적응성의 설계

팬데믹은 도시 환경이 얼마나 빠르게 변화하는 요구와 조건에 적응해야 하는지를 극명하게 보여주었다. 브랜드와 니콜슨이 주장하듯, 미래의 공공 공간은 '가변적 인프라'를 특징으로 해야 한다. 이는 공간이 일상적 용도와 비상 상황 모두에 효과적으로 대응할 수 있는 유연성을 가져야 함을 의미한다.

이러한 유연한 공간 설계는 다기능성, 모듈화, 임시성을 핵심 원칙으로 한다. 동일한 공간이 야외 시장, 예술 행사, 야외 식사 공간, 임시 의료 시설 등 다양한 기능을 수용할 수 있어야 한다. 또한 공간 요소들이 쉽게 재배치되고 재구성될 수 있도록 모듈식 디자인을 채택하며, 영구적 구조물보다는 팝업이나 임시 설치물을 통해 필요에 따라 공간의 기능과 형태를 변경할 수 있어야 한다.

샌프란시스코의 '파크레츠'와 파리의 '임시 도시 프로젝트'는 이러한 유연성과 적응성을 실현하는 접근법을 보여준다. 이들은 도시 공간을 고정된 실체가 아닌, 지속적인 실험과 적응의 장으로 재개념화한다.

"미래의 도시 공간은 영구적 기념물이 아닌 지속적인, 살아있는 실험이 되어야 한다. 공간이 사용자들의 변화하는 필요와 욕구에 반응하고, 예측하지 못한 상황에 적응할 수 있는 유연성을 가질 때, 진정한 회복력이 생겨난다."

✤ 건강을 디자인하는 도시

팬데믹은 공공 공간 설계에 있어 건강과 웰빙의 측면을 전면에 부각시켰다. 호니와 브라이언트가 제안한 '건강 중심 도시주의'는 도시 환경이 신체적, 정신적 건강을 적극적으로 증진시키는 방향으로 설계되어야 함을 강조한다.

건강 중심 공공 공간 설계는 물리적 거리두기를 고려한 공간 배치, 위생 인프라의 확충, 통풍과 공기 순환 개선, 그리고 정신 건강을 지원하는 요소들을 포함한다. 벤치, 테이블, 활동 구역 등이 충분한 간격을 두고 배치되고, 손 세척 스테이션, 비접촉식 시설, 항균 소재의 표면 등이 통합된다. 또한 실내 공간의 환기 시스템 강화와 실외 공간에서의 자연 통풍을 고려한 설계가 중요시되며, 자연 요소, 명상 공간, 조용한 휴식 구역 등 스트레스 감소와 정신적 회복을 돕는 요소들이 포함된다.

타이완 타이페이의 공원과 광장 재설계 사례는 이러한 건강 중심 접근의 효과를 보여준다. 린과 왕의 분석에 따르면, 이러한 변화는 시민들의 신체 활동 증가와 정신 건강 개선에 긍정적인 영향을 미쳤다.

✤ 디지털로 증강된 공공 공간

앞서 언급한 디지털-물리적 혼종성의 심화는 공공 공간 설계에 있어 디지털 기술의 통합을 필수적인 요소로 만들고 있다. 카쿠의 '증강된 공공 공간' 개념은 물리적 환경과 디지털 레이어가 유기적으로 결합된 새로운 형태의 공공 경험을 제시한다.

공공 공간에 통합될 수 있는 디지털 요소들은 다양하다. 와이파이 핫스팟, 무선 충전, 환경 모니터링 센서 등이 통합된 스마트 어반 퍼니처; 공공 정보, 실시간 데이터, 지역 이벤트 등을 표시하는 디지털 스크린과 상호작용 가능한 표면; 장소 특정적 정보, 경로 안내, 역사적/문화적 콘텐츠 등을 제공하는 위치 기반 서비스와 증강현실; 그리고 이용 패턴, 환경 조건, 안전 문제 등을 모니터링하고 분석하는 센서 네트워크와 데이터 수집 시스템 등이 포함된다.

암스테르담의 '스마트 라이트' 프로젝트와 바르셀로나의 '슈퍼블록' 이니셔티브는 디지털 기술을 공공 공간에 통합하는 혁신적 사례이다. 이러한 접근은 공간 이용의 효율성과 안전성을 높이고, 시민 참여를 촉진하며, 도시 관리자들에게 더 나은 의사결정 도구를 제공한다.

✤ 녹색의 귀환: 생태적 도시 공간의 확장

팬데믹은 도시 내 녹색 공간의 중요성을 재확인시켰으며, 이는 공공 공간 설계에 있어 녹색 인프라의 확대로 이어지고 있다. 베네딕트와 맥마혼은 녹색 인프라가 단순한 미적 요소를 넘어, 생태적 기능과 공중 보건, 그리고 기후 회복력을 제공하는 통합적 시스템으로 이해되어야 한다고 주장한다.

포스트코로나 시대의 녹색 인프라 확대는 단순한 장식용 식재를 넘어, 생태적 다양성과 복잡성을 갖춘 도시 숲을 조성하고, 개별 녹지가 아닌 도시 전체를 연결하는 생태 네트워크를 구축하며, 빗물 관리, 열섬 효과 완화, 생물 서식지 제공, 식량 생산 등 다양한 기능을 수행하는 다기능적 녹색 공간을 개발하고, 회색 인프라 대신 자연적 과정을 활용한 도시 문제 해결 방안을 채택하는 방향으로 진행되고 있다.

싱가포르의 '공원 커넥터 네트워크'와 코펜하겐의 '구름 폭발 관리 계획'은 이러한 확장된 녹색 인프라 개념을 실현하는 대표적 사례이다. 후앙과 리의 연구는 이러한 접근이 팬데믹과 같은 건강 위기뿐만 아니라, 기후 변화와 생물다양성 손실 같은 장기적 환경 위기에 대응하는 데에도 효과적임을 강조한다.

4. 일과 주거의 경계가 흐려진 도시

✤ 홈 오피스, 오피스 홈: 일과 주거 공간의 융합

COVID-19 팬데믹은 원격 근무를 급속히 확산시켰으며, 이는 업무 공간과 주거 공간의 근본적인 재편을 가져왔다. 갤러웨이의 연구가 보여주듯, 팬데믹 이전에는 전체 근로자의 약 5% 정도만이 정기적으로 재택근무를 했으나, 팬데믹 기간 동안 이 비율은 약 40%까지 상승했다. 더욱 중요한 것은, 팬데믹 이후에도 많은 기업과 근로자들이 하이브리드 근무 모델을 선호하게 되었다는 점이다.

이러한 변화는 업무 공간과 주거 공간 모두의 재구성으로 이어지고 있다. 오피스는 개인 작업 공간보다 협업과 창의적 교류를 위한 공간이 강조되는 방향으로 변화하고 있다. 또한 도심의 대형 오피스 타워 대신, 주거지 근처의 소규모 코워킹 공간이 증가하는 추세이며, 카페, 도서관, 공원 등 전통적인 '제3의 공간'이 업무 기능을 수용하는 경향이 강화되고 있다.

주거 공간 역시 재구성되고 있다. 주택 설계에 있어 재택근무를 위한 전용 공간이 중요한 요소로 부각되었으며, 공용 주거 시설에 코워킹 공간과 같은 업무 지원 기능이 통합되는 추세이다. 또한 다양한 활동을 수용할 수 있는 유연한 공간 구성과 디지털 연결성을 위한 인프라가 주택 설계의 우선순위로 자리잡고 있다.

"일과 삶의 경계가 흐려지면서, 도시 공간은 더 이상 기능에 따라 명확히 구분되지 않는다. 대신, 하이브리드 공간 — 일하는 집, 거주하는 오피스, 배움의 카페, 휴식의 학교 — 이 새로운 도시 풍경을 형성한다."

5. 공간적 정의를 향한 도전: 불평등과 포용의 과제

✤ 팬데믹이 드러낸 도시의 균열

COVID-19 팬데믹은 도시 내 존재하던 공간적, 사회적 불평등을 더욱 가시화했다. 사센과 하워드의 표현을 빌리자면, 팬데믹은 '도시의 사회-공간적 균열'을 드러내는 '현미경적 사건'으로 작용했다.

팬데믹 기간 동안 드러난 주요 불평등 양상은 다양했다. 원격 근무와 자가격리 경험은 주거 공간의 질과 크기, 그리고 외부 공간 접근성의 차이가 삶의 질에 미치는 영향을 극대화했다. 원격 교육, 원격 의료, 그리고 온라인 서비스 이용에 필수적인 디지털 인프라와 기기에 대한 접근성 차이는 새로운 형태의 불평등으로 부각되었다. 또한 양질의 공원과 녹지 공간은 팬데믹 기간 동안 필수적인 자원이 되었으나, 이에 대한 접근성은 지역과 소득 수준에 따라 크게 달랐으며, 의료 시설, 식료품점, 약국 등 필수 서비스에 대한 물리적 접근성 역시 지역별로 현저한 차이를 보였다.

번스타인과 롱의 연구는 이러한 불평등이 팬데믹의 건강 영향에도 직접적으로 반영되었음을 보여준다. 인구 밀도가 높고 녹지가 부족하며 필수 서비스에 대한 접근성이 떨어지는 저소득 지역에서는 COVID-19 감염률과 사망률이 더 높게 나타났다. 이는 도시 공간의 구성과 배치가 단순한 미적, 기능적 문제를 넘어 생명과 직결된 형평성의 문제임을 극명하게 보여준다.

✤ 포용적 도시 재건의 길

팬데믹 이후 도시 공간의 재구성은 기존의 불평등을 해소하고 모든 시민을 위한 포용적 환경을 조성하는 중요한 기회가 될 수 있다. 파인스타인의 '정의로운 도시' 개념은 도시 계획과 설계가 형평성, 다양성, 그리고 민주주의라는 세 가지 핵심 가치를 추구해야 한다고 주장한다.

포용적 도시 재건을 위해서는 공간적 정의의 실현, 디지털 포용성 보장, 다양한 요구를 고려한 설계, 그리고 참여적 계획과 설계가 핵심 과제로 떠오른다. 양질의 공공 공간, 녹지,

그리고 필수 서비스에 대한 접근이 모든 지역과 계층에 공평하게 분배되어야 하며, 이는 저소득 지역과 소외된 커뮤니티에 대한 의도적인 투자와 자원 할당을 필요로 한다. 또한 공공 와이파이, 공유 디지털 기기, 그리고 디지털 리터러시 교육 등을 통해 모든 시민이 디지털 인프라와 서비스에 접근할 수 있도록 보장해야 한다.

연령, 성별, 장애, 문화적 배경 등 다양한 특성과 요구를 고려한 '보편적 설계'와 '포용적 설계' 원칙의 적용 역시 중요하다. 또한 다양한 커뮤니티 구성원들이 자신의 생활 환경에 대한 의사결정 과정에 의미 있게 참여할 수 있는 기회와 메커니즘이 마련되어야 한다.

"포용적 도시는 단순히 모든 이에게 동등한 공간을 제공하는 것이 아니라, 각자의 필요에 따른 공간, 각자의 목소리가 반영된 공간, 각자의 문화가 존중받는 공간을 창출하는 것이다."

샌더콕은 특히 참여적 과정의 중요성을 강조하며, 소외된 집단의 '지식의 정치학'이 도시 계획에 통합되어야 한다고 주장한다. 이는 단순한 형식적 참여를 넘어, 다양한 집단이 가진 지식, 경험, 그리고 가치가 도시 공간 형성에 실질적으로 반영되는 과정을 의미한다.

몬트리올의 '참여적 예산', 메델린의 '통합적 도시 프로젝트', 그리고 런던의 '커뮤니티 주도 계획' 사례들은 포용적 도시 재건을 위한 혁신적 접근을 보여준다. 이러한 사례들은 공간적 개입과 사회적 프로그램, 그리고 제도적 혁신이 통합될 때, 도시 공간이 사회적 포용과 형평성의 장으로 기능할 수 있음을 시사한다.

✤ 건강한 도시를 향한 통합적 접근

COVID-19 팬데믹은 공중 보건과 도시 설계의 밀접한 관계를 다시 한 번 부각시켰다. 코흐와 래트만은 19세기 산업화 시대에 콜레라와 결핵 같은 전염병이 공원, 상하수도 시스템, 그리고 주택 개혁 등 현대 도시의 핵심적 요소들을 형성했던 것처럼, COVID-19 역시 도시 설계의 새로운 패러다임을 촉발할 수 있다고 주장한다.

공중 보건과 포용적 도시 설계의 통합은 건강 형평성 중심의 접근, 다학제적 협력의 강화, 예방적 도시 설계, 그리고 회복력 있는 건강 인프라 구축 등의 방향으로 진행될 수 있다.

도시 계획과 설계가 건강 결과의 형평성을 명시적 목표로 설정하고, 건강 불평등의 사회적 결정요인을 해소하는 데 초점을 맞춰야 하며, 도시 계획가, 건축가, 공중 보건 전문가, 사회학자, 그리고 커뮤니티 구성원들이 함께 작업하는 통합적 접근 방식이 필요하다.

또한 질병 발생 후 대응이 아닌, 건강 증진과 질병 예방을 위한 선제적 공간구성과 시스템 설계가 강조되어야 한다. 나아가 미래의 건강 위기에 유연하게 대응할 수 있는 적응형 의료 시설과 분산된 건강 관리 시스템의 구축이 필요하다.

세계보건기구(WHO)의 '건강 도시' 네트워크와 '8-80 도시' 이니셔티브는 이러한 통합적 접근의 좋은 사례를 제공한다. 이들은 8세부터 80세까지, 모든 연령과 능력의 시민들이 건강하고 활동적인 생활을 영위할 수 있는 도시 환경 조성을 목표로 한다. 이처럼 건강과 도시 설계를 통합적으로 바라보는 관점은 단순히 질병 예방을 넘어, 모든 시민의 웰빙과 삶의 질을 향상시키는 포용적 도시 비전을 실현하는 핵심 요소가 될 것이다.

6. 침묵에서 태어나는 도시의 미래

팬데믹이 강제한 '침묵의 시간'은 역설적으로 도시에 대한 우리의 상상력을 깨웠다. 텅 빈 거리와 광장, 닫힌 문과 경계들 사이에서, 우리는 도시가 어떤 공간이어야 하는지, 어떻게 더 건강하고 포용적이며 회복력 있는 환경을 만들 수 있는지 다시 질문하게 되었다.

이제 우리는 단순히 팬데믹 이전의 '정상'으로 돌아가는 것이 아니라, 위기에서 배운 교훈을 바탕으로 더 나은 도시 미래를 구상하고 구현해야 한다. 유연하고 적응성 있는 공간 설계, 건강 중심의 도시 환경, 디지털과 물리적 영역의 창의적 융합, 확장된 녹색 인프라, 일과 주거의 새로운 균형, 그리고 무엇보다 형평성과 포용성에 기반한 공간적 정의 — 이러한 요소들이 포스트코로나 시대 도시 재구성의 핵심 원칙이 되어야 할 것이다.

도시는 언제나 위기와 변화에 적응하며 진화해왔다. 중세의 역병, 산업혁명 시대의 콜레라, 20세기 초의 스페인 독감 — 이러한 위기들은 모두 당시의 도시 환경을 재구성하는 계기가 되었다. COVID-19 팬데믹 역시 이러한 역사적 변곡점이 될 것이다. 중요한 것은 이 변화를 어떤 방향으로 이끌 것인가이다.

"도시는 인류의 가장 위대한 발명품이자, 끊임없는 재발명의 과정이다. 팬데믹의 침묵 속에서, 우리는 도시를 다시 상상하고, 다시 쓰고, 다시 만들 기회를 얻었다."

이 기회를 통해 단순히 위기에 대응하는 것을 넘어, 더 지속가능하고, 건강하며, 포용적인 도시 미래를 향한 근본적 전환을 이룰 수 있기를 기대한다. 그것이 진정한 의미의 '뉴노멀'이 되어야 할 것이다.

[참/고/문/헌]

1. Anholt, S. Competitive Identity: The New Brand Management for Nations, Cities and Regions. Palgrave Macmillan. (2007).

2. Arendt, H. The Human Condition. University of Chicago Press. (1958).

3. Augé, M. Non-Places: Introduction to an Anthropology of Supermodernity. Verso Books. (1995).

4. Barthes, R. Empire of Signs. Hill and Wang. (1982).

5. Bauman, Z. Modernity and Ambivalence. Polity Press. (1991).

6. Beatley, T. Green Urbanism: Learning from European Cities. Island Press. (2000).

7. Castells, M. The Rise of the Network Society. Blackwell Publishers. (2000).

8. Chan, C. S. "Toponymy, Place Identity and Place-Making: The Case of Hong Kong." Landscape and Urban Planning, 175, 11-21. (2018).

9. de Certeau, M. The Practice of Everyday Life. University of California Press. (1984).

10. Florida, R. The Rise of the Creative Class: And How It's Transforming Work, Leisure, Community and Everyday Life. Basic Books. (2002).

11. Frampton, K. "Towards a Critical Regionalism: Six Points for an Architecture of Resistance." In H. Foster (Ed.), The Anti-Aesthetic: Essays on Postmodern Culture (pp. 1630). Bay Press. (1983).

12. Harvey, D. The Condition of Postmodernity. Blackwell. (1989).

13. Hayden, D. The Power of Place: Urban Landscapes as Public History. MIT Press. (1995).

14. Kitchin, R. The Data Revolution: Big Data, Open Data, Data Infrastructures and Their Consequences. Sage Publications. (2014).

15. Koolhaas, R., & Mau, B. "The Generic City." In S, M, L, XL (pp. 1238~1264). Monacelli Press. (1995).

16. Landry, C. The Creative City: A Toolkit for Urban Innovators. Earthscan Publications Ltd. (2000).

17. Lefebvre, H. The Production of Space. Blackwell Publishers. (1991).

18. Massey, D. Space, Place and Gender. University of Minnesota Press. (1994).

19. Mishra, P. "The Post-Pandemic City." Foreign Policy. (2020).

20. Mitchell, D. "The Right to the City: Social Justice and the Fight for Public Space." Guilford Press. (2003).

21. Monterde, A., & López-Rodríguez, Á. "Barcelona: From 'Model' to Laboratory." (2007).

22. Simmel, G. "The Stranger." In Sociology: Inquiries into the Construction of Social Forms. (1908).

23. Sidati, E., et al., "Berlin and Refugee Integration: Competing Narratives of Urban Identity." Academic Paper.

제5부
도시인문학의 확장

제17장

✛

도시와 몸

– 신체성을 통한 도시공간의 경험과 상호작용 –

1. 문학 속의 도시 풍경: 언어로 직조된 도시의 지도

근대성이 태동하는 순간부터 도시와 문학은 서로의 그림자처럼 따라다녔다. 도시가 인간 문명의 물질적 집적체라면, 문학은 그 도시 경험을 언어의 비단으로 감싸 의미를 부여하는 특별한 영역이었다. 미하일 바흐친의 표현을 빌리자면, 문학 속 도시는 '크로노토프' — 시간과 공간이 교차하는 밀도 높은 지점으로서 인간 경험의 다층적 결을 한 폭의 그림처럼 펼쳐 보인다.

19세기, 증기와 매연이 도시의 하늘을 뒤덮던 산업화의 소용돌이 속에서 도시는 문학적 상상력의 무대 중앙에 우뚝 섰다. 찰스 디킨스의 런던은 단순한 이야기의 배경이 아닌, 그 자체로 살아 숨쉬는 인물이었다. 『올리버 트위스트』의 안개 자욱한 거리, 『블리크 하우스』의 미로 같은 슬럼가, 테임즈 강에서 피어오르는 악취 — 이 모든 것은 디킨스의 펜 끝에서 생명을 얻어 근대 도시의 양면성을 생생하게 증언한다. 그의 런던은 기회와 착취, 발전과 퇴락, 자유와 소외가 뒤엉킨 모순의 풍경화다.

파리의 대로를 거닐던 보들레르의 발걸음은 근대 도시 경험의 원형을 빚어냈다. 『악의 꽃』에서 그가 창조한 '산책자(flâneur)'는 군중 속의 고독한 관찰자로서, 도시의 일시적 광경들 — 화려한 쇼윈도, 인공 조명의 반짝임, 패션의 덧없는 흐름 — 을 시적 언어로 포착했다. 발터 벤야민이 통찰했듯, 보들레르의 파리는 "알레고리의 수도"로서 근대성 자체를 알레고리화한 문학적 공간이었다.

✤ 신체의 언어로 도시를 읽다

아스팔트의 열기가 발바닥을 통해 전해지고, 오래된 벽돌 건물의 거친 질감이 손끝에 남기는 미세한 감각. 도시는 우리의 신체를 통해 끊임없이 말을 건넨다. 메를로-퐁티가 말했듯, 우리의 몸은 세계와 분리될 수 없는 '세계-내-존재'로서 도시라는 복합적 공간과 끊임없는 대화를 나눈다. 스티븐 홀의 건축물은 빛의 움직임에 따라 시시각각 변하는 그림자의 춤을 통해 공간에 생명을 불어넣고, 자하 하디드의 유려한 곡선은 우리 몸이 예상치 못한 방향으로 움직이게 만들며 새로운 공간 경험을 선사한다. 이처럼 도시는 단순한 물리적 구조물의 집합이 아닌, 우리의 오감을 통해 경험되는 살아있는 유기체이다.

✤ 기억을 담는 도시의 피부

수십 년간 수천 명의 손길에 닿아 반들거리는 지하철 손잡이, 공원 벤치에 새겨진 이름 모를 연인들의 흔적, 오래된 골목길 돌계단의 미세한 굴곡. 이 모든 것들은 바슐라르가 말한 '공간의 시학'을 구현하는 도시의 피부이다. 노르베르그-슐츠의 '장소성' 개념처럼, 매일 스쳐 지나가는 평범한 거리조차 개인의 기억과 만나 특별한 의미를 획득한다. 도시는 거대한 기억의 저장소로, 우리가 남긴 흔적과 우리에게 남겨진 흔적이 끊임없이 중첩되는 살아있는 팔림프세스트이다.

✤ 흐르는 공간, 유기적 도시

르페브르가 말한 '공간의 생산'은 도심 속 황폐한 고층빌딩 숲보다 골목길 어귀의 작은 빵집에서 풍기는 갓 구운 빵 냄새 속에서 더욱 분명히 드러난다. 팔라스마가 강조한 다감각적 건축은 시각 중심주의를 넘어 소리, 냄새, 촉감이 어우러진 풍요로운 공간 경험을 추구한다. 현대 도시는 점차 기능과 효율성만을 추구하는 경직된 공간에서 벗어나, 시민들의 다양한 삶의 리듬에 맞춰 유연하게 변화하는 액체 건축으로 진화하고 있다. 단단한 콘크리트와 차가운 유리 속에서도 인간의 움직임과 욕망에 반응하는 유기적 공간이 태동하고 있는 것이다.

2. 신체 움직임이 도시에 미치는 영향

✤ 도시 소설의 계보학: 근대에서 포스트모던까지

20세기로 접어들면서 도시 소설은 더욱 복잡하고 실험적인 형태로 진화했다. 제임스 조이스의 『율리시스』는 더블린의 일상을 신화적 차원으로 끌어올리며 도시 경험의 내면화를 극단까지 밀어붙였다. 하루 동안의 도시 편력을 의식의 흐름으로 담아낸 이 소설은 도시가 더 이상 외부의 객관적 실체가 아닌, 의식의 풍경으로 내면화되는 순간을 포착했다. 버지니아 울프의 『댈러웨이 부인』에서 런던은 주인공의 의식 속에서 현재와 과거를 넘나드는 시간의 망으로 재구성된다. 빅벤의 종소리가 도시 전체를 울리듯, 인물의 기억과 감각은 도시 공간을 가로지르며 확장된다.

제2차 세계대전 이후, 도시 소설은 더욱 파편화되고 다층적인 양상을 띠게 된다. 이탈로 칼비노의 『보이지 않는 도시들』은 마르코 폴로의 입을 빌려 55개의 상상의 도시를 묘사하며, 도시가 더 이상 물리적 장소가 아닌 언어적 구성물임을 암시한다. 각 도시는 욕망, 기억, 죽음, 교환 등 인간 경험의 본질적 차원을 알레고리화한다. 토마스 핀천의 『중력의 무지개』나 돈 델릴로의 『화이트 노이즈』는 후기 자본주의 도시의 정보 과잉과 시뮬라크라의 지배를 혼란스러운 문체와 구조로 재현한다.

✤ 문학 속 도시 상상력의 현대적 변용

21세기에 이르러 도시 문학은 글로벌리즘, 디지털 네트워크, 생태위기라는 새로운 조건 속에서 도시를 재사유한다. 하루키 무라카미의 소설에서 도쿄는 초자연적 요소가 스며드는 후기현대적 미로로 묘사되며, 데이비드 미첼의 『클라우드 아틀라스』는 19세기 태평양 무역항에서 포스트 아포칼립스 세계의 부족사회까지, 도시 공간의 역사적 변천을 서사적으로 엮어낸다.

특히 주목할 점은 전지구적 남반구 도시들의 목소리가 문학적 형식 속에 강렬하게 등장하고 있다는 사실이다. 아룬다티 로이의 『작은 것들의 신』에서 묘사되는 인도의 혼잡한 도시 풍경, 치마만다 응고지 아디치에의 작품 속 나이지리아 라고스의 역동성, 로베르토 볼라뇨의 산타 테레사(후아레스를 모델로 한 가상의 도시)에서 끝없이 발견되는 여성 시체들 — 이 모든 문학적 재현은 서구 중심적 도시 서사를 넘어선 다중심적 도시 문학의 가능성을 보여준다.

도시와 문학의 관계는 단순히 배경과 인물의 관계가 아닌, 상호 구성적인 것이다. 문학은 도시 경험을 언어화함으로써 그것을 의식의 일부로 만들고, 동시에 도시 자체의 상상적 지도를 그려낸다. 볼프강 이저가 말했듯, 문학적 텍스트는 '빈자리'를 통해 독자의 능동적 참여를 유도하는데, 이는 도시 공간이 거주자의 실천을 통해 끊임없이 재해석되는 것과 유사한 구조를 가진다. 말하자면, 도시를 읽는 것과 도시에서 살아가는 것은 모두 창조적 해석학의 실천인 것이다.

3. 도시의 리듬과 신체의 조율

✤ 시적 도시: 시인의 시선으로 본 도시 풍경

시는 가장 응축된 언어 형식으로 도시 경험의 감각적 밀도를 포착한다. T.S. 엘리엇의 『황무지』는 1차 세계대전 이후 파편화된 런던의 풍경을 신화적 상징과 중첩시키며 모더니즘의 도시 감수성을 집약적으로 보여준다. "언리얼 시티 / 겨울 아침의 갈색 안개 속에서 / 런던 다리 아래로 흘러가는 군중"이라는 구절은 도시의 비현실적 특성과 대중의 익명성을 시적 언어로 응축한다.

알렌 긴즈버그의 『하울』은 "광기의 별빛 아래" 맨해튼의 거리를 배회하는 비트 세대의 방랑을 격정적 언어로 토해내며, 산업화된 도시 문명에 대한 저항을 선언한다. 페데리코 가르시아 로르카의 『뉴욕의 시인』은 스페인 시인의 눈에 비친 1930년대 뉴욕의 기계적 삶과 인간 소외를 초현실주의적 이미지로 그려낸다. "새벽 5시에 / 거대한 기계 문명의 심장부에서 / 가난한 이들이 깨어나 독이 든 커피를 마시고 있었다."

한국의 도시시를 살펴보면, 1960~70년대 산업화 시기 김수영의 시는 서울의 급격한 변화와 그 속에서 느끼는 지식인의 소외감을 예리하게 포착했다. 황지우의 『서울에서 서울로』는 1980년대 군사독재 시기 서울의 정치적 풍경을, 최승자의 『쓰레기가 되는 것이 너무 힘들다』는 90년대 소비사회 속 도시 주체의 실존적 위기를 그려냈다. 2000년대 이후 김언의 『도시의 사생활』, 김경주의 『나는 이 세상에 없는 계절이다』 등은 신자유주의 시대 도시의 일상과 감각을 새로운 언어로 포착하고 있다.

✤ 영화 속의 도시: 시각 매체와 도시 경험

영화는 탄생 순간부터 도시와 불가분의 관계를 맺어왔다. 뤼미에르 형제의 초기 영화부터 프리츠 랑의 『메트로폴리스』, 찰리 채플린의 『모던 타임즈』에 이르기까지, 영화는 근대 도시의 속도, 기계, 군중을 시각적으로 포착했다. 특히 '도시 교향곡' 장르 — 발터 루트만의 『베를린: 대도시 교향곡』, 지가 베르토프의 『카메라를 든 사나이』 — 는 몽타주 기법을 통해 도시의 리듬과 역동성을 순수하게 시각적인 방식으로 재현했다.

누아르 영화에서 도시는 어둠, 비, 네온사인이 만들어내는 그림자의 영역으로 그려진다. 로베르토 로셀리니, 비토리오 데 시카 등 이탈리아 네오리얼리즘 감독들은 전후 로마의 폐허를 다큐멘터리적 시선으로 포착했고, 프랑스 누벨바그의 감독들은 파리의 거리를 자유롭게 배회하며 도시의 우연성과 일상을 영화 언어로 번역했다.

현대 영화에서 도시는 때로는 디스토피아적 미래의 모습(『블레이드 러너』의 로스앤젤레스, 『메트릭스』의 가상도시)으로, 때로는 글로벌 네트워크의 결절점(『로스트 인 트랜슬레이션』의 도쿄, 『바벨』의 다중심적 도시들)으로 재현된다. 봉준호의 『기생충』은 서울의 수직적 계급 구조를, 왕가위의 『중경삼림』은 홍콩의 밀도 높은 도시 풍경과 그 속에서 교차하는 인물들의 고립된 삶을 미학적으로 형상화한다.

문학과 영화라는 예술 형식은 도시 경험을 단순히 재현하는 데 그치지 않고, 그것을 재구성하고 재발명한다. 도시를 읽고, 쓰고, 영상화하는 행위는 도시를 새롭게 경험하는 방식을

✤ 결론: 감각의 도시를 향하여

도시와 몸의 관계에 대한 인문학적 탐구는 단순한 이론적 사유를 넘어 실천적 함의를 지닌다. 오늘날 많은 도시들이 경제적 효율성과 기술적 편의성만을 추구하면서 인간 신체의 본질적 니즈와 감각적 경험을 간과하고 있다. 시각 중심적 설계, 자동차 중심의 인프라, 규격화된 주거 공간은 몸의 다양한 움직임과 감각적 풍요로움을 제한한다.

미래의 도시는 기술과 효율성만이 아닌, 인간 신체의 온전한 잠재력을 존중하고 촉진하는 방향으로 나아가야 한다. 이는 단순히 미학적 차원의 문제가 아니라, 도시 거주민의 웰빙과 삶의 질, 나아가 지속가능한 도시 공동체의 형성과 직결된 과제이다.

감각의 도시, 움직임의 도시, 리듬의 도시 — 이것은 철학자들의 추상적 이상이 아니라 우리 모두의 몸이 갈망하는 구체적 현실이다. 우리의 발바닥이 느끼는 길의 질감, 손끝이 만지는 벤치의 온도, 귀가 포착하는 거리의 소리, 이 모든 감각적 만남을 통해 도시는 비로소 살아 숨 쉬는 장소가 된다. 인문학의 시선으로 도시를 바라본다는 것은, 결국 우리의 몸이 진정으로 집이라고 부를 수 있는 공간을 상상하고 창조하는 일이다.

[참/고/문/헌]

1. Bakhtin, Mikhail. The Dialogic Imagination: Four Essays. University of Texas Press, 1981.

2. Barthes, Roland. Empire of Signs. Hill and Wang, 1982.

3. Bauman, Zygmunt. Modernity and Ambivalence. Polity Press, 1991.

4. Baudelaire, Charles. Les Fleurs du mal. Gallimard, 1857.

5. Dickens, Charles. Oliver Twist. Richard Bentley, 1838.

6. Lefebvre, Henri. The Production of Space. Blackwell Publishing, 1991.

7. Norberg-Schulz, Christian. Genius Loci: Towards a Phenomenology of 8. Architecture. Rizzoli International Publications, 1980.

8. Simmel, Georg. "The Stranger." In Sociology: Inquiries into the Construction of Social Forms, 1908.

9. Harvey, David. The Condition of Postmodernity: An Enquiry into the Origins of Cultural Change. Blackwell Publishers, 1989.

10. Frampton, Kenneth. "Towards a Critical Regionalism: Six Points for an Architecture of Resistance." In The Anti-Aesthetic: Essays on Postmodern Culture, edited by Hal Foster, Bay Press, 1983, pp. 16~30.

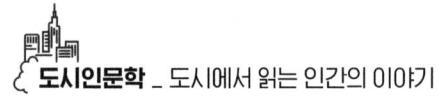

제18장

✛

도시와 시간성
– 리듬, 경험 그리고 장소성의 변증법 –

1. 속도의 철학: 일상 속 시간 리듬

✛ 르페브르의 리듬 분석과 도시 시간성

인파로 북적이는 출근길 지하철역, 한가로운 오후의 공원 벤치, 어둠이 내린 뒤 네온사인이 춤추는 번화가. 도시는 시간의 흐름에 따라 끊임없이 다른 표정을 짓는다. 앙리 르페브르는 이렇게 변화무쌍한 도시의 얼굴을 '리듬'이라는 개념으로 포착했다. 그에게 도시는 단순한 건축물의 집합이 아니라, 수많은 리듬이 교차하고 충돌하는 살아있는 시계였다.

르페브르는 도시의 리듬을 자연의 호흡과 닮은 '생체적 리듬'과 인간이 만든 기계적인 '선형적 리듬'으로 구분했다. 계절의 변화, 낮과 밤의 순환, 조수의 밀물과 썰물처럼 자연스러운 순환성을 가진 생체적 리듬은 인간의 몸과 조화를 이룬다. 반면 시계의 초침, 공장의 사이렌, 정시에 도착하는 열차와 같은 선형적 리듬은 자본주의와 함께 등장한 근대적 시간 감각의 산물이다.

현대 도시에서는 이 두 리듬 사이의 긴장이 날카롭게 드러난다. 새벽부터 쏟아지는 스마트폰 알림음, 마감을 위해 밤을 새우는 사무실의 불빛, 24시간 영업하는 편의점의 형광등 — 이러한 현대적 리듬은 인간의 생체시계를 뒤흔든다. 르페브르는 이를 '시간의 식민화'라 불렀다. 자본의 논리가 우리 몸의 자연스러운 리듬을 재편하고 통제하는 현상이다.

"도시의 창문들을 바라보라. 어떤 창문은 밝고, 어떤 창문은 어둡다. 누군가는 잠들고, 누군가는 깨어 있다. 도시는 결코 완전히 잠들지 않는다." 르페브르의 이 관찰은 도시가 단일한 리듬이 아닌, 다양한 리듬의 오케스트라임을 시적으로 표현한다. 리듬분석가는 이 오케스트라의 지휘자처럼 도시의 다층적 리듬을 감지하고 해석한다.

❖ 도시 설계와 시간 리듬의 상호작용

도시의 시간 리듬은 거리와 건물에 유형적으로 각인된다. 출퇴근 시간대의 교통 체증, 점심시간에 붐비는 식당가, 저녁이면 불이 켜지는 아파트 창문들 — 이 모든 것이 도시의 시간적 박자를 가시화한다. 현명한 도시 설계는 이러한 리듬을 읽고 수용하며, 때로는 새로운 리듬을 제안한다.

'TOD(Transit-Oriented Development, 대중교통 중심 개발)' 모델은 시간 리듬에 대한 민감한 이해를 도시 설계에 녹여낸 사례다. 출퇴근 인파가 몰리는 시간대, 열차와 버스의 운행 주기, 상점의 영업시간 — 이 모든 시간적 변수를 고려하여 도시 공간을 배치하는 것이다. 마찬가지로 '15분 도시' 구상은 일상에 필요한 모든 시설을 도보 15분 거리에 배치함으로써, 이동에 허비되는 시간을 줄이고 삶의 여유를 되찾고자 한다.

케빈 린치는 『시간의 이미지』에서 도시가 단순히 공간적 차원만이 아닌, 시간적 차원에서도 설계되어야 함을 역설했다. 그에게 좋은 도시 환경이란 "한 세대의 경험이 다음 세대에게 전해질 수 있도록 시간의 깊이가 가시화된 공간"이다. 중세 성당 옆에 현대적 갤러리가 들어서고, 오래된 공장이 혁신적 스타트업의 보금자리로 변모할 때, 도시는 과거와 현재, 미래를 잇는 시간의 다리가 된다.

❖ 일상의 시간 경험과 도시 리듬

도시의 시간 리듬은 우리 일상의 피부에 와 닿는 감각적 현실이다. 출근길 지하철에서 느끼는 분주함, 점심시간 카페의 북적임, 퇴근 후 술집의 활기찬 웅성거림 — 이 모든 경험은 도시의 집단적 리듬에 참여하는 순간들이다.

현대 도시의 리듬은 점점 더 빨라지고 있다. 하르트무트 로자가 '사회적 가속화'라 명명한 이 현상은 현대인의 일상을 압박한다. 즉각적인 이메일 답장, 빠른 배송, 24시간 연결된 디지털 네트워크 — 이 모든 것은 '기다림'이라는 경험을 소멸시키고 끊임없는 즉시성의 요구를 만든다. "나는 바쁘다, 고로 나는 존재한다"는 데카르트의 명제를 뒤틀어 놓은 듯한 현대적 존재 방식이다.

이러한 가속화에 대한 반작용으로 '슬로 시티' 운동이나 '느린 삶'의 철학이 대두되고 있다. 이들은 효율성만을 좇는 도시의 지배적 시간 논리에 저항하며, 음식을 천천히 맛보고, 이웃과 여유 있게 대화하고, 계절의 변화를 느긋하게 관찰하는 대안적 시간성을 실천한다. 경제적 가치가 아닌 삶의 질을 중심에 둔 시간 감각을 회복하고자 하는 것이다.

2. 도시의 시간층위: 역사와 기억의 공간화

✣ 도시 경관에 새겨진 시간의 흔적

로마의 포로 로마노를 걷다 보면 고대 신전의 기둥 사이로 르네상스 교회가 보이고, 그 너머로 현대적 자동차들이 지나간다. 파리의 마레 지구에서는 중세의 골목길이 19세기 오스만의 대로와 만나고, 서울 종로에서는 조선시대 궁궐 담장 옆에 유리외벽의 고층 빌딩이 솟아있다. 도시는 시간의 지층이 켜켜이 쌓인 거대한 팔림프세스트와 같다.

이러한 도시 경관의 시간층위는 단순한 물리적 흔적을 넘어 집단 기억의 저장고로 기능한다. 광화문 광장의 이순신 장군 동상, 광주의 5.18 민주화운동 기념공원, 베를린 장벽의 잔해 — 이러한 공간들은 과거의 사건을 현재에 소환하는 '기억의 매개체'이다. 그러나 이 기억은 결코 중립적이지 않다. 프랑스의 역사가 피에르 노라(Pierre Nora)가 지적했듯, '기억의 장소(lieux de mémoire)'는 특정 집단의 관점에서 구성된 선택적 기억의 산물이다.

도시의 시간층위는 명확히 구분되는 것이 아니라, 서로 침투하고 중첩된다. 낡은 창고가 힙스터 카페로 변모하고, 식민지 시대 건물이 현대적 박물관으로 재탄생하며, 고가도로 아래 버려진 공간이 스케이트보드 공원으로 점유될 때, 과거와 현재는 서로를 변형시키며 공존한다. 이것이 도시의 '시간적 깊이(temporal depth)'다.

✤ 기억과 망각의 도시 정치학

도시의 시간층위는 권력과 이데올로기의 작용 속에서 형성된다. 어떤 과거가 보존되고, 어떤 과거가 지워질 것인가? 이는 단순한 미학적 선택이 아닌, 정치적 결정이다. 기념물을 세우거나 헐고, 거리 이름을 붙이거나 바꾸고, 역사적 건물을 보존하거나 철거하는 행위는 모두 집단 기억의 정치학에 연관된다.

포스트소비에트 국가들에서 레닌 동상이 철거되고, 남아프리카에서 아파르트헤이트 시대의 기념물이 논쟁의 대상이 되며, 미국 남부에서 남북전쟁 기념비를 둘러싼 갈등이 벌어지는 것은 모두 '기억의 정치'가 작동하는 순간들이다. 이러한 갈등은 단순히 과거에 관한 것이 아니라, 현재 어떤 가치를 중심으로 사회를 구성할 것인가에 관한 투쟁이다.

동시에 도시의 일부 기억은 의도적으로 망각된다. 베를린의 화려한 현대 건축물들 아래에는 나치 시대의 어두운 흔적이 묻혀 있고, 서울의 번화가 아래에는 일제강점기와 한국전쟁의 상처가 감춰져 있다. 알레이다 아스만(Aleida Assmann)이 지적했듯, 기억과 망각은 동전의 양면과 같다. 무엇을 기억하고 무엇을 잊을 것인가를 둘러싼 끊임없는 협상이 도시의 시간층위를 형성한다.

✤ 노스탤지어와 도시 재생의 딜레마

현대 도시 개발에서 '노스탤지어'는 양날의 검과 같다. 한편으로 과거에 대한 향수는 역사적 건물의 보존과 문화유산의 가치 인식을 이끌어낸다. 런던의 코벤트 가든, 뉴욕의 첼시 마켓, 서울의 세운상가처럼 낡은 산업시설이나 상업공간이 창의적으로 재활용될 때, 도시는 역사적 연속성을 유지하며 새로운 활력을 얻는다.

그러나 다른 한편으로 노스탤지어는 상업적으로 착취되어 '가짜 역사(fake history)'를 만들어내기도 한다. 디즈니랜드식 역사 테마파크, 인위적으로 '오래된 것처럼' 꾸민 상업 공간, 원주민을 쫓아내고 세워진 '전통 마을' — 이런 공간들은 실제 역사의 복잡성과 모순을 지우고 소비하기 쉬운 과거의 이미지만을 추출한다. 데이비드 하비(David Harvey)는 이를 '유산 산업(heritage industry)'이라 비판하며, 진정한 역사성이 아닌 마케팅을 위한 이미지로 과거가 도구화되는 현상을 지적했다.

도시 재생 프로젝트들이 직면하는 딜레마가 바로 여기에 있다. 어떻게 과거의 진정성을 보존하면서도 현재의 필요에 응답할 것인가? 역사적 가치와 경제적 가치, 보존과 혁신, 기억과 변화 사이의 균형점을 찾는 것은 쉽지 않은 과제다. 성공적인 도시 재생은 단순히 물리적 공간을 바꾸는 것이 아니라, 그 공간에 담긴 다층적 시간과 의미를 존중하는 데서 시작된다.

3. 시간과 장소의 변증법: 도시성의 재고찰

✤ 일시성과 영속성 사이의 도시공간

도시는 영속성과 일시성이 끊임없이 대화하는 무대다. 화강암으로 지어진 기념물은 영원을 꿈꾸지만, 그 주변에서는 팝업 스토어가 며칠 만에 생겼다 사라지고, 거리의 낙서는 계절이 바뀌면 지워진다. 이 대비 속에서 도시의 진정한 리듬이 태동한다.

20세기 중반 건축가 알도 로시(Aldo Rossi)는 『도시의 건축』에서 도시를 '영속적 구조(permanent structure)'와 '일시적 요소(ephemeral elements)'의 복합체로 분석했다. 도시의 기본 골격 — 가로 패턴, 필지 구획, 주요 공공건물 — 은 수세기에 걸쳐 지속되는 반면, 그 안에서 개별 건물의 용도와 외관은 끊임없이 변화한다. 중세 교회가 현대 갤러리로, 산업 창고가 고급 주택으로, 기차역이 쇼핑몰로 변모하는 사이에도 도시의 기본 뼈대는 그 정체성을 유지한다.

그러나 현대 도시에서는 이러한 영속성과 일시성의 경계가 흐려지고 있다. 한편으로는 '메가 프로젝트'를 통해 도시의 기본 형태마저 급격히 재편되고, 다른 한편으로는 '택티컬 어바니즘(tactical urbanism)'과 같은 임시적 개입이 장기적 도시 변화의 촉매가 된다. 빈 건물을 잠시 점유한 예술가들의 활동이 전체 지역의 성격을 바꾸고, 주말만 열리는 농부 시장이 고정적 도시 풍경의 일부가 되는 식이다.

네덜란드의 건축가 렘 콜하스(Rem Koolhaas)는 『쓰레기 공간(Junkspace)』에서 현대 도시의 이러한 시간적 불확실성을 날카롭게 포착했다. 그에 따르면 현대 자본주의 도시는 "영속성을 가장한 임시성"으로 가득 차 있다. 쉽게 허물 수 있는 재료로 지어진 건물들이 영원한 기념물처럼 서 있고, 임시 구조물이 반세기 동안 존속하며, 디지털 환영이 물리적 현실보다 더 지속적인 영향력을 발휘한다.

✦ 도시적 시간성과 장소감의 형성

장소감(sense of place)은 시간의 흐름 속에서 형성된다. 도시 공간이 단순한 '공간(space)'에서 의미가 충만한 '장소(place)'로 변모하기 위해서는 시간의 축적이 필요하다. 인류학자 마크 오제(Marc Augé)가 지적한 '비장소(non-place)' — 공항, 고속도로, 쇼핑몰과 같이 역사적 정체성이 결여된 균질적 공간 — 는 바로 이러한 시간적 깊이의 부재가 만들어낸 결과다.

[참/고/문/헌]

1. Lefebvre, Henri. Rhythmanalysis: Space, Time and Everyday Life. Continuum, 2004.

2. Matos e Silva, Filipa. "Symphonies of Urban Places: Urban Rhythms as Traces of Time in Space." Urban Rhythms and Everyday Life, 2021.

3. Gümüş, İmran, and Yılmaz, Ebru. "Rhythmanalysis as a Method of Analyzing Everyday Life Spaces: The Case of Kıbrıs Şehitleri Street in İzmir." Online Journal of Art and Design, vol. 8, issue 3, July 2020.

4. Wunderlich, Filipa Matos e Silva. "Daily Rhythm of Urban Space Usage: Insights from the Nexus." Nature Communications, 2023.

5. Edwards, Paul N., and Melbin, Murray. "Urban Infrastructural Rhythms and the Politics of Temporalities." Journal of Urban Technology, 2021.

6. Gehl, Jan. Life Between Buildings: Using Public Space. Island Press, 2011.

7. Jacobs, Jane. The Death and Life of Great American Cities. Vintage Books, 1961.

8. Koolhaas, Rem, and Mau, Bruce. S,M,L,XL. Monacelli Press, 1995.

9. Massey, Doreen. Space, Place and Gender. University of Minnesota Press, 1994.

10. Harvey, David. The Condition of Postmodernity. Blackwell Publishers, 1989.

제19장

✛

도시의 상상력과 유토피아
– 이상도시의 꿈과 창조적 도시의 현실 –

1. 유토피아적 사고로 본 이상적인 도시 모델

✛ 유토피아 사상과 도시 계획의 역사적 전개

밤하늘에 수놓인 별처럼, 인류 역사의 궤적을 따라 크고 작은 유토피아의 빛이 반짝인다. 플라톤의 이상국가에서 토머스 모어의 섬나라까지, 새로운 사회를 품은 이상적 도시의 꿈은 인류의 오랜 동반자였다. 이들은 단순한 환상이 아닌, 현실 도시의 그림자이자 거울로 기능했다. 루이스 멈포드가 지적했듯, "유토피아의 역사는 도시 역사의 그림자"인 것이다.

유토피아 도시들은 각 시대의 위기와 열망을 압축적으로 반영한다. 르네상스 시대 피렌체의 인문주의자 카스타뇨가 그린 이상도시는 질서와 균형의 기하학적 아름다움을 통해 당시 무질서한 중세 도시의 대안을 제시했다. 토마소 캄파넬라의 『태양의 도시』는 과학적 지식과 공동체적 가치가 조화를 이루는 사회를 구상했으며, 프랑스 혁명기 클로드 니콜라 르두의 쇼(Chaux) 계획안은 계몽주의 이상을 공간화한 시도였다.

19세기 산업혁명은 새로운 도시 유토피아의 물결을 일으켰다. 과밀화된 산업도시의 열악한 환경과 사회문제에 대응하여, 로버트 오웬의 뉴 라나크(New Lanark)와 샤를 푸리에의 팔랑스테르(Phalanstère)는 노동, 주거, 교육이 통합된 공동체적 대안을 제시했다. 이들은 산업화와 협동조합적 가치의 결합을 통해 새로운 도시-사회 모델을 실험했다. 비록 완전히 실현되지는 못했으나, 이러한 시도들은 이후 도시계획과 사회주택 정책에 깊은 영향을 남겼다.

유토피아 도시 계획은 언제나 공간적 비전을 넘어 사회적 비전을 담고 있다. 원형, 격자, 방사형 등 도시의 물리적 형태는 평등, 질서, 자유와 같은 추상적 가치의 구체화다. 이상적 도시는 단순히 아름답거나 효율적인 공간이 아닌, 더 나은 사회관계와 삶의 방식을 가능케 하는 틀인 것이다.

✣ 20세기 모더니즘과 유토피아 도시 비전

20세기 초중반, 모더니즘 건축운동은 과학기술의 발전과 합리주의적 계획을 통해 이상 도시 건설의 꿈에 새로운 활력을 불어넣었다. 기술에 대한 낙관주의와 사회개혁에 대한 열망이 결합된 이 시기의 유토피아 도시들은 과거와의 단절과 새로운 질서의 창출을 꿈꿨다.

에베네저 하워드의 '전원도시(Garden City)' 개념은 1898년 출간된 『내일: 진정한 개혁을 향한 평화로운 길』에서 제시되었다. 그는 산업도시의 경제적 기회와 농촌의 자연환경을 결합한 자족적 위성도시를 제안했다. "도시와 농촌의 결혼"이라 부른 이 모델은 방사형 구조, 녹지대, 공공소유 토지, 협동조합적 운영 등의 특징을 가진다. 영국의 레치워스(1903)와 웰윈(1920) 가든 시티로 부분적으로 실현된 이 비전은 이후 전 세계 신도시 계획의 원형이 되었다.

하워드가 도시와 농촌의 조화를 추구했다면, 르 코르뷔지에는 기계시대의 새로운 도시 질서를 꿈꿨다. 그의 '빛나는 도시(Ville Radieuse)'는 기능적 구획(주거, 업무, 공업, 레크리에이션), 고층 건물, 넓은 녹지, 효율적 교통체계를 갖춘 고밀도 수직도시를 구상했다. "주택은 살기 위한 기계"라는 그의 선언처럼, 이 도시는 효율성과 기능성을 최우선시했다. 그의 비전은 브라질리아, 창디가르와 같은 계획도시와 전후 공공주택 정책에 큰 영향을 미쳤으나, 인간 척도를 무시한 거대 구조물과 지나친 기능주의로 비판받기도 했다.

프랭크 로이드 라이트의 '브로드에이커 시티(Broadacre City)'는 이와 대조적인 분산적 도시 모델을 제시했다. 1932년 『새로운 소멸하는 도시』에서 소개된 이 계획은 각 가구에 1에이커의 토지를 제공하고 자동차를 통한 연결성을 강조했다. 라이트는 집중화된 대도시를 거부하고, 자연과 조화를 이루는 저밀도 정주 패턴을 통해 미국적 개인주의와 민주주의 이상을 실현하고자 했다. 이 비전은 전후 미국의 교외화 현상을 일부 예견했다고 볼 수 있다.

이러한 유토피아적 도시 모델들은 서로 다른 사회정치적 이상을 반영했다. 하워드의 전원도시가 협동조합적 사회주의와 자치공동체의 이상을 담았다면, 르 코르뷔지에의 모델은 중앙집권적 계획과 기술적 합리성을 추구했다. 라이트의 브로드에이커는 미국적 개인주의와 토지 소유의 민주화를 반영했다. 이처럼 유토피아 도시 계획은 단순한 물리적 설계를 넘어 사회구조와 가치체계의 변혁을 내포하고 있다.

✤ 디스토피아와 유토피아의 변증법

20세기 후반, 유토피아적 도시계획에 대한 믿음은 급속히 약화되었다. 모더니즘 계획의 실패, 전체주의 국가의 억압적 도시화, 기술발전의 어두운 측면 등은 유토피아에 대한 회의와 디스토피아적 전망을 확산시켰다.

제인 제이콥스는 1961년 『미국 대도시의 죽음과 삶』에서 하향식 계획과 기능주의적 도시재개발을 신랄하게 비판했다. 그녀는 유토피아적 마스터플랜 대신 다양성, 혼합용도, 활기찬 가로생활, 점진적 변화를 옹호했다. 또한 이반 일리치, 루이스 멈포드 등은 기술 중심적 도시 유토피아가 오히려 인간소외와 환경파괴를 초래할 수 있음을 경고했다.

SF 문학과 영화는 이러한 디스토피아적 경향을 생생하게 형상화했다. 프리츠 랑의 『메트로폴리스』(1927)부터 리들리 스콧의 『블레이드 러너』(1982)까지, 미래도시의 어두운 비전은 기술진보, 사회분화, 환경파괴가 결합된 암울한 전망을 보여줬다.

그러나 디스토피아는 단순히 유토피아의 부정이 아니라, 그것의 필수적 대화상대이자 비판적 거울이다. 프레드릭 제임슨이 지적했듯, 디스토피아 서사는 "유토피아적 충동의 변형된 표현"으로 볼 수 있다. 유토피아 없는 디스토피아가 냉소와 체념에 빠진다면, 디스토피아 없는 유토피아는 현실 비판력을 상실하고 공허한 환상이 되기 쉽다.

실제로 21세기에 들어 새로운 형태의 비판적 유토피아니즘이 등장하고 있다. 과거의 거대한 마스터플랜 대신, 작지만 구체적인 변화를 통해 도시의 점진적 전환을 모색하는 실천적 유토피아 사고가 부상하고 있다. 데이비드 하비가 말한 "희망의 공간(Spaces of Hope)"처럼, 오늘날의 유토피아는 완벽한 이상향이 아닌, 현실 속에서 대안적 가능성의 씨앗을 발견하고 키워나가는 과정으로 이해된다.

2. 상상력이 도시에 미치는 창조적 영향

❖ 창조도시론의 등장과 발전

산업의 굴뚝이 무너지고 공장의 기계가 멈춰 섰다. 20세기 말, 전통적 제조업의 쇠퇴와 함께 많은 도시들이 정체성의 위기를 맞았다. 이 공허함을 채울 새로운 동력으로 등장한 것이 바로 '창조성'이라는 화두였다. 찰스 랜드리는 1995년 출간한 『창조도시』에서 도시 르네상스의 핵심 요소로 창의적 사고와 문화적 자원을 제시했다. 그에게 창조도시란 단순한 예술 공간이 아닌, 다양한 도시 구성원들이 창의적으로 협력하여 난제를 해결하고 새로운 기회를 창출하는 유기체였다.

"문화는 도시의 DNA다." 랜드리의 이 말은 창조도시론의 핵심을 집약한다. 도시의 문화적 자산 — 역사적 건물, 독특한 거리 풍경, 지역 음식, 축제, 이야기 — 은 경제적 자원이자 도시 정체성의 원천이 된다. 스페인 빌바오의 구겐하임 미술관은 쇠락한 산업도시를 세계적 문화 명소로 탈바꿈시킨 상징적 사례다. '빌바오 효과'라 불리는 이 성공은 문화적 랜드마크를 통한 도시 재생 전략을 전 세계로 확산시켰다.

2002년, 리처드 플로리다는 『창조계급의 부상』에서 더욱 경제적 관점의 창조도시론을 제시했다. 그는 과학자, 엔지니어, 디자이너, 작가, 예술가 등으로 이루어진 '창조계급'이 도시 경제의 새로운 원동력이라 주장했다. 이들을 유치하기 위해서는 도시가 기술(Technology), 인재(Talent), 관용성(Tolerance)이라는 '3T'를 갖추어야 한다는 것이다. 플로리다의 이론은 전 세계 도시들 사이에 창조 인재 유치 경쟁을 촉발했다.

창조도시론은 특히 탈산업화의 상처를 안고 있던 도시들에게 매력적인 재생 전략으로 자리 잡았다. 영국 맨체스터는 한때 '면직물의 수도'에서 음악, 미디어, 디지털 산업의 중심지로 변모했다. 독일 베를린은 분단의 상처를 예술과 창조성의 에너지로 치유하며 유럽의 문화 중심지로 부상했다. 네덜란드 암스테르담은 역사적 유산과 현대적 창조산업이 공존하는 균형 잡힌 창조도시 모델을 구축했다.

그러나 창조도시론은 날카로운 비판에도 직면했다. 비판론자들은 창조도시 전략이 실제로는 젠트리피케이션, 불평등 심화, 지역 정체성 상실로 이어질 수 있다고 지적한다. 문화지구에 들어선 고급 갤러리와 카페는 원주민과 예술가들을 밀어내고, 창조도시의 이름으로 진행된 재개발은 진정성 있는 지역 문화를 상업적 스펙터클로 변질시키기도 한다. 이러한 비판은 창조도시 개념이 단순한 경제 성장 전략을 넘어, 사회적 포용성과 문화적 다양성을 포괄하는 방향으로 발전할 필요성을 제기한다.

✤ 일상의 창조성과 도시 공간의 재해석

최근 창조도시 논의는 스타 건축가들의 랜드마크나 하이테크 기업의 캠퍼스를 넘어, 시민들의 일상적 창조성에 주목하는 방향으로 확장되고 있다. 이는 도시 공간을 주어진 것으로 수동적으로 수용하는 것이 아니라, 시민들이 적극적으로 재해석하고 전유하는 과정에 창조성의 본질이 있다는 인식을 반영한다.

미셸 드 세르토는 『일상생활의 실천』에서 평범한 시민들의 "일상적 전술"을 통한 도시 공간의 창조적 전유를 분석했다. 계획가와 설계자가 의도한 공간 이용방식을 벗어나 자신만의 경로와 의미를 만들어내는 행위 ― 예컨대 지름길 만들기, 공공 공간에서의 즉흥적 모임, 버려진 공간의 재활용 등 ― 는 아래로부터의 창조적 도시성을 보여준다.

이러한 관점에서 창조도시는 거창한 문화시설이나 대형 이벤트만이 아니라, 시민들의 창의적 개입과 참여가 가능한 '열린 도시'를 의미한다. 앙리 르페브르의 "도시에 대한 권리" 개념처럼, 도시 공간의 생산과 변형에 참여할 수 있는 권리가 창조도시의 핵심 가치로 재인식되고 있다.

최근 떠오르는 다양한 도시 실천들 ― 커뮤니티 가든, 게릴라 어바니즘, DIY 도시설계, 플레이스메이킹, 임시적 도시 활용(tactical urbanism) ― 은 시민들의 일상적 창조성이 도시 공간에 새겨지는 생생한 사례들이다. 뉴욕의 브루클린에서 시작된 한 커뮤니티 가든은 황폐한 공터를 꽃과 채소가 자라는 오아시스로 변모시켰다. 이곳은 단순한 녹지 공간이 아니라, 다양한 문화적 배경을 가진 이웃들이 요리법을 나누고, 아이들이 자연을 배우고, 노인들이 과거의 이야기를 전하는 삶의 터전이 되었다.

시애틀의 '파크(let)' 운동은 주차 공간 하나 크기의 미니 공원을 만들어 도로 중심의 도시 공간에 작은 균열을 내는 시도다. 런던의 '스페이스 하이재커(Space Hijackers)'는 공

공 장소에서 즉흥적 파티와 퍼포먼스를 통해 통제된 도시 공간에 일시적 해방구를 만든다. 서울 문래동의 예술가들은 쇠락한 공업지역의 작업장과 골목을 창의적 작업공간과 문화 무대로 전환시켰다.

이러한 일상적 창조 실천들은 시민들이 도시를 단순한 소비 공간이 아닌, 함께 만들어가는 과정으로 경험하게 한다. 이는 창조도시를 소수 전문가나 창조 계급의 전유물이 아닌, 모든 시민들의 창조적 참여가 가능한 민주적 플랫폼으로 재개념화하는 중요한 움직임이다.

✤ 디지털 시대의 새로운 도시 상상력

정보통신기술의 발전은 도시를 상상하고 경험하는 방식에도 혁명적 변화를 가져왔다. '스마트시티'는 이러한 기술적 상상력이 만들어낸 21세기의 새로운 도시 유토피아다. 센서와 네트워크가 도시 구석구석에 심어지고, 빅데이터와 인공지능이 도시의 흐름을 최적화하는 이 비전은 효율성, 지속가능성, 삶의 질 향상을 약속한다.

아랍에미리트의 마스다르 시티는 이러한 미래 도시의 원형을 구현하려는 야심찬 시도다. 사막 한가운데 건설 중인 이 도시는 100% 신재생에너지 사용, 제로 쓰레기, 자율주행 교통시스템을 목표로 한다. 한국의 송도국제도시, 싱가포르의 '스마트네이션' 프로젝트도 유사한 비전을 추구한다.

그러나 이러한 기술적 유토피아는 새로운 딜레마를 제기한다. 시민을 '스마트'하게 만드는가, 아니면 더 많은 감시와 통제 속에 가두는가? 디지털 격차를 줄이는가, 아니면 새로운 형태의 불평등을 만드는가? 도시 생활의 효율성을 높이는가, 아니면 인간적 요소와 우연성을 제거하는가? 이러한 질문들은 기술 중심의 스마트시티에서 '시민 중심 스마트시티'로 패러다임 전환을 요구한다.

한편, 기후 위기와 사회적 불평등이 심화되는 가운데, 대안적 도시 비전도 활발히 모색되고 있다. '전환도시(Transition Towns)' 운동은 화석연료 의존에서 벗어나 회복력 있는 지역 공동체를 구축하는 풀뿌리 운동이다. 영국 토트네스에서 시작된 이 운동은 지역 식량 생산, 재생에너지, 지역화폐 등을 통해 기후변화와 석유정점에 대비하는 도시 전환을 추구한다.

'15분 도시(15-minute city)' 개념은 일상생활에 필요한 모든 것 — 직장, 학교, 의료 시설, 상점, 문화공간, 녹지 — 이 보행이나 자전거로 15분 이내 거리에 위치하는 도시 모 델을 제안한다. 파리 시장 안 이달고가 적극 추진하는 이 비전은 이동 시간 절약, 지역 공동 체 강화, 탄소배출 감소라는 다중 효과를 목표로 한다.

이러한 대안적 도시 비전들은 과거의 거대 유토피아와 달리, 특정 문제에 초점을 맞춘 실용적 접근을 취하는 경향이 있다. 데이비드 하비가 말한 '유토피아적 방법' — 완전한 체계보다 구체적 상황에서의 대안적 실천을 강조하는 접근 — 이 현대의 도시 상상력을 특징짓는다. 업, 레크리에이션), 고층 건물, 넓은 녹지, 효율적 교통체계를 갖춘 고밀도 수직 도시를 구상했다. "주택은 살기 위한 기계"라는 그의 선언처럼, 이 도시는 효율성과 기능성을 최우선시했다. 그의 비전은 브라질리아, 창디가르와 같은 계획도시와 전후 공공주택 정책에 큰 영향을 미쳤으나, 인간 척도를 무시한 거대 구조물과 지나친 기능주의로 비판받기도 했다.

프랭크 로이드 라이트의 '브로드에이커 시티(Broadacre City)'는 이와 대조적인 분산적 도시 모델을 제시했다. 1932년 『새로운 소멸하는 도시』에서 소개된 이 계획은 각 가구에 1에이커의 토지를 제공하고 자동차를 통한 연결성을 강조했다. 라이트는 집중화된 대도시 를 거부하고, 자연과 조화를 이루는 저밀도 정주 패턴을 통해 미국적 개인주의와 민주주의 이상을 실현하고자 했다. 이 비전은 전후 미국의 교외화 현상을 일부 예견했다고 볼 수 있다.

이러한 유토피아적 도시 모델들은 서로 다른 사회정치적 이상을 반영했다. 하워드의 전 원도시가 협동조합적 사회주의와 자치공동체의 이상을 담았다면, 르 코르뷔지에의 모델 은 중앙집권적 계획과 기술적 합리성을 추구했다. 라이트의 브로드에이커는 미국적 개인 주의와 토지 소유의 민주화를 반영했다. 이처럼 유토피아 도시 계획은 단순한 물리적 설계 를 넘어 사회구조와 가치체계의 변혁을 내포하고 있다.

✤ 디스토피아와 유토피아의 변증법

20세기 후반, 유토피아적 도시계획에 대한 민음은 급속히 약화되었다. 모더니즘 계획의 실패, 전체주의 국가의 억압적 도시화, 기술발전의 어두운 측면 등은 유토피아에 대한 회의 와 디스토피아적 전망을 확산시켰다.

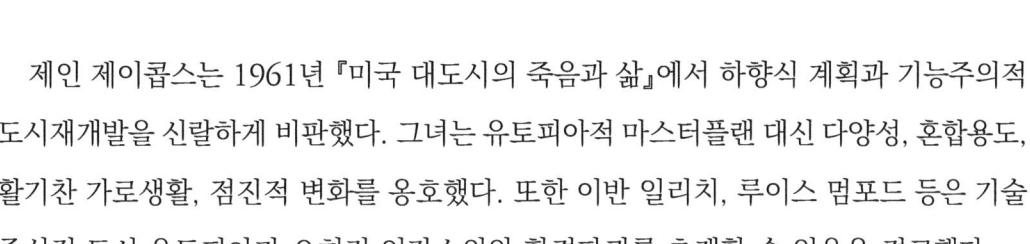

제인 제이콥스는 1961년 『미국 대도시의 죽음과 삶』에서 하향식 계획과 기능주의적 도시재개발을 신랄하게 비판했다. 그녀는 유토피아적 마스터플랜 대신 다양성, 혼합용도, 활기찬 가로생활, 점진적 변화를 옹호했다. 또한 이반 일리치, 루이스 멈포드 등은 기술 중심적 도시 유토피아가 오히려 인간소외와 환경파괴를 초래할 수 있음을 경고했다.

SF 문학과 영화는 이러한 디스토피아적 경향을 생생하게 형상화했다. 프리츠 랑의 『메트로폴리스』(1927)부터 리들리 스콧의 『블레이드 러너』(1982)까지, 미래도시의 어두운 비전은 기술진보, 사회분화, 환경파괴가 결합된 암울한 전망을 보여줬다.

그러나 디스토피아는 단순히 유토피아의 부정이 아니라, 그것의 필수적 대화상대이자 비판적 거울이다. 프레드릭 제임슨이 지적했듯, 디스토피아 서사는 "유토피아적 충동의 변형된 표현"으로 볼 수 있다. 유토피아 없는 디스토피아가 냉소와 체념에 빠진다면, 디스토피아 없는 유토피아는 현실 비판력을 상실하고 공허한 환상이 되기 쉽다.

실제로 21세기에 들어 새로운 형태의 비판적 유토피아니즘이 등장하고 있다. 과거의 거대한 마스터플랜 대신, 작지만 구체적인 변화를 통해 도시의 점진적 전환을 모색하는 실천적 유토피아 사고가 부상하고 있다. 데이비드 하비가 말한 "희망의 공간(Spaces of Hope)"처럼, 오늘날의 유토피아는 완벽한 이상향이 아닌, 현실 속에서 대안적 가능성의 씨앗을 발견하고 키워나가는 과정으로 이해된다.

3. 디지털 시대의 새로운 도시 상상력

✢ 스마트시티와 기술적 유토피아

21세기의 새벽, 첨단 기술의 물결이 도시의 지형을 다시 그린다. '스마트시티'는 정보통신기술이 도시 공간과 결합된 새로운 형태의 기술적 유토피아다. 무수한 센서가 도시의 신경계가 되고, 빅데이터는 그 기억을, 인공지능은 사고를 담당하는 이 '지능형 유기체'는 효율과 지속가능성의 이상향을 약속한다.

아랍에미리트의 사막에 건설 중인 마스다르 시티는 이 미래 도시의 청사진을 현실에 옮기려는 야심찬 실험이다. 제로 탄소, 제로 폐기물을 목표로 하는 이 계획도시는 태양광 패널이 지붕을 덮고, 자율주행 전기차가 지하에서 움직이며, 모든 건물이 첨단 센서로 연결된 완벽한 기술적 생태계를 꿈꾼다. 한국 인천 앞바다의 인공섬에 조성된 송도국제도시, 도시 전체를 스마트 실험실로 탈바꿈시키는 싱가포르의 '스마트네이션' 프로젝트 역시 유사한 비전을 좇는다.

"우리는 기술을 통해 도시의 모든 문제를 해결할 수 있다." 이 장밋빛 꿈은 그러나 어두운 그림자를 동반한다. 끊임없이 데이터를 수집하는 도시는 거대한 감시 체제로 변질될 수 있으며, 첨단 기술의 혜택은 디지털 격차를 따라 불균등하게 분배된다. 알고리즘이 최적화한 도시가 과연 인간의 창의성, 우연성, 다양성을 충분히 품을 수 있을까? 이러한 의문들은 기술 중심의 스마트시티에서 '사람 중심 스마트시티'로의 패러다임 전환을 요구한다.

바르셀로나는 이러한 전환의 선구자다. 한때 기업 주도의 스마트시티 모델을 추구했던 이 도시는 2015년 '기술 주권'을 핵심 가치로 내세우며 방향을 선회했다. 시민들이 데이터의 소유와 활용에 주도권을 갖고, 디지털 기술이 상업적 이익보다 공공의 필요를 우선시하는 새로운 스마트시티 패러다임을 모색하고 있다. 암스테르담, 헬싱키 등 유럽의 여러 도시들도 시민 참여형 스마트시티를 위한 다양한 실험을 진행 중이다.

✛ 대안적 도시 비전과 포스트-유토피아적 상상력

지구 온도는 상승하고, 생물종은 사라지며, 사회적 격차는 심화되는 시대. 기후 위기와 불평등의 그림자 속에서, 도시 상상력은 새로운 방향을 모색한다. '전환도시(Transition Towns)'는 영국 토트네스의 작은 마을에서 시작된 풀뿌리 운동으로, 석유 의존과 기후변화에 대응하는 회복력 있는 지역 공동체를 구축하고자 한다. 지역 식량 생산, 공동체 에너지, 순환 경제, 공유 시스템 등을 통해 '석유 정점' 이후의 도시 생활을 준비하는 이 운동은 이제 전 세계 수백 개 도시로 확산되었다.

'느린 도시(Cittaslow)'는 1999년 이탈리아에서 시작된 운동으로, 속도와 효율 중심의 현대 도시 패러다임에 저항한다. 인구 5만 명 이하의 소도시들이 참여하는 이 네트워크는 지역 특성 보존, 전통 음식문화, 환경 보호, 느린 삶의 리듬을 추구하며 현대 도시의 균질화에 맞선다. 한국의 전남 완도, 충남 예산 등도 이 국제 네트워크에 가입한 '슬로시티'다.

이러한 대안적 도시 비전들은 과거의 거대 유토피아와는 다른 접근을 취한다. 데이비드 하비가 말한 '유토피아적 방법(utopian method)' — 완전한 체계보다 구체적 상황에서의 대안적 실천을 강조하는 접근 — 이 오늘날의 도시 상상력을 특징짓는다. 이는 모든 문제를 해결하는 완벽한 청사진보다, 특정 도전에 대응하는 실험적 시도들의 네트워크를 형성한다.

파리의 '15분 도시(15-minute city)' 구상은 이러한 실용적 유토피아니즘의 대표적 사례다. 앤 이달고 시장이 추진하는 이 계획은 모든 필수 서비스와 시설 — 직장, 학교, 상점, 의료, 문화, 녹지 — 이 걷거나 자전거로 15분 이내 거리에 위치하는 도시를 목표로 한다. 이는 자동차 중심 도시계획의 패러다임을 전복시키고, 근린 중심의 분산형 도시 구조를 지향하는 혁신적 비전이다.

바르셀로나의 '슈퍼블록(Superblock)' 프로젝트도 주목할 만하다. 9개 블록을 하나의 단위로 묶어 내부는 보행자와 자전거 중심으로 재구성하고, 차량은 외곽 도로로만 통행하도록 하는 이 실험은 공기 질 개선, 소음 감소, 공공 공간 확대라는 다중 효과를 가져왔다. 소규모로 시작된 이 실험은 점차 도시 전체로 확산되며 바르셀로나의 도시 조직을 근본적으로 재편하고 있다.

이러한 현대적 도시 비전들은 더 이상 단일한 이상향을 추구하지 않는다. 그보다는 다양한 행위자들이 참여하는 개방형 프로세스를 통해, 실험과 학습을 반복하며 도시를 점진적으로 변화시키는 '열린 유토피아'를 지향한다. 이는 20세기 모더니즘 계획의 실패에서 얻은 교훈 — 도시의 복잡성과 다양성을 단일 비전으로 환원할 수 없다는 깨달음 — 을 반영한 결과다.

✤ 결론: 유토피아와 현실 사이의 창조적 긴장

도시 상상력과 유토피아적 사고는 현실 도시와 항상 변증법적 관계를 맺어왔다. 완벽한 유토피아가 현실에서 온전히 구현된 적은 없지만, 유토피아적 비전은 현실 도시계획의 중요한 영감원이자 추동력이 되어왔다. 플라톤의 이상 국가에서 하워드의 전원도시, 르 코르뷔지에의 빛나는 도시에 이르기까지, 도시 유토피아는 당대 현실의 한계를 넘어서는 상상력의 도약을 가능케 했다.

현대의 도시 상상력은 거대 담론과 총체적 계획의 시대를 지나, 더욱 유연하고 다원적인 형태로 발전하고 있다. 창조도시론이 제시하는 문화적 다양성과 혁신의 가치, 스마트시티가 약속하는 기술적 효율성, 대안적 모델이 추구하는 생태적 지속가능성과 사회적 포용성 등 다양한 비전들이 공존하고 경쟁하며 상호 영향을 주고받는다.

헨리 데이비드 소로는 "공중에 성을 짓는 사람들이 있다. 그들은 광인이 아니라 땅 위에 그 기초를 놓는 사람들일 뿐이다"라고 말했다. 이처럼 도시 상상력은 현실과 괴리된 헛된 몽상이 아니라, 더 나은 도시 미래를 위한 창조적 사유와 실천의 기반이다. 아직 존재하지 않는 것을 상상하는 능력, 즉 유토피아적 사고는 도시의 변혁과 혁신을 위한 필수적 요소로 여전히 그 가치를 유지한다.

도시는 결코 완성되지 않는 프로젝트, 끊임없이 쓰여지는 이야기다. 그것은 물리적 구조물의 집합을 넘어, 인간의 꿈과 열망이 구현되는 공간이다. 따라서 도시 상상력의 확장은 단순한 미학적 행위가 아닌, 더 정의롭고, 지속가능하며, 창조적인 공동체를 향한 사회적 실천으로서 의미를 갖는다.

불확실성의 안개가 짙게 드리운 오늘날, 우리에게는 그 어느 때보다 비판적이면서도 희망적인 도시 상상력이 필요하다. 기후 변화, 팬데믹, 디지털 혁명, 사회적 분열 — 이 모든 도전 앞에서, 도시는 문제의 근원이자 동시에 해결책의 실험실이다. 우리가 어떤 도시를 상상하고 꿈꾸느냐에 따라, 우리가 함께 살아갈 미래의 모습이 결정될 것이다. 업, 레크리에이션), 고층 건물, 넓은 녹지, 효율적 교통체계를 갖춘 고밀도 수직도시를 구상했다.

"주택은 살기 위한 기계"라는 그의 선언처럼, 이 도시는 효율성과 기능성을 최우선시했다. 그의 비전은 브라질리아, 창디가르와 같은 계획도시와 전후 공공주택 정책에 큰 영향을 미쳤으나, 인간 척도를 무시한 거대 구조물과 지나친 기능주의로 비판받기도 했다.

프랭크 로이드 라이트의 '브로드에이커 시티(Broadacre City)'는 이와 대조적인 분산적 도시 모델을 제시했다. 1932년 『새로운 소멸하는 도시』에서 소개된 이 계획은 각 가구에 1에이커의 토지를 제공하고 자동차를 통한 연결성을 강조했다. 라이트는 집중화된 대도시를 거부하고, 자연과 조화를 이루는 저밀도 정주 패턴을 통해 미국적 개인주의와 민주주의 이상을 실현하고자 했다. 이 비전은 전후 미국의 교외화 현상을 일부 예견했다고 볼 수 있다.

이러한 유토피아적 도시 모델들은 서로 다른 사회정치적 이상을 반영했다. 하워드의 전원도시가 협동조합적 사회주의와 자치공동체의 이상을 담았다면, 르 코르뷔지에의 모델은 중앙집권적 계획과 기술적 합리성을 추구했다. 라이트의 브로드에이커는 미국적 개인주의와 토지 소유의 민주화를 반영했다. 이처럼 유토피아 도시 계획은 단순한 물리적 설계를 넘어 사회구조와 가치체계의 변혁을 내포하고 있다.

[참/고/문/헌]

1. Bakhtin, Mikhail. The Dialogic Imagination: Four Essays. University of Texas Press, 1981.

2. Barthes, Roland. Empire of Signs. Hill and Wang, 1982.

3. Bauman, Zygmunt. Modernity and Ambivalence. Polity Press, 1991.

4. Baudelaire, Charles. Les Fleurs du mal. Gallimard, 1857.

5. Dickens, Charles. Oliver Twist. Richard Bentley, 1838.

6. Lefebvre, Henri. Rhythmanalysis: Space, Time and Everyday Life. Continuum, 2004.

7. Lefebvre, Henri. The Production of Space. Blackwell Publishing, 1991.
   Norberg-Schulz, Christian. Genius Loci: Towards a Phenomenology of Architecture.
   Rizzoli International Publications, 1980.

8. Simmel, Georg. "The Stranger." In Sociology: Inquiries into the Construction of Social
   Forms, 1908.

9. Harvey, David. The Condition of Postmodernity: An Enquiry into the Origins of Cultural
   Change. Blackwell Publishers, 1989.

10. Frampton, Kenneth. "Towards a Critical Regionalism: Six Points for an Architecture of
    Resistance." In The Anti-Aesthetic: Essays on Postmodern Culture, edited by Hal Foster,
    Bay Press, 1983, pp. 16~30.

11. Massey, Doreen. For Space. Sage Publications Ltd., 2005.

12. Hayden, Dolores. The Power of Place: Urban Landscapes as Public History. MIT Press,
    1995.

13. Koolhaas, Rem & Mau, Bruce . "The Generic City." In S,M,L,XL, Monacelli Press. (1995).

14. Castells, Manuel. The Rise of the Network Society. Blackwell Publishers. (2000).

15. Jacobs, Jane . The Death and Life of Great American Cities. Random House. (1961).

16. Florida, Richard . The Rise of the Creative Class: And How It's Transforming Work, Leisure
    and Everyday Life. Basic Books. (2002).

17. Landry, Charles . The Creative City: A Toolkit for Urban Innovators. Earthscan Publications
    Ltd. (2000).

18. Mishra, Pankaj . "The Post-Pandemic City." Foreign Policy. (2020).

19. Monterde, Arnau . "Barcelona: From 'Model' to Laboratory." (2007)

20. Augé, Marc . Non-Places: Introduction to an Anthropology of Supermodernity. Verso
    Books. (1995)

21. De Certeau, Michel . The Practice of Everyday Life. University of California Press. (1984).

제20장

✤

미래 도시학의 전망
– 인문학과 도시과학의 통합 –

1. 인문학과 과학 융합을 통한 미래 연구 방향

✤ 융합적 접근의 필요성과 가능성

도시는 콘크리트와 강철의 숲이면서, 동시에 꿈과 기억, 욕망이 교차하는 인간 드라마의 무대다. 오늘날 도시가 맞닥뜨린 난제들 — 기후 위기의 그림자, 사회적 균열의 심연, 팬데믹이 드러낸 취약성 — 은 어느 한 학문의 렌즈만으로는 온전히 포착할 수 없는 복합적 퍼즐이다. 이 시대가 요구하는 것은 인문학의 통찰력과 과학의 분석력이 손을 맞잡는 지적 모험이다.

리처드 플로리다의 '창조 도시론'은 도시의 경제적 역동성을 측정 가능한 지표로 변환하면서도, 그 이면에 흐르는 문화적 다양성과 관용의 가치를 놓치지 않는다. 사스키아 사센은 글로벌 도시의 흐름을 추적하며 빅데이터를 활용하지만, 동시에 이주민들의 일상과 디아스포라의 정체성이라는 질적 차원을 포착한다. 이들의 작업은 숫자의 정밀함과 이야기의 풍요로움이 공존할 수 있음을 보여주는 증거다.

이러한 융합적 접근은 도시를 바라보는 새로운 인식론적 렌즈를 요구한다. 브루노 라투르가 제시한 '행위자-네트워크 이론'은 도시를 인간과 비인간 행위자들의 복잡한 얽힘으로 이해한다. 도시에서 인간의 행위는 건물, 도로, 기술 시스템과 끊임없이 상호작용하며, 이 모든 요소가 하나의 생태계를 이룬다는 것이다. 제인 베넷의 '진동하는 물질성' 개념

역시 콘크리트, 전선, 하수관이 단순한 물질이 아닌, 도시 생활에 능동적으로 참여하는 행위자임을 상기시킨다. 이러한 관점은 자연과 문화, 인간과 기술 사이의 이분법을 넘어서는 통합적 사고의 가능성을 열어준다.

✦ 빅데이터와 환경 스캐닝의 도시학적 활용

도시는 끊임없이 데이터를 생성한다. 신호등의 변화, 전력 소비의 파동, 지하철 승객의 흐름, 소셜 미디어의 감정적 지형 — 이 모든 것이 디지털 흔적으로 남는다. 빅데이터 시대의 도시학은 이러한 흔적들을 추적하고 해석하는 새로운 지도 제작술을 발전시키고 있다.

MIT 센서블 시티 랩의 카를로 라티는 도시의 숨은 리듬을 가시화하는 선구자다. 그의 프로젝트 '리얼 타임 로마'는 휴대폰 사용량, 택시 움직임, 대중교통 데이터를 결합해 도시의 실시간 맥박을 시각화했다. 이는 단순한 기술적 과시가 아니라, 도시 계획가와 정책 입안자들에게 증거 기반의 의사결정 도구를 제공한다. "보이지 않는 것은 관리할 수 없다"는 격언처럼, 도시의 복잡한 흐름을 가시화하는 것은 더 나은 도시 관리의 첫걸음이다.

'환경 스캐닝' 기법은 이러한 데이터 분석을 미래 전망과 연결한다. 이는 도시의 물리적 구조, 사회경제적 동향, 문화적 변화, 기술적 혁신 등 다층적 변수를 종합하여 가능한 미래 시나리오를 그려내는 방법론이다. 싱가포르의 도시재개발청(URA)은 이러한 접근을 적극 활용하여, 인구 변화, 기술 발전, 기후 영향 등을 고려한 다양한 미래 시나리오를 바탕으로 도시 계획을 수립한다.

그러나 데이터가 모든 것을 말해주지는 않는다. 도시 생활의 풍요로움 — 골목길에 스며든 역사의 흔적, 광장에 울려 퍼지는 웃음소리, 오래된 카페에 담긴 집단적 기억 — 은 숫자로 환원되지 않는다. 미래 도시학의 과제는 데이터의 객관성과 경험의 주관성, 측정 가능한 것과 감각적인 것 사이의 균형을 찾는 것이다.

✦ 창조계급과 공유도시의 상관관계

창조계급은 21세기 도시 경제의 새로운 엔진이 되고 있다. 리처드 플로리다가 주목한 이 집단 — 과학자, 예술가, 디자이너, 엔지니어, 작가 등 — 은 창의성과 혁신을 통해 도시

의 경제적·문화적 지형을 재편한다. 그러나 창조계급은 단순히 새로운 직업군이 아니라, 협력과 공유를 중시하는 특별한 작업 방식과 생활양식을 발전시키고 있다.

특히 '공유도시' 패러다임은 창조계급의 활동과 긴밀히 연결된다. 서울 성수동의 소셜 벤처밸리, 베를린 크로이츠베르크의 예술가 공동체, 바르셀로나 포블레노우의 메이커 스페이스는 모두 창조계급의 에너지와 공유 경제의 원리가 결합된 사례다. 이곳에서는 지식, 공간, 도구, 때로는 주거공간까지 공유되며, 이러한 협업 생태계는 전통적 시장 논리를 넘어선 가치 창출을 가능케 한다.

영국 브리스톨의 '브리스톨 파운드'와 같은 지역화폐, 네덜란드 암스테르담의 '위 트레이드 스쿨' 같은 기술 교환 플랫폼, 스페인 바르셀로나의 '파브 랩' 같은 공동 작업장은 모두 창조계급이 핵심 역할을 하는 공유 인프라다. 이러한 공간과 시스템은 단순한 경제적 효율성을 넘어 '협력적 창조성(collaborative creativity)'이라는 새로운 가치를 육성한다.

그러나 창조계급 중심의 도시 발전 모델에는 그림자도 존재한다. 창조계급의 유입은 종종 젠트리피케이션을 동반하며, 이는 기존 주민과 소상공인의 퇴출로 이어질 수 있다. 또한 창조성의 혜택이 사회 전체로 확산되지 못하고 특정 계층에 집중될 위험도 있다. 미래 도시학의 과제는 창조성의 동력을 유지하면서도, 그 과실이 도시 전체에 골고루 분배되는 포용적 발전 모델을 설계하는 것이다.

❖ 뉴노멀 시대의 디지털 전환과 도시 변화

코로나19는 도시의 일상을 근본적으로 뒤흔들었다. 붐비던 오피스 타워가 한순간에 텅비었고, 학교와 상점은 가상 공간으로 옮겨갔으며, 집은 사무실이자 교실이자 극장이 되었다. 이 급격한 변화는 '뉴노멀'이라는 새로운 도시 생활의 지형을 형성했고, 그 중심에는 디지털 전환이 자리한다.

이 전환은 단순한 기술 변화가 아닌, 도시 공간과 시간의 근본적 재구성을 의미한다. 원격 근무의 일상화는 주거지와 업무지 사이의 경계를 흐리고, 중심업무지구의 독점적 지위를 약화시킨다. 동시에 '로컬'의 중요성은 오히려 강화된다. 하루 종일 집과 그 주변에서 시간을 보내는 시민들에게, 걸어서 갈 수 있는 거리의 편의시설과 문화 공간의 질은 이전보다 더 중요한 삶의 조건이 되었다.

이러한 변화는 '15분 도시'라는 새로운 도시 모델의 부상으로 이어졌다. 파리 시장 안이달고가 추진하는 이 비전은 일상생활에 필요한 모든 것 — 직장, 학교, 상점, 의료시설, 문화공간, 녹지 — 이 15분 이내 도보나 자전거로 접근 가능한 도시를 지향한다. 이는 단순한 편의성을 넘어, 탄소 배출 감소, 지역 공동체 강화, 삶의 질 향상이라는 다중의 효과를 목표로 한다.

바르셀로나의 '슈퍼블록' 프로젝트도 주목할 만하다. 9개 블록을 하나의 단위로 묶어 내부 도로는 보행자 중심으로 재편하고, 자동차는 외곽 도로로만 통행하도록 하는 이 실험은 공공 공간의 확장과 커뮤니티 활성화를 가져왔다. 이는 단순한 교통 체계의 개선이 아닌, 도시 생활의 근본적 재균형을 추구하는 시도다.

이러한 변화들은 디지털과 물리적 영역의 독특한 융합을 보여준다. 기술은 도시민을 물리적 공간의 제약에서 부분적으로 해방시켰지만, 동시에 로컬의 가치와 근린의 중요성을 재발견하게 했다. 미래 도시는 초연결된 글로벌 네트워크의 일부이면서도, 동시에 걷기 좋은 거리와 활기찬 커뮤니티가 살아 숨쉬는 인간 척도의 공간이 될 것이다.

2. 미래형 도시에 대한 새로운 접근법

✤ 스마트 기술 통합과 도시 지능화

도시의 피부 아래로 디지털 신경망이 확장된다. 콘크리트와 아스팔트 사이로 데이터가 숨 쉬고, 건물과 가로등은 이제 단순한 구조물이 아닌 도시의 감각기관이 되었다. 사물인터넷, 인공지능, 빅데이터의 융합은 도시를 단순한 공간의 집합체에서 자가학습하는 유기체로 변모시키고 있다.

싱가포르의 '원 모니터링' 시스템은 도시의 맥박을 실시간으로 읽어낸다. 도로 곳곳에 심어진 센서와 카메라가 교통의 흐름을 감지하고, 인공지능은 이 데이터를 분석해 신호 체계를 자동으로 조율한다. 마치 도시가 스스로 호흡하듯, 교통 신호는 시시각각 변화하는

차량의 흐름에 맞춰 적응한다. 이러한 지능형 시스템은 교통 효율성을 15% 이상 향상시켰고, 시민들의 출퇴근 시간은 줄어들었으며, 배기가스 배출은 감소했다.

북유럽의 차가운 도시 코펜하겐에서는 열과 전기가 지능적으로 순환한다. '에너지랩 노르하운'은 도시 에너지 시스템의 미래를 선보인다. 태양광 패널이 생산한 전기는 스마트 그리드를 통해 필요한 곳으로 흘러가고, 전기차 배터리는 에너지 저장고 역할을 하며, 각 건물은 필요한 만큼만 에너지를 소비하도록 자동 조절된다. 이 복잡한 에너지 오케스트라는 인공지능 지휘자의 손끝에서 조화롭게 연주된다.

자율주행차는 주차장으로 가득 찬 도시 풍경을 근본적으로 재편할 잠재력을 지닌다. 미국 교통부의 연구에 따르면, 자율주행 시대에는 도시 주차 공간의 최대 80%가 해방될 수 있다. 이는 맨해튼 섬 면적의 1/4에 해당하는 엄청난 공간이다. 콘크리트로 포장된 주차장은 공원, 주택, 커뮤니티 공간으로 탈바꿈하며, 도시는 차가 아닌 사람을 위한 공간으로 돌아갈 기회를 얻는다.

아프리카 르완다의 하늘에는 생명을 구하는 드론이 날아다닌다. 험준한 산악 지형으로 육로 접근이 어려운 마을에, 드론은 15분 만에 혈액과 의약품을 전달한다. 과거에는 4시간 이상 걸리던 여정이다. 이 기술은 이제 도시 물류의 새로운 지평을 열고 있다. 배달 시간의 단축은 단순한 편의성이 아닌, 특히 의료, 재난 상황에서 생명과 직결되는 혁신인 것이다.

✚ 지속 가능한 디자인과 환경 회복력

중국의 도시들은 이제 '스폰지'가 되려 한다. 공로와 주차장의 불투수성 표면은 투수성 포장으로 바뀌고, 옥상은 정원으로 변모하며, 도시 곳곳에 빗물정원과 저류지가 조성된다. '스폰지 시티' 이니셔티브는 폭우가 내릴 때 도시가 물을 흡수하고, 필요할 때 천천히 방출하게 한다. 우한, 샤먼 등 30개 이상의 도시에서 진행 중인 이 프로젝트는 홍수 위험을 줄이고 수자원을 확보하는 이중의 효과를 거두고 있다.

싱가포르의 '가든스 바이 더 베이'에 들어서면, 도시와 자연의 경계가 모호해진다. 특히 '수퍼트리'라 불리는 구조물은 기술과 자연의 경이로운 융합을 보여준다. 높이 50m의 이 인공 나무들은 빗물을 모으고, 태양광을 수확하며, 주변 온도를 조절한다. 밤이 되면 화려한 조명으로 빛나는 이 구조물은 미적 아름다움과 생태적 기능성의 조화를 구현한다.

네덜란드 로테르담의 한 오래된 건물 옥상에는 예상치 못한 풍경이 펼쳐진다. '다크트윈'이라 불리는 이 옥상 농장에서는 상추, 토마토, 허브가 자라고, 벌들이 꽃가루를 옮기며, 도시 양봉가들이 꿀을 수확한다. 이 작은 농장은 단순한 식량 생산 공간을 넘어, 도시 생태계의 다양한 기능을 수행한다. 빗물을 흡수하여 하수 시스템의 부담을 줄이고, 건물의 단열 효과를 높이며, 주변 온도를 낮추고, 도시민에게 자연과의 접점을 제공한다.

암스테르담은 '도넛 경제학'을 도시 정책의 나침반으로 삼았다. 이는 생태적 한계(도넛의 바깥 테두리)와 사회적 기반(안쪽 테두리) 사이의 균형 잡힌 공간을 지향하는 경제 모델이다. 이 철학을 바탕으로 암스테르담은 건설 자재의 순환적 사용, 식품 폐기물의 감소, 재생 가능한 자원의 활용을 촉진하는 정책을 펼치고 있다. '서큘러 부쉬' 프로젝트에서는 낡은 건물의 창문, 문, 계단이 새 건물의 일부로 재탄생한다. 폐기물은 더 이상 쓸모없는 잔해가 아닌, 미래를 위한 자원으로 인식된다.

일본의 작은 마을 카미카쓰는 '제로 웨이스트'의 선구자다. 주민들은 45개 이상의 카테고리로 폐기물을 분리하고, 지역 내 재활용 센터에서는 이를 새로운 자원으로 변환한다. 이러한 노력으로 마을의 폐기물 80% 이상이 재활용되며, 카미카쓰는 2030년까지 완전한 '제로 웨이스트' 달성을 목표로 한다. 이 작은 마을의 실험은 도시 규모의 폐기물 관리에 중요한 교훈을 제공한다.

✦ 포용적 도시 개발과 사회적 지속가능성

바르셀로나 시민들은 이제 자동차의 흐름 사이에서 좁은 인도를 따라 걷지 않는다. 대신 넓어진 보행로, 아이들의 놀이터, 노인들의 휴식 공간, 이웃과의 대화가 이루어지는 커뮤니티 공간을 누린다. '수퍼블록' 프로젝트는 9개 블록을 하나의 단위로 묶어 내부 도로의 차량 통행을 제한하고, 이 공간을 시민의 품으로 돌려주었다. 이 혁신적 도시 설계는 대기 질 개선, 소음 감소, 녹지 확대라는 환경적 효과와 함께, 사회적 상호작용 증진, 지역 상권 활성화, 주민 건강 증진이라는 사회적 혜택을 가져왔다.

콜롬비아 메데인의 변화는 도시 재생의 감동적 성공 사례다. 한때 마약 카르텔의 본거지로 세계에서 가장 위험한 도시로 악명 높았던 메데인은 '사회적 도시주의'를 통해 놀라운 변신을 이루었다. 가파른 언덕 위 저소득층 거주 지역에 케이블카와 야외 에스컬레이터를 설치해 도심과의 물리적 연결성을 높였고, 아름다운 도서관과 커뮤니티 센터를 건립해 문화적 접근성을 향상시켰다. 이러한 공간적 통합은 사회적 통합으로 이어져, 범죄율은 급감하고 시민의 자부심은 높아졌다.

뉴욕의 타임스 스퀘어는 하루아침에 변했다. 차량으로 가득 찼던 거리에 페인트로 경계를 그리고 간이 의자와 테이블을 놓았을 뿐인데, 시민들은 즉시 이 공간을 점유하기 시작했다. '전술적 도시주의'라 불리는 이 접근법은 대규모 재개발 대신, 작고 빠른 변화를 통해 도시 공간의 가능성을 테스트한다. 이러한 임시적 개입은 작은 비용으로 큰 변화를 이끌어내며, 시민들이 직접 도시 변화에 참여하는 민주적 과정을 촉진한다.

✛ 미래 교통 혁신과 모빌리티 패러다임의 전환

샌프란시스코의 거리에는 운전자 없는 택시가 등장했다. 구글의 웨이모(Waymo), GM의 크루즈(Cruise) 등이 개발한 자율주행차는 더 이상 공상과학 영화 속 상상이 아닌 현실이 되고 있다. 이 기술은 단순한 이동 수단의 변화를 넘어, 도시 공간과 생활양식의 근본적 재편을 예고한다. 교통사고의 대폭 감소, 이동성 제약이 있는 시민들의 자유로운 이동, 차량 소유의 필요성 감소, 그리고 주차장으로 점유된 도시 공간의 해방 — 이 모든 변화가 자율주행 기술의 성숙과 함께 가시화되고 있다.

서울의 출퇴근길은 새로운 전환점을 맞이하고 있다. GTX(Great Train eXpress)는 수도권 외곽에서 도심까지의 이동 시간을 획기적으로 단축한다. 1시간 넘게 걸리던 경기도 외곽에서 서울 도심까지의 여정이 20분대로 줄어들면서, 서울의 실질적 생활권은 대폭 확장된다. 이는 단순한 교통 편의성 향상을 넘어, 주거 선택의 폭을 넓히고 수도권 부동산 시장의 재편을 가져올 것으로 예상된다.

도시의 하늘이 새로운 교통로가 될 날이 머지않았다. 도심항공교통(UAM)은 지상의 혼잡을 우회하는 3차원 이동의 새 지평을 연다. 조비 에비에이션, 이항 등 다수의 기업이 개발

중인 전기 수직이착륙기는 헬리콥터보다 조용하고 친환경적이며, 자율비행 기능을 갖추고 있다. 2025년경 서울, 싱가포르, 두바이 등 주요 도시에서 상용 서비스가 시작될 것으로 예상되며, 초기에는 응급 의료, 고급 택시, 관광 등의 분야에서 활용될 전망이다.

핀란드 헬싱키 시민들의 스마트폰에는 '윔(Whim)'이라는 앱이 설치되어 있다. 이 작은 애플리케이션은 교통의 미래를 보여준다. 지하철, 버스, 트램, 택시, 카셰어링, 공유자전거 등 모든 교통수단이 하나의 플랫폼에 통합되어 있고, 사용자는 월정액을 내고 필요에 따라 다양한 이동 수단을 이용할 수 있다. '모빌리티 서비스로서의 교통(MaaS)'이라 불리는 이 개념은 개인 차량 소유의 필요성을 줄이고, 도시 교통 시스템의 효율성을 높이는 혁신적 모델이다.

✤ 인간 중심 기술과 도시 디지털 윤리

바르셀로나는 스마트시티의 새로운 패러다임을 제시한다. 이 도시는 한때 기업 주도의 첨단 기술 도입에 앞장섰지만, 2015년 '기술 주권'이라는 새로운 가치를 내세우며 방향을 전환했다. 시민의 데이터는 시민의 것이라는 원칙 아래, 데이터의 소유권과 활용에 대한 통제권을 시민에게 돌려주는 정책을 펼치고 있다. '디시디움'이라는 오픈소스 시민 참여 플랫폼은 주요 정책 결정에 시민의 직접적 참여를 가능케 하며, 도시 데이터는 공공재로 관리되어 기업의 독점적 이익이 아닌 시민 복지를 위해 활용된다.

에스토니아는 발트해의 작은 국가지만, 디지털 혁신의 거인이다. 이 나라의 '디지털 사회' 모델은 효율성과 투명성, 편의성과 보안을 동시에 추구한다. '엑스로드'라는 분산형 데이터 교환 시스템은 시민 정보를 중앙화된 데이터베이스에 저장하지 않고, 필요할 때만 안전하게 연결하는 방식을 채택했다. 이를 통해 시민들은 세금 신고부터 처방전 발급까지 99%의 공공 서비스를 온라인으로 이용하면서도, 자신의 데이터에 대한 완전한 통제권을 유지할 수 있다.

디지털 시대의 새로운 불평등은 기술 접근성의 차이에서 비롯된다. 영국 리즈의 '100% 디지털 리즈' 프로그램은 이러한 '디지털 격차'를 해소하기 위한 노력이다. 노인, 저소득층, 장애인 등 디지털 취약계층을 위한 무료 교육, 기기 대여, 공공 와이파이 확대 등을 통해, 모든 시민이 디지털 혁명의 혜택을 누릴 수 있도록 지원한다. 이는 단순한 기술적 지원을 넘어, 디지털 시민권의 보장이라는 사회적 가치를 실현하는 과정이다.

❖ 결론: 통합적 · 적응적 도시 모델을 향하여

미래 도시의 청사진은 더 이상 건축가의 제도판 위에서 완성되지 않는다. 그것은 기술 혁신, 환경 지속가능성, 사회적 포용성이 끊임없이 상호작용하며 진화하는 복잡한 과정이다. 과거의 도시 계획이 '위에서 아래로'의 접근을 취했다면, 오늘날의 추세는 '작은 실험'을 통한 점진적 변화를 중시한다.

바르셀로나의 수퍼블록은 처음 단 하나의 구역에서 시작되었지만, 그 성공을 바탕으로 점차 확산되어 도시 전체의 변화를 이끌어냈다. 파리의 '15분 도시' 역시 몇 개의 근린 단위에서 시작된 실험이 도시 전역으로 확장되는 과정을 밟고 있다. 이러한 '전술적 접근'은 대규모 자원 투입 없이도 실패의 위험을 최소화하면서 혁신을 추구할 수 있게 한다.

'회복력'은 불확실한 미래 앞에 선 도시의 필수 덕목이 되었다. 기후 변화로 인한 극단적 기상 현상, 팬데믹과 같은 공중보건 위기, 예측 불가능한 경제적 충격 — 이러한 위기 상황에서도 기능을 유지하고 신속히 회복할 수 있는 도시 시스템의 구축이 중요시되고 있다. 록펠러 재단의 '100 회복력 있는 도시' 프로그램은 다양한 위기 시나리오에 대비한 도시 인프라와 거버넌스 체계 구축을 지원하며 이러한 움직임을 선도하고 있다.

미래 도시는 점점 더 '생태계'의 특성을 띠게 될 것이다. 이는 인간, 동식물, 건축물, 기술 시스템이 복잡하게 얽혀 상호작용하는 유기체적 관점의 도시 이해를 의미한다. 이러한 패러다임에서 도시 계획가와 정책 입안자의 역할은 통제자가 아닌 '스튜어드(steward)' — 생태계의 건강성을 관리하는 관리인 — 로 변화한다. 그들은 도시라는 정원의 다양성과 균형을 지키며, 자연적 성장과 적응을 촉진하는 역할을 담당한다.

미래 도시의 모습은 아직 완성되지 않은 그림이다. 그것은 기술, 환경, 사회, 문화적 요소들이 복잡하게 얽혀 끊임없이 진화하는 살아있는 캔버스다. 우리가 이 캔버스에 어떤 색을 칠하고, 어떤 형태를 그려넣느냐에 따라, 다음 세대가 살아갈 도시의 모습이 결정될 것이다.

[참/고/문/헌]

1. Bakhtin, Mikhail. The Dialogic Imagination: Four Essays. University of Texas Press, 1981.

2. Barthes, Roland. Empire of Signs. Hill and Wang, 1982.

3. Bauman, Zygmunt. Modernity and Ambivalence. Polity Press, 1991.

4. Baudelaire, Charles. Les Fleurs du mal. Gallimard, 1857.

5. Dickens, Charles. Oliver Twist. Richard Bentley, 1838.

6. Lefebvre, Henri. Rhythmanalysis: Space, Time and Everyday Life. Continuum, 2004.

7. Lefebvre, Henri. The Production of Space. Blackwell Publishing, 1991.

8. Norberg-Schulz, Christian. Genius Loci: Towards a Phenomenology of Architecture. Rizzoli International Publications, 1980.

9. Simmel, Georg. "The Stranger." In Sociology: Inquiries into the Construction of Social Forms, 1908.

10. Harvey, David. The Condition of Postmodernity: An Enquiry into the Origins of Cultural Change. Blackwell Publishers, 1989.

11. Frampton, Kenneth. "Towards a Critical Regionalism: Six Points for an Architecture of Resistance." In The Anti-Aesthetic: Essays on Postmodern Culture, edited by Hal Foster, Bay Press, 1983, pp. 16~30.

12. Hayden, Dolores. The Power of Place: Urban Landscapes as Public History. MIT Press, 1995.

13. Koolhaas, Rem & Mau, Bruce . "The Generic City." In S,M,L,XL, Monacelli Press. 1995.

14. Castells, Manuel. The Rise of the Network Society. Blackwell Publishers. 2000.

15. Jacobs, Jane The Death and Life of Great American Cities. Random House. 1961.

16. Florida, Richard . The Rise of the Creative Class: And How It's Transforming Work, Leisure and Everyday Life. Basic Books. 2002.

17. Landry, Charles . The Creative City: A Toolkit for Urban Innovators. Earthscan Publications Ltd. 2000.

18. Mishra, Pankaj. "The Post-Pandemic City." Foreign Policy. 2020.

19. Monterde, Arnau . "Barcelona: From 'Model' to Laboratory." 2007.

20. Augé, Marc . Non-Places: Introduction to an Anthropology of Supermodernity. Verso Books. 1995.

21. De Certeau, Michel . The Practice of Everyday Life. University of California Press. 1984.

22. Anholt, Simon. Competitive Identity: The New Brand Management for Nations, Cities and Regions. Palgrave Macmillan. 2007.

23. Arendt, Hannah . The Human Condition. University of Chicago Press. 1958.

24. Beatley, Timothy . Green Urbanism: Learning from European Cities. Island Press. 2000.

부록
공간 개념과 도시 유형

[도시인문학사전]

부 록

✦

공간 개념과 도시 유형
– 도시인문학사전 –

I. 공간 개념

1. 심상지리(心象地理, Imagined/Imaginative Geography)

에드워드 사이드(Edward W. Said, 1935~2003)가 『오리엔탈리즘』(1978)에서 주창한 개념으로, 특정 이미지, 텍스트, 담론 등으로 구성된(constituted) 공간이나 지리에 대한 주체의 인식 양상을 의미한다. 개념으로서 심상지리는 사이드의 초창기 주저인 『오리엔탈리즘』에서 최초로 주창되어 발전했다. 원서에서는 맥락에 따라 imagined geography 혹은 imaginative geography가 병용되어 사용되는데, 이 개념의 핵심은 'imagined/imaginative'에 있다. 서구의 관점에서 '상상된 동양(imagined orient)'에 대한 인식과 지각의 공간적/지리적 양상에 대한 비판으로부터 도출되었기 때문이다.

사이드는 오랫동안 서구에 현존했던, 열등하고, 이국적이고, 독특한 '상상된 동양'에 대한 오랜 편견에 주목한다. 그에게 있어 '상상된 동양'은 단순히 환상이나 허구가 아니다. 그것은 서양 중심의 지식과 권력에 의해 상상된(imagined), "사상, 이미지, 어휘의 역사와 전통을 갖춘 하나의 관념"으로서, 서양의 지리적·문화적·언어적·민족적 단위나 개념을 구성하는 지식-권력의 부산물이다. 동양을 대상화하는 방식으로 구성된 서양의 지식과 개념은 이를 인식하는 주체에게 하나의 총체적인 이미지(image)로 지각되며, 이는 동양의 현실이나 실체를 온전히 반영하는 게 아닌, 서구중심의 지리적 에피스테메로 가시화된다.

주체의 공간과 지리에 대한 '상상된' 인식은 물리적인 속성에 따라 결정되지 않는다. 정서적 의미와 합리적인 의미의 주관적인 조합, 다시 말해 일종의 시적인(poetic) 과정을 거쳐 의미 있는 것으로 상상되는 것이다. 사이드의 논증은 가스통 바슐라르가 『공간의 시학』에서 제시한 상상력(imagination) 개념에 영향을 받았다. 바슐라르에 따르면 상상력은 경험론과 과학철학을 넘어 어떠한 대상을 '그 자체의 존재'로 재구성한다. 사이드는 이러한 바슐라르의 공간에 대한 시적 의미화의 상상력을 동양에 대한 서양의 지리적 상상이라는 개념으로 발전시켰다.

[참/고/문/헌]

에드워드 W. 사이드, 박홍규 역, 『오리엔탈리즘』, 교보문고, 2013.

가스통 바슐라르, 곽광수 역, 『공간의 시학』, 민음사, 1997.

Edward W. Said, Orientalism, London: Penguin Books, 2003.

Said, Edward W., Culture and Imperialism, Vintage Books, 1994.

Gregory, Derek, "Imaginative Geographies", Progress in Human Geography, Vol. 19, No. 4, 1995.

2. 비장소(非場所, Non-place)

흔히 '통과의례적 공간'으로 이해되는 '비장소'는 인류학자 마르크 오제가 1992년 출간한 책 『비장소: 초근대성의 인류학 입문』에서 제시한 개념이다. 여기에서 '비장소'는 근대의 '인류학적 장소'와 대비되는 '초근대성(supermodernity)'의 특징을 드러내는 장소로 정의된다. 마르크 오제는 '인류학적 장소'를 "정체성, 관계, 역사"가 되고자 하는, 혹은 사람들이 그러기를 바라는 장소라고 말한다. 이는 개인의 출생 장소로서 개인의 정체성과 결부된 장소이며, 공유된 정체성과 상호 관계가 형성되는 장소인 동시에, 최소한의 안정성으로 규정되는 순간부터 불가피하게 역사적이 되는 공간이다. 그렇다면 '비장소'는 안정된 정체성이 아닌 일시적 정체성, 일시적 관계, 그리고 역사로 남지 않는 장소들과 관련된다.

오제에게 초근대성은 시간과 공간, 그리고 개인의 과도함(사건의 과잉, 공간적 과잉, 준거의 개인화)으로 특징지어진다. 특히 공간의 과도함은 지구적으로나 우주적으로 지구의 축소와 관련되며, 인공위성, 교통수단, 텔레커뮤니케이션의 발전으로 인해 개인이 경험하는 공간은 전례 없이 과잉 경험된다. 이러한 맥락에서 '비장소'는 승객 및 재화의 가속화된 순환(고속도로, 인터체인지, 공항), 대형 쇼핑센터, 그리고 난민 수용소 등과 같은 공간을 포함한다.

오제는 '비장소'를 정체성과 관련되지 않고 관계적이지도 않으며 역사적인 것으로 정의될 수 없는 공간으로 규정한다. 탄생과 죽음이 이루어지는 병원, 일시적인 점유지(호텔 체인에서부터 망명자 캠프, 판자촌까지), 교통수단의 네트워크, 대형 쇼핑몰, 비대면의 상거래 등이 주를 이루는 '비장소'에서는 "고독한 개인성, 일시성, 임시성, 찰나성이 약속된다"고 오제는 말한다. 그러나 장소가 '비장소'에 의해 완전히 대체되는 것은 아니며, "전자는 결코 완전히 지워지지 않으며 후자는 결코 전적으로 실현되지 않는다"고 설명한다.

비장소에서 개인은 주변 공간과 텍스트, 혹은 그림언어(금연 표지판, 도로표지판, 비상구 표시 등)를 통해 매개되고, 계약을 통해 공간과 관계를 맺는다. 여기에서 개인은 장소가 부여하는 일시적 정체성 안에서 '평균적 인간'이 된다. 이안 뷰캐넌은 낯선 환경에서 누구나 집에 있는 것처럼 느낀다는 '비장소'의 역설이 이를 보편적으로 만든다고 설명한다.

[참/고/문/헌]

마르크 오제, 『비장소: 초근대성의 인류학 입문』, 이상길, 이윤영 역, 아카넷, 2017.

미셸 드 세르토, 『일상의 발명: 실행의 기예』, 신지은 역, 문학동네, 2023.

정헌목, 「전통적인 장소의 변화와 '비장소(non-place)'의 등장: 마르크 오제의 논의와 적용사례들을 중심으로」, 『비교문화연구』 19(1), 2013, 107~141쪽.

Augé, Marc, Non-Places: Introduction to an Anthropology of Supermodernity, Verso, 1995.

Buchanan, Ian, "Non-places: Space in the age of supermodernity," Social Semiotics, 9(3), 1999, 393~398.

Merriman, Peter, "Marc Augé on Space, Place and Non-Places," Irish Journal of French Studies, 2009, 9~29.

3. 상대적 시공간(相對的 時空間, Relative Space-time)

알베르트 아인슈타인(Albert Einstein)의 특수상대성이론(1905)과 일반상대성이론 (1915)에서 주장한 개념으로, 공간에 대한 수많은 이론과 설명들 중에서 가장 큰 영향력을 끼쳤다고 해도 과언이 아니다. 두 이론이 전제하는 공간에 대한 개념은 조금 다르지만, 시간과 공간에 대한 기존의 개념(절대시간, 절대공간)을 송두리째 뒤흔드는 혁명적인 내용을 담고 있다.

절대론이 가지고 있는 시간과 공간에 대한 관점은 1) 시간과 공간은 서로 독립적인 존재 요소이며, 2) 시간과 공간은 절대 변하지 않는 존재이며, 3) 시간과 공간은 우주 어디서나, 누구에게나 동일한 조건으로 주어진다는 세 가지로 요약할 수 있다. 이에 반해 아인슈타인은 상대성이론을 통해 시간과 공간에 대한 근본적인 사고체계를 변화시켰다.

특수상대성이론은 빛의 속도는 항상 일정하다 ― 광속도 불변의 원리 ― 라는 전제에서 출발한다. 아인슈타인이 이 원리를 신뢰하게 된 것은 맥스웰의 전자기학에 있었다. 특수상대성이론에서 주장한 시간과 공간에 대한 사고체계의 근본적인 변화는 세 가지이다. 첫째, 시간과 공간은 서로 독립적인 존재가 아니라 시공간으로 취급해야 한다. 둘째, 시간은 움직이는 물체에서는 천천히 경과한다. 셋째, 움직이는 물체의 크기(공간)는 줄어든다. 이로써 시간과 공간에 대한 절대론이 붕괴되고, 시공의 상대론으로 대체되었다.

특수상대성이론에서는 시간과 공간이 시공간이라는 새로운 하나의 개념으로 통합된다. 우리가 살고 있는 우주는 공간은 3차원, 시간은 1차원으로 이루어진 4개의 차원을 가진 시공연속체(space-time continuum)로 생각된다. 좀 더 정확히 말하자면 특수상대성이론에서는 시간이 공간의 한 요소로 취급된다. 왜냐하면, 길이(공간)는 '빛이 이동한 시간'으로 취급되기 때문이다. 시간이 공간의 한 요소가 된다는 것은 수학적으로는 다음과 같이 표현된다: $s^2 = x^2 + y^2 + z^2 - c^2t^2$, 여기서 c는 빛의 속도, t는 시간을 가리킨다.

일반상대성이론에서는 공간에 대해서 특수상대성이론보다 더 혁명적인 사실을 밝히고 있다. 특수상대성이론에서 시간과 공간은 시공간으로 통합되었지만, 일반상대론에서는 시공간 그 자체가 물체의 질량에 의해 휘어진다고 말한다. 시간과 공간 그리고 물질은 서로 독립적으로 존재하는 요소가 아니라 영향을 주고받는 밀접한 관련성을 가지고 있다는 것이 밝혀진 것이다. 공간이 휘어지는 것은 물체의 질량에 의해서이며, 질량이 무거울수록 공간이 더욱 크게 휘어지게 된다.

일반상대성이론의 또 다른 혁명적인 점은 중력(만유인력)에 대한 인식전환이다. 일반상대성이론에서는 공간의 휘어짐이 '중력'이라고 말한다. 중력은 실재하는 힘이 아니라, 공간의 만곡으로 인해 물체들 간에 일어나는 현상으로 나타난 사건이다. 따라서 사과가 지구로 떨어지는 것은 사과와 지구 사이에 어떤 힘이 작용하는 것이 아니라, 사과와 지구의 시공의 휘어짐에 의해 자연스럽게 일어나는 현상이라는 것이다.

아인슈타인의 상대성이론은 '상대성'으로 인해 종종 오해를 받기도 한다. 그의 '상대론'은 어디까지나 뉴턴의 절대 시공간에서 주장하는 시간과 공간 그리고 물체 간의 상호독립성을 비판하고 있다. 그리고 시간과 공간이 어느 관측자에게도 동일하게 측정될 수 있다는 기준이 될 수 있다는 절대성을 비판하고 있다는 점이다. 그렇지만 상대성이론이 발표되기 이전까지 공간은 '무엇을 담을 수 있는 그릇', 혹은 '장소들의 집합'같이 수용자와 같은 것이라고 여겨졌으나, 이제는 공간의 형태 자체가 변화할 수 있다는 혁명적 관점이 제시된 것이다.

[참/고/문/헌]

Einstein, Albert, "Relativity: the special and the general theory" Methuen & Co Ltd., 1960.(알베르트 아인슈타인, 장현영 옮김, 『상대성이론: 특수상대성이론과 일반상대성이론』, 지식을 만드는 지식, 2012).

아인슈타인, 「옮긴이 해제」, 알베르트 아인슈타인, 고종숙 옮김, 『상대성이란 무엇인가』, 김영사, 2011.

Max Jammer, "Concepts of Space", New York: Dover Publications, INC., 1993.

뉴턴코리아 편집부, 『아인슈타인의 시공론』, 뉴턴코리아, 2014.

뉴턴코리아 편집부, 『시간과 공간』, 뉴턴코리아, 2010.

Thorne, Kip S., "Black Holes and Time Warps: Einstein's Outrageous Legacy", W. W. Norton & Company, 1995.

Wheeler, John Archibald, "A Journey into Gravity and Spacetime", Scientific American Library, 1999.

4. 절대적 공간(絶對的 空間, Absolute Space)

뉴턴이 『자연철학의 수학적 원리』에서 정의한 개념으로, "그 자체의 본성 상 외부적인 어떠한 것과 관계없이 항상 유사한 것으로 그리고 움직이지 않는 것으로 남아있다"고 설명한다. 절대적 공간은 물리적 운동이 발생하는 무대로서, 텅 비고, 항상 유사하고, 움직이지 않는 특성을 갖는다. 이는 절대적 좌표계로서 물리적 사건이 벌어지는 변함없는 배경을 의미한다. 아인슈타인의 상대성 이론으로 이 개념은 과학적 중요성을 크게 상실하게 되었다.

[참/고/문/헌]

Newton, Isaac, The Principia (Mathematical Principles of Natural Philosophy), Snowball Publishing, 2010.

라이프니츠, 클라크, 배선복 옮김, 『라이프니츠와 클라크의 편지』, 철학과 현실사, 2005.

라이헨바하, 우정규 옮김, 『코페르니쿠스에서 아인슈타인까지』, 지성의 샘, 1995.

리처드 웨스트폴, 최상돈 옮김, 『프린키피아의 천재』, 사이언스북스, 2001.

5. 관계적 공간(關係的 空間, Relational Space)

마르티나 뢰브(Martina Löw)는 『공간사회학(Raumsoziologie)』에서 그 동안 제대로 다뤄지지 않던 사회적 차원의 공간적 계기들, 가령 도시, 신체, 환경 등을 주제화하면서 공간 이해의 문제를 사회적인 것으로 새롭게 드러내고자 시도한다.

특히 뢰브는 '구조주의' 사회 이론이 절대적, 물리학적 공간 규정을 반복하고 있다고 보고, 이를 대체할 새로운 공간 이해를 '관계적인 것'으로 제시한다. 그에 따르면 공간은 절대적이고 근원적인 구조물로서 주어지는 것이 아니며, 인간 행위, 사물, 제도, 문화 등의 구체적 상호 작용으로부터 파악되어야 하는 관계적(relational)인 것이다.

'관계적 공간' 개념의 기원은 라이프니츠와 아인슈타인의 '상대적 공간론'에서 찾을 수 있다. 먼저 라이프니츠에게 공간은 물체에 앞서서 그 자체로 있는 것이 아니라 물체로부터 파생되는 일종의 '질서(Ordnung)'이다. 라이프니츠와 마찬가지로 아인슈타인 또한 공간은 물체들의 인식 이후에 비로소 나타난다고 보며, 그는 단적으로 공간을 "물체들의 위치 관계"로 규정한다. 뢰브는 라이프니츠와 아인슈타인의 상대적 공간 개념을 수용하면서, 고전 물리학의 '절대적' 공간관과 단절하는 한편 더 나아가 공간 규정에 도입되는 '물체' 개념의 물리주의적 틀까지도 벗어나야 한다고 주장한다.

왜냐하면 사회적 내용 없는 '물체 그 자체'라는 개념 하에서는 공간과 인간 행위 그리고 사회적 현실의 근본적인 공속관계를 제대로 이해할 수 없기 때문이다. 따라서 뢰브는 공간 규정에 있어서 물체의 의미를 '생명체'와 '사회적 재화'로 대체하고 이로부터 "생명체와 사회적 재화의 관계적 질서화(relationale Anordung)"라는 관계적 공간의 핵심 규정을 이끌어낸다.

뢰브는 공간 이해의 문제가 학제적인 경계를 벗어나 "맥락화(kontextuell)"되어야 한다고 보며, 특히 공간담론이 자연과학에 의해 식민화된 상황을 벗어나야 한다고 주장한다. 물론 물리학적 진보가 공간 그 자체를 드러내 줄 것이라는 믿음과 공간 논의에서 과학의 주도성을 훼손하지 말아야 한다는 입장은 여전히 강력하지만, 뢰브는 물리학적 공간은 우리가 경험하는 세계에 대한 공간 규정을 '선택'하기 위한 참조점일 뿐 거기에 절대적으로 구속되는 것은 아니라고 본다.

6. 사회적 공간(社會的 空間, Social Space)

게오르그 짐멜이 제시한 개념으로, 물리적 차원의 공간을 넘어 인간의 실천행위와 그들 간의 상호작용을 통해 생산되는 공간을 의미한다. 짐멜에 따르면, 공간은 영적 상호작용이 가능한 공간적 경계에 의해 생산되며, 인간의 내적 활동을 통해 생성되고 소멸하는 것이다. 특히 도시는 개인 간의 상호작용이 만들어내는 추상적 공간으로, 사회적 상호작용을 통해 사회적 현실이 형성되는 곳이다. 화폐는 이러한 상호작용을 가능하게 하는 중요한 수단으로 작용한다.

[참/고/문/헌]

Simmel, Georg, "Soziologie des Raumes", in: Jahrbuch für Gesetzgebung, Verwaltung und Volkswirtschaft im Deutschen Reich, 27. Jg., I. Band, 1903, S. 27-71, Leipzig, 1903.

Simmel, Georg, "Die Grossstädte und das Geistesleben", in: Brücke und Tür. Essays des Philosophen zur Geschichte, Religion, Kunst und Gesellschaft, hrsg. von Michael Landmann, Stuttgart, S. 227-242, 1957.

Simmel, Georg, Philosophie des Geldes, Frankfurt am Main: Suhrkamp, 1991.

Simmel, Georg, Soziologie. Untersuchungen über die Formen der Vergesellschaftung, Frankfurt am Main: Suhrkamp, 1992.

7. 상대적 공간(相對的 空間, Relative Space)

라이프니츠가 뉴턴의 절대적 공간 개념을 비판하며 제시한 개념으로, 공간은 실체가 아 닌 "함께 존재하는 것으로 고찰되는 사물의 존재 질서"라고 정의한다. 즉, 공간은 사물의 위치 질서 또는 관계 질서로, 세계에 물체가 없다면 공간도 존재하지 않게 된다. 라이프니 츠는 공간의 절대성을 인정하면 충족이유율(모든 존재는 존재할 이유가 있다)이 적용되지 않는다고 보고, 공간은 절대적 존재가 아니라 사물들 간의 관계라고 주장한다.

[참/고/문/헌]

Leibniz, Gottfried Wilhelm, "Briefwechsel mit Samuel Clarke" in Jörg Dünne und Stelphan Günzel(Hg.), Raumtheorie, Frankfurt: Suhrkamp, 2006(라이프니츠, 배선복 옮김, 『라이프니츠와 클라크의 편지』, 철학과 현실사, 2005).

배선복, 『라이프니츠의 삶과 철학세계』, 철학과 현실사, 2009.

임진아, 「화이트헤드의 관계적 공간개념에 대한 비판적 분석」, 『화이트헤드 연구』, 제28집, 2014.

라이프니츠, 윤선구 역, 『형이상학 논고』, 아카넷, 2010.

II. 도시 유형

1. 도시권(都市權, Right to the City)

앙리 르페브르가 『도시에 대한 권리』(1967)에서 처음 제시한 개념으로, 도시 구성원이 도시공간을 충분하고 완전하게 '향유'할 권리를 의미한다. 르페브르는 도시권의 주체를 도시공간의 실질적 '사용자(usagers)'로 보며, 여기에는 표준적인 거주자로 등록된 '시민(citoyen)'뿐만 아니라 '도시인(citadin)'이라 칭하는 모든 도시 거주자가 포함된다. 도시권은 '차이에 대한 권리'와 공간 기획에 동등한 파트너로 '참여할 권리'를 함축하며, 시민에 한정되었던 형식적 정치적 권리가 모든 도시인을 위한 실질적 권리로 확장되는 것을 의미한다.

[참/고/문/헌]

Henri Lefebvre. La production de l'espace. Anthropos. 2000

Henri Lefebvre. Le droit à la ville. Economica-Anthropos. 2009.

Henri Lefebvre. Key Writings. eds. Elden Stuart. et al. Continuum. 2003.

2. 빛의 도시 또는 빛나는 도시(La Ville Radieuse, The Radiant City)

르 코르뷔지에가 1930년대에 제시한 도시계획 개념으로, 기능성, 효율성, 질서에 초점을 맞춘 고층, 고밀도 도시환경을 구상했다. 전체 대지의 12%에만 건물이 들어서고 나머지 88%는 녹지와 공공공간으로 할애되며, 기능별로 구역을 분리하고 한 동당 2,700명의 주민을 기준으로 하는 주거단위(l'unité d'habitation)가 필로티 위에 올라서는 구조를 특징으로 한다. 르 코르뷔지에는 이를 통해 당시 많은 도시에 만연했던 과밀화, 비위생적인 생활환경, 사회문제 등의 해결에 초점을 맞추었다.

[참/고/문/헌]

Tafuri, Manfredo, "Machine et mémoire: la ville dans l'oeuvre de Le Corbusier" in Le Corbusier une encylopédie, Centre George Pompidou, Paris, 1990.

Giorgio Ciucci, "La poésie en casier" in Le Corbusier, une encyclopédie, Centre Georges Pompidou, Paris, 1990.

Le Corbusier & P. Jeanneret, OEuvre complète volume 3, 1934-38, Les Editions d'Archirecture Zurich, 1964.

Le Corbusier, 『프레시지옹』, 정진국·이관석 역, 동녘, 서울, 2004.

3. 공동체 도시(共同體 都市, Community City)

도시를 자족적이고 포괄적인 공동체로 보는 개념으로, 고대 유럽 정치사상에서는 도시국가(폴리스)를 가장 포괄적이며 자족적인 공동체로 규정했다. 이는 아리스토텔레스의 '코이노니아 폴리티케(koinōnia politike)'에서 비롯되었으며, "좋은 삶"이 달성되는 공동체를 의미한다. 20세기 후반 미국에서는 공동체주의 정치철학, 사회적 자본 이론, 뉴어버니즘 도시계획 등이 만나 공동체 도시의 이상을 부활시키려는 시도가 있었으나, 지구화된 세계에서 이상적 공동체 도시의 실현은 어려운 과제로 남아있다.

[참/고/문/헌]

아리스토텔레스, 천병희 역, 『정치학』, 숲, 2009.

장 자크 루소, 이환 역, 『에밀』, 한길사, 2003.

마이클 샌델, 안규남 역, 『민주주의의 불만』, 동녘, 2012.

로버트 D. 퍼트남, 정승현 역, 『나 홀로 볼링』, 페이퍼로드, 2009.

Emily Talen, "Sense of Community and Neighbourhood Form: An Assessment of the Social Doctrine of New Urbanism", Urban Studies, Vol. 36, No. 8, 1999.

4. 산업도시(産業都市, Industrial City)

제조업 중심의 2차 산업을 중심으로 하는 도시 유형으로, 18~19세기 산업혁명과 함께 발전했다. 유형은 다양하며, 임해공업도시, 섬유공업도시, 기업도시(특정 기업 중심) 등이 있다. 산업도시는 산업화와 도시화로 대표되는 근대화의 대표적 공간이며, 특히 압축적 성장을 경험한 국가에서 근대도시의 전형으로 중요하다. 산업구조의 변동에 따라 성장과 쇠퇴를 경험하게 되며, 지구화와 자본주의 경제의 위기 시대에 빈번하게 위험에 노출된다.

[참/고/문/헌]

Carmona, Matthew. et. al. 2003. Public Places-Urban Spaces: The dimensions of urban design. Elsevier Inc. (강홍빈 외 역. 2009. 도시설계: 장소 만들기의 여섯 차원. 대가출판사)

Knox, P and Pinch, S. 2000. Urban Social Geography: An introduction. Prentice Hall, Harlow.

Soja, Edward. W. 1993. Postmodern Geographies. Verso. London. (이무용 외 역. 1997. 공간과 비판사회이론. 시각과 언어.)

염미경, 「철강대기업의 재구조화전략과 지역사회의 대응: 일본 키타큐슈와 미국 피츠버그의 비교」, 『한국사회학』 38(1), 2004, 131~159쪽.

5. 생태도시(生態都市, Eco-city)

사람과 자연, 그리고 환경시설들이 조화롭게 공생할 수 있는 체계를 갖춘 도시를 의미한다. 리차드 레지스터는 생태도시를 "자연생태계나 살아있는 유기체와 같이 자생적이고 탄력적인 구조와 기능을 가진 생태학적으로 건강한 주거지"로 정의한다. 생태도시의 실행기준으로는 탄소배출 감소, 에너지 재생, 지역 자족적 경제 추구, 환경적으로 파손된 도시지역 회복, 생활양식 단순화 등이 있다. 대표적인 생태도시로는 브라질의 쿠리치바, 독일의 프라이부르그, 덴마크의 코펜하겐 등이 있다.

[참/고/문/헌]

이상헌, 「생태도시의 이론적 구성」, 한국공간환경학회 역음, 『현대도시이론의 전환』, 한울아카데미, 1998.

한국도시연구소, 『생태도시론-한국도시환경문제 분석과 대안』, 박영사, 1998.

Register, Richard, Ecocity Berkeley: Building Cities for a Healthy Future, Berkeley: North Atlantic Books, 1987.

Roseland, Mark, "Dimensions of Eco-city." Cities 14(4), 1997, 197~202.

6. 창조도시(創造都市, Creative City)

예술과 문화 인프라, 혁신적인 인력, 산업과 경제의 발달 등이 도시를 발전시킨다는 믿음하에 발전한 개념이다. 리차드 플로리다는 창조도시의 성공요인으로 창조계급(creative class)을 들며, 기술(technology), 인재(talent), 관용성(tolerance)의 세 가지 요소(3T)

를 강조한다. 찰스 랜드리는 "자유롭게 창의적으로 문화 활동의 영위가 가능하도록 문화적 인프라가 갖추어진 도시"로 정의하고, 사사키 마사유키는 "인간이 자유롭게 창조적 활동을 함으로써 문화와 산업의 창조성이 풍부하며, 동시에 탈 대량 생산의 혁신적이고 유연적인 도시경제 시스템을 갖춘 도시"로 설명한다.

[참/고/문/헌]

남기범, 「창조도시논의의 비판적 성찰과 과제」, 『도시인문학연구』, 제6권 1호, 2014.

사사키 마사유키 저, 정원창 역, 『창조하는 도시: 사람, 문화, 산업의 미래』, 소화, 2004.

찰스 랜드리 저, 임상오 역, 『창조도시』, 해남, 2005.

Florida, R., The Rise of creative Class, NY: Basic Books, 2002.

Bianchini, F. and Landry, C., The Creative City, London: Demos, 1995.

7. 혁신도시(革新都市, Innovation City)

산·학·연·관 등 혁신주체들에 의해 새로운 가치와 이념이 창출되는 창조성과 주체들 간 상호협력적 네트워크를 기반으로 한 지식기반도시를 의미한다. 혁신도시 개념은 1980년대 중반 이후 국가별 혁신체계 연구에서 시작되어, 1990년대 후반부터 도시단위의 혁신체계로 논의가 발전했다. 이후 산업지구론과 혁신환경론의 논의가 결합되어 지역혁신체계 연구로 이어졌다. 혁신도시는 각 혁신 주체 간 상호작용이 활발하고 주체들이 수평적으로 연결될 수 있는 여건을 갖춘 도시로, 한국의 경우 대덕테크노밸리가 이에 가장 가까운 사례이다.

[참/고/문/헌]

OECD, Boosting Innovation: The Cluster Approach, 1999.

Rosenberg, Nathan, and Richard R. Nelson, "American universities and technical advance in industry", Research policy 23(3), 1994.

권영섭, 박경현, 「혁신도시조성과제와 혁신주체별 역할」, 『충북개발연구』, 제17권 1호, 2006.

황희연, 박종광, 「혁신도시의 혁신체계 기본모형 개발과 오송생명과학도시사례 적용」, 『국토계획』, 제41권 5호, 2006.

도시인문학 도시에서 읽는 인간의 이야기

초판인쇄	2025년 09월 20일
초판발행	2025년 09월 25일
저자	김덕기
발행인	김덕기
발행처	한국도시환경연구원
주소	서울특별시 강남구 학동로 101길 26, 4층 410호
전화	02-453-2005
팩스	02-453-2006
교재문의	gommaul0419@naver.com
ISBN	979-11-994547-0-5 03300

저자와의
합의에 의해
인지 생략

정가 30,000원